语料库的汉语儿童语言发展评价与监测研究

周 兢 张义宾◆著

华东师范大学出版社
·上海·

图书在版编目(CIP)数据

基于语料库的汉语儿童语言发展评价与监测研究/周兢，张义宾著.—上海:华东师范大学出版社，2020
ISBN 978-7-5760-1097-8

Ⅰ.①基… Ⅱ.①周…②张… Ⅲ.①汉语—儿童语言—研究 Ⅳ.①H193.1

中国版本图书馆 CIP 数据核字(2021)第 000138 号

基于语料库的汉语儿童语言发展评价与监测研究

著　　者　周　兢　张义宾
项目编辑　蒋　将
特约审读　程云琦
责任校对　郭　琳
装帧设计　卢晓红　宋学宏

出版发行　华东师范大学出版社
社　　址　上海市中山北路 3663 号　邮编 200062
网　　址　www.ecnupress.com.cn
电　　话　021-60821666　行政传真 021-62572105
客服电话　021-62865537　门市(邮购)电话 021-62869887
地　　址　上海市中山北路 3663 号华东师范大学校内先锋路口
网　　店　http://hdsdcbs.tmall.com

印 刷 者　浙江临安曙光印务有限公司
开　　本　787×1092　16 开
印　　张　22.25
字　　数　392 千字
版　　次　2020 年 12 月第 1 版
印　　次　2020 年 12 月第 1 次
书　　号　ISBN 978-7-5760-1097-8
定　　价　69.00 元

出 版 人　王　焰

目　录

序（译文）

无论对中国儿童语言研究还是国际儿童语言研究而言，这本书的出版都是具有研究进展的里程碑意义。在过去二十多年的研究工作中，周兢教授积聚形成了世界上最大的汉语儿童语料库。周兢教授、张义宾博士及其团队建立起的汉语儿童语料库，囊括了儿童叙事、图画书共享阅读、游戏活动和晚餐对话四类语言交往情境，都公开存放在国际儿童语料库数据储存和分析系统（Child Language Data Exchange System，以下简称CHILDES国际儿童语料库）中。那些最新收集的语料还做到了音频或者视频与文本话语同步呈现，以供研究者和临床工作人员在阅读语料文本的同时回看原始语料记录。

这些汉语儿童语料均以简体中文的文本形式呈现，采用张义宾博士开发的自动标记程序，已有对所有语句进行的词性和语法结构的编码，有助于研究者更深入探讨儿童的语法学习和发展。此外，汉语儿童语料库中还包含了来自父母和教师的话语，能够帮助我们研究成人如何为儿童提供语言示范。

通常情况下，儿童语言研究者致力于探讨儿童语言在六个方面的发展，包括语音、词汇、词法、句法、互动和叙事等不同维度。汉语的学习与发展，在每个维度层次上都有着独特的过程和结构。在语音维度上，汉语与西方语言的根本区别在于其依赖音调区分词义。与第二语言学习者相比，观察中国儿童如何容易地学习音调是值得注意的。汉语与其他许多语言也有明显的不同，因为它很少使用语法标记，比如，通过前缀或后缀来改变单词。与此有所不同，汉语大量使用复杂的复合词及更长的短语。这些复合结构与独特的汉语句法语法结构一起形成复杂的句法。因此，研究儿童如何学会这些汉语的语言结构，不仅能从个体层面告诉我们儿童如何学习汉语，同时也可以揭示儿童语言发展的普遍规律。在会话互动和叙事结构的维度上，儿童还必须学习新的语言形式和表达模式，从中他们能够获得关于自己语言文化的基础知识，比如从尊重他人到冒险和幽默的各种理解与表达方式等等。

多年来，我有幸参与并支持这一丰富的汉语儿童语言发展语料库的建设工作。从1984年开始，哈佛大学教育研究院的凯瑟琳·斯诺教授和我致力于开发国际儿童语料库数据储存和分析系统（CHILDES）。对这一项目的支持首先来自麦克阿瑟（MacArthur）基金会，后来来自美国国立卫生研究院和国家科学基金会。第一批CHILDES国际儿童语料库的语料是我们从打印的文本转换成计算机文件的。为了分发数据，我们不得不将软盘和光盘邮寄给研究人员。到了20世纪末，经过几十年计算机技术的发展，我们得以建立一个网络系统，使研究人员能够直接在网络上分析数据。2001年，我有幸在香港大学言语听觉科学系做了一年的访问教授，当时港大的系主任是保罗·弗莱彻博士（Paul Fletcher）。在那次访问中，我有机会与周兢博士共同工作，那时周博士完成了撰写和答辩有关中国儿童与母亲的亲子互动的博士论文。周博士在论文中使用了曾在哈佛大学访学期间所学到的言语行为编码系统，该系统由哈佛大学凯瑟琳·斯诺团队开发。这项研究的一个特别发现是，与波士顿地区的父母不同，中国父母在与儿童互动的过程中所使用的言语行为类型更局限和集中。

周兢博士的论文完成之后，我和妻子玛丽开展了一系列与他们团队的富有成效而愉快的合作交流。我记得在香港、南京、同里、杭州和上海的精彩访问，在访问过程中，我学到很多有关中国及其伟大人物和历史的知识，更不用说中国的美食及对同行的访问收获了。我们还在每三年一次的国际儿童语言研究协会年会上保持着交流和互动。

随着汉语儿童语料库的不断发展，特别是在张义宾博士的技术支持下，周兢博士团队的研究使得我们能够进一步深入研究汉语儿童语言学习的本质。我们能够借助网络上直接更新的编码系统，详细分析视频中的汉语亲子互动模式。研究者也开发了新的程序，帮助我们详细分析语音模式，目前的研究亦越来越强调使用数据挖掘技术分析对语料库作横断分析和纵向追踪研究。

本书中作者呈现新近的汉语儿童语料库研究的进展，基于普通儿童语言发展常模的研究，研究团队制定了评估特殊儿童语言发展的标准和方法，包括对智力发育迟缓和自闭症儿童语言的评价与鉴定。在对不同儿童语言发展进行比较的过程中，周兢教授团队基于大量语料库数据，制定了普通儿童词汇多样性、句法模式、平均语句长度和其他语言发展指标常模。这项工作为中国的研究人员、教育工作者和临床医生提供了一种具有生态化效度且有效的方法，评估这些特殊群体儿童的语言发展水平，以及诊断出其他儿童可能出现的问题。

周兢教授及其团队所做的研究，促进了儿童语言发展的理论研究和临床诊断，使得汉语儿童语言发展的研究达到了一个新的水平。我认为，周兢教授为青年研究者树立了榜样，她始终致力于将汉语儿童语言研究的数据与结果在权威学术研究期刊等的发表，始终坚持使用最现代和最先进的方法进行儿童语言数据分析。总而言之，在周兢教授及其团队的积极努力下，汉语儿童语言研究已经企及英语、西班牙语、日语、法语等其他语言研究所能达到的水平。周兢教授及其团队对儿童语言研究所作出的重要贡献，值得我们尊重和赞赏。

布莱恩·麦克维尼

美国卡内基梅隆大学心理系教授

国际儿童语料库数据储存和分析系统中心主任

张莉　译

序（原文）

This book represents a milestone in the progress of child language research both in China and internationally. Based on two decades of work, Professor Jing Zhou has amassed the world's largest collection of data on the development of Mandarin Chinese in typically developing children. The corpora that she, Dr. Zhang and their colleagues have collected include narratives, shared book reading, play sessions, and dinner conversations. The transcripts from these interactions are now publicly available in the CHILDES database at https://childes. talkbank. org. The most recently collected corpora are also linked to either audio or video at the level of the utterance, so that researchers and clinicians can play back the original recordings as they read through the transcripts.

The transcripts are all coded in Simplified Chinese characters and all of the utterances have also been analyzed by an automatic tagging program, developed by Dr. Zhang, that gives both the part of speech of each word and the grammatical structure of the utterance. This type of analysis is important, because it allows us to study in detail the ways in which children learn the grammar of their language. The transcripts also include the language they hear from their parents and teachers, thereby allowing us to study ways in which adults model language forms for children.

Child language researchers are interested in understanding how children's language developes on six different levels, including phonology, lexicon, morphology, syntax, interaction, and narrative. The learning of Chinese involves unique processes and structures on each of these levels. On the level of phonology, Chinese differs radically from Western languages in its reliance on tones to differentiate word meanings. Compared to second language learners, it is remarkable to observe how readily Chinese children pick up the tones of new words. Chinese also differs markedly from many other languages in the fact that it uses so few grammatical markers such as prefixes or suffixes to change the shape of words. Instead, Chinese makes extensive use of a complex set of processes for forming compounds and longer phrases. The structure of these compounds then interacts further with unique Chinese syntactic processes, such as verb expansion, and methods for constructing complex syntax. Here, again, studies of the ways in which children learn these structures tell us a lot about not only individual Chinese children, but also about universal processes in language learning. Children also have to learn new forms and patterns on the levels of conversational interaction and narrative structure from which they acquire fundamental ideas about their culture, ranging from respect for others to ideas about adventure and humor.

It has been my privilege to be involved over the years in facilitating the collection of this rich database on Chinese language development. Beginning in 1984, Professor Catherine Snow of the Graduate School of Education at Harvard and I worked to develop CHILDES (Child Language Data Exchange System). Support for this development came first from the MacArthur Foundation and later from the National Institutes of Health and the National Science Foundation. The first corpora included in CHILDES were transferred to computer files from typewritten sheets. To distribute the data, we had to mail floppy disks and CD-ROMs to researchers. By the end of the last century, the growth in computer power and connectivity across the decades had allowed us to build a system that allowed researchers to analyze data directly over the web. In 2001, I had the great good fortune of spending a year as a visiting scholar at the University of Hong Kong in the Speech and Hearing Department with Dr. Paul Fletcher as Head. During that visit, I was able to work with Dr. Zhou on her thesis examining parent-child interactions in Mandarin. In her thesis, she used the methods for speech act coding in the CHILDES programs that had been developed by Catherine Snow's team at Harvard and which she had learned during her time there. One of the remarkable findings of that work involved the extent to which Chinese parents differed from parents in Boston in terms of their use of a more restricted and tightly focused set of speech act forms with their children.

Her dissertation work was the beginning of a long series of productive and enjoyable interactions that my wife Mary and I shared with Dr. Zhou and other Chinese colleagues. I remember wonderful visits in Hong Kong, Nanjing, Tong Li, Hangzhou, and Shanghai in which I was able to learn so much about China and its remarkable people and history, not to mention some fantastic meals and visits with colleagues. We also continued our interactions at each of the triennial meetings of the International Association for the Study of Child Language (IASCL).

As the database has grown and as Dr. Zhou's work has advanced with additional support from Dr. Zhang, we can now ask increasingly refined questions about the exact nature of children's language learning. We can study detailed patterns of parent-child interaction in video using coding systems that can be updated directly on the web. New programs have been developed for the detailed analysis of phonological patterns, and there is increasing emphasis on the use of data-mining methods for analyzing corpora both cross-sectionally and longitudinally.

In this book, the authors are able to leverage the progress on the study of typically-developing children to develop methods for evaluating language development in special populations, including children with mental retardation and autism. In making these comparisons, they can rely on the fact that we now have a substantial basis of comparison in the database from which they can extract norms for lexical diversity, syntactic patterns, mean length of utterance, and other indicators of language development. This work provides Chinese researchers, educators, and clinicians with an ecologically-valid way of assessing the level of language attainment in these special groups, as well as diagnosing possible problems in other children.

The study of language development in Chinese has now reached a new level of theoretical detail and clinical accuracy, much of it based on the work that Prof. Zhou and colleagues have done. Prof. Zhou has served as a role model for younger researchers in terms of her willlingness to make her data and research findings publicly available and her interest in always using the most modern and advanced methods for data analysis. Together, these positive developments allow the study of Chinese to reach the same level of sophistication available for other language such as English, Spanish, Japanese, or French. Dr. Zhou and her colleagues demand our respect and appreciation for their important contributions.

Brian MacWhinney

Director, CHILDES-Child Language Data Exchange System,

Department of Psychology, Carnegie Mellon University

第一章

汉语儿童语言发展与语料库研究现状

汉语儿童语言研究起步较晚，从 20 世纪 30 年代陈鹤琴先生追踪记录自己孩子的语言起始，有关汉语儿童语言研究逐渐纳入研究者的视野，但直到 20 世纪 80 年代之后才得到研究者们的重视。在探讨汉语儿童语言发展的过程中，人们认识到儿童语言发展有着一定的共同规律，但是每一种语言都有其独特性，因而也就造成儿童语言学习的特殊性。探讨汉语儿童语言发展的规律，可以为汉语儿童的语言教育提供充足的信息，同时为人类儿童语言研究理论增加重要的内容。本章内容综述借助位于美国匹兹堡卡内基梅隆大学国际儿童语言中心的国际儿童语料库数据储存和分析系统(Child Language Data Exchange System，简称 CHILDES 国际儿童语料库)，近年来汉语儿童语料库形成和发展过程；在集聚了 0—7 岁汉语儿童的语言发展数据系统中，有关汉语儿童语言发展研究的进展；同时进一步讨论如何从汉语儿童语言发展走向语言评价与监测的问题。

第一节　国际儿童语料库与汉语儿童语料库的发展

在人类社会科学研究中，有关儿童语言发展的研究是一个比较专门和独特的领域。这个与心理学几乎同时诞生，并逐渐形成跨心理学、语言学和社会学不同学科范畴的研究领域，在将近两百年的历史中已经有了长足的进步。回溯儿童语言研究方法的发展阶段，我们可以看到儿童语料库建设的特别价值和意义。

一、儿童语言研究的日志研究阶段

日志研究是指收集及运用个人的生命文件或记录描述生活转折点文件的研究形态，这些文件包括自传、传记、日记、信件、著作、生活史、生活故事、个人经验故事等。日志研究的焦点主要在个人的生命经验，通常用于进行发展历程的研究。从儿童语言研究的角度去看，这一方法是以研究者本人作为研究工具，在自然情境下采用多种资料收集方法，对研究对象的语言现象进行深入的整体性探究，从原始资料中形成结论和理论，通过与研究对象互动，对其语言和意义建构获得解释性理解的一种活动。从事实证研究的学者都要从自然事件中获取数据。在儿童语言研究领域，最初获取研究对象语言信息的方法不外乎用人耳听，用文字和其他记音符号记录在案。日志记录的方式为儿童语言的研究带来了最初的繁荣。

很多人都知道达尔文(1809—1882)的进化论，但是很少人知道达尔文是最早采用日志法开展儿童语言研究的研究者。达尔文率先提出并利用卡片和实地工作转写。他曾经跟踪调查了几百个样例的情况，收集到大量的自然数据以支持他的自然选择和进化论。与此同时，在研究其儿子的手势发展过程中，达尔文证明了同样的自然观察工具也可以用于研究人类的发展。通过每日的详细记录，他指出研究者可以建立日志，以真实地转写人类发展的各个方面。从达尔文起，学者阿曼特和斯特恩等采用日志方式，详细记录转写了他们自己孩子的手势、情感交流和语言，建立了里程碑式的日志研究法。

日志记录的方法对研究儿童语言发展的贡献很大。早期的儿童语料主要是通过父母日记的形式进行记录的，其中最早也是引用最多的日记研究来自斯特恩夫妇(Stern & Stern, 1907)。斯特恩夫妇仔细记录了他们三个孩子的言语，并提出了最早的有关儿童发展的阶段理论。有质量的日志能够提供研究者有意义的资料，是一种不可多得的宝贵数据。除了成人回忆自己在童年时期的语言习得之外，家长和教师等为幼儿记录的发音、词汇、语言片段等，也能够成为研究的素材。有研究者认为，传记和日志方法从自然主义的探究传统出发，提供了对语言发展的解释性理解。原始资料能够探索日常语言现象的内部，产生的结论和理论也具有较强的实践意义。同时，该方法强调研究的深入和整体性，重视研究关系，适合对语言进行深入的纵向研究。

但是，用于儿童语言研究的日志记录方法也有着显而易见的缺点。首先，用文字符号记录的语言丢失的信息太多，由此得来的数据的逼真性和可靠性是较差的。其次，能够对自己的语言进行反思或对其他人的语言现象进行详细记录的研究者数量有限，工作也很难大规模展开，这种方法能够掌握的语料数量有限。第三，这种方式记录的语言及其发展具有较大的主观性。心理学有关实验指出，人们通过回忆和反省得到的资料并不都是准确的，可能会有意识或无意识地添油加醋，报告原本不存在的信息，或者由于记忆的局限性而缺失信息。传记和日志记录得出的结果难以重复检验。

二、儿童语言研究的录音记录阶段

在儿童出生之后的几年内，首先发展的是口头语言，因而任何一个语种的儿童语言研究都是从研究儿童的口头语言开始的。对研究者而言，日常生活中自然而然的谈话，与书面语言的最大区别是转瞬即逝，因此给一般记录带来很多困难。在录音机发明之后，儿童语言研究发生了重大的变革。20 世纪 50 年代，录音机的发明和发展让儿童口语发展研究进入了新阶段。

20 世纪 50 年代世界范围内开始出现磁带录音机。当荷兰菲利浦公司在开盘式录音机的基础上发明走带构造后，录音机真正普及到了家庭之中。早期的录音机由于是在介质上记录模拟信号，被人们称为模拟录音机。模拟录音机由于自身无法克服的缺点，无法满足人们对录音机高保真的要求，而且还存在着记录密度低、易磨损、编辑难、易受干扰和复制性能差等问题。在 60 年代末期，人们开始将数字技术应用于音频信号的记录和重放，从而出现了各种数字录音机。从此，录音机技术进入了一个数字化的新时代。数字录音机具有携带使用方便、可随机存取、信息处理能力强和音频编辑、制作方便等优点。此外，数字录音机的记录载体不存在介质的磨损问题，因而可靠性高、工作寿命长、音频性能指标高（CD唱机的音质），具有磁记录技术所无法比拟的巨大优越性，受到了广大语言研究者的欢迎。

哈佛大学的布朗（Roger Brown，1925—1998）在使用录音机技术研究儿童语言方面，为世界范围的学者留下了珍贵的范例。布朗教授不仅将追踪研究的三个英语儿童的语料用录音机记录保存下来，而且将之转录后用刻写油印的方式分发给不同的学者共享。他的研究成果在不断发表的同时（Brown，1973a），也给很多学者从不同角度研究英语儿童语言发展创造了新的机会。

首先，研究者可以收集大量不同主体的录音数据，使大量原始数据的获得成为可能。可以这样认为，工具的进步带来了研究方法的进步，大样本、多语料、注重口语的语言研究范式在录音技术的协助下逐步完善。在这之前，研究者多采取个案研究的方式，追踪极少数儿童的语言发展。采用录音技术之后，可以在保证质量的情况下，收集大样本儿童的语料，横断研究和纵向研究都能够更翔实、更深入。同一时间内，研究者可以追踪不同对象的语言发展，大大丰富了研究的原始资料。

其次，研究者可以反复聆听，保证准确性。录音技术将转瞬即逝的声音保留下来，通过数字、模拟技术，研究者可以反复聆听所取得的语料，这就让转录的准确性得到了保证。特别是在儿童语言研究中，大量的研究是从儿童的口头语言出发，研究者需要即时的完整记录。又因为儿童的口语可能存在发音不清晰、遣词造句独特、语用特殊等特点，要保证转录的准确性，必须反复聆听，必要时，需要多个研究者对照，讨论分歧。尤其是在特殊儿童语言研究中，反复聆听确保准确性是必不可少的步骤。

第三，研究所使用语料的分享成为可能，同时共同分析可以增加研究的信度。现在数字录音录像技术的发展和存储技术的革新，使得各项研究分享所取得的原始数据成为可能。

虽然转写和录音记录方法的进步为儿童语言研究带来了新的视野，但也存在着不可避免的缺陷。自然语言活动是多模态的，录音手段只能捕捉其中之一种。虽然后期引入了录像技术，为研究儿童语用、亲子互动等奠定了坚实基础，但儿童语言发生发展的环境是复杂的，单纯的录音手段毕竟有限，还需要有经验、有洞察力的研究者进行深入的分析。与此同时，我们应当看到，录音和转写获得的素材比较单一，要进行深入的分析，还需要通过编码等手段提取其中的重要信息，对于儿童语言研究来说，还需要更多的科学手段协助。

三、儿童语言研究的语料库雏形阶段

在20世纪80年代，计算机科学的迅猛发展给儿童语言研究带来了新的机遇。曾经被视为十分困难的自然语言储存分析研究工作，通过计算机技术处理得以顺利进行。学者们开始意识到，采用计算机具有运算速度快、计算精度高、存储功能强、具有逻辑判断能力和自动运行能力等优势。卡内基梅隆大学的布莱恩·麦克维尼(Brian MacWhinney)教授和哈佛大学的凯瑟琳·斯诺(Catherine Snow)教授，率先开始了以计算机技术为核心建立国际儿童语言研究数据库的设计。

通过研究，他们发现了计算机技术运用于儿童语言研究可能具有的优势(MacWhinney and Snow，1985，1990)。其一，依靠计算机的存储能力和高速运算能力，研究者可以存储和处理大量语料，同时可以获得随时提供信息的查询和检索。这不仅极大地提高了工作效率，而且使时限性强的复杂处理可在限定的时间内完成。其二，在儿童语言研究中，编写相应程序，利用计算机强大的逻辑判断能力，能够实现对语料的自动化分析和处理。计算机的计算能力、逻辑判断能力和记忆能力三者相结合，使得计算机的能力远远超过了任何一种工具而成为人类脑力延伸的有力助手。此外，计算机还具有很强的通用性。经过处理的语料可以供不同的计算机使用，并通过统计软件等手段进行运算，从而获得的数据更清晰、针对性更强。

使用计算机为工具建立语料库，使得几代人在以前不可能进行的大规模语料分析成为现实。特别是在儿童语言研究范畴内，许多语言现象因此可以进行更充分的描写和解释，这将对以内省为方法的语言学理论产生冲击和影响。语料库语言学无疑会广泛地丰富语言学的理论和方法。而依托计算机建设语料库进行的儿童语言研究注重实证性的研究方法，重视实际使用中的语言，注重用数据来说话，这样就提高了研究成果的真实性和可信性。又由于在采集和处理语料(尤其是口语语料)的过程中发展了比过去采访调查对象(informants)更加细致和系统的方法(例如摄像和语料同步)，从而使调查和记录语言材料的技术出现很大的革新。此外，语料库具有资源再利用的特点，即同一语料可以为各种不同的研究目的和学科服务。同时，语料库能够不断地增加新的语料，更新内容，语料库因此具有开放性的特点。

是否能够建设一个理想的儿童语料库，真正揭示儿童在实际生活中使用语言的情况呢？卡内基梅隆大学的麦克维尼教授与软件工程师合作，以相应的工具软件和适合语料库语言学的语言研究理论为基础，开发完善了 CHILDES 国际儿童语料库系统。这套针对儿童语言的全新技术在前人研究的基础上更进一步，完成了很多语言学家由于技术手段上的制约而无法完成的任务。如今，位于美国匹兹堡卡内基梅隆大学的 CHILDES 国际儿童语料库已经成为国际儿童语言研究的中心。

CHILDES 国际儿童语料库的诞生对儿童语言发展的研究产生了巨大的影响。

首先，CHILDES 国际儿童语料库在儿童语言研究方法的开拓上具有深远影响。它使得我们有办法利用语料库提供的数据将我们对儿童语言规律的朴素认识上升为语言学理论，或者用这些数据来纠正我们常识中对于语言规律理解的种种谬误。通过对数据库进行统计分析，并对照原始的语料和录像等进行定性、定量的分析，使儿童语言研究结果更具有说服力。

其次，CHILDES 国际儿童语料库本身的应用具有极大的灵活性。该语料库所包含的数据是根据儿童语言研究的要求和原则，收集或取样并按照一定的方法分类集合起来的一批儿童语言材料。该语料库具有语言样本大、语域广等特征，其收集的语言材料具有很强的代表性。利用 CHILDES 国际儿童语料库研究儿童语言的特征，已成为该语料库最重要的应用之一，为各国的儿童语言研究者提供充足可信的数据资源。比如，该语料库可用来研究特定语域儿童的词频、语言结构、意义表达以及语用等特征。而语料库的检索功能和统计手段更是为句法研究、语篇分析、会话分析和语音研究提供了方便。

第三，依托互联网优势，设置开放性共享，各国的研究者都投入精力，建设和扩充该语料库，并共同使用该语料库的资源，获得了一大批具有重要科研价值的成果。在中国大陆，华东师范大学 ESEC 儿童语言研究中心成为 CHILDES 国际儿童语料库的中国站点。这个中心旨在团结各方面力量，推动汉语儿童语言发展与教育研究和培训的工作，加快中国儿童语言研究与世界接轨的步伐，开展有关汉语儿童语言发展和教育的研究，提供与国际儿童语言研究沟通交流的窗口，建立儿童语言研究成果转换为教育实践的桥梁。该中心目前已经为 CHILDES 国际儿童语料库提供了最大容量的汉语儿童语言发展的语料，丰富了 CHILDES 国际儿童语料库的语域，也为有志于研究汉语儿童语言发展的学者提供了宝贵的资料。

从目前儿童语料库的发展来看，这一新兴趋势正在引领儿童语言研究的新方向，令学者们可以更科学、更客观、更深入地进行儿童语言发展研究。将来随着计算机技术和语料库研究方法的发展，语料库的进一步更新换代，必将有更多的先进技术手段支持儿童语言发展研究。

四、儿童语言研究的语料库成熟阶段

自从人类社会进入21世纪之后，计算机技术飞速发展，将儿童语言研究带入了多媒体同步记录分析阶段。研究者利用计算机多媒体技术，实现了儿童语料的声音、图像和文本同步运作，从而为儿童语言研究提供了更加自然、真实和丰富的工具条件。

一个方面的进展以 TalkBank 工程开发呈现出来。TalkBank 开发背景来自两个方面，即对现有研究手段局限性的改革和依托现有的新技术。儿童语言的研究主要是对儿童口语和交流行为的研究，涉及交流互动行为的复杂性。儿童在与照料者、同伴的互动中表现出很多独特的交流行为，许多信息仅仅依赖语言的文本记录不能达到完全捕捉的水平。现代儿童语言研究，对能够反映同时存在的其他行为信息非常关注，因而通过多样性研究资料记录格式，可以避免研究重要信息的流失，也有利于多方位地分享语料及多层检验语料，可以大幅度增强研究的信度。随着计算机技术的飞速发展，包括影音格式多样化及记录媒介的普及、功能更强的播放器、互联网技术、程序开发的便捷性等，使得开发和使用一种全新的，包含视频和转录文本同步的研究工具成为可能。而 CHILDES 国际儿童语料库等项目对于数据共享的促进，也为 TalkBank 的开发使用奠定了基础。TalkBank 给儿童语言研究所带来的第一个进步在于理论与资料的连接。TalkBank 将语料录制的情境和转录的文字稿件以及编码之间建立了直观的联系，可以清晰地让研究者将抽象归纳出来的理论和实际的语言运用情境联系在一起，通过观察情境中非声音的部分，能够得到更多的信息，帮助研究者进一步探索。TalkBank 所带来的第二个进步，是这种研究提供了学术观点融合的可能。例如，在对母亲和儿童图画书阅读情境进行分析的过程中，研究者可以使用 TalkBank 技术，对儿童语言发展、手势发展、依恋发展、社会化程度等多个方面进行对照，从原始数据中不难找到相应的证据，以多理论的融合解释儿童的整体发展。

另一个方面的进展在于 KIDEVAL(Kid Evaluation)系统的开发。KIDEVAL 系统是一个以诊断为目的的词汇和语法综合分析系统。近年来，CHILDES 国际儿童语料库的研究者开始利用数据整合，为儿童语言分析建构更加系统而成熟的自动化分析系统，这一程序也被称为 KIDEVAL。目前，CHILDES 国际儿童语料库已经发展出适合儿童语言评估的 KIDEVAL 系统，该系统可以同步计算语素型话语均长（MLUm）、单词型话语均长（MLUw）、形次比（TTR）等28个指标，覆盖儿童词汇语义和语法发展的多个指标，从而依托大数据建构起正常儿童语言发展的参考数据或者常模参考值。此外，依托上述指标，KIDEVAL 可以将任何儿童的发展数据与上述参考数据进行指标上的一一比较，从而为后期语言障碍儿童的干预提供详细的数据说明和证据，使得干预的实施更加有效。KIDEVAL 的使用需要依靠 CLAN(Child Language Analysis)来实现，可以对一系列指标进行完全自动化的运算，其中包括语料的所有语句数、平均语句长度、每秒语句数、错误或重复的词数和语句数，等等。可以说，CHILDES 国际儿童语料库经历了从创建、分析编码和存储到计算机自动分析的层次，现有的国际语料库的价值或者作用，已经逐渐从单纯的儿童语言分析和语言研究数据共享向更大范围内的数据库建设迈进，逐渐在推进应用语料库这一大型数据库作为儿童语言发展参考数据和诊断儿童语言发展问题中的价值。

第二节　基于语料库的汉语儿童语言发展研究进展

如前文所述，汉语儿童语言研究起步较晚，但在近年的研究中有了长足的进步。需要特别说明的是，中国从 20 世纪 90 年代开始，追赶上第三次浪潮而进入计算机技术飞速发展的时期，而我们的汉语儿童语言研究，也就冲浪式跃上了汉语儿童语料库发展阶段。

一、基于语料库的汉语儿童语言运用能力发展研究

儿童的语言运用，是指儿童在学习和获得语言的过程中不断使用和操作语言进行交流的现象。儿童语用、语义、语法和语音是并列的四大儿童语言发展研究范畴。已有研究表明，语用发展可能具有驱动儿童语言发展的作用。因为语用是儿童在建立与人交往的关系和准则基础上习得的，早期儿童与父母及养育者之间的交流，本身就是儿童语言学习的源泉(Ninio and Snow，1996)。儿童在交往过程中成长起来的语言运用能力，主要表现为儿童语用交流行为(communicative acts)的习得、儿童谈话技能(conversation skill)的发展和儿童话语策略(strategies in discourse level)的掌握(Ninio and Snow，1996)。

(一) 汉语儿童早期语用交流行为的发展

研究者们公认，语用交流行为是儿童最早出现的语用行为，同时也是最基本的语用现象。周兢(2001，2009)对0—3岁与3—6岁两个阶段汉语儿童语言运用能力发展的情况进行了分析。在母子自由游戏的互动情境下，研究发现：(1)从前语言到语言转换阶段，汉语儿童的语用交流行为清晰度不断增强，特别是在12个月到32个月期间，儿童的言语倾向和言语行动达到了很高的可诠释度(即能够让交流对方明白意图的比例)，同时语言的其他方面也有了迅速的发展，各个方面相互促进，提升了儿童运用语言清楚表达自己交往意愿的能力。(2)在转换阶段，汉语儿童的语用交流行为有了各个层面比较明显的扩展增长。3岁前的汉语儿童似乎在不断地有意学习与母亲交流，而且互动时表达自己交往意图的言语倾向逐步增加，言语行动形式不断丰富，同时他们的言语变通程度也随着年龄增加而越来越高。儿童使用语言表达社会交往意图、社会交往方式和社会交往灵活程度的能力快速成长。(3)转换阶段是儿童各种语用交流行为类型浮现的时期，他们不断尝试运用新的方式表达自己的交流意图。同时，也存在着几种言语倾向和言语行动的核心类型。(4)3—6岁汉语儿童的语用交流行为在言语参与程度方面，儿童的主动性和积极性有了较大的提高；在言语倾向层面，儿童平均使用不同类型的比例和使用率都出现明显上升的现象，复杂程度体现儿童认知和语言其他方面相关的发展状态，几种核心倾向仍然存在，并保持了前期研究所发现的中国儿童语用特点；在言语行动水平上，儿童也有了言语行动类型的量的增长和质的变化，使得他们的交往可以用更多的形式自如地表达交流意图。

(二) 亲子互动对儿童语用能力的影响

研究发现，在汉语学前儿童语用交流行为发展中，母亲的作用至关重要，两者存在着比较密切的关系，儿童在不同阶段语用类型的使用明显受到母亲的影响。就0—3岁儿童语用交流行为成长而言，研究发现中国母亲根据孩子兴趣的“即时性”和注意力不稳定的特点，有选择地使用了一套核心言语倾向类型(DHA、NIA、DJF等)，将言语互动限定在有关“此时此刻”的事物和事件上；其次，根据孩子的独立活动能力弱、生活经验不足的特点，广泛地使用了一套核心言语行动类型(RP、QN、YQ、ST等)，积极地促进孩子的言语表达(孙秀荣,2001)。比较中国母亲和美国母亲与孩子的语用交流互动,西方文化下的母亲更注重使孩子"主动提出新方案、明确表达自己的意见",这也导致美国孩子在互动中表现出比中国孩子更大的自主性;中国母亲的言语行动多为引发式,而孩子的多为应答式,很明显中国母亲有清晰地"搀着手领孩子上路"的交往方式,由此证明母子互动中母亲的言语在行为上会不可避免地影响孩子的言语行为。这个研究同样证实了社会互动因素对儿童从前语言到语言转换的特殊意义。

另一项研究重点考察了不同教育背景的母亲的言语运用对3—6岁儿童语用的影响。通过质量结合的研究方法,得出以下的研究结果:(1)不同教育背景的母亲在母子言语互动中使用的言语行为类型及言语参与程度有很大的不同,显示不同教育背景的母亲采用了不同的母子言语互动模式。高教育背景母亲倾向于使用"高控制"模式,参与主动性强,低教育背景母亲倾向于使用"低控制"模式,参与主动性低。(2)母亲教育背景不同的儿童所使用的主要言语行为类型的情况是相近的,但是,总体上看,母亲教育背景高的儿童所使用的言语行为类型均数明显低于母亲教育背景低的儿童,在有的年龄段达到了显著差异的水平。(3)不同教育背景的母亲不同的言语互动模式,造成了儿童的一些不同言语行为反应(周兢、李晓燕,2010)。

李红梅(2015)聚焦家庭晚餐谈话的情境,分析中国学前儿童在家庭晚餐谈话中的语言使用偏好、言语参与度、谈话类型及谈话方式。研究结果显示:(1)从语言使用偏好来看,存在普通话与方言并行使用的现象,且普通话为晚餐谈话的主要语言。(2)从家庭成员的言语参与度来看,家长在晚餐谈话中的言语参与度高于儿童,总体来看,多人互动情境中言语参与度高于亲子双人(父子或母子)互动情境中的言语参与度。(3)从谈话内容来看,使用最多的是解释性谈话,其次是常规性谈话,最少的是叙述性谈话。在同一谈话类型的使用上,家长和儿童谈话类型的使用率存在显著的正相关关系。与国外晚餐谈话类型的研究结果相比,既表现出跨文化的一致性又表现出中国文化的独特性,例如在解释性谈话中,中国家庭比美国家庭通过更多传统的"为什么"的提问方式展开因果关系的解释。(4)从谈话方式来看,晚餐谈话的言语行动类型与母子双人互动情境相比存在相同之处,也表现了晚餐谈话独有的特点,例如,儿童较常使用要求或者建议的话语(RP)以要求家长提供有关就餐的协助和管理,这正是家庭晚餐谈话的工具性功能——管理晚餐就餐的重要表现。家长的言语行动类型在一定程度上对儿童的言语行动类型产生影响,从而共同建构了晚餐谈话的互动模式。

与母子互动比较来看,关于父子互动的研究较少。不过近年来父亲对孩子的教育作用越来越受到关注，也有越来越多的研究聚焦在父子的互动上。钦一敏(2016)分析了某档综艺节目中的不同教养类型的父亲在亲子互动中的语言使用情况。该研究将语用交流行为与父亲的教养方式结合在一起，使用 Child Rearing Practices Report(CRPR; Block, 1981)对父亲的教养方式进行了划分，五位父亲分别是偏重引导、说服型的父亲，偏重情感与生活交流型的父亲，偏重儿童成就提升型的父亲，偏重正向情境交流型的父亲，偏重直接表达型的父亲。研究结果显示：首先，这五位教养方式各异的父亲，在语言使用中有一些共性，即事务性对话比重较多，其沟通情感功能和教育功能较弱，不利于实质的亲子互动；主导性地位十分明确；重视情感交流；普遍忽视"鼓励独立"，保护欲过强；从不体罚孩子。另一方面，孩子的语言也存在共性，即极少关注父亲的情感，这可能与儿童的"自我中心"有关；对父亲崇拜多于反对；语言交流意图与形式较为单一。当然，不同教养方式的父子，也有不同的语言使用特点。偏重引导、说服型的父亲，对孩子的指导占突出地位；偏重情感与生活交流型的父亲，语言上也更重视情感的交流和生活琐事的交流，教育孩子的主动性较低；偏重儿童成就提升型的父亲，语言上态度表达更鲜明直接，情感表达内敛深沉，经常鼓励孩子；偏重正向情境交流型的父亲，在孩子情感态度积极的情境下，或是孩子与自己想法一致时，较为善于和其沟通，情感表达内敛，但是当孩子表现出焦虑、烦躁等消极情感态度，或者孩子反复表达与自己预设不符的想法时，相对来说容易忽视孩子的情感，对孩子产出负面评价；偏重直接表达型的父亲，语言互动表达情感经常而直接，表达态度明确但方式温和。

二、基于语料库的汉语儿童早期游戏情境语言发展研究

游戏是儿童早期语言学习与交往的重要情境，探讨游戏中同伴互动的语言内容、行为、模式的特征和发展规律很有意义。李林慧(2008)在采集的 3—6 岁儿童装扮游戏中对语言的元交际(meta communication)发展水平进行了研究。元交际强调了在交流互动时意义呈现的多种层次，是为其他言语或非言语形式的消息如何解释而提供信息的消息。研究结果表明：(1)不同年龄组的儿童在合作装扮游戏中对元交际的运用存在着相似的规律，在元交际的运用上有较高的一致性，同时元交际的使用随着年龄的增长而增加。从功能上看，所有年龄段的儿童都更多地运用表达式而非调整式的元交际；从形式上讲，他们都更多地运用隐含的、言语的而非明确的、非言语的元交际；内容上，儿童的元交际讨论由多到少依次为计划、对象、动作、角色、场景以及规则，即更多地讨论计划和个

人关注的焦点；在完成元交际的言语形式上，也存在同伴装扮游戏情境下的特定类型，如阐述自己做某事的意图和在游戏中执行言语行动，这表明不同年龄的儿童在极为相似的模式下运用元交际对游戏进行协商，通过不断练习促进某些特定的心理及语言能力发展。(2)3—6岁汉语学前儿童在合作装扮游戏中的叙事在元交际的帮助下获得发展。(3)同伴互动为儿童创造的协商机会是其为儿童带来发展的一个重要原因，而这种协商的能力也正是儿童成功合作的基础。同伴合作装扮游戏则为儿童提供了大量进行协商(元交际)的机会。

在此基础上，杨晓岚(2009)对装扮游戏中儿童的会话能力进行了研究，发现汉语儿童早期会话能力成长有如下特点：从汉语儿童会话能力的构成要素来看，话轮转换、会话发起、会话维持和会话修补能力是汉语儿童会话能力的重要组成部分，在具体的交流过程中，儿童运用语言与同伴进行交流的能力不断提高，这四种能力相辅相成缺一不可，参与话轮转换的频率显著增加，会话发起、维持和修补行为更加有效。从汉语儿童会话能力与儿童认知发展的关系看，儿童会话能力的发展，符合儿童去自我中心化的发展趋势，呈现了儿童由动作向语言的发展规律，展现了儿童思维由具体到抽象的发展特点，揭示了儿童语言敏感性的发展过程，也印证了儿童角色游戏活动的发展阶段。从学前儿童同伴会话能力发展的总体特点看，儿童不是成功的会话发起者，是一个良好的会话维持者，是一个不成熟的会话修补者。此外，同伴互动为儿童会话能力的发展创设了契机，一方面，同伴会话为儿童营造了“想象”的交流空间，另一方面，同伴会话“消极”的交流氛围促使了儿童“积极”的交流行为。

在前一项研究的基础上，杨晓岚(2018)又设计收集了角色游戏情境中的同伴互动语料，通过计算机分析对3—6岁汉语儿童的语言内容、行为、模式的特征和发展规律进行了全面的研究。研究发现：(1)角色游戏情境中儿童的同伴互动语言内容揭示了儿童借助游戏中的对话完成了去自我中心化、社会化以及认知复杂化的发展过程，完成了多元、立体化同伴游戏文化的建构过程。具体而言，儿童的语言交流以象征性内容为主；随着年龄增长，儿童的象征性水平和元交际能力不断提升，游戏计划能力、角色身份意识和规则意识逐渐增强；5岁是儿童象征性能力发展的关键期；儿童在进行不同内容的交流时存在语言类型的使用偏好；物品分配和物品辨别是儿童非象征性语言交流的主要内容；儿童语言的回应性能力和表达的清晰度逐渐增强；各年龄段儿童在游戏的主题上呈现角色身份和游戏情节的多样化特征；儿童借助物品分配和无关话题尝试解决同伴冲突。(2)角色游戏为儿童创设了充满想象的独特交流情境，使得儿童交流的目的性、主动性、合作性以及解决同伴冲突的语言能力都能得到较好的锻炼和提升。(3)4—6岁儿童游戏的象征性水平与语言的运用能力同步发展，儿童的认知水平和会话参与度共同影响着游戏中同伴互动语言的质量，并反作用于儿童游戏与语言能力的发展。具体而言，儿童在游戏中的平均语句长度和话轮转换能力总体高于其他情境；语法水平决定着儿童互动语言内容的象征性；会话能力决定着儿童互动语言行为的变通性；同伴互动语言的特征和质量决定着儿童的角色游戏能力以及同伴关系。

除了角色游戏情境之外，也有研究者采用语料库方式对积木游戏情境中儿童的语言发展进行研究(刘洋，2016)。研究发现，积木游戏情境是能够促进幼儿词汇和语法水平发展的优势情境。儿童在积木游戏中使用的词汇十分丰富，涉及了同年龄段儿童掌握词汇的大部分。通过比较发现，除名词外，儿童在积木游戏情境中使用的各类词汇的词型数量，均高于自然交流情境。该项研究还发现，在句子长度方面，4—6岁儿童在积木游戏中的平均语句长度 MLU(4.03—4.15)与最长五句话长度 MLU5(11.21—13.54)普遍高于同年龄段汉语儿童的平均水平，不同句法结构和语法要素不断增加。并且4—6岁儿童在积木游戏的言语交流中，复合句总体比重会随年龄增长不断上升，4—5岁阶段上升最为明显。复合句类型也十分丰富，按使用率由高到低依次为：并列复句、连贯复句、假设复句、因果复句、条件复句、递进复句、转折复句。

三、基于语料库的汉语儿童早期叙事语言能力的发展

叙事(narrative)又称说故事(story-telling)，是一种脱离语境进行有组织表述的语言能力(张放放，2010)。学前儿童的叙事性讲述即是口头语言的一种叙事能力，是指以口头叙事方式讲述出人的经历、采取行为、事情的“发生-发展-变化”，要求既要叙述出人物时地背景及事情发生的原因，又要叙说明白事情发展的来龙去脉和前后关系(周兢，1996)。一般而言，研究者通过儿童的叙事性讲述来研究儿童的叙事语言能力。叙事语言能力是学前儿童一项重要的语言能力，它不仅涉及一些基本的语言能力如词汇、语法等，还涉及如何排列所叙事的内容，如何使用适当的连接词来连接不同的句子等能力，要求幼儿具备多重的语言能力。研究表明，幼儿的叙事能力与其日后的语文能力有密切的关系；幼儿所叙述的故事也是自我的表述，不仅展现的是幼儿的内心世界，也能够反映出不同文化和社会族群的差异。利用语料库研究范式，可以自动分析叙事过程中儿童语言水平的状况，也可以通过自编码进行叙事各种结构要素的分析，为儿童叙事语言的记录

和分析提供有效途径。

反映儿童叙事能力成长的主要指标之一在于叙事完整性所需要的结构要素方面。余思洋(2017)采用语料库研究范式分析,发现中班到大班汉语儿童独立面对 IPAD 的叙事,均随年龄增长而增加叙事的长度,叙事中呈现结构使用的六个结构类型基本要素:摘要(abstract),人物时地背景(orientation),行动(action),观点(evaluation),解决方法(solution)和结语(coda);但是幼儿叙述时对故事进行概况的摘要和结语的能力较弱,因而存在叙事过程不完整,有头无尾的情况。在另两项汉语儿童学习故事续编和阅读图画书复述故事的研究中,研究证实 3—5 岁儿童叙事随年龄增长叙事结构逐渐丰富,叙事长度也因此增加。因此认为,4—5 岁不仅是儿童叙事语言发展的转折点,也是叙事结构发展的快速期(刘丝韵,2018;李新园,2018)。

在叙事中能否表达自己和故事人物的感受和观点,是叙事水平发展的又一个指标。借助语料库系统分析儿童叙事中使用有关情绪、认知、意愿等的词汇或语气,评判儿童透露出他们对所叙述故事的观感和评价(张鑑如、章菁,2002)。研究发现,无论在何种叙事情境下叙述何种故事,美国儿童高频使用的使役类及否定类观点,在汉语儿童的叙事中很少出现;中国台湾儿童和中国大陆儿童均能够高频使用评价性形容词、程度评价和内心感受,说明这三种观点是学前汉语儿童掌握较好的观点表述方式;这种差异可能来自个人意愿的表达倾向,在不同文化上存在差异性(张放放,2010;张鑑如、章菁,2002)。余思洋(2017)证实了前期的研究结论,认为在面对 IPAD 独立叙事时,大班幼儿比中班幼儿表达出更多的观点、评价和态度,并且叙述观点的方式也越来越多样化。

叙事顺序指的是叙事中所包含的内在顺序和关系的总和,在叙述中以特征词汇的方式出现。研究者利用语料库系统对儿童叙事语言中的叙事顺序进行了编码研究,对学前儿童的看图叙事顺序能力的研究发现,随着年龄的增长,幼儿对叙事顺序的把握能力逐步发展,尤其是随着年龄的增长,儿童使用时间顺序词基本上呈逐渐上升的趋势,他们提及汉语时态词“着”“了”“过”的数量与年龄成正比(张海霞,2007)。余思洋(2017)的研究也印证了这一点,同时认为 5 岁儿童使用的非定位词比 3 岁儿童少。研究者认为这说明儿童的时间概念逐渐发展至客观化,不再以“当下”作为参照物来叙述时间,而是以客观的、永久的“时间轴”作为参照来定位发生的时间;幼儿在叙事时使用较为频繁的核心观点类型有四种:事件顺序、时间顺序、简单顺序、状态语汇;进一步探讨幼儿叙事顺序中的逻辑顺序类语汇,包括因果关系、反义关系、附加关系和假设推理,结果发现,幼儿对逻辑关系类顺序的叙事能力整体来说是不足的。

从上述有关汉语儿童叙事能力的研究可以看出，儿童叙事能力的成长与他们的一般语言发展是紧密相关的。分析儿童在叙事情境下的词汇水平，发现儿童在叙事情境中的词汇多样性、词汇总量水平随年龄的增长而增长，在不同的叙事情境中呈现出不同的独特性（杜丽君，2013）。研究还发现，儿童叙事语言的词汇水平与儿童叙事结构、叙事观点和叙事顺序的能力有显著的相关性。利用语料库分析儿童说明性讲述中的词汇水平，发现儿童在说明性讲述中的词汇准确性和复杂性不断上升，具体来说，虽然儿童表达的词汇以单词素词汇为主，但是儿童的复合词使用比例不断增加（牛苗苗，2018）。杜丽君（2013）等人在对儿童在叙事情境下的语法水平分析中发现，儿童在叙事情境中的句子长度和句子结构随年龄的增长而提升，在不同的叙事情境中呈现出不同的独特性。而儿童在说明性讲述中使用复合句的情况，通过语料库 MLU5 的分析，发现 4—5 岁的阶段，儿童最长 5 句话中的复合句的出现比例越来越高，反映了幼儿的语法结构从简单句到复合句发展的趋势（牛苗苗，2018）。

对学前儿童来说，叙事是一项比较复杂的任务，需要给予儿童恰当的支持。刘佚菡（2018）研究了幼儿园语言和读写环境对儿童叙事能力的影响。通过儿童叙事的语料库研究和早期语言与读写环境测评工具（ELLCO）考察，发现儿童口头叙事能力成长过程中，幼儿园的语言环境及读写活动因素，能够有效影响儿童看图叙事能力的发展；因此建议幼儿园重视儿童口语学习，丰富词汇类型，营造交流氛围，拓展儿童对话机会，促进提升儿童的叙事能力。

四、基于语料库的汉语儿童早期学业语言能力的发展

学业语言是儿童语言发展过程中所学习运用的一种特别的语言能力，是一种可以通过口头语言进行交流，但是具有书面语言特征的语言。儿童知识类图画书的阅读为儿童学业语言的发展提供了一定的语言环境，一般认为，知识类图画书具有学业语言的结构特征。周兢、陈思、斯诺和乌切利（Uccelli）（2014）还指出，说明性讲述活动为儿童提供了一个使用精确词汇和简洁语句的话语情境，并通过一定的认知挑战，引导和帮助儿童以学业语言的词汇、句型和话语组织方式进行表达，从而学会有效地使用学业语言。斯诺（2010）认为学业语言的核心特征是语法的嵌入、精深抽象的词汇、选词的精确性及复杂部分的名词化。对儿童学业语言的研究，一般从儿童词汇和语法的精确性、复杂性等角度进行。

学业语言的词汇方面，研究者较多地关注了儿童学业语言的词汇多样性、准确性和复杂性。蒋忠心等人(2019)考察了新疆学前教育情境中，汉族儿童和少数民族儿童在阅读基础上的拓展会话任务中的学业语言的表现。研究发现，通过时间指代词和空间指代词的精确性来观察儿童在学业语言中的词汇准确性，儿童随着年龄的增长，所运用的时间特定性指代数量不断增多，且表现出时间概念的相对精确性；儿童学业语言词汇水平随着年龄的增长而有所提升，具体而言，准确性和复杂性呈现不同的发展特点；4—6 岁儿童的词汇多样性发展随着年龄增长整体上均有所提升，并在 4—5 岁期间发展明显；在阅读基础上的拓展会话任务中，儿童产出的名词所蕴含的抽象程度日益增强。

学业语言的语法方面，研究者从宏观的句法结构复杂性和微观的句子成分的修饰/复合性发展来考察儿童学业语言的语法发展，利用语料库分析儿童的句法结构复杂性以及复杂句法语句数。研究发现，儿童句法的复杂性随着年龄增长整体上均有所提升，5 岁是汉语儿童句法复杂性发展的关键时期，而少数民族儿童学业语言的句法复杂性发展的较快时期是 6 岁；主要体现在汉语儿童在 5 岁时，句子完整性和修饰性进步明显，句式类型显著增多，出现了感叹句、比较句、选择疑问句以及更加多元逻辑意味的紧缩句与二重或多重复句等。此外，以虚词为标志的时态句表达也较为成熟；6 岁的少数民族儿童在会话中所产出的话语，在句法结构复杂性方面有了明显的发展，在句式类别上出现了存现句、是字句、被动句、使动句、把字句、连动句、紧缩句和二重复句等。无论维汉儿童，随着年龄的增长，尽管他们所运用的复合性主宾语数量不断增多，但复合性主宾语的类型仍然较为单一，复杂程度更高的复合性主宾语运用相对总话语量而言普遍性不高，仍然以日常交流语言中所运用的简单句法结构与指示代词性主宾语为主(蒋忠心，2019)。

五、基于语料库的早期双语能力的发展研究

基于语料库的早期双语发展的研究，在大中华文化环境中有汉语与少数民族语言的研究，也有汉语与其他语言学习与发展的研究。辛宏伟(2011)研究了新疆少数民族儿童汉语语言能力的发展特点，研究中使用了 PPVT 量表考察维吾尔族儿童理解性和表达性的词汇量，使用语料库研究方法研究了词型和词类、主要词类的发展。研究发现，3—6 岁少数民族儿童汉语词汇系统的总体发展特征表现为汉语词汇量随年龄呈现增长的发展趋势，但总体上低于同年龄阶段汉族儿童的词汇量，其中接受性词汇量的发展差异随年龄增长而增加。在词类的分布方面，其发展趋势与汉族儿童相同，名词在总量上居第一

位，其次为动词、形容词、副词、代词、量词和体貌助词，且各词类都呈现逐步上升的发展趋势；在使用比例方面，其发展变化与汉族儿童相似。在各主要词类子类的发展中，各词类的始现时间具有一定的顺序性，其词型和词频随年龄增长在数量和种类上日益丰富。如名词中表示事物的名词出现最早，词型最丰富，使用频率也最高。而表示方向位置的名词出现时间最晚，词型最贫乏，使用频率也最低。表示使令的动词出现较晚，在 4 岁阶段开始使用；词型方面表示动作的动词词型最丰富。黄雪云（2017）对新加坡英语家庭中华语学前儿童的华语词汇和句法进行了研究。在词汇方面，研究了儿童词汇的词型、词频和各种词类总量。研究表明，华语词汇量的整体发展和各种词类的词型发展呈现由少到多的年龄发展趋势，华语词类的发展表现出一定的顺序和特点。英语家庭背景中 3 至 6 岁的华族儿童的华语词义理解水平比词汇表达的水平高，并且词义理解的发展比词汇表达的发展快速。新加坡儿童的大部分华语词类的发展趋势平稳，速度缓慢。研究结果显示，三组受试儿童使用的华语名词、动词的增长快速，形容词、副词、连词、介词和量词的词型增长都比较缓慢。其中，4 至 5 岁的受试儿童的华语词型总量，名词、动词和形容词的词型和词频量增长最快，这与辛宏伟（2011）的研究一致，新疆维吾尔族儿童的汉语名词、动词和副词等的词型量，在 4 至 5 岁阶段的增长也是最快的。在使用各种词类的比例上，他们使用比例较高的是动词，其次是名词，再次是代词。代词使用泛化的现象与汉语儿童的词类发展特点不同，研究者认为这是因为受试儿童掌握的汉语词汇不够丰富，在以汉语进行表达时，他们会使用代词来代替尚未掌握的名词，因此推高了代词的使用频率。

英语家庭背景中华族学前儿童的华语词汇发展出现词汇泛化、词汇误用和自创新异词等现象，此外，他们也使用少量具有新加坡华语特色的词汇，但这一现象并无年龄特征。其中词汇泛化的现象是最多的，这种现象与以华语为第一语言的汉族学前儿童和以华语为第二语言的维吾尔族学前儿童在华语发展中出现词汇泛化的现象相似（黄雪云，2017）。词汇泛化的主要词类是量词和代词，包括“个”“这个”和“那个”，这与辛宏伟（2011）的研究发现一致，这也导致了受试儿童代词使用比例的推高。其中，抽象名词“东西”词汇误用的原因与新加坡儿童的第一语言有关，因为“做事”是“do some things”，翻译成中文便是“做东西”。又如受到第一语言英语的影响，受试儿童说出了“警察人”（police man）、“火人”（fire man）等新异词。

辛宏伟（2011）还同步探讨了在师幼进行自由游戏的情境下，少数民族儿童的汉语语言发展规律和特征。其中，关于维吾尔族儿童汉语语用交流行为的研究发现：(1)少数民族儿童汉语语用交流行为类型内部系统的出现具有先后的顺序。汉语言语倾向类型在讨论、协商、标记和元交流四个主要系统内部具有一个基本的发展顺序(比如在言语倾向类型讨论系统的发展中,有着从易到难的发展次序)。(2)汉语言语行动在问答系统、指令系统、表述系统、标志系统和评估系统等不同功能形式范畴中也存在一定的发展次序(比如先回答,后提问)。(3)与汉族儿童的比较发现,少数民族儿童与汉族儿童的早期汉语语言发展既有同,又有异。"同"在于发展路径相似,汉语语用交流行为在各个层面都有了比较明显的增长。随着年龄增长,少数民族儿童汉语言语可诠释程度逐步增加,言语参与程度不断提高,表达自己交往意图的言语倾向逐步增加,言语行动形式不断丰富,同时言语变通程度也随变通类型增加而更加多样。"异"在于语言具体范畴的发展速率上,少数民族儿童与汉族儿童的快慢程度不一致,言语行为和言语变通类型的总体发展速率较同龄汉族儿童缓慢。

王玉琼(2013)在师幼进行自由游戏的情境下进行研究,探讨了新疆学前教师与少数民族儿童互动的汉语语用水平及其相关性。研究发现:(1)新疆学前双语教师与维吾尔族儿童互动时的语言输入既保持恒定又带有一定变化,但总体未能明显地体现出随儿童年龄增长而发展的趋势;教师简化语言,降低难度以适应少数民族儿童的汉语习得,具体来说,对环境中当前可以观察到的事情进行提问居多,更多以祈使句进行指示。(2)教师汉语语用交流行为导致少数民族儿童汉语语用交流发展上的不足。教师语用交流行为导致少数民族儿童汉语在交流形式和灵活性发展上的不足;教师的言语行动导致少数民族儿童在汉语言语交流中主动提问的交流形式非常有限。(3)教师与少数民族儿童的汉语语言互动质量有待提高,主要表现在两个方面,其一是互动以教师为中心,少数民族儿童的参与度不高;其二是话题以教师发起为主导,少数民族儿童汉语表达的主动性不足。

六、基于语料库的汉语特殊需要儿童早期语言发展研究

自 2006 年起,基于语料库研究方法的汉语特殊需要儿童早期语言发展研究开始进入汉语儿童语言研究范畴①。

首先,一项立足于听觉障碍儿童的追踪研究,着重探讨 4—6 岁汉语重度听觉障碍儿童在自由游戏情境下,与健听母亲的亲子言语交流过程(贺利中,2007)。研究发现,汉语

① 国家社科基金项目"汉语特殊儿童语料库建设与语言发展研究"(批准号 05BYY039)。

重度听障儿童在4—6岁期间，有言语行为三个层面发展水平稳步提高的趋势，但差异不显著；听力损伤严重影响了儿童的语用发展，听觉障碍儿童的语用发展滞后于正常儿童。从言语倾向来看，听障儿童缺少了DHA（主动吸引交往对方关注）这一核心类型，表明听觉障碍儿童在母子互动的过程中，积极性、主动性和自主性不强；从言语行动来看，听障儿童所有的核心类型都属于较低级的语言技能，体现的是儿童语言技能的模仿和顺应，而缺少正常儿童拥有的核心类型即提议和建议，说明4—6岁听障儿童还未掌握更高级的语用技能发起谈话。在对4—6岁汉语重度听觉障碍儿童与其健听母亲的关系研究中发现，两者的语用发展处于同等水平，汉语重度听觉障碍儿童与其健听母亲的言语行为相互影响，他们可能在互动过程中形成了一套共同的主要言语行为类型。

其次，研究者对4—5岁智障儿童在母子自由游戏的互动情境下的言语交流行为及其特征进行了研究（陈臻辉，2007）。研究结果显示，中度智障儿童语用整体能力随着年龄的增长而发展，主要体现在言语交流行为三个维度的类型数量的增长以及品质的提高。具体来说，智障儿童早期与母亲的交流更多还是着眼于眼前的事物，较少关心到与目前相关的事物或者刚刚发生的事，抑或是自己的感受和体会；这些儿童似乎更习惯于在母亲的引导下进行交流，言语交流中他们还是相对处于一种“被动接应者”的地位；在互动过程中，智障儿童的话题选择不丰富，更多是在自言自语或者模仿重复，与普通儿童相比缺失引导听者对于事物和人的注意的交往倾向，很少主动引起交流者的注意，难以推动言语交流的良性互动。

再次，研究者对涉及自闭症儿童进行了追踪语料研究。研究发现，在亲子言语互动中，自闭症幼儿显示出不同的语言成长模型（李晓燕，2008；周兢、李晓燕，2010）；自闭症儿童的语言交流行为有相对优势；但功能性言语比例与其他语言发展均不一致，显示出汉语自闭症幼儿在语言形式、运用与功能之间的脱节；在深入的具体类型使用研究中呈现出受限、异常运用的问题，可能与汉语自闭症幼儿语言运用的质量低下有关；自闭症儿童的个体差异较大，更表现出范畴之间不平衡性的复杂性。与此同时，研究者也发现在语言运用交互平台上，汉语自闭症幼儿可以有非常好的同伴关系，而且可以在一个集体当中成为同伴关系的核心。研究者进一步指出，交互对象能否满足其交互需求特征的关系平台建设，在汉语自闭症幼儿的语言交互当中扮演了基础的支撑性角色（李晓燕，2008）。研究同时表明，高功能自闭症幼儿和低功能自闭症幼儿的发展存在明显差异。高功能自闭症幼儿相比低功能自闭症幼儿拥有更丰富的词汇，更明显的词型增加趋势。随着观察时间的推移，几乎所有高功能自闭症幼儿在相同单位时间内都趋向于表达更多不同的名词、动词、修饰语、代词和体貌助词，低功能自闭症幼儿则都表现出词型少并且没有增加，整体词类发展似乎处于停滞状态。大部分自闭症幼儿最频繁使用的是动词，并以动词的词型最为丰富，名词的使用和丰富性均居动词之后。动词和名词的使用比例有明显的增加趋势。形容词方面，以外部特征词的词型最为丰富，事件情境词和情绪情感词最少。自闭症幼儿的副词表达以限制性副词最丰富，最少的是评注性副词(夏滢，2008)。

此外，张放放(2010)研究了4—6岁特定型语言障碍(SLI)儿童的叙事语言能力。追踪特异性语言障碍儿童的语言成长模型显示，尽管特定型语言障碍儿童在4—6岁期间的叙事能力发展快速，但其叙事结构发展速率落后于普通儿童，他们在6岁时的叙事长度只相当于4岁的普通儿童。特定型语言障碍儿童的叙事结构不完整，一是不能提供人时物地背景信息名称更细节化的讲述，二是儿童讲述时不会转述他人说的话语；4—6岁汉语特定型语言障碍儿童的叙事观点能力远不及同龄普通儿童，在叙事观点类型使用总量和多样性方面均落后于普通儿童。研究表明，特定型语言障碍儿童开始说出多词句时，他们的词汇能力并非与年龄较小普通儿童的特征相似，尤其动词的使用明显落后于普通儿童。研究者认为SLI儿童极少表达内心情绪感受，是由于SLI儿童表达心理活动以及能愿意义的词汇很受限(张放放，2010)。徐勇(2007)的研究也指出，根据特定型语言障碍儿童在个人生活叙事和游戏叙事情境中的叙事语言情况，发现他们的动作动词以及心理动词的平均使用量和使用的动词种类均少于同龄的正常儿童，而其他几类动词的使用率高于正常儿童。特定型语言障碍儿童的语言能力较差，不能很好地完成生活故事的各个组成要素，因而特定型语言障碍儿童生活故事的叙述能力要差于游戏故事的叙述能力。

第三节　从汉语儿童语言发展研究走向语言评价与监测

近几年我国汉语儿童语料库的研究与建设获得了突破性的进展。在中国大陆，华东师范大学ESEC儿童语言研究中心成为CHILDES国际儿童语料库的中国站点。在计算机处理分析儿童语言成为国际儿童语言学界通用方式的前提下，汉语儿童语料库已经建成与 CHILDES 国际儿童语料库同步互动的平台，编码储存了 0—7 岁汉语儿童不同年龄阶段的大量语料，其中包括不同情境下汉语儿童与成人互动的语料、同伴互动的语料、不同类型特殊儿童语言发展和少数民族双语儿童的语料等等，成为世界范围内最大、国际同行充分认同的汉语儿童语料库。

一、汉语儿童语料库的发展现状

在将近 20 年的研究过程中，我们已经参照国际儿童语言研究资源交换系统的工作模式，将汉语儿童语言发展研究所收集的语料建成符合国际规范的语料库。上述汉语儿童语料库的建成，使得学者可以通过标准数据处理程序 CLAN 轻松地对汉语文本语料或者图像语料进行复制、编辑和分析，并实现了通过 CHILDES 国际儿童语料库的 DATA 进行研究共享和交流的愿望(周兢，2009；MacWhinney，2000)。迄今为止，汉语儿童语料库的建设，已经为 CHILDES 国际儿童语料库提供了最大容量的汉语儿童语言发展的语料，丰富了 CHILDES 国际儿童语料库的语域，也为有志于研究汉语儿童语言发展的学者提供了宝贵的资料(周兢，2009)。以 www. childes. cn 存在的汉语儿童语言研究中心，一方面实现了与 CHILDES 国际儿童语料库的对接，成为 CHILDES 国际儿童语料库的中文平台；另一方面，我们的汉语儿童语言发展语料库，已经是国际范围内最大的汉语儿童语料库，这个可以独立运作的汉语儿童语言计算机分析系统，可供有关 0—6 岁儿童语言发展的教学和科研持续使用(表 1.1)。

表 1.1　汉语儿童语言发展语料库

样本群体	语料	年龄	数量	语料介绍
普通儿童	0—3 岁亲子游戏互动语料	0—3 岁	50 份	该语料的对话参与者是儿童及其母亲。采用哈佛大学研究设计，收集母亲与儿童在四个盒子情境下的自由游戏语料，四个盒子分别为一个皮球、一个变形金刚、画笔和纸、一本书。研究共涵盖 50 个数据，包括横断数据和纵向数据。其中横断数据包括 14 个月的儿童 10 个，20 个月的儿童 15 个，26 个月的儿童 10 个，32 个月的儿童 10 个；纵向数据为一个儿童在 14、20、26、32、48 个月时与母亲游戏互动的语料，每段语料的时长为 30 分钟。

续表

样本群体	语料	年龄	数量	语料介绍
	3—6岁亲子游戏互动语料	3—6岁	140份	该语料的对话参与者是儿童及其母亲。采用哈佛大学研究设计，收集母亲与儿童在四个盒子情境下的自由游戏语料，四个盒子分别为一个皮球、一个变形金刚、画笔和纸、一本书。研究共涵盖140个数据，覆盖36、42、48、54、60、66、72个月的儿童，每个年龄段各20人，每段语料的时长为30分钟。
	雪雪游戏语料	0;8—4;5	30份	该语料的对话参与者为一对母女。采用哈佛大学研究设计，收集母亲与女儿在四个盒子情境下的自由游戏语料，四个盒子分别为一个皮球、一个变形金刚、画笔和纸、一本书。研究为个案追踪研究，共追踪数据30次，每次收集语料的时长为30分钟。
	新加坡汉族儿童师幼互动游戏语料	3—6岁	67份	该语料的对话参与者是儿童和教师。采用半结构化的谈话方法收集语料，谈话的材料包括各种与农场相关的动物、人物、配件和交通工具。研究共涵盖67个数据，覆盖小班23个，中班22个，大班22个，每段语料的时长为20分钟。
	汉语儿童师幼互动游戏语料	3—6岁	219份	该语料的对话参与者是儿童和教师。采用半结构化的谈话方法收集语料，谈话的材料包括森林大屋以及其他添加的玩具等。研究共涵盖3—4岁79人，4—5岁70人，5—6岁70人，每段语料的时长为20—30分钟。
	新疆学前儿童师幼互动游戏语料	3—6岁	80份	该语料的对话参与者是新疆儿童和教师。采用哈佛大学研究设计，收集母亲与女儿在四个盒子情境下的自由游戏语料，四个盒子分别为一个皮球、一个变形金刚、画笔和纸、一本书。研究共涵盖3、4、5、6岁儿童各20人，每段语料的时长为30分钟。

续表

样本群体	语料	年龄	数量	语料介绍
	同伴游戏互动语料	3—6 岁	80 份	该语料的对话参与者是儿童与其同伴。通过玩具引发儿童的合作装扮游戏互动来进行语料收集，装扮游戏主题包括“娃娃家”和“医生”两大主题，包括若干玩具。研究共涵盖 3、4、5、6 岁四个年龄段各 10 对游戏同伴，每段语料的时长为 20 分钟。
	同伴小组互动语料	4—6 岁	192 份	该语料的对话参与者是儿童与其同伴们。通过玩具引发儿童的合作装扮游戏互动来进行语料收集，装扮游戏主题包括“娃娃家”和“小医院”两大主题，包括若干玩具。语料收集来自 4—6 岁儿童角色游戏情境的互动话语，涉及 4 岁、5 岁和 6 岁组儿童各 64 名，其中每 4 名儿童(2 男 2 女)为一个游戏小组，每段语料的时长为 30 分钟。
	晚餐谈话语料	4—6 岁	75 份	该语料的对话参与者是来自上海以及外地家庭的儿童与其家人。语料收集来自 4—6 岁儿童与其家人的晚餐谈话，涉及中班 36 人，大班 39 人，每段语料的平均时长为 18.5 分钟。
	学业语言语料	3—6 岁	116 份	该语料的参与者是儿童本人。语料收集来自汉语儿童学业语言评估工具的说明性讲述任务，共涵盖小班 39 人，中班 38 人，大班 39 人，每段语料的时长大概 5 分钟。
	《番茄的旅行》说明性讲述语料	4—6 岁	120 份	该语料的参与者是儿童及成人。语料为新疆伊犁学前儿童讲述科学知识图画书《番茄的旅行》的语料，成人帮助儿童完成拓展性会话任务，涵盖小班 48 人，中班 60 人，大班 72 人，每段语料的平均时长为 15 分钟。
	《血的故事》说明性讲述语料	4—6 岁	90 份	该语料的参与者是儿童。语料为汉语学前儿童讲述科学知识图画书《血的故事》的语料。涵盖小班、中班、大班各 30 人。

续表

样本群体	语料	年龄	数量	语料介绍
	《好饿的毛毛虫》说明性讲述语料	3—6岁	116份	该语料的参与者是儿童本人，主要是儿童阅读科学知识图画书《好饿的毛毛虫》的说明性讲述语料，包括3岁儿童28人，4岁儿童29人，5岁儿童29人，6岁儿童30人。
	学业语言追踪语料	4—8岁	800份	该语料的参与者是儿童，为新疆学前儿童语言发展研究的4次追踪语料，追踪时间分别为2012年4月，2012年9月，2013年3月以及2013年6月；语料主要通过汉语儿童学业语言评估工具的说明性讲述任务来获取，4次追踪的数据数量分别为221份，207份，264份，108份。
	《青蛙故事》叙事语料	3—5岁	60份	该语料的参与者是儿童，是儿童讲述《青蛙故事》的语料，涉及3岁儿童20人，4岁儿童20人，5岁儿童20人。
	《三个强盗》叙事语料	3—6岁	123份	该语料的参与者是儿童，是儿童阅读故事图画书《三个强盗》的叙事性讲述语料，包括3岁儿童19人，4岁儿童32人，5岁儿童36人，6岁儿童36人。
	ENNI叙事语料	4—8岁	886份	该语料的参与者是儿童，来自新疆学前儿童语言发展研究的4次追踪语料，追踪时间分别为2012年4月，2012年9月，2013年3月以及2013年6月；以ENNI叙事性讲述任务为主，被试数量分别为254人，199人，258人，175人。
	学习故事语料	3—5岁	90份	该语料的参与者是儿童，以学习故事作为叙事性讲述的诱发任务，被试数量分别为3岁儿童30人，4岁儿童30人，5岁儿童30人。
语言障碍儿童	特定型语言障碍儿童游戏互动语料	3—6岁	126份	该语料的对话参与者是特定型语言障碍儿童及其母亲。采用哈佛大学研究设计，收集母亲与儿童在四个盒子情境下的自然互动语料，四个盒子分别为一个皮球、一个变形金刚、画笔和纸、一本书。包括纵向追踪数据6人共107段语料，横断数据19段语料，每段语料收集时间为30分钟。

续表

样本群体	语料	年龄	数量	语料介绍
语言障碍儿童	听障儿童游戏互动语料	3—6 岁	36 份	该语料的对话参与者是听障儿童及其母亲。采用哈佛大学研究设计，收集母亲与儿童在四个盒子情境下的自然互动语料，四个盒子分别为一个皮球、一个变形金刚、画笔和纸、一本书。包括纵向追踪数据 4 人共 21 段语料，横断数据 15 段语料，每段语料收集时间为 30 分钟。
	自闭症儿童游戏互动语料	3—6 岁	124 份	该语料的对话参与者是自闭症儿童及其母亲。采用哈佛大学研究设计，收集母亲与儿童在四个盒子情境下的自然互动语料，四个盒子分别为一个皮球、一个变形金刚、画笔和纸、一本书。研究包括 6 个自闭症儿童，共 124 段语料，每段语料收集时间为 30 分钟。
	弱智儿童游戏互动语料	3—6 岁	55 份	该语料的对话参与者是弱智症儿童及其母亲。采用哈佛大学研究设计，收集母亲与儿童在四个盒子情境下的自然互动语料，四个盒子分别为一个皮球、一个变形金刚、画笔和纸、一本书。包括纵向追踪数据 6 人共 40 段语料，横断数据 15 段语料，每段语料收集时间为 30 分钟。

截至 2020 年初，该数据系统已囊括了中国不同省市儿童语言的数据近 60 000 分钟，语料库同时收集大中华文化情境中儿童华语学习与发展的语料数据，比如新加坡华语儿童语言发展的语料均有储存(见表 1.1)。据此发表的有关儿童语言发展的科研论文和学术报告已达 100 多篇，国际学界利用数据所撰写的文章亦有 30 多篇。这些研究成果涉及儿童语法发展、词汇发展、语用发展，也有关于儿童阅读干预与学业语言发展、叙事语言发展、说明性讲述语言发展等等。在语料库构建过程中，所有储存的汉语儿童语言语料发挥了重要的研究作用，成为汉语儿童语言研究走向世界的桥梁。上述汉语儿童语料库已经具有下列功能：

第一，共享的汉语儿童语言发展研究语料。建立儿童语料库的一个作用是实现研究资料的共享。已经积累并在不断发展的汉语儿童语言研究语料，可以为后来的研究者提供从不同角度研究分析的实际材料，打破传统的研究者独自占有部分语料的局限，让更多的研究者省时省力地开展研究，将研究的工作重点放到真正深入的研究分析上去，从而实现具有科学研究价值的交流和分享。

第二，共享的亲子社会交往研究资料。我们的儿童语料是在半结构化的开放状态下的录像资料和长期跟踪拍摄的自然状态的儿童语言活动，因此可以成为从社会、认知、亲子关系等不同角度研究观察分析的基本材料，供研究者进一步分析探讨。

第三，共享的儿童语言发展和教育教学资料。汉语儿童语料库的建立，同时也为我们的专业教学提供了良好的条件，专业学生可以登录我们的儿童语言网站，根据自己的学习和研究需要选择适当的文档，通过指令运行 CLAN 自动分析语料，获得研究所需要的信息。学生也将自己采集的语料与之进行比较研究，取得新的认识。

二、从汉语儿童语言发展研究走向语言发展评价系统构建

在探讨汉语儿童语言发展基本规律的过程中，我们日益深切地关注到，有关儿童语言障碍（语言发育迟缓）的研究已经有了来自教育和医疗实践的广泛需求，同时也是近年来国际儿童语言发展研究的一个重点范畴。已有国际研究表明，6%—8%的学前儿童不能达到预期的语言发展里程碑，从而成为早期儿童语言障碍的工作对象（Collisson et al.，2016；Tomblin et al.，1997；Law et. al.，2003）。早期儿童语言障碍往往并行产生诸多其他方面的发育问题，成为不同类型特殊儿童障碍发生的标志（Bishop and Leonard，2014）。大量研究也已证明，儿童语言障碍会影响儿童的读写、情绪和行为等多方面的发展（Whitehurst，1991），影响他们后期发展的学业和测验成绩（Rescorla，2009）。因此，语言障碍的早期监测和干预，对于每一个儿童的全面发展具有重要意义，也是一个社会提升教育水平的重要标志（Law，2013）。

我国儿童语言障碍的研究近年来得到日益增长的关注。金星明（2002）指出：语言障碍是临床最多见的儿童残疾之一；已有研究发现，中国儿童语言障碍的发生率超过4%，并且在近年逐渐呈上升趋势，因而儿童语言障碍的诊断和干预具有非常迫切的现实需要。有关汉语儿童语言障碍的诊断与干预的相关研究发现，需要尽早对潜在儿童语言障碍进行诊断，并且积极开展早期干预（金星明，2002）。分析我国儿童语言研究的现状，有关儿童语言障碍的诊断和语言干预效应监测严重缺乏可靠的工具。一方面，儿童语言障碍的诊断和干预所使用的工具，基本都是借用英语环境产生的婴幼儿发育量表等国外

量表进行诊断,上述工具未能进行在中国文化和语言情境下的信效度检验,国内也还未见开发出具有中国文化背景的语言发育评价工具(张义宾等,2016);另一方面,适合于更大范围不同工作人群使用的非正式儿童语言障碍诊断评价方式尚属空白,因此创建一个符合中国语言文化情境特点,具备年龄发展常模的早期儿童语言样本数据库和诊断指标体系,将之免费提供给各种研究者和临床干预工作者使用,已经成为十分必要的研究任务。

在早期儿童语言障碍的监测和诊断方面,国际研究一直存在着两种不同的思路。一类采用标准化的语言测验工具进行正式评估,如英语国家通过 LDS(Language Development Survey)的测查,发现儿童语言落后状况及存在的问题,从而为障碍儿童安排早期语言干预方案。另外一种不同的早期儿童语言障碍监测诊断,是通过非正式评估进行儿童语言发展评价的。这种思路下的语言障碍监测与诊断,一般通过收集语言样本、口述、填空测验和访谈儿童等方法进行。近期的研究发现,收集儿童在自然状态下的语言样本并进行分析(language sample analysis, LSA),通常比标准化测验更具有生态效度(Lund and Duchan, 1993)。与标准化的语言测验相比较,语言样本分析对于鉴定临床语言发育迟缓更加具有敏感度,对于治疗或干预计划的制定以及结果的监测更加有效,而且能够更加有效地反映出儿童日常生活中的语言使用情况(Paul and Norbury, 2012)。研究者同时指出,借鉴语言样本分析指标作为儿童语言发展水平和儿童语言障碍诊断的评估标准,在早期儿童语言障碍诊断的临床中具有较强的应用价值,但通常具有样本量小、缺乏适当参考值、对于方言缺乏敏感性等局限(Van Dijk and Van Geert, 2005; Ratner and MacWhinney, 2016)。因此,创建一个具备年龄发展常模和多层儿童比较的早期儿童语言样本数据库,便成为当今国际儿童语言研究界十分重视的研究任务。位于美国卡内基梅隆大学的 CHILDES 国际儿童语料库,已经率先开展了这样的研究工作。

尽管近几年我国汉语儿童语料库的研究与建设已经获得了突破性的进展,在计算机处理分析儿童语言成为国际儿童语言学界通用方式的前提下,汉语儿童语料库已经建成与 CHILDES 国际儿童语料库同步互动的平台,编码储存了 0—7 岁汉语儿童不同年龄阶段的大量语料,其中包括不同情境下汉语儿童与成人互动的语料、同伴互动的语料、不同类型特殊儿童语言发展和少数民族双语儿童的语料等等,成为世界范围内最大、国际同行充分认同的汉语儿童语料库(周兢,2009; MacWhinney, 2000)。但是,汉语儿童语料库从儿童语言发展研究走向语言发展评价,我们需要在建立符合计算机标准的正常儿童语言发展模型的基础上,研究可以预期和发现不同年龄儿童语言障碍存在的指标系统,使得儿童语料输入后可以产生与计算机分析标准相对应的分析结果，从而形成实实在在的符合汉语文化情境的儿童语言发展评价的监测体系，为儿童语言障碍诊断和干预工作者提供有价值的基础信息。因此，我们面临的是下列重要的研究任务：

第一，构建基于汉语儿童语料库的正常儿童语言发展常模。将采用得到现代科学技术支持的儿童语料库研究方法和技术，采用不同互动对象、不同语言运用方式的儿童语言发展场景语料，分析汉语儿童语言习得若干范畴的发展阶段特点。重整分析汉语儿童语料库中的已有儿童语料，在发现形成汉语儿童语言发展一般水平和特点的基础上，建立正常汉语儿童语言发展的常模。

第二，建立早期儿童语言障碍预测、诊断与干预的指标体系。研究将对汉语儿童语料库中已有的特殊儿童语料进行数据分析，建立特殊儿童语言发展的特征指标的认识。在此基础上，研究团队将对特殊儿童群体语言与正常儿童形成对照，构建起早期儿童语言障碍的指标体系。通过临床面对面运用于潜在语言障碍儿童的诊断评估上，形成建立预测、诊断与干预相应语言障碍的评估指标体系。

第三，进行国际同类儿童语言障碍评价指标体系和相关标准测查工具的效度检验。在前两个问题的研究过程中，始终关注与国际儿童语言发展常模和儿童语言障碍评估指标系统的比较，同时通过临床面对面评估应用，进行系统的相关效度检验，据此形成对中国文化和语言环境下儿童语言发展与语言障碍诊断的特点和规律的认知。

三、基于汉语儿童语料库的语言发展评价系统构建思路

汉语是使用人口很多的语种，近年来在国际儿童语言学界日益受到重视。开展儿童语言研究的共享和合作，可以实现与国际儿童语言研究接轨，同时对国际双语儿童语言发展理论和语言研究方法与技术做出应有的贡献。

我们的研究目标是以已有的汉语儿童语料库资源为起步载体，致力于建立一个汉语儿童语言发展常模，并通过语料库中不同类型汉语特殊儿童的语言发展样本，分析建立可对儿童不同类型语言障碍进行预测、诊断和干预的语言指标系统。此外，我们的研究还将对国际儿童语言障碍评估指标和相关语言发展障碍评估工具进行效度检验，从而形成适合汉语儿童的语言障碍诊断发现评估体系，为汉语儿童语言障碍的研究与干预实践提供非标准化工具。

针对下列研究框架，研究过程中的研究对象涉及两个方面三大类型：

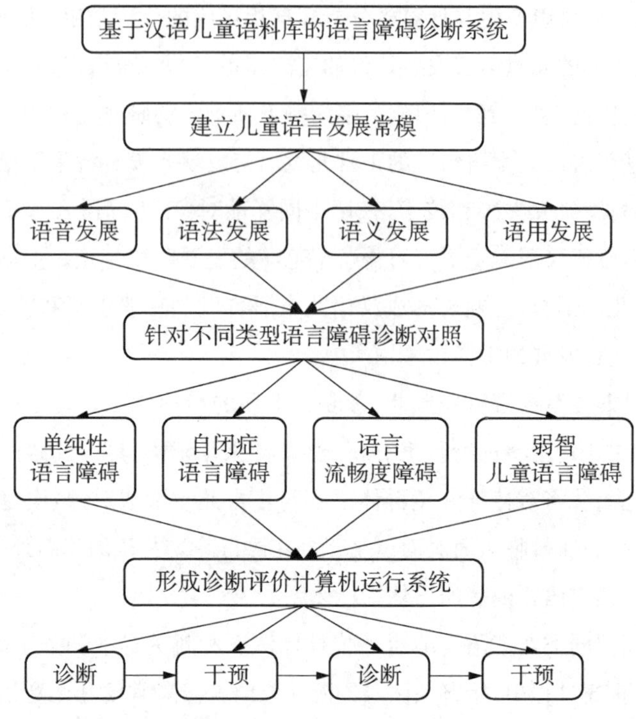

图 1.1　基于汉语儿童语料库的语言发展评价系统的研究思路

具体的研究思路(图 1－1 所示)如下：

步骤一：我们的研究首先将对基于 CHILDES 国际儿童语料库的汉语儿童语料进行整合，构建不同年龄层次的儿童语言发展常模。在这个过程中，对所有计算机系统下的语料进行标准化编码，建立语音、语义、语法和语用等不同语言发展方面的年龄发展常模，形成完善的不同年龄、性别、家庭经济状况的早期儿童语料库系统。

步骤二：对不同年龄阶段儿童的语料，运用 CLAN 软件进行分析，计算儿童 MLU、TTR、NDW、VocD 和 INCA-A 等词汇、句法、语音和语用发展指标，由此形成初步的汉语儿童语言发展的指标常模。

步骤三：进一步分析语料库中已有的相关四种不同类型的特殊儿童语料，按照前述指标体系进行对照比较，发现各类特殊儿童的语言发展特征与规律，进一步建立儿童语言障碍的特征指标。

步骤四：分析系统获得的儿童语言发展常模与语言障碍发展指标体系，进行两个方面的效度检验。一是汉语儿童语料在国际儿童语料库 KIDEVAL 系统进行检验，对 31

种语言的2 300个儿童语料与汉语儿童语料库的2 217个语料进行比照分析；二是汉语特殊儿童语言障碍语料与相关标准化评估工具研究结果的比照检验，进一步验证儿童语言障碍诊断评估指标系统的信效度。

步骤五：收集潜在的语言障碍儿童的语料，并采用国际认同的标准化工具进行测查，观察指标系统在筛查不同类型的中国儿童语言发展障碍方面的应用有效性程度。

我们怀抱着一种美好的理想，希望在完成基于汉语儿童语料库的儿童语言障碍诊断系统之后，建立起中国学前正常儿童和语言障碍儿童语料库及语言评估指标体系，为我国语障儿童的临床与教育干预提供新的干预思路。当这个系统向中文情境下的研究者和实践工作者免费开放之后，可以进一步提升我国汉语儿童语言发展评价和质量监测的水平，同时有利于在教育和干预实践中的应用。我们还希望实现中国儿童语料库与国际儿童语料库的进一步共享，推动汉语儿童语言研究以更高水平走向世界。

第二章

汉语儿童词汇发展的整体常模研究

词汇发展是儿童语言内容发展的重要组成部分(锜宝香,2006; Bernstein and Tiegerman-Farber, 2009; Bloom and Lahey, 1978),与听觉发展(auditory development)、构音发展(articulatory development)、句法发展(syntactic development)、词素发展(morphological development)、心智模式发展(mental model development)和会话发展(conversation development)共同构成了儿童语言的七个子系统(MacWhinney, 2010)。词汇发展对于婴幼儿语言能力的评估也是一项重要指标。本章将聚焦在汉语儿童词汇发展的整体常模建构上,通过对已有文献的分析,研究建构汉语儿童词汇整体发展常模的参照性指标 CvocD,详细描述建构汉语儿童词汇整体发展常模的研究历程以及主要发现,并介绍有关该常模的使用与分析过程。

第一节　汉语儿童词汇整体发展研究

儿童的词汇很早就已经开始发展：大约 9—12 个月时，儿童就产出了第一个词(Templin，1957)；到 1 岁时，儿童产出词大概平均达到 5 个，有些儿童可以产出 30 个；到 16—20 个月时，平均每个儿童所产出的词汇数量能够达到 50 个；到 6 岁时，儿童所掌握的词汇达到 14 000 个，而成人到 40 岁能够掌握大约 40 000 个词(Carmichael，1954；Fenson et al.，1994；MacWhinney，2010)。作为语言的一个重要维度，婴幼儿早期的词汇能力可预测幼儿之后的语言发展(林郡仪、刘惠美，2017)。研究发现，词汇的习得水平可以在一定程度上预测 2—3 岁汉语儿童的语法发展水平(章依文、金星明、沈晓明、张锦明，2002)。对语言障碍儿童的研究表明，语言障碍儿童在词汇学习上存在缺陷(Lisa，Tim，and Susan，2018)，在词汇的整体发展水平上存在问题，比如，对汉语语言障碍儿童的研究发现，特定型语言障碍儿童(Specific Language Impairment，SLI)的词汇能力和正常组维持一定程度的差异，而且其词汇能力并没有随着年龄增长而显著改善(李家汎，2007)。进一步的研究还发现，相比特定型语言障碍儿童，正常儿童产出了更多的词汇(Wong，Klee，Stokes，Fletcher，and Leonard，2010)。此外，研究还发现，正常汉语儿童在叙事语言中的词汇产出上也要高于特定型语言障碍儿童(Hao et al.，2018)。对汉语听障儿童的研究则发现，汉语听障儿童的表达性词汇水平与正常儿童之间差异不大，但是在理解性词汇水平上则显著落后于正常儿童(牟奕蒙，2018)。对自闭症儿童的研究发现，高功能自闭症儿童在词汇广度、词汇深度、词汇量、词义理解、词汇创新等方面均落后于正常儿童(彭辉，2007)。可见，词汇的发展不仅仅是正常儿童语言发展的重要标志，也可以作为区分正常儿童与语言问题儿童的重要指标，因此对词汇发展的评价研究显得十分重要。

儿童词汇的发展评估是儿童语言发展评估的核心和焦点。一些大型研究，例如早期儿童纵向研究(Early Childhood Longitudinal Study，简称 ECLS)、提前开端计划影响研究(Head Start Impact Study，简称 HSIS)等，都将儿童词汇的发展评估作为儿童语言发展的重要指标。汉语文化情境下并没有专门的本土化词汇发展评估工具，广泛采用的评估工具主要是针对 0—3 岁阶段的 Putonghua Communicative Development Inventories (PCDI; Tardif and Fletcher, 2008)以及广泛覆盖不同年龄段的 PPVT-R 汉语版(Lu and Liu, 1998)、EVT 汉语版(Williams, 1997)。从研究工具对儿童词汇发展的年龄敏感度来看,PPVT-R 和 EVT 的使用的确能够反映我国汉语儿童语言发展的增长规律,比如牟奕蒙(2018)对听障儿童和正常儿童词汇发展的研究。但是,对 PPVT 和 EVT(表达性词汇测试)的分析发现,儿童呈现出表达性词汇语义发展先于和优于理解性词汇语义的特征,这严重脱离了儿童语言发展的规律性认识,足见上述工具对分析汉语儿童语言发展的解释力不高(周兢、张莉、李传江,2017),而 PCDI 则主要聚焦在对 0—3 岁儿童的研究中。值得一提的是,上述工具均没有公开发表汉语儿童词汇整体发展的参考常模,这就使得对汉语语言障碍儿童的诊断证据"乏善可陈"。因此,寻找建构汉语儿童词汇整体发展参考常模的路径就显得尤为重要。而语料库分析,则以儿童自发产出的语言样本作为分析对象,以"行动中的语言"(language in action)(Ratner and MacWhinney, 2016),为汉语儿童词汇整体发展的诊断提供了新的路径。

一、汉语儿童词汇多样性研究与 NDW

多年来,基于语料库的研究为儿童词汇发展提供了整体评估的重要指标,即词汇多样性。词汇多样性是衡量词汇水平的重要指标,大量研究都表明了词汇多样性之于儿童语言发展的意义,包括但不限于词汇与儿童语音发展、单词编码和阅读能力之间的关系。词汇多样性既可以用于测量正常儿童的词汇水平,还可以用于评估语言障碍儿童的词汇水平与正常儿童词汇水平的差异,从而为临床诊断提供参考和依据。大量的研究都表明,词汇多样性指标可以有效地反映儿童的语言发展(金志娟、金星明,2008;李新园,2018;牛苗苗,2018),可以用于区分语言障碍儿童,比如 SLI 儿童(Wong et al., 2010)和口吃患者(Silverman and Ratner, 2002)。词汇多样性指标也在汉语正常儿童和语言障碍儿童的研究中得到了实际的运用(李新园,2018;牛苗苗,2018)。其中,在词汇多样性的测量中,最直接的方式是通过 NDW(number of different words,比如 Silverman and Ratner, 2002)来实现的。

在有关汉语正常发展儿童的研究中,使用 NDW 作为词汇整体发展水平衡量指标的并不多。牛苗苗(2018)的研究发现,4—6 岁汉语正常儿童在前 100 个词汇中包含的不同词汇的数量(NDW)在逐渐增多,4 岁组的 NDW 是 35 个,5 岁组是 42 个,6 岁组是 48 个。

李新园(2018)对儿童看图叙事的语言分析发现,3 岁时 NDW 为 31.18 个,4 岁时为 50.93 个,5 岁时为 65.59 个,6 岁时为 72.17 个,整体上看随着年龄的增长逐渐增加,其中 5 岁组和 6 岁组显著高于 4 岁组和 3 岁组,4 岁组又高于 3 岁组。可见,通过 NDW 这个指标,我们可以看到汉语儿童词汇整体发展的进步趋势。

国内外的研究还发现,NDW 在区分语言障碍儿童和语言发展正常儿童方面具有重要的参照价值(Klee, 1992),这些研究多集中在有关特定型语言障碍儿童和正常儿童的研究中(张放放,2010; Hao et al., 2018; Kazemi, Klee, and Stringer, 2015; Watkins, Kelly, Harbers, and Hollis, 1995; Wong et al., 2010)。沃特金斯等人(Watkins et al., 1995)将 SLI 儿童所产出的语料与正常儿童所产出的进行对比发现,在 50 句语料和 100 句语料的对比中,特定型语言障碍儿童所产出语句的 NDW 值要低于正常儿童;而当对比的语句数量增加到 100—200 句时,这种差异变得更加明显。黄美燕(Wong et al., 2010)的研究发现,正常儿童产出了更多完整且可理解的语句,而且相比特定型语言障碍儿童,正常儿童不仅产出了更多的词汇,而且词汇多样性水平 NDW 也要更高。张放放(2010)通过对汉语 4—6 岁特定型语言障碍儿童生活故事叙事的分析发现,特定型语言障碍儿童不仅在总词汇量的产出上显著低于正常儿童,在所产出的词汇多样性水平 NDW 上也显著低于正常发展儿童,这表明特定型语言障碍儿童的口头叙事的词汇量以及词汇广度均不如同龄的正常儿童。来自对波斯语儿童的研究也发现,特定型语言障碍儿童在 NDW 上显著落后于正常儿童(Kazemi et al., 2015)。郝颖(Hao et al., 2018)比较了汉语语言障碍儿童与汉语正常儿童的叙事能力,研究发现,语言障碍儿童在词汇多样性 NDW 上存在显著的弱势。

尽管多种不同语言群体和不同场景的分析发现 NDW 可以作为区分正常发展儿童和语言障碍儿童的指标,但是在使用 NDW 进行分析的过程中,仍然存在两大问题。第一,临床研究发现,儿童产出语言样本的 NDW 受到语言样本大小(总词数)以及平均语句长度的影响:儿童产出语言的 MLU 越长,语句中包含的总词数就越多,后者即总词数会影响 NDW 的计算(Klee, 1992)。在临床上,为了解决这个问题,有研究者曾试图将语句数量、时间、总词数等进行标准化统一,但是,对语句数量的统一并不能保障语句中词数的统一;对时间的控制则存在不同年龄和不同语言能力儿童每分钟产出词数有差异的问题;对总词数的控制,则可能由于词数过少而不能反映儿童的语言发展水平。第二,研究者"似乎"将 NDW 所代表的词汇能力和谈吐能力混为一谈。由于儿童产出的总词数受到单位时间内儿童谈话水平的影响,那些谈话水平高的儿童自然会产出更多的语句,也就自然增加了其产出的词汇总数，也就是说，NDW可能与儿童的谈吐水平而非词汇多样性更相关（Owen and Leonard，2002）。因此，从词汇整体发展常模的建构来看，NDW并不具有足够的效力。

二、汉语儿童词汇多样性研究与TTR

另外一个测量词汇多样性的常用指标是TTR（Templin，1957）。第一个T，即type，是指词的类型，简称词型；第二个T，即token，是词频数的简称；R则是ratio，即type/token的比值。TTR的产生，试图在某些方面提升NDW的准确性，使用NDW（NDW在TTR的计算中实际上就是词型数）与词频数的比值来呈现。TTR越大，儿童产出词的重复度就越低。从计算的角度看，这种比值的计算是非常简单的，所以TTR是应用最广泛的儿童词汇多样性指标。

整体上，在有关汉语儿童语言发展的研究中，使用TTR作为衡量词汇整体发展水平的研究比较少，而且研究结论也多存在争议。翁楚倩（2016）在对小中大班儿童词汇多样性（TTR）的分析中发现，随着年龄增长，儿童的词汇丰富度逐年递增。与之不同的是，刘洋（2016）对积木游戏中幼儿的词汇发展水平进行探究时发现，4岁幼儿的TTR为0.07，5岁幼儿的TTR为0.07，6岁幼儿的TTR为0.06，可见TTR并不能反映汉语儿童词汇整体的发展梯度。这种前后相左的研究结果使得TTR的价值“大打折扣”。在一些国际研究中，作为词汇整体发展水平的衡量指标，TTR也并不能有效区分语言障碍儿童、语言能力配对组儿童和正常发展儿童（比如，Watkins et al.，1995）。

此外，TTR受到了非常多学者的质疑。由于某些闭合类词（比如代词、介词）的重复出现，使得样本量越大的儿童所呈现的TTR数值反而越小；而一旦儿童的语言聚焦在某些话题或者主题上，出现重复使用实词的情况，也会导致TTR变小（Owen and Leonard，2002），即使在纳入更多语句或者总词数进行分析时也是如此（佘丽、杨炽康、廖永堃、朱怡珊，2017）。佘丽等（2017）对7名正常儿童在对话、互动游戏、故事重述三种情境下的语料进行分析后发现，随着分析时儿童语句数量的增加，儿童的总词数呈现上升趋势，而TTR则呈现递减趋势。此外，研究者还发现语料收集场景对于词汇多样性指标的影响。陈秀文（2005）通过对话、故事讲述、故事重述三个任务，对12名儿童语言样本中的TTR指标进行了分析和比较。结果发现，故事讲述和故事重述之间在TTR方面均存在显著差异，可见语料收集场景也会对TTR带来影响。

研究者试图通过一些方法的改进来提升 TTR 的准确度，比如使用标准数量的语句(Templin, 1957)，分开测量封闭类词和开放类词(Richards, 1987)，或者使用标准数量的词数(Klee, 1992)等。但是，如果使用标准数量的语句，则不能解决词数不同的问题；如果分开测量封闭类词和开放类词，则在将样本量拆分为两个部分的同时，使得变异的来源增加到两部分，何况封闭类词和开放类词之间尚存在分类上的争议。因此，看起来使用标准数量的词数是提升 TTR 准确度的重要手段，但是研究者并没有在词数是多少这一问题上达成一致(Owen and Leonard, 2002)。对于语料场景的影响，当前研究也没有达成共识。因此，基于 TTR 构建基于语料库的词汇整体发展常模也是不可取的。

三、汉语儿童词汇多样性研究与 CvocD 的提出

研究者马尔文和理查兹(Malvern and Richards, 2002)开发了新的词汇多样性指标 vocD(简称 D 值)。它主要是通过重复计算某个词数范围(35—50 个)内的 TTR 来实现，可以展现 TTR 受样本数量变化的影响，因此 vocD 值不会受到样本数量的影响。研究者对 vocD 和 TTR 在区分口吃儿童和正常儿童上的敏感度进行比较研究后发现，只有 vocD 值可以做到这种区分，而且 vocD 值也与儿童表达性词汇测试之间存在积极的相关，TTR 则没有(Silverman and Ratner, 2002)。此外，在有关低收入非洲裔美国儿童 vocD 值的分析与研究中，研究者发现 vocD 值与表达性词汇测试 EVT 之间存在显著相关，但由于 EVT 的测试会存在种族的差异(词汇的习得受到种族文化因素的影响)，而 vocD 值则不会，vocD 值的水平并不会反映种族的偏倚(Lai, 2014)。因此，研究者也十分推崇 vocD 值在低社会经济地位家庭研究中的地位。

在英语中，vocD 值的计算是基于词素的，但是在词素词法上，英语与汉语存在非常大的不同，比如英语中最常见的词素复数形式-s、所有格形式 's 等，在汉语中也有词素，但是在儿童语言的研究中，词素的划分多是以词为单位的。汉语的词素或者称为词，是最小的有意义的能独立运用的语言单位(刘月华、潘文娱、故韡，2001)。比如“工人”是一个词，因为，第一，它有意义；第二，可以单说、单独回答问题；第三，是能独立运用的最小的语言单位，如进一步分割成“工”和“人”，不仅意义与“工人”不完全相同，而且“工”作为名词使用时，一般也不能单说(引自刘月华等，2001)。由此可以说，汉语的 vocD 与英语的是不同的，因此在本书中我们将基于汉语词法的 vocD 值称为 CvocD，以区分英语语言中的 vocD。

CvocD的计算是基于汉语词法或者词素规则的。早期围绕汉语儿童句子中的词素进行切分的规则来自台湾学者张显达(Cheung, 1998),在CHILDES国际儿童语料库引入中国大陆之后,周兢(2001)进行了规则的调整。现有汉语文化背景下针对CvocD的研究都是基于上述二者的。在汉语的研究中,金志娟和金星明(2008)使用CvocD值对汉语学龄前儿童普通话词汇广度与年龄的关系进行探索后发现,儿童词汇广度在66个月前随年龄增长而增加,但相邻年龄段之间的增长幅度则随年龄逐渐下降,呈现先快后慢的增长趋势,36—42个月是儿童词汇广度增加相对迅速的阶段;66个月后,词汇广度随年龄增长反而下降。李新园(2018)对儿童看图叙事的语言分析后发现,3岁时CvocD为22.19,4岁时CvocD为28.97,5岁时CvocD为31.91,6岁时CvocD为34.01,整体上看随着年龄的增长逐渐增加,其中5岁组和6岁组显著高于3岁组。此外,词汇多样性指标CvocD值可以作为区分正常儿童、发展迟缓儿童的重要指标(蔡宜芳,2008)。在普通话失语症的研究中,研究者也是用CvocD值探索了不同的话语类型与词汇多样性之间的关系,研究发现,不同的话语类型会影响到失语症患者的词汇多样性水平,因此研究者建议在对失语症的研究中应该关注这种话语类型的差异,从而为话语水平的干预提供必要的指导(邓宝梅等,2019)。由此可见,CvocD的优势尽显:第一,与NDW和TTR不同,CvocD不会受到语句数量的影响;第二,CvocD可以反映汉语儿童的词汇整体发展趋势;第三,CvocD在少数研究中可以区分正常发展儿童和语言障碍儿童。因此,CvocD可以作为建构汉语儿童词汇整体发展常模的重要参考指标。

四、汉语儿童词汇多样性CvocD的修正与改进

在综合分析过往有关词素拆分的规则之后,我们认为现有CvocD可能低估了儿童的词汇多样性水平,比如在台湾学者张显达(1998)的词汇切分规则中,将“这个”“那只”作为一个词素存在。但是,从汉语语法,特别是量词短语的语法视角来看,“这”与“个”、“那”与“只”应该分开。比如陈平(1987)曾提出将汉语名词性成分归为七类,即人称代词、专有名词、“这/那”+(量词)+名词、光杆名词、数词+(量词)+名词、“一”+(量词)+名词、量词+名词。再比如,在台湾学者张显达(1998)的词汇切分规则中,将“桌子上”“房间里”归为一个词素,但是从汉语语法的角度来看,“桌子上”“房间里”应该属于词组,从词素的切分中应该将“桌子上”“房间里”拆分为“桌子+上”“房间+里”的形式。除了上述分词问题之外,汉语常用多义词和多音词的出现,也影响到汉语儿童CvocD值的计

算。因此，我们对词法分析层%mor做了如下优化。我们将词法分析层%mor中“形”同“义”不同的词使用数字予以区分，比如汉语中“在”字的用法包括三种（张云秋、郭婷，2014）：其一是作为介词，比如“在桌子上”；其二是作为动词，表示存在，比如“爸爸在”；其三是作为副词，表示时间意义上的现在，比如“我在吃饭”。由于依托传统计算机的语料训练系统很难将三者进行区分，这也就大大降低了研究分析的可信度。因此，对此类词的标记上，我们进行了改进，将“在”字的三种用法进行了数字标记，在语料转录中改为“在1、在2和在3”。其他类似的词，比如动词“给”和介词“给”等也进行相应的处理。

通过对上述问题的反思，我们认为为了揭示汉语儿童的词汇整体发展特征，需要对词素的切分进行重新的标准界定（见表2.1），并基于新的切分标准来计算汉语儿童的词汇整体发展水平CvocD。

表2.1　汉语儿童语言的词素切分标准和举例

类型	举例	计算CvocD时作为几个词进行运算
1. 动＋动（独立）	进来；出去	1
2. 动＋动（附着）	忘记；知道	1
3. 动＋名（自由）	看书；买菜	2
4. 动＋名（限制）	跳舞；跑步	1
5. 名词（名称）	衬衫；羽绒服	1
6. 名词（地点A）	桌子上；瓶子里	2
7. 名词（地点B）	里面；外头	1
8. 数词＋量词	一只；五个	2
9. 限定词＋量词	这头；那个	2
10. 代词	我；他	1
11. 形容词	好看；美丽	1
12. 否定	不；没	1
13. 副词	非常；也	1
14. 时间副词	昨天；刚才	1
15. 连词	所以；于是	1
16. 语法词	的；了；着；过	1

通过对过往汉语儿童词汇整体发展指标的文献分析，我们认为，在建构汉语儿童词汇整体发展常模的指标选择方面，常使用的 NDW 和 TTR 虽然在某些方面能够体现汉语儿童的发展趋势，但二者均会受到不同语料样本数量的影响而呈现波动性，这对于建构词汇整体发展常模而言是不利的，因为面对不同类型语言障碍儿童进行诊断时，我们很难把控他们所产出的语句数量。通过文献的对比分析发现，CvocD 是目前最好的替代性方案，也在有关语言障碍儿童和汉语正常发展儿童的部分研究中进行了验证。因此，本书在建构汉语儿童词汇整体发展常模的过程中，选择了 CvocD 作为衡量词汇整体发展水平的指标。当然，本书对 CvocD 的计算进行了分词规则的修改和计算机自动化分析的优化。

第二节　汉语儿童词汇整体发展的常模建立

通过第一节的文献梳理，我们提出了基于汉语的 CvocD 可以作为建构汉语儿童词汇整体发展常模的指标。在本节中，我们将围绕汉语儿童的 CvocD 常模的建构过程进行具体的探索，并指明 CvocD 常模的意义。

一、研究设计与方法

(一) 研究目的

本研究致力于对不同年龄段汉语儿童大样本语料的计算机语料分析，建构基于汉语 CvocD 值的不同年龄段发展常模。通过计算机语料分析，探讨下列几个方面的问题：(1)了解汉语 CvocD 在 3—4 岁、4—5 岁和 5—6 岁儿童的发展变化状况；(2)获取不同年龄段 CvocD 的常模参考数据并解释其所代表的意义。

(二) 研究对象

本研究语料来自国家哲学社会科学研究课题[①]。基于对语句数量的考虑，选择最低

① 语料来源：周兢，基于汉语儿童语料库的语言障碍诊断系统研究，国家哲学社会科学基金项目(17BYY093)。

50 句[①]为衡量标准，选择 3—6 岁 341 名儿童，其中 3—4 岁儿童 119 名（平均月龄：40.73±3.349），4—5 岁儿童 103 名（平均月龄：53.62±4.076），5—6 岁儿童 119 名（平均月龄：66.61±4.294）；家庭经济状况中等，与父母的日常交流语言均为普通话。经教师报告，所有儿童无听力障碍以及发展迟滞等问题。

（三）语料收集及转录

本研究所涉及的 341 名儿童的语料数据都来自自由游戏场景，采用半结构化的情境设计，让幼儿在特定的游戏场景下与成人进行互动。语料记录的时间为 30 分钟。本研究用文字的方式将录音中成人和儿童的语言记录下来，并按照 CHILDES 国际儿童语料库（MacWhinney，2000）对文件格式的要求，转换为可在 CLAN（Child Language Analysis）中运行的文本文件格式，分别对儿童和成人的每个语句（utterance）进行标记。除了汉字外，所有的符号在英文状态下显示。

（四）分词与添加%mor 层

在以往的汉语儿童语料研究中，我们往往使用手工的方式来对语句中的词进行划分，这大大降低了语料处理的速度和精确度。在 CHILDES 国际儿童语料库研究中心，工程师利用计算机开发了自动化的分词系统，它是通过 zhoseg. js 程序（https://talkbank. org/morgrams/zhoseg. zip）运行的。主要的分词过程如下：第一，根据 CHILDES 国际儿童语料库中已有的汉语词库，由 zhoseg. js 程序自动调取、匹配，然后进行分词。第二，对于 zhoseg. js 程序分不出的词汇，可以通过 CHILDES 国际儿童语料库的 mor ＋xl 指令输出，由研究者手动根据汉语儿童语言的词素切分标准进行分词，并将这些词的分词规则写到 zhoseg. js 程序中。第三，重复上述过程，直到所有句子分词结束。由于大多数的分词工作由计算机来实现，因此分词的效率和准确率也大大提高。在分词之后，通过 mor 指令添加词法分析层%mor 层，至此完成分析的准备工作。

---

① 国际研究对语料分析时需要纳入的语句数量进行过讨论。尽管不同研究者所提出的语句数量不同，但普遍认为，在儿童语料分析时，最低需要纳入 50 句语言样本（详见 Guo and Eisenberg，2015），这也可以有效避免互动者的不同对儿童语言产出的影响。

二、运用 CLAN 系统的 VOCD 指令进行分析

在基于 CHILDES 国际儿童语料库建构汉语儿童词汇发展常模 CvocD 的过程中，我们使用了 CLAN 系统的 VOCD 指令来实现。默认模式下，VOCD 指令是基于%mor 层进行运算的，因为%mor 层是根据汉语词汇切分的标准设定的，这也是计算 CvocD 的基础。此外，在%mor 层中也自动剔除了重复性的话语。

VOCD 指令在计算时，可以排除儿童所说的不清晰的话语，即在语料中标记为 xxx，yyy 以及 www 的话语，此外也排除了以 0，&，+，−，#，$ 或者：等这些符号开始的语句。另外，我们使用[+ exc]将研究者认为可以在转录时保留但在分析时需要剔除的话语标注出来，比如完全宣读文本的话语或者重复成人的话语等。这些话语或者没有实际的意义，或者并非由话者所自发产生，不能有效衡量话者的语言水平，应予以排除。但是，VOCD 指令不能自动剔除这些话语，因此在计算过程中，我们通过手动添加命令符号的形式来排除。

另外，由于 VOCD 指令是通过%mor 层展开的，所以需要在进行指令计算的时候使用+/−s 来确认分析的语法层，一般是通过+sm 这种指令来实现。研究者可以通过运行下列指令获得儿童的 CvocD 值：

```
vocd +t* CHI +sm;*,o% *.cha -s"[+ exc]"
```

+t* CHI	仅分析儿童的话语
+sm;*,o%	计算或者排除相应内容
-s"[+ exc]"	剔除句末标有[+ exc]的句子，研究者可以根据需要剔除某些完全宣读书本的句子或者独立成句的语气助词等
*.cha	分析所有扩展名为.cha 的语料

在输入命令进行相关计算时，我们需要注意的是，运行程序名（如 VOCD）必须在各个命令行行首。剩余的指令在顺序上并没有硬性要求，研究者可以先通过在指令窗口输入 VOCD，然后点击运行，查看有关 VOCD 的所有相关指令及其指南。

在输入命令行时，我们需要注意“+”和“−”两个符号，这两个符号之后必须紧跟相应的处理内容。其中“+”表示相应内容需要纳入计算过程中，“−”则表示不计算相应内容。在计算儿童的 CvocD 时，我们使用了+t* CHI 的符号，旨在告诉 CLAN 程序只计算

儿童的话语，如果没有这个要素，该程序就会默认为计算所有说话者的言语，并分别计算各说话者的相应指标。同时，我们使用了－s 的符号，向程序表达了计算过程中排除之后所紧跟内容的信息。比如为排除以[＋ exc]结尾的需要剔除的语句，我们使用－s "[＋ exc]"符号。最后在命令行末尾输入*.cha，表示对指定工作目录位置下所有后缀名为.cha 的文件进行处理。本命令的处理皆针对儿童的话语层，并且所有文件的扩展名均为 cha，因此，可以使用*.cha 代表所有文件，提高运算效率，降低手动输入文件带来的错误，进行高效处理。如果不同的文件位于不同的文件夹下，可以在指令 VOCD 之后使用＋re 的符号，表示批量处理不同文件夹下的所有文件。当运行命令输入完毕后，点击 run 输出计算结果如下。

tokens	samples	ttr	st. dev	D
35	100	0.767 7	0.067	44.403
36	100	0.770 6	0.069	46.580
37	100	0.775 4	0.061	49.526
38	100	0.765 8	0.071	47.574
39	100	0.766 9	0.057	49.208
40	100	0.763 7	0.070	49.381
41	100	0.764 4	0.062	50.838
42	100	0.746 0	0.061	45.997
43	100	0.748 6	0.064	47.928
44	100	0.739 5	0.058	46.198
45	100	0.737 3	0.070	46.570
46	100	0.738 9	0.054	48.098
47	100	0.739 8	0.059	49.426
48	100	0.741 3	0.060	50.964
49	100	0.727 3	0.058	47.538
50	100	0.715 2	0.051	44.901

D：average = 47.821；std dev. = 1.909

D_optimum　　<47.78；min least sq val = 0.001>

tokens	samples	ttr	st. dev	D
35	100	0.770 9	0.068	45.382
36	100	0.771 4	0.069	46.851
37	100	0.774 9	0.059	49.338
38	100	0.764 7	0.054	47.231

39	100	0.763 3	0.060	48.009
40	100	0.754 0	0.073	46.221
41	100	0.754 1	0.068	47.423
42	100	0.749 3	0.062	47.026
43	100	0.741 4	0.062	45.698
44	100	0.748 9	0.053	49.127
45	100	0.745 8	0.055	49.225
46	100	0.732 0	0.056	45.972
47	100	0.734 9	0.058	47.874
48	100	0.730 6	0.056	47.560
49	100	0.730 8	0.064	48.611
50	100	0.727 8	0.052	48.649

D：average = 47.512；std dev. = 1.235

D_optimum <47.52；min least sq val = 0.000>

tokens	samples	ttr	st. dev	D
35	100	0.772 3	0.066	45.836
36	100	0.766 4	0.071	45.256
37	100	0.779 7	0.060	51.063
38	100	0.766 6	0.057	47.833
39	100	0.767 4	0.062	49.383
40	100	0.760 8	0.066	48.380
41	100	0.750 7	0.061	46.351
42	100	0.744 3	0.059	45.493
43	100	0.752 8	0.061	49.286
44	100	0.740 0	0.059	46.335
45	100	0.749 3	0.056	50.401
46	100	0.744 3	0.060	49.846
47	100	0.740 9	0.057	49.771
48	100	0.732 9	0.056	48.270
49	100	0.725 3	0.060	46.920
50	100	0.732 2	0.062	50.048

D：average = 48.154；std dev. = 1.845

D_optimum <48.15；min least sq val = 0.001>

VOCD RESULTS SUMMARY

= =

Types, Tokens, TTR：＜178,646,0.275 542＞

D_optimum values：＜47.78,47.52,48.15＞

D_optimum average：47.82

从中可知，在 CLAN 软件的输出窗口中，运行 VOCD 指令会出现四个部分的结果：

（1）所有用于计算 CvocD 的词（此处略去）；

（2）三张表格。因为 CvocD 的计算过程是通过重复计算某个词频数（tokens）范围（35—50 个词）内的 TTR 来实现的，所以在表格中呈现了 35—50 个词频数范围内的 TTR、标准差以及通过计算得出的 CvocD 值。

（3）在三张表格的下面，都呈现了 CvocD 的均值和标准差，并提供了最佳拟合的 CvocD 均值以及标准差。

（4）最后，VOCD 指令会给出三次计算的汇总结果，包括词型数、词频数、TTR 以及三次计算的 CvocD 值和均值（这名儿童的 CvocD 值是 47.82）。

三、研究结果

通过运行 VOCD 指令，对三个年龄段共计 341 名儿童的 CvocD 进行计算，我们分别获取了三个年龄段汉语儿童词汇整体发展水平的均值、标准差等信息。具体的结果如下。

（一）不同年龄段汉语儿童的 CvocD 发展

从总体上看，汉语儿童词汇整体发展水平 CvocD 呈现出平稳增长的态势（见表 2.2 和图 2.1）。通过方差分析，我们发现，CvocD 存在显著的年龄主效应（$F=4.909$，$p<0.01$），5—6 岁组显著高于 3—4 岁组（$p<0.01$）。在过往基于 CvocD 的研究中发现，汉语儿童的词汇多样性水平在 6 岁之前呈现平稳的递增发展趋势。值得一提的是，金志娟和金星明(2008)对汉语背景下 CvocD 值的研究是基于 6 个月间隔进行的，他们的研究发现，汉语儿童的 CvocD 值的增长符合二次曲线回归，66 个月后，汉语儿童的 CvocD 值会逐步下降。本研究对以 1 岁作为间隔的汉语儿童 CvocD 值探索发现，在自由游戏下，汉

语儿童的 CvocD 值也呈现出较好的递增发展趋势，印证了金志娟和金星明(2008)对汉语背景下 CvocD 值的研究结论，也因此进一步证明了 CvocD 值在衡量汉语儿童词汇整体发展上的敏感性。

表 2.2　不同年龄段汉语儿童词汇多样性(CvocD)的描述性分析结果

	个案数	平均值	标准差	最小值	最大值
3—4 岁	119	49.85	15.226	22.52	94.94
4—5 岁	103	53.21	14.154	22.80	95.08
5—6 岁	119	55.74	14.211	23.25	97.48

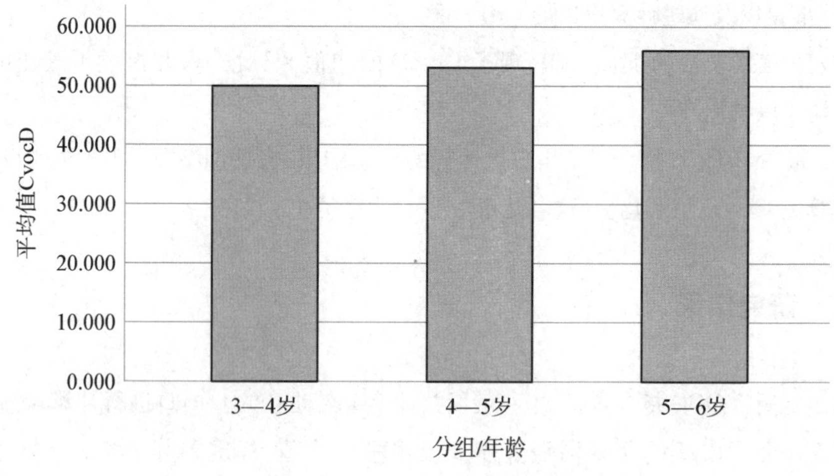

图 2.1　不同年龄段汉语儿童词汇多样性(CvocD)发展直方图

(二) 不同年龄段汉语儿童 CvocD 常模及其意义

通过对 CvocD 的发展性分析，我们认为 CvocD 能够反映汉语儿童的词汇整体发展，可以作为汉语儿童词汇整体发展水平的指标。基于此，我们建立了基于 CvocD 的汉语儿童词汇整体发展常模。其中 3—4 岁儿童的常模是 49.85±15.226，其参考范围是[34.624—65.076]，4—5 岁儿童的常模是 53.21±14.154，其参考范围是[39.056，67.364]，5—6 岁儿童的常模是 55.74±14.211，其参考范围是[41.529，69.951](表 2.3)。

表 2.3　不同年龄段汉语儿童词汇多样性(CvocD)常模

年龄	个案数	平均值	标准差	一个标准差内的参考范围	
				下限	上限
3—4 岁	119	49.85	15.226	34.624	65.076
4—5 岁	103	53.21	14.154	39.056	67.364
5—6 岁	119	55.74	14.211	41.529	69.951

上述常模的参考价值在于,当某个 3—4 岁儿童的词汇整体发展水平 CvocD 的取值位于 34.624—65.076 之间时,表明该名儿童的词汇整体发展水平 CvocD 在正常儿童的发展常模范围内,而当某个 3—4 岁儿童的词汇整体发展水平 CvocD 的取值低于 34.624 时,即该名儿童的词汇整体发展水平 CvocD 在正常儿童的发展常模一个标准差之外,表明该名儿童的词汇整体发展水平落后于正常儿童,需要在词汇方面引起关注。当某个 4—5 岁儿童的词汇整体发展水平 CvocD 的取值位于 39.056—67.364 之间时,表明该名儿童的词汇整体发展水平 CvocD 在正常儿童的发展常模范围内,而当某个 4—5 岁儿童的词汇整体发展水平 CvocD 的取值低于 39.056 时,即该名儿童的词汇整体发展水平 CvocD 在正常儿童的发展常模一个标准差之外,表明该名儿童的词汇整体发展水平落后于正常儿童,需要在词汇方面引起关注。当某个 5—6 岁儿童的词汇整体发展水平 CvocD 的取值位于 41.529—69.951 之间时,表明该名儿童的词汇整体发展水平 CvocD 在正常儿童的发展常模范围内,而当某个 5—6 岁儿童的词汇整体发展水平 CvocD 的取值低于 41.529 时,即该名儿童的词汇整体发展水平 CvocD 在正常儿童的发展常模一个标准差之外,表明该名儿童的词汇整体发展水平落后于正常儿童,需要在词汇方面引起关注。

第三节　汉语儿童词汇整体发展常模的使用与分析

基于 CvocD 的汉语儿童词汇整体发展常模的建立,为汉语儿童词汇发展的初步评价提供了重要的常模参考数据。那么基于语料库的 CvocD 常模如何加以使用,如何对疑似有语言问题的儿童进行词汇整体发展的诊断呢?在本节,我们将重点介绍汉语儿童词汇整体发展常模的使用原则、流程以及具体分析过程。

一、运用 CvocD 常模进行语言障碍诊断和预测的基本原则

汉语 CvocD 常模的建立,为儿童词汇整体发展的诊断与预测提供了重要的量化参考数据。利用这些数据进行分析时,需要把握以下三个原则。

第一,被诊断儿童的数据需要满足 50 句话语的基本要求,所产出的总词数需要超过 50 个,这也是计算机执行 VOCD 指令计算 CvocD 的基本条件。

第二,在 CvocD 的常模参考中,我们所建构的标准容许差异范围为一个标准差上下,3—4 岁儿童的词汇整体发展水平 CvocD 的容许差异范围位于 34.624—65.076 之间,4—5 岁儿童的词汇整体发展水平 CvocD 的容许差异范围位于 39.056—67.364 之间,5—6 岁儿童的词汇整体发展水平 CvocD 的容许差异范围位于 41.529—69.951 之间。

第三,当 CvocD 的得分低于正常儿童参考数据一个标准差以上,或者低于容许差异范围的下限时,则考虑被诊断者词汇发展滞后。也就是说,当 3—4 岁儿童的词汇整体发展水平 CvocD 的取值低于 34.624、4—5 岁儿童的词汇整体发展水平 CvocD 的取值低于 39.056、5—6 岁儿童的词汇整体发展水平 CvocD 的取值低于 41.529 时,可以将这类儿童诊断为词汇发展滞后。

二、运用 CvocD 常模进行语言障碍诊断和预测的基本流程

CvocD 常模的建构是进行语言障碍儿童词汇整体发展诊断的前提。目前 CvocD 常模已经自动嵌入了 CLAN 软件的 KidEval 指令中。KidEval 指令是 Kid Evaluation 的简称,是 CHILDES 国际儿童语料库下 CLAN 软件所集成的指令之一,主要用于儿童临床语言的数据分析和评估。应用 KidEval 指令,不仅可以批量进行不同语料数据的分析,最重要的是,KidEval 提供了进行数据比对的常模参考数据。迄今为止,KidEval 指令内嵌入的常模参考数据主要覆盖了英语、日语和汉语三种语言(MacWhinney, 2000),对汉语而言,则涵盖了其中最重要的词汇整体发展常模参考数据 CvocD 值。在使用 CvocD 进行汉语儿童词汇整体发展水平的诊断与预测之前,我们需要将常模参考数据下载到电脑

中，然后遵循图 2.2 的诊断和预测流程来展开。

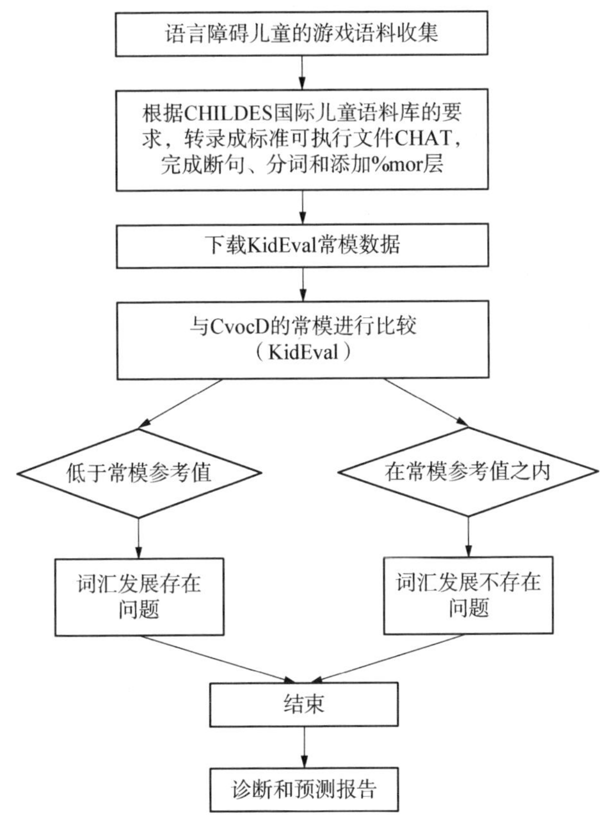

图 2.2　基于 CvocD 的汉语儿童词汇整体发展诊断与预测流程

首先，在基于 CvocD 的汉语儿童词汇整体发展诊断与预测之前，我们需要获得儿童的语料，所收集的语料是成人与幼儿的自由游戏对话，50 句以上。在完成语料的转录之后，我们会对这名儿童的语料进行断句、计算机自动化分词、计算机自动化添加%mor 层等准备工作。

第二，将汉语儿童词汇整体发展常模下载到本地电脑中。

第三，利用 CLAN 系统的 KidEval 指令进行诊断和预测分析。KidEval 指令可以自动将这名儿童的 CvocD 值与对应年龄段的 CvocD 常模参考值进行对比，检测这名儿童的 CvocD 值是否处于 CvocD 常模参考值范围内。

第四，根据 KidEval 自动生成的 Excel 表格，对这名儿童的词汇整体发展水平作出诊断和预测，完成诊断报告。

三、运用 CvocD 常模进行语言障碍诊断和预测的具体过程举例

在本部分中，我们将以一名 4 岁语言障碍儿童作为研究个案，举例说明基于 CvocD 进行语言障碍诊断和预测的具体过程。

（一）语料分析准备

研究者在获取这名 4 岁语言障碍儿童的语料后，进行了断句和自动化分词处理，并添加了%mor 层，从而完成了进行 CvocD 计算的基础工作。这名 4 岁儿童的语料命名为 VOCD_example. cha。

（二）将汉语儿童词汇整体发展常模下载到本地电脑中

在下载和安装 CLAN 程序之后，需要选择"文件（File）"菜单并点击"获取 KidEval 常模"（Get KIDEVAL Database），这样 CLAN 软件会自动下载汉语儿童语言发展常模数据到本地文件夹（C：\talkbank\clan\lib\kideval）。该数据文件为 zho_md_kideval_db. cut①，该文件包括 341 名儿童的基本信息以及常模数据。

（三）利用 CLAN 系统的 KidEval 指令进行诊断和预测分析

具体的操作过程如下。

第一，在正式运行指令之前，需要先确定工作路径，也就是选择这名儿童的语料文件 *. cha 所在的位置。通过点击图 2. 3 中的 working 选项，我们可以选择这名儿童的语料文件所在的电脑位置，即 C：\Users\Yibin\Desktop\；通过点击 mor lib，确定进行汉语儿童 CvocD 计算时%mor 层的参考语言 C：\Users\Yibin\Desktop\MOR\zho\，即中文 zho；最后在 CLAN 的指令（Command）窗口中输入 KidEval。

第二，单击选项（Option）按钮，打开文件选择对话框。选择要与常模参考数据进行 CvocD 对比的文件 vocD_example. cha，将其添加至右侧空白框内，并点击完成（Done）按钮。由此，我们确定了对 vocD_example. cha 这个语料所代表的儿童进行诊断和预测（图 2. 4）。

---

① zho_md_kideval_db. cut 文件为可编辑文件，研究者可以根据需要增加或减少数据。

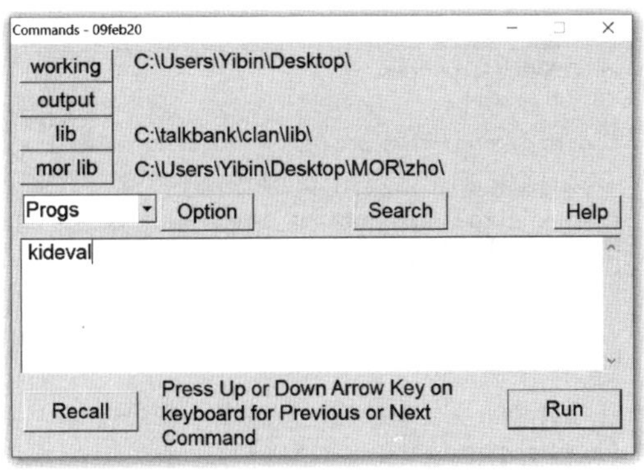

图 2.3 利用 KidEval 进行汉语儿童词汇整体发展常模分析的操作过程(1)

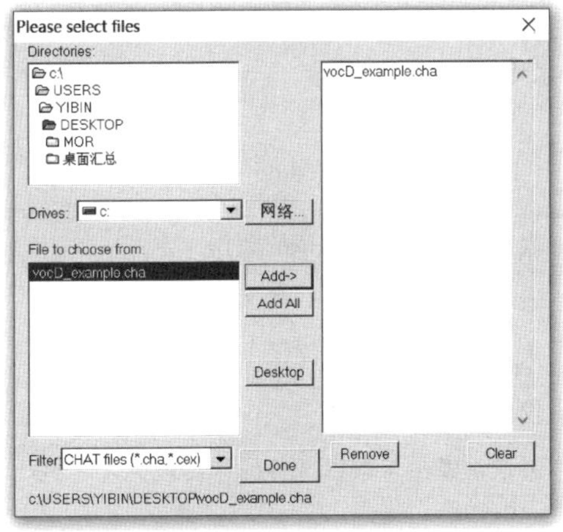

图 2.4 利用 KidEval 进行汉语儿童词汇整体发展常模分析的操作过程(2)

第三,选择“与数据库进行比较”(compare to database),弹出下列对话框,单击选择“中文”(Chinese-ZHO);此外,我们可以根据研究需要,仅仅选择数据库中的男孩(Male only)或者女孩(Female only)或者同时选择男孩和女孩(Both Male and Female),也可以选择进行常模对比的年龄,点击 choose Age Range independent of input file 可以查看选项。最后我们选择 OK 按钮,跳出下列对话框(图 2.5)①。

① 在目前的 CLAN 系统中,默认进行对比的常模数据是以半岁作为跨度的,在本研究中所获得的发现是汉语儿童词汇整体发展是以一年为跨度逐步增长的,因此研究者可以根据汉语研究的结论对操作指令中的年龄范围进行修改。

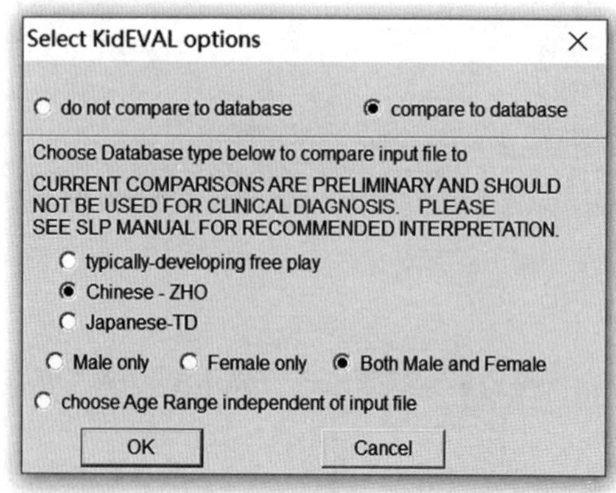

图 2.5 利用 KidEval 进行汉语儿童词汇整体发展常模分析的操作过程(3)

图 2.6 中出现的指令为：

kideval @ + LinkAge + lzho + t* CHI: + dmd~"4; - 5"

@	表示选中了这名儿童的数据
+ LinkAge	表示与对应年龄段的参考数据进行匹配
+ lzho	表示儿童的语言是汉语
+ t* CHI:	仅分析儿童的话语
+ dmd~"4; - 5"	表示常模参考数据选择的年龄段为 4—5 岁

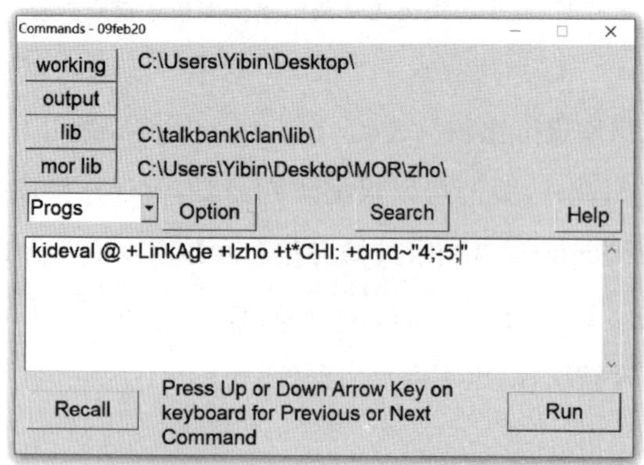

图 2.6 利用 KidEval 进行汉语儿童词汇整体发展常模分析的操作过程(4)

第四，点击运行(Run)按钮，计算机会自动将该儿童的数据与常模参考数据中 4—5 岁的数据进行对比分析，并自动生成对比分析的 Excel 表格。通过该指令后运行的结果如下：

```
>kideval @ +LinkAge +lzho +t* CHI: +dmd~"4; -5;"
    Using default, build into KIDEVAL source code, language file: zho
    Database File used: C:\talkbank\clan\lib\kideval\zho_md_kideval_db.cut
kideval @ +LinkAge +lzho +t* CHI: +dmd~4; -5;
Thu Mar 19 20:08:18 2020
kideval (09-Feb-2020) is conducting analyses on:
  ONLY speaker main tiers matching: *CHI:;
    and those speakers' ALL dependent tiers
  and ALL header tiers
****************************************
From file <c:\USERS\YIBIN\DESKTOP\VOCD_example.cha>
Output file <c:\USERS\YIBIN\DESKTOP\VOCD_example.kideval.xls>

PLEASE SEE SLP MANUAL FOR RECOMMENDED INTERPRETATION.
```

(四) 根据 KidEval 自动生成的 Excel 表格，对这名儿童的词汇整体发展水平作出诊断和预测，完成诊断报告

通过上述运算会自动生成对特定儿童词汇整体发展水平的评估结果，具体产出的 Excel 表格如图 2.7。该表格主要呈现了三个部分的主要结果。

第一，这名儿童的基本数据信息。包括这名儿童的语言、语料库、编码、年龄、性别等基本情况以及这名儿童的词汇整体发展水平 CvocD 值。本研究中我们发现这名儿童的 CvocD 值是 34.81。

第二，常模中这个年龄段汉语儿童的样本数量以及对应的词汇整体发展水平 CvocD 常模，包括 103 名 4—5 岁儿童，他们的 CvocD 均值是 53.21，标准差是 14.154。

第三，这名儿童与汉语儿童词汇整体发展水平 CvocD 的对比分析结果，包括是否存在显著差异(在图 2.7 中使用*表示落后常模一个标准差，**表示落后常模两个标准差)，

以及差异的数值(在本研究中,这名儿童与正常儿童词汇整体发展水平的常模对比差距在 1.3 个标准差)。

	A	B	C	D	E	F	X	AL
1	File_DB	Language	Corpus	Code	Age(Month)	Sex	VOCD_D_optimum_average	
2	DESKTOP\vocD_exa	zh	zhou	CHI	52	female	34.81	
3	+/-SD	.	.	.	.	.	-1.3	
4							*	
5	Mean Database	.	.	.	.	.	53.21	
6	SD Database	.	.	.	.	.	14.154	
7	Number files	.	.	.	.	.	103	
8								
9	PLEASE SEE SLP MANUAL FOR RECOMMENDED INTERPRETATION.							
10								
11	+/- SD * = 1 SD, ** = 2 SD							
12	Database keywords: 4;-5;							
13	Database date: 2019-10-02, 01:27							
14								
15								
16								
17								

图 2.7 利用 KidEval 进行汉语儿童词汇整体发展常模分析的操作结果

通过上述评估过程,我们发现该儿童在词汇整体发展水平 CvocD 上与常模参考数据之间存在显著差异,这种差异达到了 1.3 个标准差。也就是说,这名儿童在词汇的整体发展水平上显著落后于同年龄段的正常儿童,反映出这名儿童词汇发展水平的"弱势"。因此,我们判定这名儿童在词汇整体发展水平上与 4 岁年龄段的正常发展儿童之间存在着差距,在词汇的发展方面应该予以更多的关注。

第三章 汉语儿童不同词汇结构水平的常模研究

在第二章中，我们通过文献的梳理和分析，从现有的有关衡量汉语儿童词汇整体发展水平的指标中选择了 CvocD 作为指标，并基于 CvocD 建构了不同年龄段(3—4 岁、4—5 岁、5—6 岁)儿童的发展常模。可以说，CvocD 常模的建立，为评估汉语儿童的词汇整体水平、判定某类儿童的词汇整体水平是否落后于正常儿童发展常模，提供了初步的判定标准。但这种整体性的判断尚不足以为临床提供更多的词汇干预信息。为了给临床提供更多的发展性证据，还需要在整体判断之外，深入分析汉语的不同词汇结构水平，提供对应的干预建议。因此，除了汉语儿童词汇整体发展常模之外，还需要进一步探索汉语儿童不同词汇结构发展的常模建构问题。利用上述二者可以实现从词汇整体到词汇结构的联合评估，从而为临床提供相对更加准确的研究证据。本章从词汇结构水平的角度出发，利用语料库的研究方法，围绕建构汉语儿童不同年龄段、不同词汇结构水平发展常模进行探索，并对这一常模的使用与分析提供具体的操作过程说明。

第一节 汉语儿童不同词汇结构发展的特征

汉语儿童不同词汇结构发展的过往研究，为汉语儿童词汇结构发展的评估提供了更加丰富的参考指标。这些不同的词汇结构覆盖了汉语实词的名词、动词、形容词和代词以及功能词中的副词、量词、连词和介词。

一、汉语儿童的实词发展研究

汉语中的实词是能够充当句子成分具有一定词义的词。在实词中，动词和名词产出最多，其他词汇也遵循着一定的发展规律。

（一）汉语儿童名词发展研究

名词是表示人或者事物（包括空间、方位和时间）名称的词（刘月华、潘文娱、故韡，2001）。陈帼眉（2009）针对汉语儿童的研究发现，儿童所掌握最多而且最早的实词是名词。这一结论也在有关新疆儿童自由游戏语料的研究中得到印证（辛宏伟，2011）。现代汉语的名词分类很多，大致可以分为普通名词、专有名词、集体名词和抽象名词，除此之外，汉语中还有表示方位、空间和时间的名词（刘月华，2001）。刘燕（2016）的研究发现，儿童最早出现的名词是具体名词（21 个月），其次是方位名词（25 个月）、时间名词（30 个月）。张廷香（2010）的研究发现，3—6 岁儿童的名词总量占词汇总量的一半以上，其中表示人和事物的名词最多，呈年龄递增趋势；表示处所的名词比较少见，但随着年龄增长逐渐具体化；表示方位和表示时间的名词也比较少，但呈现年龄发展的趋势。而周兢、张莉和李传江（2017）通过使用 PPVT 和 EVT 对汉语 3—6 岁儿童的词汇语义发展进行梳理后发现，汉语儿童的名词发展速度要远远快于其他类型的词汇，有关社会和自然的名词词汇理解基本同步，但是在表达方面，3 岁后则出现差异，自然类名词发展速度更快。总体而言，汉语儿童的名词词类习得大致遵循从普通名词到专有名词再到集合名词和抽象名词的顺序（欧伶伶，2009）。

(二) 汉语儿童动词发展研究

动词主要是表示动作行为的词。动词的分类很多，一般意义上可以划分为动作动词、状态动词、关系动词以及能愿动词四类(刘月华等，2001)。儿童最早出现的动词是单音节动作名词，在21个月时，其次是存现动词“有”、心理动词“喜欢”、能愿动词“能”、趋向动词“下”、判断动词“是”(刘燕，2016)。有时候儿童会将能愿动词，比如“会”当作助动词来使用，比如“我会这个”(Erbaugh, 1992)。张廷香(2010)在对3—6岁汉语儿童的研究中发现，动词在儿童使用的高频词中占了三分之一左右，仅次于名词，其使用的词型数和词频数等都呈现明显的年龄增长趋势。

(三) 汉语儿童形容词发展研究

形容词从其表达功能的视角可以划分为描述事物性质的形容词以及描述事物状态的形容词(刘月华等，2001)。朱曼殊(1986)对幼儿形容词使用的调查发现，2岁到6岁半，儿童形容词的使用逐年增长，其中4岁半时增长最快。形容词的使用中，最多的是涉及有关物体特征描述的，也是最早使用的，大约在2岁。2岁半时开始使用有关机体感觉的词，3岁时开始使用描述动作的形容词，3岁半开始使用描述人体外形的形容词，4岁半时开始使用描述个体品质、表情情感以及事件描述的形容词。张廷香(2010)在研究中发现，3—6岁儿童使用形容词的词种数、词量、频率等都呈现明显的年龄特征。此外，形容词的习得中最多的是单音节形容词，多音节形容词出现得比较少(刘燕，2016；肖晶晶，2017)。就发展特征来看，儿童首先习得的是表示外部特征和性质评价的形容词，然后才是描述个体品质、表情情感以及事件描述的形容词，前者是3—5岁儿童形容词习得的主要类型，5岁后才出现了表示颜色的形容词(肖晶晶，2017)，这也反映出儿童思维和认知水平的不断变化。

(四) 汉语儿童代词发展研究

代词是具有指别、指代作用等词，包括人称代词、指示代词和疑问代词三类(刘月华等，2001)。

1. 人称代词

汉语中经常会使用姓名、名词来代替代词，所以代词的使用相对英语要少得多。孔令达等(2004)在《汉族儿童实词习得研究》一书中对人称代词的习得进行了研究,结果发现,“我”的习得时间在 1.8 岁,2.0 岁出现“我们”“你”,2.6 岁出现“你们”,“他”最早出现在 2.0 岁时,2.6 岁时出现“他们”,但极不稳定,此外,还出现诸如“自己”“人家”“大家”“咱们”等人称代词,使用频率最高的是“自己”和“人家”,“自己”首见于 2.0 岁,2.6 岁出现“人家”。彭小红(2004)通过对 1 名 1.2 岁儿童进行追踪研究发现(追踪到 2.6 岁),儿童代词习得可以分为三个阶段,第一是“这个”(1.7 岁),“我”(1.9 岁),“你”(1.9 岁),第二是“那个”(1.1 岁),“他”(2.1 岁),第三是“这些、那些、我们、你们、他们”。梁飞(2015)通过追踪两名 1 岁到 3 岁儿童的人称代词使用情况发现,汉语儿童有关第一人称的习得时间如下:直接指称(如,豆豆)习得时间在 1.6 岁左右,“我”的习得时间在 1.8 岁左右,“我们”的习得时间在 2.0 岁左右;第二人称中,直接指称习得时间也是在 1.6 岁,习得“你”的时间为 1.1 岁,“你们”的习得时间最早为 2.5 岁;第三人称中,直接的指称出现在 1.6 岁,“她/他”习得的最早时间为 1.11 岁,“她们/他们”的习得时间最早为 3.2 岁。研究同时发现,两名儿童人称代词的习得顺序存在差异,MHR 的习得顺序为“直接指称—我—她/他/它—你—我们—你们—他们”,但是 ZHZ 的习得顺序为“第二人称直接指称—第一人称直接指称—我—你—她—我们—他们—你们”,也就是说,第一、第二、第三人称的直接指称是习得最早的,然后是第三人称单数的习得要早于第三人称复数,儿童对“我”的习得以及理解都比较早,然后是“你”和“她”,总体来说习得顺序为“我—你或者她—我们—你们或他们”。就习得的数量来看,MHR 儿童“我>你>她>第二人称直接指称>第三人称直接指称>我们>第一人称直接指称>你们>他们”;ZHZ 儿童“我>她>你>第三人称直接指称>第二人称直接指称>第一人称直接指称>我们>你们>他们”,总体来说是“我>你或她>第二或者第三人称直接指称>我们或者第一人称直接指称>你们或者他们”。张廷香(2010)在研究中发现,3—6 岁儿童使用人称代词的词量、频率等都呈现明显的年龄特征,使用最多的人称代词是“我”,其次是“你、他、她、它”,复数人称代词的使用上,“我们”早于“咱们”早于“他们、她们、它们”早于“你们”。苍静波(2011)的研究则发现,人称代词的习得顺序依次为“我—你—她—谁—他们—咱—自己—你们—我们”。曾霞(2013)的研究发现,儿童习得人称代词的次序依次为“我—你—我自己—他们—你自己—你们—我们自己—他们自己”,就句法来说,代词作为主语的频率最高。由此可见,汉语儿童的代词习得在 1 岁半以后开始,到 3 岁左右已经基本习得了人称代词的多种形式,3 岁以后,人称代词的词型数和词频数都呈现明显的年龄特征。

2. 疑问代词

有关汉语儿童疑问代词习得的研究较少。张廷香(2010)在研究中发现,3—6岁儿童使用疑问代词的词种数、词量、频率等在6岁前变化不大,6岁时有所增加,其中使用最多的是"什么、啥、怎么、谁、哪、哪个、为什么、干吗、咋、哪儿"等。

3. 指示代词

孔令达等(2004)在《汉族儿童实词习得研究》一书中对指示代词的描述如下:儿童最早出现的是近指指示代词"这",出现在1.6岁时,2岁时,"这"开始出现在一般名词、双音节方位词前,这个阶段也出现"这"和量词"个"的组合;2.6岁时出现"这"与数量词的组合。从句法上看,刚产生的"这"多作为主语使用,2岁开始作为定语,也同时作为宾语出现。从语义上看,刚产生的"这"指代人或事物,2岁开始指代特定的处所,2.6岁开始指代特定的时间。"这些"出现的时间大约在3.6岁,一般与名词组合,充当定语,4岁开始使用"这些"作为介词宾语,4.6岁开始把"这些"作为主语使用,"这里"则始见于1.6岁,3岁开始出现"这里"直接放在人称代词后的组合形式,"这里"与名词组合始见于3.6岁。刚出现的"这里"常作为动词宾语,2岁开始作为介词宾语,2.6岁开始用作主语,3.6岁开始用作定语,"这么""这样"则出现在2岁以后,多见于成人对儿童提问后,5岁前"这样"多跟动词进行组合,"这么"跟形容词组合,2.6岁开始出现"这么"跟动词的组合。而远指的发展如下:"那""那个"始见于1.8岁语料中,2.6岁出现名词前有"那"且有领属性修饰语的组合,比如"我不要胡奇那个茶杯",3.6岁开始出现"那+数量"的组合。刚产生时,"那、那个"常用作定语、主语,随后用作宾语,到3岁开始用作介词宾语("把那个")。"那里"首见于2岁时,常出现在名词、代词、介词之后,2.6岁开始,"那里"修饰名词和方位词等,"那里"常充当宾语和定语,3岁时开始出现充当主语的用法。指示代词"那么、那样"出现较晚,"那么"出现在4.6岁,"那样"出现在3.6岁时,"那样"常修饰动词,在句子中充当状语,4.6岁时,"那样"修饰名词作定语,指代较远的人或事物的性质特点,5岁前"那么"常出现在形容词前作状语,指示较高或很高的程度。张廷香(2010)在研究中发现,3—6岁儿童使用量词的词种数、词量、频率等都呈现明显的增加,其中"这"类指示代词最多,几乎是"那"类指示代词的两倍。

二、汉语儿童功能词发展研究

(一) 汉语儿童副词发展研究

副词是用在动词、形容词前面起修饰、限定作用的词，可以分为时间副词、范围副词、重复副词、程度副词、语气副词、肯定/否定副词和情态副词七类(刘月华等，2001)。车艳(2009)、车艳和欧伶伶(2009)对汉语儿童追踪语料中的副词进行了分析。研究发现儿童主要习得的副词是否定副词、重复副词和程度副词三类。否定副词中，“不”的使用频率最高，其次是“没”和“没有”；习得顺序为：先有“不”(1.6 岁)，再有“没有/没”(1.6—2.0 岁)。重复副词中的“还”使用频率最高，其次是“也”和“又”；习得顺序为：还(1.6 岁)—也(1.7 岁)—又(1.8 岁)①。程度副词中“好”的使用频率最高，其次是“很、更、老、太、蛮”；“好”的首现时间在 1.6 岁，其他的程度副词则在随后出现，但使用频率都很低。此外，研究者还对三名儿童范围副词的习得进行了研究，结果发现三名儿童只产出了三个范围副词，即“都、ha4(方言，表示全部)、只”，在 2 岁左右出现，可见副词习得有一定难度。对协同副词的研究发现，上述三个儿童仅仅产出了一次“一起”，大约出现在 2.6 岁时。而对评价副词的分析发现，儿童产出了四个评价副词，即“当然(1.11 岁)、都(2.6 岁)、才(2.6 岁)、就(1.11 岁)”。对 3—6 岁儿童副词发展的研究(张廷香，2010)发现，儿童使用副词的词种数、词量、频率等都呈现明显的年龄特征，否定副词“不”的频率最高，其次是“就、还、都、也、没、就是、很、再、又、没有”，这基本与车艳(2009)、车艳与欧伶伶(2009)研究得出的 2 岁前儿童副词发展的特征相似。就副词的子类来看，否定副词、重复副词、协同副词的年龄效应不显著，但是范围副词、时间副词、程度副词、描摹性副词、评注性副词在 6 岁时增长比较快(张廷香，2010)。张娟(2013)对两名汉语儿童(1.6—5.0)追踪语料中的程度副词进行了分析。她认为，程度副词包括两类：一类是绝对程度副词，涵盖“好、很、太、真、老、可、非常”七个子类；另一类是相对程度副词，涵盖“最、这么、那么、更、还、特别、蛮”七个子类。绝对程度副词中使用频率最高的是“好、太、很”，大约出现在 1.8 岁，到 5 岁时使用频率达到峰值；其他的绝对程度副词，如“真、老、可、非常”使用的频率很低，大约出现在 4 岁。为什么儿童会使用这么多的程度副词呢？张娟认为，根据模糊语义理论，在儿童的认知内，所有的事物都

---

① 以首现时间为准。

是不确定的，所以他们会使用不确定的词比如程度副词来表达。相对程度副词中使用频率最高的是“这么、最”，大约出现是 2.2 岁，4 岁时达到峰值，“还、特别、那么”使用的频率很低，“特别、那么”大约出现在 4 岁，总体呈上升趋势。就整体发展趋势而言，两名儿童程度副词的习得还是存在一定的基本规律，按习得先后顺序为：“好、太、很、这么、最、还、更、那么、真、可、老、蛮、非常、特别”，其中使用频率最高的是“好、太、很、这么、最”。

(二) 汉语儿童量词发展研究

量词是表示事物数量单位的词，可以分为名量词和动量词，前者可以分为个体量词、集合量词、度量词、不定量词、准量词、复合量词等专用量词和其他借用量词，后者可以分为专用动量词和借用动量词两类(刘月华等，2001)。跨语言的研究(Erbaugh，1992)发现，儿童量词习得遵循一定的规律，这包括：(1)个体量词早于集合量词；(2)与具体物体相关的量词使用要早于抽象物体的情况；(3)与儿童生活息息相关的物体上，儿童量词使用更高；(4)使用可数物体量词早于不可数物体数量词；(5)数词和名词与量词的结合使用要早于没有名词跟随的情况，比如一个东西要早于一个。

量词的使用是汉语儿童语言发展的重要标志，因此也颇受研究者的青睐。朱曼殊(1986)有关汉语儿童量词的研究发现，4—7 岁儿童对 56 个量词(40 个个体量词、8 个临时量词、8 个集合量词)的掌握水平逐年上升，4 岁时儿童尚不能掌握临时量词和集合量词，而个体量词的通过率也仅为 16.6%，但 6 岁后儿童对个体量词和临时量词的通过率均超过 50%，7 岁时，个体量词通过率达到 68.9%，临时量词通过率则高达 82.1%，而集合量词通过率仍然低于 50%，但较之前有了较大的进步。对量词使用的分析发现，4 岁组儿童已经掌握了个体量词“个”和“只”，但是泛化使用现象普遍，5 岁时增加掌握了“条”和“本”，到 6 岁时掌握了 10 个个体量词；临时量词的使用正确率也逐年提高；集合量词的使用上发展相对较弱，即使到 7 岁，仍然只有“双”得到了掌握。张廷香(2010)的研究发现，3—6 岁儿童使用量词的词种数、词量、频率等都呈现明显的年龄特征，其中使用最多的是量词“个”，使用的频率均超过量词总量的一半，其中使用最多的量词种类是个体量词，个体量词、集合量词、度量量词以及不定量词的发展均呈现年龄递增的效应，反映出儿童量词使用水平的提升。2.6 岁前的儿童很少使用特定性的量词，也就是除了“个”之外的其他量词，2.6 岁以后开始使用一些诸如“只”和“条”之类的量词；但此时量词的使用容易陷入过度概括。尽管 2.6 岁后儿童对特定性量词的使用逐渐增加，但是 4 岁前仍然仅仅达到成人量词使用的一半水平，甚至到 7 岁还存在量词使用错误的情况(Erbaugh，1992)。对 1—5 岁幼儿的自发性语料的分析发现，儿童对量词的使用中最主要的是"个""点""下"三个，个体量词在所有量词的发展中处于领先，其中"个"的使用最早出现在 1 岁 6 个月的时候，2 岁到 3 岁半时，个体量词发展的速度放缓，4 岁时迎来第二次快速发展期，出现"只""张""块""本"等个体量词。个体量词常常与数词和代词进行组合，构成名词的修饰结构或者说是定语，比如"一个豆子"。临时量词的发展则要到 2 岁半才开始出现，比如"碗"出现在 2.6 岁时，临时量词也多与数词构成数量名结构。集合量词的发展则开始于 2 岁，最早出现的是"双"，还有"集""种"。不定量词，比如"点""些"的出现在量词中是最早的，在 1 岁 1 个月时就已经出现。准量词的发展是比较少的，5 岁半之前仅仅出现了 6 个 14 次，比如"岁""次"等。动量词中"下"出现在 1 岁半时，此后出现"会儿"，这些量词主要用于动词后。总体上看，量词的发展遵循着动态变化的过程，一开始更多地使用"一个"的数量组合并会出现过度概括使用的情况(俞航，2013)，因为"个"有语义轻化的作用，所以很自然地就成为儿童的首选(黄进，2003)，早期儿童量词使用上缺乏多样性，这可能是由于量词本身表意脆弱而不被儿童重视所致(黄进，2003)；后续随着量词的增多以及推理能力的提升，儿童逐渐对不同的量词和名词组合进行区分(丁凌云，1999)，但量词的使用很容易受到同一个句中首位量词使用的影响，比如出现"我带了一只猫，他带了一只猎人"的"句式顺应同化"现象(黄进，2003)。杨晓岚和周兢(2010)对 8 对母子的对话语料进行分析后发现，随着儿童年龄的增长，儿童使用量词的个数逐渐增加，但使用的频次上并没有年龄差异，对个体量词"个"的单独调查发现，"个"的使用频率逐渐下降，3 岁半到 4 岁最为显著，但儿童使用量词的种类是逐渐增多的，反映出量词使用的丰富度在逐年增长。颜秀静(2010)的研究发现，3—4 岁儿童量词使用频率最多的是个体量词，然后是集合量词、临时量词和标准量词，追踪一年后发现，儿童量词的发展增快，4—5 岁是量词习得的重要阶段。此外，她的研究还发现，发展迟缓儿童和正常儿童量词的多样性与总词数都在逐步增长，发展迟缓儿童的量词水平在后期可以达到正常儿童的水平。研究者通过对 zhou2(https://childes.talkbank.org/access/Chinese/Mandarin/Zhou2.html)语料进行分析后发现，汉语儿童量词习得的发展呈现出随年龄整体递增的趋势。就量词的类别来看，个体量词在其中占 52.3%，比其他所有量词的总量还要多，也就是说，3—6 岁儿童个体量词的习得要超过非个体量词。为了进一步区分不同量词子类的发展情况，研究者将个体量词划分为生命性量词(如位、条、只、头)、形状量词(如块、张、本、面、只、根、幅、棵、朵、栋)、功能量词(如件、把)；将非个体量词划分为集合量词(如种、堆、排、副、分、半、万、样)、部分量词(如点、层、些、页、段、边、篇)、容器量词(如家、碗、上、丘)。通过对这些量词出现时间的分析发现,生命性量词从36个月就有了,其中“个”是出现最早的量词,“条”是出现最晚的量词(54个月);大多数的形状量词都可以在54个月前找到,但是其中“面”和“栋”则在54个月后出现;功能量词在60个月后才出现。总体来说,遵循着生命性量词到形状量词再到功能量词的发展顺序。大多数的非个体量词出现在54至72个月间,其中集合量词占所有非个体量词的比例为40%,部分量词为35%,临时量词为15%,容量量词为10%。综上可知,量词的发展遵循着从生命性量词、形状量词、功能量词、集合量词、部分量词、临时量词、容器量词的发展顺序(滕茜,2017)。

(三)汉语儿童连词发展研究

汉语儿童虚词的发展决定了字词的功能和语法关系,因此虚词的研究在语法研究中显得尤为重要。连词是虚词/功能词的一类,其作用在于连接两个词、短语和分句;连词所表示的关系大体上可以分为联合关系和偏正关系,前者称为并列连词,后者称为偏正连词。并列连词主要用于指代并列关系、选择关系、承接/承继关系和递进关系,而偏正连词则可以指代因果关系、假设关系、条件关系、让步关系、转折关系、取舍关系以及目的关系(刘月华等,2001)。朱曼殊(1986)的研究发现,3岁儿童使用的连词数量较少,主要是“还有”“也”“又”“就”四个,使用的频率随着年龄增长而递增。3—6岁儿童使用连词的词型数、词量、频率等都呈现明显的年龄特征,其中使用最多的连词是“然后”“那”“因为”,就8类连词(并列、连贯、递进、选择、因果、转折、假设、让步)来看,使用最多的是假设关系,其次是转折、因果和并列关系,3岁时已会使用6类,到6岁已有8类;5岁出现递进关系连词,6岁出现让步关系连词,其中连贯连词(“然后”)使用最少(张廷香,2010)。此外,李琳(2014)对4—6岁儿童叙事语料的分析发现,儿童的连词使用有着十分明显的年龄增长趋势,自48—60个月缓慢增加,而在60个月后迅速增长。研究者通过分析幼儿在合作装扮游戏互动中的语料后发现,儿童使用连词的比率整体不高,但词型和词频随年龄增长而不断增加,4.5—5岁、5.5—6岁都出现了加速增长的情况,就连词的类型来说,儿童先发展联合连词,后才掌握偏正连词(张文洁、周兢,2016)。可见,汉语儿童在连词产出上数量逐步增多,连词所代表的关系也不断丰富。

（四）汉语儿童介词发展研究

介词是虚词的一种，位于名词、代词前（刘月华等，2001）。介词是不能单独使用的，需要与名词、动词和代词进行组合构成介词短语或者介词结构，而介词短语和介词结构也不能单独使用，需要附着在谓词上做状语或者补语。介词可以分为空间介词、时间介词、对象介词、依据介词、缘由介词和其他介词。介词的数量不多，但是汉语儿童介词中“被”“把”所组成的把字句和被字句则非常重要，由介词“比”构成的比较句方面，2 岁半到 3 岁半是比较句的萌发阶段，但频率非常少，到四五岁，比较句才会比较成熟（周国光、王葆华，2001）。

三、汉语儿童词汇结构水平常模建构的指标选择

通过对上述词汇结构水平发展过往研究的综述，我们认为汉语实词的名词、动词、形容词和代词以及汉语功能词的副词、量词、介词、连词可以作为建构汉语儿童词汇结构水平常模的范畴。那么，基于上述词汇结构和语料库系统，应该如何建立汉语儿童词汇结构发展的常模，或者说，应该寻找哪些可以量化的指标呢？

过往基于语料库的研究中，研究者主要通过词类结构的词型数、词频数以及产出的具体词汇作为衡量汉语儿童词汇发展的指标，比如，夏滢（2008）对 14—36 个月儿童词汇发展的研究，张廷香（2010）对 3—6 岁汉语儿童的研究，辛宏伟（2011）对新疆儿童的研究，黄雪云（2017）对新加坡华族儿童的研究。在他们的研究中，除了使用词型数和词频数之外，还会配合调取不同年龄段的具体词汇产出来进行质性分析。夏滢（2008）对 1—3 岁汉语儿童的研究发现，汉语儿童的名词、动词等实词的词型数增加更加显著，但是功能词的词型数增加不太明显；从词频数上看，总体呈现出增长态势，但是增长的幅度不同。张廷香（2010）对 3—6 岁汉语儿童的研究统计了汉语 14 类词的数据，她的研究发现，名词中，表示人和事物、表示处所、表示方位以及表示时间的名词词型和词频都在增加，其中表示处所的名词随着年龄增长越来越具体，表示时间的名词中“现在”使用最多，说明儿童对当前时间的感知更强，此外 4 岁开始儿童更多地产出了时点名词，表明儿童表达时间的能力越来越强；动词的词型数和词频数也逐步增加，其中使用的高频词以动作动词为主；形容词的词型数和词频数也随着年龄逐步增加，儿童所使用的高频形容词以单音节形容词为主；量词方面，词型和词频数也随着年龄增长逐步增加，其中个体量词“个”

的使用最多，超过了量词总量的一半，其次是不定量词“点”和动量词“会儿”，此外，量词的子类中个体量词、集合量词、度量衡量词以及不定量词都随着年龄增长逐步增多；副词的词型数和词频数也不断增加，其中否定副词的使用频率最高，到 6 岁时，范围副词、时间副词、程度副词、描摹性副词以及评注性副词增加比较多；代词的使用上，人称代词、疑问代词、指示代词的词型数则没有明显的变化，但是词频数则不断增长；介词的词型和词频随着年龄增长不断增加，其中使用频率最高的是“个”“在”“把”；连词的词型和词频数也随着年龄增长逐步增加，其中“然后”“那”“因为”是使用最多的，此外，3 岁儿童可以使用 6 类 11 个连词，6 岁组可以使用 8 类 30 个连词，其中连词表示的假设关系最多，其次是转折关系、因果关系和并列关系。辛宏伟(2011)对 3—6 岁新疆儿童的研究发现，新疆维吾尔族儿童的汉语名词、动词、形容词、副词、代词、量词的词型数、词频数均随着年龄的增长逐步增加，与之对应的是，不同词汇结构的子类产出也具有较好的发展趋势：名词中，表示人物、事物、社会组织或者单位，表示时间处所，表示方向位置以及表示抽象事物的都呈现出年龄发展趋势；动词中，动作动词、趋向动词、心理动词、能愿动词、使令动词、判断动词以及存现动词的发展具有一定的年龄发展趋势，其中表示动作、趋向、心理、能愿、判断、存现的 6 类动词，都在 3 岁阶段开始使用，而表示使令的动词出现较晚，在 4 岁阶段开始使用；形容词中，表示外部特征的形容词和表示性质评价的形容词出现得最早，在 3 岁阶段已开始使用；表示机体感觉、品性行为和事件情景的形容词在 4 岁阶段开始出现；表示情绪情感的形容词出现最晚，5 岁阶段才被使用；副词中，限制性副词的出现早于评注性副词和描摹性副词；其中，限制性副词中的程度副词和否定副词在 3 岁阶段开始出现，时间副词、范围副词都出现在 4 岁阶段，协同副词在 5 岁阶段开始出现，频率副词出现得最晚，6 岁阶段才开始使用；评注性副词和描摹性副词都在 4 岁阶段首次出现。代词中，指示代词出现得最早，在 3 岁阶段已经开始使用；人称代词和疑问代词出现稍晚，4 岁阶段开始使用。量词中，以个体量词为主，也会产出少量动量词。

上述研究都发现不同词汇结构产出的词型数、词频数以及具体词汇都具有年龄发展的敏感度，因此，在基于语料库建构汉语儿童词汇结构水平的常模中，我们也选择了上述路径。在接下来的一节中将呈现基于汉语实词的名词、动词、形容词和代词，以及汉语功能词的副词、量词、连词和介词的词型数、词频数有关具体词汇结构的发展常模建构过程。

第二节　汉语儿童不同词汇结构发展的常模建立

通过第一节的综述，我们基本获得了进行汉语儿童不同词汇结构发展常模建构的指标维度，即汉语实词的名词、动词、形容词和代词以及汉语功能词的副词、量词、连词和介词的词型数和词频数。本节中，我们主要对不同词类的词型数和词频数以及具体的词汇产出和发展情况进行分析，并且基于不同词类产出的数量和质量特征，建构汉语儿童词汇结构发展的常模。

一、研究设计与方法

(一) 研究目的

本研究致力于不同年龄段汉语儿童大样本语料的计算机语料分析，建构不同年龄段汉语儿童不同词汇结构水平的发展常模。通过计算机语料分析，探讨下列几个方面的问题：(1)进一步验证不同词汇结构在3—4岁、4—5岁和5—6岁时的数量和质量发展变化状况；(2)获取不同年龄段、不同词汇结构的词型数和词频数的常模参考数据并解释其所代表的意义。

(二) 研究对象

本研究语料来自国家哲学社会科学研究课题[①]。基于对语句数量的考虑，选择最低50句为衡量标准[②]，选择3—6岁341名儿童，其中3—4岁儿童119名(平均月龄：40.73±3.349)，4—5岁儿童103名(平均月龄：53.62±4.076)，5—6岁儿童119名(平均月龄：66.61±4.294)；家庭经济状况中等，与父母的日常交流语言均为普通话。经教师报

---

① 语料来源：周兢，基于汉语儿童语料库的语言障碍诊断系统研究，国家哲学社会科学基金项目(17BYY093)。

② 国际研究对语料分析时需要纳入的语句数量进行过讨论。尽管不同研究者所提出的语句数量不同，但普遍认为，在儿童语料分析时，最低需要纳入50句语言样本(详见Guo and Eisenberg，2015)，这也可以有效避免互动者的不同对儿童语言产出的影响。

告，所有儿童无听力障碍以及发展迟滞问题。

（三）语料收集及转录

本研究所涉及的341名儿童的语料数据都来自自由游戏场景，采用半结构化的情境设计，让幼儿在特定的游戏场景下与成人进行互动。语料记录的时间为30分钟。本研究用文字的方式将录音中成人和儿童的语言记录下来，并按照CHILDES国际儿童语料库（MacWhinney，2000）对文件格式的要求，转换为可在CLAN（Child Language Analysis）中运行的文本文件格式，分别对儿童和成人的每个语句（utterance）进行标记。除了汉字外，所有的符号在英文状态下显示。

（四）分词与添加%mor层

在以往的汉语儿童语料研究中，我们往往使用手工的方式对语句中的词进行划分，这大大降低了语料处理的速度和精确度。在CHILDES国际儿童语料库研究中心，工程师利用计算机开发了自动化的分词系统，它是通过zhoseg.js程序（https://talkbank.org/morgrams/zhoseg.zip）运行的。主要的分词过程如下：第一，根据CHILDES国际儿童语料库中已有的汉语词库，由zhoseg.js程序自动调取、匹配，然后进行分词。第二，对于zhoseg.js程序分不出的词汇，可以通过CHILDES国际儿童语料库的mor +xl指令输出，由研究者手动根据汉语儿童语言的词素切分标准进行分词，并将这些词的分词规则写到zhoseg.js程序中。第三，重复上述过程，直到所有句子分词结束。由于大多数的分词工作由计算机来实现，因此分词的效率和准确率也大大提高。在分词之后，通过mor指令添加词法分析层%mor层，至此完成分析的准备工作。

二、运用CLAN系统的FREQ指令进行分析

在基于CHILDES国际儿童语料库建构汉语儿童词汇结构水平发展常模的过程中，我们使用了CLAN系统的FREQ指令来实现。CLAN中功能最强大的程序之一是用于频率分析的FREQ程序，它是最容易使用的程序之一。FREQ的功能是将所有的词及其出现的频数罗列出来，并计算词型数、词频数以及词型词频比（TTR）。

CHAT手册指定了在记录困难材料时使用的两个特殊符号。xxx符号用于表示语音难以理解，而www符号用于表示由于技术原因无法转录的语音。FREQ默认情况下

会忽略这些符号，也会排除以下列字符开头的所有单词：0，&，＋，－，＃。如果研究者希望将它们包括在分析中，可以使用＋s/－s 选项将它们以及要搜索的其他单词列出。默认模式下，FREQ 会将出现[/]，[//]，[///]，[/－]，[/?]等符号的句子剔除，如果研究者希望将它们包括在分析中，可以通过使用＋r6 选项实现。此外，与计算汉语儿童词汇整体发展水平 CvocD 时一样，我们使用[＋ exc]将研究者认为可以在转录时保留但在分析时需要剔除的话语标注出来，比如完全宣读文本的话语或者重复成人的话语等。这些话语或者没有实际的意义，或者并非由话者所自发产生，不能有效衡量话者的语言水平，应予以排除。因此在计算过程中，我们通过手动添加命令符号的形式来排除。

使用 FREQ 指令计算不同词汇结构的词型数和词频数并调取儿童所产出的具体词汇结构，是基于%mor 层进行运算的，输入以下指令，可以计算儿童的名词词型和词频数。

```
freq +t*CHI +t%mor -s"[+ exc]" +s"n|*" +o *.cha
```

+t*CHI	仅分析儿童的话语
+t%mor	分析%mor 层
-s"[+ exc]"	剔除句末标有[+ exc]的句子，研究者可以根据需要剔除某些完全宣读书本的句子或者独立成句的语气助词等
+s"n|*"	查找%mor 层中所有以 n|开头的词；动词则更换为+s"v|*"，形容词更换为+s"adj|*"，代词更换为+s"pro：*|*"，副词更换为+s"adv|*"，量词更换为+s"cl|*"，连词更换为+s"conj|*"，介词更换为+s"prep|*"
+o	表示将产出的词按照词频的高低进行排序
*.cha	分析所有扩展名为.cha 的语料

在输入命令进行相关计算时，我们需要注意的是，运行程序 FREQ 必须在命令行行首。剩余的指令在顺序上并没有硬性要求，研究者可以先通过在指令窗口输入 FREQ，然后点击运行，查看有关 FREQ 的所有相关指令。

在输入命令行时，我们需要注意"＋"和"－"两个符号，这两个符号之后必须紧跟相应的处理内容。其中"＋"表示相应内容需要纳入计算过程中，"－"则表示不计算相应内容。在计算儿童的词型数和词频数时，我们使用了＋t*CHI 的符号，旨在告诉 CLAN 程序只计算儿童的话语，如果没有这个要素，该程序就会默认为计算所有说话者的言语，并分别计算各说话者的相应指标。同时，我们使用了－s 的符号，向程序表达了计算过程中

排除之后所紧跟内容的信息。比如为排除以[＋ exc]结尾的需要剔除的话语,我们使用－s"[＋ exc]"符号。此外,我们使用了＋s"n|*"选择了进行分析的词汇结构:名词;最后在命令行末尾输入*.cha,表示对指定工作目录位置下所有后缀名为cha的文件进行处理。本命令的处理皆针对儿童的话语层,并且所有文件的扩展名均为cha,因此,可以使用*.cha代表所有文件,提高运算效率,降低手动输入文件带来的错误,进行高效处理。如果不同的文件位于不同的文件夹下,可以在指令FREQ之后使用＋re的符号,表示批处理不同文件夹下的所有文件。当运行命令输入完毕后,点击run输出计算结果。

```
> freq +t*CHI +t%mor -s"[+ exc]" +s"n|*" +o mingming.cha
freq +t*CHI +t%mor -s"[+ exc]" +s"n|*" +o mingming.cha
Tue Apr 21 11:39:51 2020
freq (09-Feb-2020) is conducting analyses on:
  ONLY dependent tiers matching: %MOR;
****************************************
From file <mingming.cha>
Speaker: *CHI:
  8 n|zu2qiu2=soccer
  6 n|wa2wa=baby
  5 n|he2zi=box
  4 n|ji1mu4=toy_building_bricks
  3 n|hua4=painting
  2 n|hui4=meeting
  2 n|ji1=chicken
  2 n|ke4=subject
  2 n|mu3ji1=hen
  ……(略)
  1 n|wan2ju4=toy
  1 n|zhen1=needle
------------------------------
  30 Total number of different item types used
  64 Total number of items (tokens)
  0.469 Type/Token ratio
```

从中可知，在 CLAN 软件的输出窗口中，运行 FREQ 指令会出现两个部分的结果：

(1) 儿童所产出的所有名词，并按照从高频到低频的顺序进行排列。比如 8 n|zu2qiu2=soccer，表示儿童产出了 8 次名词“足球”，依此类推。

(2) 该名儿童产出名词的词型数、词频数和词型词频比。在这名儿童的分析中，词型数为 30，词频数为 64，词型词频比为 0.469。

通过类似步骤，我们可以得到各个年龄段词汇结构的词型和词频信息。

三、研究结果

通过运行 FREQ 指令，对三个年龄段共计 341 名儿童的词汇结构进行计算和分析，我们分别获取了三个年龄段汉语儿童名词、动词、形容词、副词、量词、连词和介词在词型数与词频数两个指标上的均值、标准差等信息。具体的结果如下。

(一) 不同年龄段汉语儿童实词的词汇结构水平发展

1. 名词

表 3.1 中呈现的是儿童名词发展的词型和词频的整体情况。通过表 3.1，我们可以看出，3—4 岁时，儿童产出名词的平均词型数为 30.83，4—5 岁时达到 33.90，5—6 岁时

表 3.1　不同年龄段汉语儿童产出名词词型和词频数的描述性分析

	年龄	个案数	平均值	标准差	最小值	最大值
名词词型	3—4 岁	119	30.83	9.463	10	55
	4—5 岁	103	33.90	10.178	15	68
	5—6 岁	119	38.95	12.978	15	86
	总计	341	34.59	11.505	10	86
名词词频	3—4 岁	119	54.92	19.937	17	112
	4—5 岁	103	60.72	24.282	20	153
	5—6 岁	119	73.37	35.945	23	199
	总计	341	63.11	28.728	17	199

达到 38.95。通过直方图图 3.1,我们可以看出,儿童产出名词的词型呈现较好的发展趋势,5—6 岁时发展速度加快。进一步的方差分析表明,儿童产出名词词型数存在显著的年龄主效应($F=16.447, p<0.001$)。多重比较表明,5—6 岁组显著高于 4—5 岁组($p<0.01$)和 3—4 岁组($p<0.001$)。

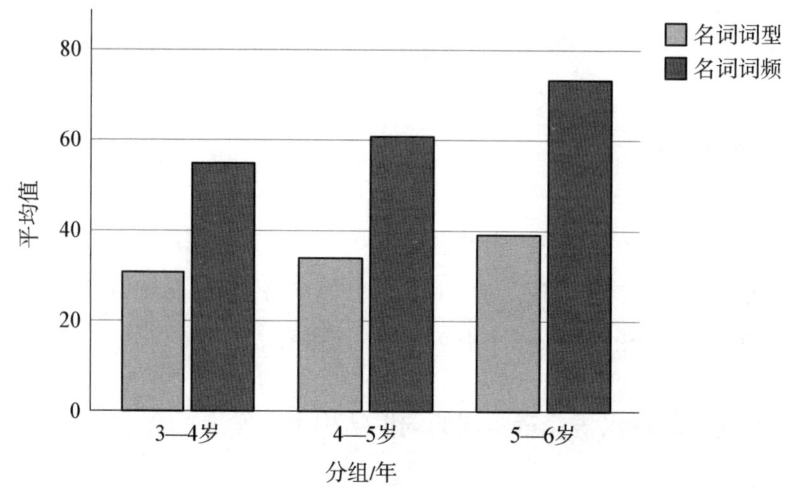

图 3.1　不同年龄段汉语儿童产出名词词型数和词频数的直方图

就名词的词频数来看,3—4 岁时,儿童产出名词的词频数为 54.92,4—5 岁时达到 60.72,5—6 岁时达到 73.37。通过直方图图 3.1,我们可以看出,儿童产出名词的词频数整体有递增趋势,与名词词型数的发展趋势类似,5—6 岁时发展速度更快。进一步的方差分析表明,儿童产出名词词频数存在显著的年龄主效应($F=13.745, p<0.001$)。多重比较表明,5—6 岁组显著高于 4—5 岁组($p<0.01$)和 3—4 岁组($p<0.001$);其他组之间差异不显著。

通过对儿童名词产出词型和词频数的数量分析来看,儿童名词的词型和词频都随着儿童年龄的增长逐渐增加。为了更加直观地反映这种发展趋势,我们对儿童名词产出中的新词和前 20 位的高频词进行进一步的分析和描述,见表 3.2。

从产出新词的情况来看,表示人和事物的名词最多,这些名词多数与儿童的生活经验密切相关。4 岁后,儿童的名词产出中出现了“标记”“不是”“材料”“成分”等较为抽象的名词;5 岁以后,儿童的名词产出中出现了表示方位的,比如“北方”。由于整体上覆盖到的儿童数量比较多,个体产出差异较大,导致新词产出的或然性增加(李宇明,1995),

表 3.2　不同年龄段儿童名词产出中的新词和高频词表

年龄	3—4 岁	4—5 岁	5—6 岁
新词		芭蕉、棒棒糖、宝扇、背、辫子、鼻涕、标记、不是、把子、包子、被、便士、别墅、冰、棒冰、布丁……	膀子、包、宝、北方、背心、笨蛋、笔友、冰糕、案板、按钮、袄、背后、贝壳、本、臂膀、边线……
高频词	218 猪、198 饭、177 熊、132 家、130 颜色、127 菜、112 水、111 猫、106 东西、101 椅子、81 床、79 胡萝卜、73 地方、64 球、60 手、59 锅、58 南瓜、56 衣服、54 头、54 桌子	341 猪、210 家、179 饭、149 猫、129 地方、126 颜色、116 东西、99 熊、95 菜、87 手、84 钢琴、78 床、78 椅子、72 水、71 房间、71 楼梯、69 厨房、69 房子、69 桌子、68 凳子	498 猪、230 家、198 东西、183 地方、169 饭、146 猫、135 床、121 颜色、120 水、108 椅子、102 菜、102 桌子、101 人、97 厨房、94 手、85 钢琴、79 皮皮鼠、78 房间、78 头、77 客厅

注：表中的数字表示词汇产出的频数，比如“218 猪”表示这个年龄段儿童产出的名词“猪”有 218 次。

所以从新词的产出很难发现较大的差别，但总体上表示人和事物的名词都在增加。名词产出逐渐由具体到抽象，并随着年龄的增长逐渐产出了表示时间和方位的名词，这也与张廷香(2010)的研究结果一致，张廷香发现，儿童产出的名词中，表示人和事物的名词最多，呈年龄递增趋势；表示处所的名词比较少见，但随着年龄增长逐渐具体化；表示方位和表示时间的名词也比较少，但呈现随年龄发展的趋势。

从高频词的产出来看，3—4 岁儿童开始大量产出集体名词，比如“菜”“东西”“颜色”“地方”“家”的使用；4—5 岁儿童新增加“人”“房间”等集体名词，5 岁后儿童产出的集体名词中“房子”“房间”仍在增加，也开始产出“钢琴”“厨房”“客厅”等相对具体和精确的专有名词。高频词的产出特征，基本符合儿童名词产出的规律，即从个体名词到专有名词再到集体名词和抽象名词的顺序，而对英语儿童的分析也发现类似的研究结果(欧伶伶，2009)。

从名词的产出来看，不管是数量上，还是从产出的高频词和新词来看，都反映出儿童名词发展的特征。一方面，儿童整体产出的名词数量(词型数和词频数)随着年龄的增长逐渐递增，5—6 岁是儿童名词词型和词频增长速度最快的阶段，就产出的名词类型来说，表示人和事物的名词最多，逐渐产出表示方位和表示时间的名词；另一方面，儿童名词发展与对周围事物认知的发展是相辅相成的，认知经验的累积推动儿童逐渐从认识一般事物向归纳总结递进，也推动儿童从范畴上的模糊指示向具体的精确指示发展，从个体名词向专有名词再向集体名词和抽象名词发展（刘燕，2016）。

2. 动词

表 3.3 呈现的是儿童动词词型和词频的整体情况。通过表 3.3，我们可以看出，3—4 岁时，儿童产出动词的平均词型数为 31.16，4—5 岁时为 30.83，5—6 岁时达到 36.09。通过直方图图 3.3，我们可以看出，儿童产出动词的词型整体上呈现出递增的发展趋势，其中 5 岁之前发展较慢，5 岁后快速增长。进一步的方差分析表明，儿童产出的动词词型数存在显著的年龄主效应（$F=8.445$，$p<0.001$）。多重比较表明，5—6 岁组显著高于 4—5 岁组（$p<0.01$）和 3—4 岁组（$p<0.01$）；其他组之间差异不显著。

表 3.3　不同年龄段汉语儿童产出动词词型和词频数的描述性分析

	年龄	个案数	平均值	标准差	最小值	最大值
动词词型	3—4 岁	119	31.16	10.094	12	56
	4—5 岁	103	30.83	9.300	13	69
	5—6 岁	119	36.09	12.801	17	74
	总计	341	32.78	11.139	12	74
动词词频	3—4 岁	119	67.10	25.535	28	138
	4—5 岁	103	66.54	23.849	24	139
	5—6 岁	119	80.82	37.604	28	199
	总计	341	71.72	30.532	24	199

通过直方图图 3.3，我们可以看出，就动词的词频数来看，3—4 岁时为 67.10，4—5 岁时为 66.54，5—6 岁时达到 80.82。儿童产出动词的词频数整体有递增趋势，变化趋势与词型数相似。5 岁前，产出动词的总词频增速比较慢，此后增速变快。进一步的方差分析表明，儿童产出动词词频数存在显著的年龄主效应（$F=8.479$，$p<0.001$）。多重比较表明，5—6 岁组显著高于 4—5 岁组（$p<0.01$）和 3—4 岁组（$p<0.01$）；其他组之间差异不显著。

为了更进一步地分析儿童动词产出的发展特征，我们对新词和排名前 20 位的高频词分别进行了统计和分析，结果如表 3.4。

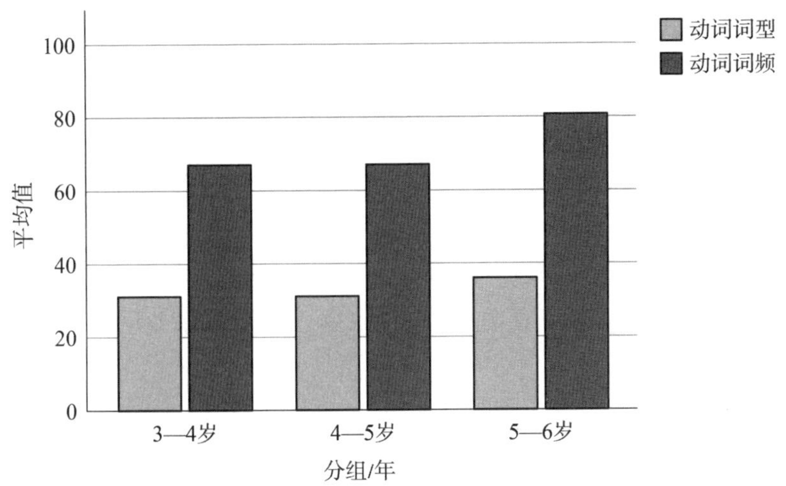

图 3.2　不同年龄段汉语儿童产出动词词型数和词频数的直方图

表 3.4　不同年龄段儿童动词产出中的新词和高频词表

年龄	3—4 岁	4—5 岁	5—6 岁
新词		熬、扳、爆发、标记、表示、不如、采、查、吵闹、乘凉、帮忙、帮助、包、报、比较、表演、补、超、出生、触、……	拗、百变、绑、变变、变化、布置、乘、成功、丑、出口、安排、拌、按、煲、保存、比赛、编、变幻、播种、铲、……
高频词	718 有、382 放、327 吃、207 知道、186 洗、182 看、168 在、153 做、151 睡觉、145 坐、142 拿、137 要、130 会、126 想、122 玩、121 画、112 睡、95 像、92 用、91 搭	934 有、358 放、286 吃、210 看、177 画、170 想、156 知道、154 洗、152 玩、129 睡觉、121 搭、118 在、114 用、103 拿、101 做、83 会、83 坐、81 喜欢、69 睡、69 像	1074 有、513 放、373 吃、294 画、287 看、215 玩、211 洗、199 想、189 知道、146 睡觉、144 变、139 做、137 说、127 拿、126 用、118 搭、115 要、110 睡、109 摆、101 坐

注：表中的数字表示词汇产出的频数。

如表 3.4 所示，从新词的产出来看，4—5 岁增加了“表示”“查”“当成”“得到”“帮忙”“帮助”“比较”“代替”等动作动词，5—6 岁增加“倒来倒去”“登高望远”等四字动词或者成语，并产出了“抖”“炖”“保存”“比赛”“变幻”等动作动词。

从高频词来看，不同年龄段以存现动词“有”的使用为主。3—4 岁已经产出了表示情感的动词“喜欢”；4—5 岁，心理动词“想”的使用频率增加，使役动词“用”的使用增加；5—

6 岁，心理动词"想"的使用进一步增加，表示存在的"在"字增加，并出现了"拼""种"等动作动词，使用频率也在增加，整体上儿童的动词还是以动作动词为主。

总体来看，不论是词型的产出，还是词频的产出，动词都呈现相对平稳的发展态势，因此可以将动词作为词汇诊断系统的指标。从高频词和新词的产出来看，高频词相对集中，以具体的动作动词为主，反映出儿童的思维以操作思维为主的特征，新词的产出则反映儿童动词从具体走向抽象，从外在走向内在心理特征描述的发展特点，从动词的使用来说，越接近儿童操作经验的新词的产出逐渐减少，而远离操作经验的其他动作动词则产出增多。

3. 代词

表 3.5 呈现的是儿童代词的词型和词频数的整体情况。通过表 3.5，我们可以看出，3—4 岁时儿童产出代词的平均词型数为 8.97，4—5 岁时为 8.74，5—6 岁时达到 9.34。通过直方图图 3.3，我们可以看出，4—5 岁时，儿童代词产出词型的数量有所减少。方差分析表明，儿童产出代词词型数不存在显著的年龄主效应（$F=1.359$，$p>0.05$）。

表 3.5 不同年龄段汉语儿童产出代词词型和词频数的描述性分析

	年龄	个案数	平均值	标准差	最小值	最大值
代词词型	3—4 岁	119	8.97	2.615	3	17
	4—5 岁	103	8.74	2.574	4	16
	5—6 岁	119	9.34	2.972	3	17
	总计	341	9.03	2.736	3	17
代词词频	3—4 岁	119	46.62	22.453	4	107
	4—5 岁	103	43.73	26.558	6	202
	5—6 岁	119	50.82	30.530	4	156
	总计	341	47.21	26.803	4	202

就代词的词频数来看，3—4 岁时为 46.62，4—5 岁时为 43.73，5—6 岁时达到 50.82。通过直方图图 3.3，我们可以看出，儿童产出代词词频数的变化趋势与词型的情况相似。4 岁后代词的产出略有回落，5 岁后持续增长。进一步的方差分析表明，儿童产出代词的词频数也不存在显著的年龄主效应（$F=1.991$，$p>0.05$）。

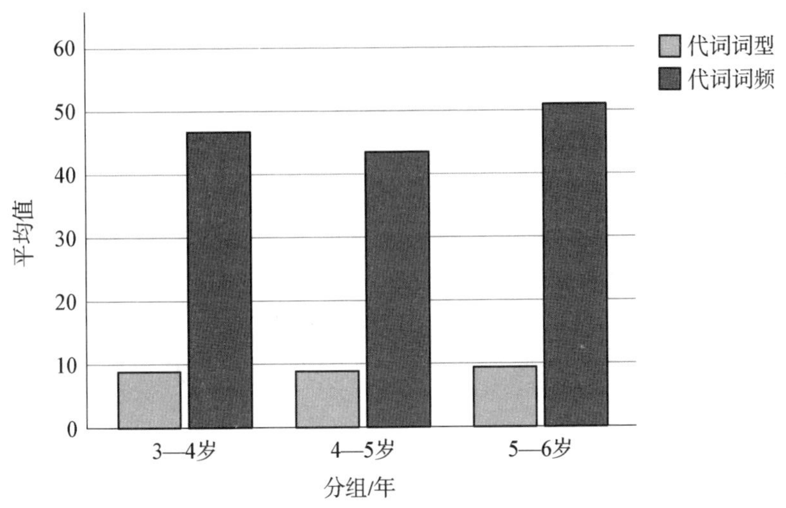

图 3.3　不同年龄段汉语儿童产出代词词型数和词频数的直方图

为了进一步探明代词发展的问题，我们对不同年龄段儿童产出代词新词和高频词的情况进行了分析（见表 3.6）。通过分析，我们发现，就新词产出来看，4 岁后整体上增加的新词并不多，新增人称代词“别人”，指示代词“那样”“多少”；5—6 岁新增指示代词“这个”“余下”。

表 3.6　不同年龄段儿童代词产出中的新词和高频词表

年龄	3—4 岁	4—5 岁	5—6 岁
新词		别人、那样、多少	这个、余下
高频词	1888 这、1012 我、404 他、281 你、273 什么、267 它、176 那、161 他们、104 她、90 哪、81 我们、80 这样、48 哪里、46 这样的、44 它们、30 啥、28 谁、20 哪儿、14 自己、11 你们	1573 这、1178 我、290 你、210 什么、180 他、156 他们、153 我们、146 它、145 那、98 这样、71 哪、55 她、54 这样的、38 哪里、24 它们、24 谁、23 自己、17 你们、14 她们、12 干吗	2003 这、1452 我、481 你、317 它、295 他、251 什么、223 他们、176 那、166 我们、128 这样、81 她、74 它们、65 自己、54 哪、47 这样的、31 谁、26 你们、25 哪儿、23 哪里、16 干吗

注：表中的数字表示词汇产出的频数。

就高频词的分析来看，指示代词“这”和人称代词“我”在各个年龄段的产出都处于绝对优势地位，后者反映出学龄前儿童社会认知中自我意识得到发展。3 岁以后第二人称

"你"以及第三人称"他/她/它"及其复数形式的使用逐渐增多(进一步反映出儿童社会认知能力的提升),尽管疑问代词也在增加,但整体产出不如人称代词和指示代词。

4. 形容词

表 3.7 呈现的是儿童形容词词型和词频的整体情况。通过表 3.7,我们可以看出,3—4 岁时儿童产出形容词词型的平均值为 8.96,4—5 岁时为 9.83,5—6 岁时达到 9.99。通过直方图图 3.4,我们可以看出,儿童产出形容词的词型整体呈现递增趋势,但 5—6 岁时发展速度放慢。方差分析表明,儿童产出形容词词型数不存在显著的年龄主效应($F=2.381$, $p>0.05$)。

表 3.7　不同年龄段汉语儿童产出形容词词型和词频数的描述性分析

	年龄	个案数	平均值	标准差	最小值	最大值
形容词词型	3—4 岁	119	8.96	3.604	2	23
	4—5 岁	103	9.83	3.628	3	19
	5—6 岁	119	9.99	4.414	3	23
	总计	341	9.58	3.928	2	23
形容词词频	3—4 岁	119	22.16	10.499	7	55
	4—5 岁	103	22.60	10.163	6	67
	5—6 岁	119	23.73	14.221	5	104
	总计	341	22.84	11.827	5	104

就形容词的词频数来看,3—4 岁时平均值为 22.16,4—5 岁时为 22.60,5—6 岁时达到 23.73。通过直方图图 3.4,我们可以看出,儿童产出形容词的词频数整体变化趋势与词型的情况并不相似,反而呈现更好的发展趋势,随着年龄增长逐年增加。但进一步的方差分析表明,儿童产出形容词的词频数也不存在显著的年龄主效应($F=0.554$, $p>0.05$)。

那么,不同年龄段儿童产出的形容词是否存在差别呢?表 3.8 呈现的是儿童形容词新词和高频词的分布情况。通过表 3.8,我们发现,从新词的产出来看,4—5 岁时,出现了描述个体品质或者情感的词,比如"孤单""可怕""老实"等;5—6 岁时,多音节形容词逐渐增多,形容词不再局限于描述事物的外部特征。可见,新词的产出过程反映了汉语儿

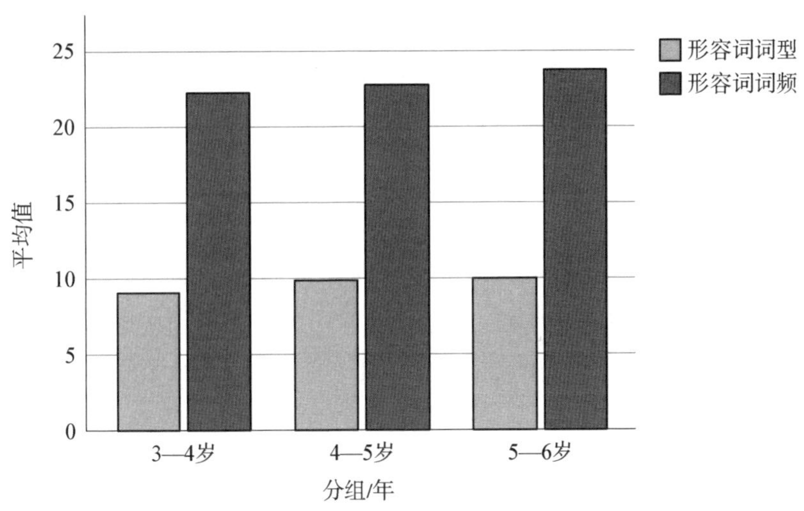

图 3.4　不同年龄段汉语儿童产出形容词词型数和词频数的直方图

表 3.8　不同年龄段儿童形容词产出中的新词和高频词表

年龄	3—4 岁	4—5 岁	5—6 岁
新词		暗、灿、脆、热乎、富贵、孤单、好用、黑、花、灰、薄、差不多、累、成功、得了、低低、对头、厉害、复杂、各种各样、……	安静、凹、馋、呆、单、淡、陡峭、放肆、丰富、高高、碍事、暴、笨、瘪、不一、吵、赤、丑、电动、多余、……
高频词	657 白、481 好、206 对、119 大、51 多、48 红、45 一样、34 干净、28 绿、25 黑、25 漂亮、24 好的、24 黄、22 好吃、22 红色、17 高、16 好看、16 蓝色、15 白、15 饱、15 超级	634 白、366 好、250 对、114 一样、94 大、57 多、54 红、28 红色、28 绿、25 蓝色、24 高、23 好的、21 黄色、21 漂亮、18 下、17 黑、16 绿色、15 黄、13 白、13 好玩、12 白色	854 白、439 好、249 对、114 大、59 多、50 好的、38 高、38 一样、34 红、30 好玩、29 绿色、27 黑、22 绿、21 超级、21 漂亮、19 开心、18 好看、17 白、15 好吃的、15 乱、14 干净

童形容词产出以颜色词和单音节词为主，并呈现出从外到内、从性质评价到个体品质的发展特点。从高频词的产出来看，各个年龄段均以表示外部特征的“小”和表示性质评价的“好”为主。3—4 岁，表示颜色的形容词比较多，产出了形容词“一样”，说明儿童比较意识的提升；4—5 岁，除了表示颜色的词进一步增加之外，还出现了“漂亮”“新”等性质评价

词，颜色词依旧占据着高频形容词；5 岁以后，颜色词减少。

整体来看，儿童形容词的产出遵循如下的发展特征：其一，通过对词频和词型的分析，我们发现儿童产出形容词的词型数量在 4 岁后增长最快，朱曼殊（1986）对幼儿形容词使用的调查发现，2 岁到 6 岁半，儿童形容词的使用逐年增长，其中 4 岁时增长最快。通过本研究，我们认为形容词的增长主要是体现在词型的丰富上；其二，儿童形容词的产出与朱曼殊（1986）对幼儿形容词使用的调查研究基本一致，呈现从对外描述向对内描述的发展，词的使用更加准确和丰富，多音节形容词的使用增加（刘燕，2016；肖晶晶，2017）；其三，儿童产出的形容词中，颜色形容词是学前儿童使用最多的。从数据层面，虽然形容词不具有年龄发展的主效应，但其数据情况还是随着年龄逐渐在增加，因此，可以纳入汉语儿童词汇结构的诊断系统。

（二）不同年龄段汉语儿童功能词的词汇结构水平发展

1. 副词

表 3.9 中呈现的是儿童副词词型和词频数的整体情况。我们可以看出，3—4 岁时儿童产出的副词词型平均值为 10.57，4—5 岁时为 12.56，5—6 岁时达到 14.25。通过直方图图 3.5，我们可以看出，儿童产出副词的词型整体呈现递增趋势。方差分析表明，儿童产出副词词型数存在显著的年龄主效应（$F=16.568$，$p<0.001$）。多重比较显示，5—6 岁组显著高于 4—5 岁组（$p<0.05$）和 3—4 岁组（$p<0.001$）；4—5 岁组显著高于 3—4 岁

表 3.9　不同年龄段汉语儿童产出副词词型和词频数的描述性分析

	年龄	个案数	平均值	标准差	最小值	最大值
副词词型	3—4 岁	119	10.57	4.293	2	23
	4—5 岁	103	12.56	4.188	2	28
	5—6 岁	119	14.25	6.019	5	31
	总计	341	12.46	5.158	2	31
副词词频	3—4 岁	119	27.41	13.653	6	70
	4—5 岁	103	31.04	13.890	10	90
	5—6 岁	119	38.03	24.319	8	138
	总计	341	32.21	18.659	6	138

组($p<0.01$)。

就副词的词频数来看,3—4 岁时平均值为 27.41,4—5 岁时为 31.04,5—6 岁时达到 38.03。通过直方图图 3.5,我们可以看出,儿童产出副词的词频数整体有递增趋势,变化趋势与词型的情况相似。进一步的方差分析表明,儿童产出副词词频数也存在显著的年龄主效应($F=10.487, p<0.001$)。多重比较显示,5—6 岁组显著高于 4—5 岁组($p<0.05$)和 3—4 岁组($p<0.001$);其他组之间没有显著差异,也就是说,5—6 岁是副词词频数快速增长的时期。

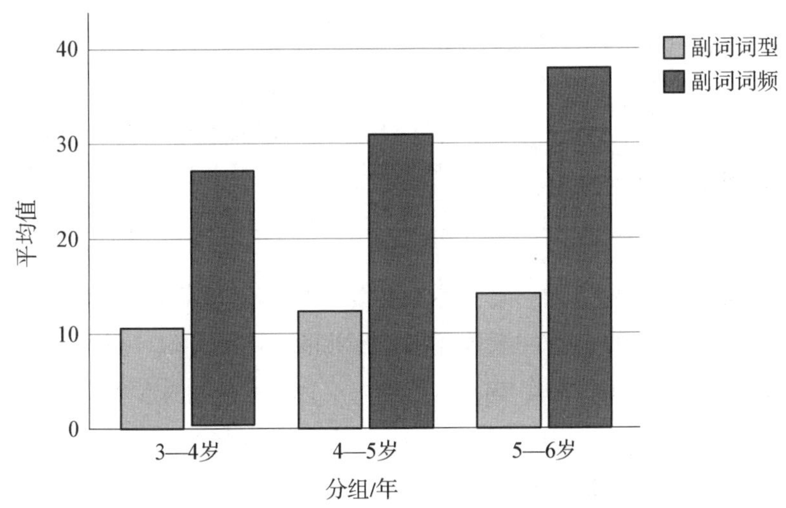

图 3.5　不同年龄段汉语儿童产出副词词型数和词频数的直方图

表 3.10 呈现的是汉语儿童不同年龄段产出副词新词和高频词的分布情况。通过表 3.10,我们可以发现,就新词的产出来看,4—5 岁增加“差不多”“当时”“暗暗”“比如”“不大”“不错”等副词;5—6 岁增加“轮流”“差点”等副词。就高频词来看,否定副词“不”是产出最多的副词,其次是“还”“没”“就”“再”“也”“都”等副词。

结合上述的分析,我们认为,第一,汉语儿童副词的产出自 3 岁开始逐渐递增,表明儿童使用副词来修饰其他词比如形容词或者动词的情况越来越多,是构成儿童语言发展的重要指标。第二,进一步的分析发现,汉语儿童产出最多的副词为否定副词“不”,其次是“还”“没”“就”“再”“也”“都”等副词,副词的词型产出随着年龄增加逐渐递增,副词的发展特征基本与对 3—6 岁儿童副词的研究(张廷香,2010)发现类似,即儿童使用副词的词种数、词量、频率等都呈现明显的年龄特征,否定副词“不”的频率最高,其次是“就、还、

表 3.10 不同年龄段儿童副词产出中的新词和高频词表

年龄	3—4 岁	4—5 岁	5—6 岁
新词		遍遍、差不多、从前、当时、加上、经常、快要、亲手、随便、随时、暗暗、比如、不然、不止、常、初、到时候、赶紧、每、明明	不大、不错、常年、聪明、待会儿、倒是、刚好、极了、连、蛮、轮流、差点、大概、分别、更加、共、怪不得、好、极、急
高频词	827 不、415 还、284 没、203 就、194 也、128 都、91 再、72 好、68 先、61 在、51 太、49 现在、44 很、32 又、30 就是、29 一起、28 快、24 好像、23 这么、21 别、21 一点	712 不、472 还、269 没、205 也、185 就、124 再、109 先、94 都、94 很、81 就是、81 在、52 好、50 太、43 又、42 一起、33 好像、31 快、31 现在、24 已经、20 有点、20 这么	888 不、648 还、389 就、316 没、227 再、198 也、176 都、166 先、147 很、131 又、71 就是、69 现在、66 一起、56 太、50 好、47 最、44 好像、33 别、33 还是、30 这么、28 一点

都、也、没、就是、很、再、又、没有”，这基本上也与车艳(2009)、车艳和欧伶伶(2009)研究的 2 岁前儿童副词发展的特征(主要体现在产出词的分布上)相似。整体上，副词的数量和质量都能较好地反映年龄特性，因此可以纳入汉语儿童词汇的诊断系统，作为词汇结构的诊断指标。

2. 量词

表 3.11 中呈现的是儿童量词词型和词频的整体情况。通过表 3.11，我们可以看出，3—4 岁时量词词型数平均值为 3.83，4—5 岁时为 4.01，5—6 岁时达到 5.04。通过直方图图 3.6，我们可以看出，儿童产出量词的词型整体呈现递增趋势。方差分析表明，儿童产出量词词型数存在显著的年龄主效应($F=11.665, p<0.001$)。多重比较发现，5—6 岁组显著高于 4—5 岁组($p<0.01$)和 3—4 岁组($p<0.001$)，其他组之间没有显著差异，可见 5—6 岁是儿童量词词型增长最快的时期。

就量词的词频数来看，其平均值 3—4 岁时为 18.83，4—5 岁时为 20.59，5—6 岁时达到 24.97。通过直方图图 3.6，我们可以看出，儿童产出量词的词频数整体有递增趋势，变化趋势与词型的情况相似。进一步的方差分析表明，儿童产出量词词频数也存在显著的年龄主效应($F=6.203, p<0.01$)。多重比较显示，5—6 岁组显著高于 3—4 岁组($p<0.01$)；其他组之间没有显著差异。

表 3.11　不同年龄段汉语儿童产出量词词型和词频数的描述性分析

	年龄	个案数	平均值	标准差	最小值	最大值
量词词型	3—4 岁	119	3.83	1.879	1	9
	4—5 岁	103	4.01	1.763	0	9
	5—6 岁	119	5.04	2.468	1	13
	总计	341	4.31	2.137	0	13
量词词频	3—4 岁	119	18.83	9.849	1	46
	4—5 岁	103	20.59	13.743	0	76
	5—6 岁	119	24.97	16.932	1	122
	总计	341	21.51	14.028	0	122

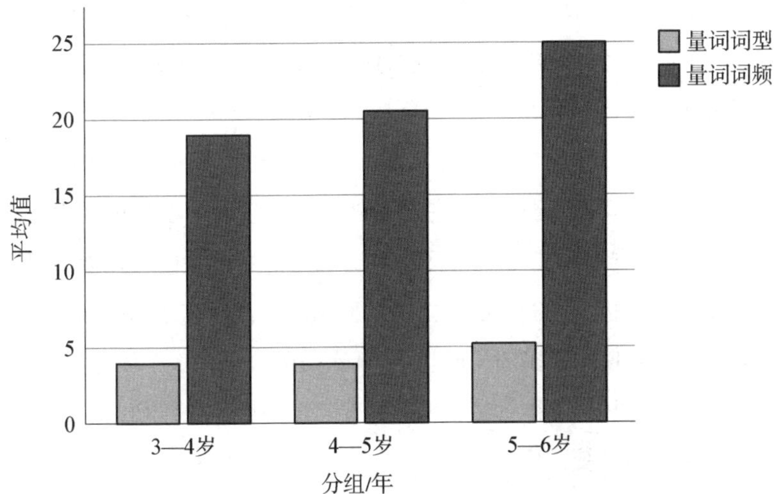

图 3.6　不同年龄段汉语儿童产出量词词型数和词频数的直方图

通过对儿童产出量词的高频词和新词的分析(表 3.12),我们发现,4—5 岁儿童产出了一般量词“栋”“件”“盏”、部分量词“片”“页”、集合量词“组”、准量词“倍”“成”等;5—6 岁产出了部分量词“节”“截”“块块”“缕”、集合量词“副”“套”、容器量词“锅”“瓶”等。可见随着儿童年龄增长,儿童量词的丰富度逐渐提升。

表3.12　不同年龄段儿童量词产出中的新词和高频词表

年龄	3—4 岁	4—5 岁	5—6 岁
新词		笔、栋、架、件、片、圈、文、盏、指、倍、成、首、页、组	遍、副、锅、角、节、截、里、粒、瓶、扇、包、对、顿、幅、会儿、家子、脚、块块、缕、年
高频词	1581 个、66 层、58 只、49 把、48 下、39 些、34 张、29 点、17 块、13 对、13 口、10 分、9 杯、7 台、7 盏、6 朵、6 天、6 条、5 餐、5 次、5 分钟	1641 个、67 只、55 下、40 把、37 层、32 张、27 些、24 盏、23 点、21 台、18 种、17 块、11 棵、10 次、9 本、9 口、7 双、6 班、6 部、5 栋、5 分钟	2155 个、109 只、91 下、63 把、62 层、58 些、51 张、40 点、24 双、23 块、20 种、16 条、15 次、15 朵、14 根、11 回、11 台、10 本、10 天、9 口、7 分钟

注：表中的数字表示词汇的频数。

从儿童产出的高频量词来看，个体量词“个”的产出数量最多。3—4 岁儿童产出最多的量词为部分量词“层”，个体量词“只”的使用比较常见；4—5 岁使用最多的量词为部分量词“下”，部分量词“把”和集合量词“对”的使用增多；5—6 岁使用最多的是部分量词“下”“把”“层”和个体量词“只”。

整体来看，第一，就儿童的量词产出来看，3 岁后产出的数量开始增加，5—6 岁增速最快。值得一提的是，这种量词词频的递增是随着儿童量词词型的增加而带来的，也就是说，儿童量词词型的增加可能更好地反映出汉语儿童量词整体的发展特征。第二，通过对高频词和新词的分析，我们发现，儿童量词使用的丰富度在逐渐提高（杨晓岚、周兢，2010），个体量词“个”是使用最多的一般量词，其次是部分量词。个体量词的产出要高于非个体量词（颜秀静，2010）。可以说，量词的整体产出能够反映汉语儿童的词汇成长，因此可以纳入词汇的诊断系统。

3. 连词

通过表 3.13，我们可以看出，3—4 岁时儿童产出的连词词型平均值为 2.05，4—5 岁时为 2.85，5—6 岁时达到 3.37。直方图图 3.7 显示，儿童连词词型整体呈现递增趋势，4—5 岁是连词词型发展快速增长的阶段。方差分析表明，儿童产出连词词型数存在显著的年龄主效应（$F=14.316$，$p<0.001$）。多重比较显示，5—6 岁组显著高于 3—4 岁组（$p<0.001$）；4—5 岁组显著高于 3—4 岁组（$p<0.01$）；其他组之间差异不显著。

表 3.13 不同年龄段汉语儿童产出连词词型和词频数的描述性分析

	年龄	个案数	平均值	标准差	最小值	最大值
连词词型	3—4 岁	119	2.05	1.692	0	6
	4—5 岁	103	2.85	1.746	0	7
	5—6 岁	119	3.37	2.239	0	10
	总计	341	2.75	1.989	0	10
连词词频	3—4 岁	119	3.75	4.061	0	21
	4—5 岁	103	5.87	5.231	0	29
	5—6 岁	119	8.62	9.790	0	48
	总计	341	6.09	7.168	0	48

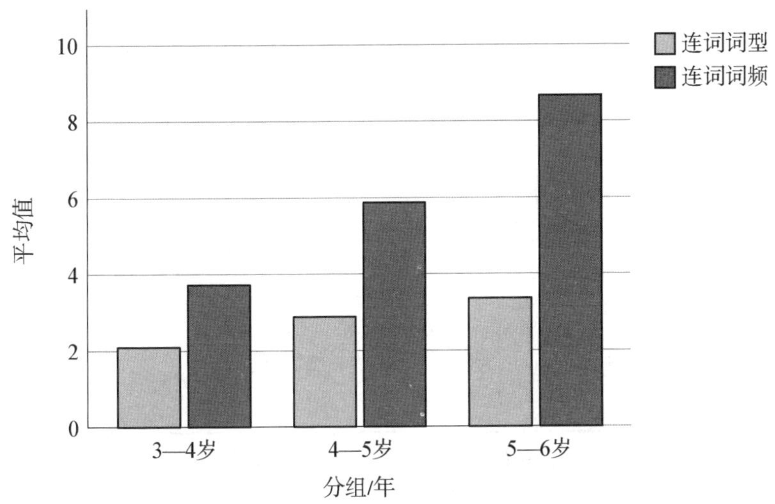

图 3.7 不同年龄段汉语儿童产出连词词型数和词频数的直方图

就连词的词频数来看，3—4 岁时平均值为 3.75，4—5 岁时为 5.87，5—6 岁时达到 8.62。通过直方图图 3.7，我们可以看出，儿童产出连词的词频数整体有递增趋势，变化趋势与词型的情况相似，其中 4—5 岁儿童词频的增长也与词型同步。进一步的方差分析表明，儿童产出连词词频数也存在显著的年龄主效应（$F=14.958$，$p<0.001$）。多重比较显示，5—6 岁组显著高于 4—5 岁组（$p<0.05$）和 3—4 岁组（$p<0.001$）；4—5 岁组显著高于 3—4 岁组（$p<0.01$）。

那么,汉语儿童主要产出了哪类连词呢?通过分析儿童产出的高频连词和新词(表3.14),我们发现,就新词来看,4—5岁增加了转折连词“不过”、并列连词“而且”“不仅”、选择连词“或”“或者”、连贯连词“接着”“那么”、让步连词“虽然”;5—6岁增加了并列连词“跟”、让步连词“之类”、选择连词“除了”、转折连词“而”“否则”、假设连词“假如”“要么”、因果连词“故”。就儿童产出的高频连词来看,3—4岁儿童的因果连词“因为”、连贯连词“那”“然后”“还有”、并列连词“和”、转折连词“但是”“可是”的产出最多;4—5岁儿童的并列连词“和”产出最多,因果连词“因为”和连贯连词“然后”次之;5—6岁产出的连贯连词“然后”最多,其次是因果连词“因为”、并列连词“和”。

表3.14 不同年龄段儿童连词产出中的新词和高频词表

年龄	3—4岁	4—5岁	5—6岁
新词		不过、而且、或、接着、那么、不仅、或者、虽然、万一、为了、又	跟、之类、除了、而、否则、故、假如、要么
高频词	100因为、86然后、76那、58和、25还有、23可是、13但是、12就是、6直到、4所以、4要不然、3如果、3要不、2但、2还是、2首先、2要是、1不然、1只有	150和、124然后、101因为、89那、35但是、22就是、21可是、12所以、9要不然、8不过、6但、5首先、4还有、4或者、4又、3还是、2不然、2而且、2或、2那么	339然后、159和、158因为、117那、50可是、36但是、26所以、20如果、13要不然、10或者、10就是、9而且、9万一、9要是、8首先、7要不、7直到、5接着、4还是、4要么

注:表格中的数字表示词汇的频数。

通过上述分析可以发现,儿童产出最多的连词是“因为”“然后”“那”,就不同类型的连词来看,连贯、因果和并列是产出最多的连词类型,这一结果与张廷香(2010)的研究结果相似,张廷香发现3—6岁儿童使用最多的连词是“然后”“那”“因为”。从数量层面,可以将连词数据作为参考数据纳入汉语儿童的词汇诊断系统中。

4. 介词

通过表3.15,我们可以看出,3—4岁时儿童产出的介词词型平均值为2.35,4—5岁时为2.50,5—6岁时达到3.03。通过直方图图3.8,我们可以看出,儿童产出介词的词型整体呈现递增趋势，5 岁后发展逐步加快。方差分析表明，儿童产出介词词型数存在显著的年龄主效应（$F=10.550$，$p<0.001$）。多重比较发现，5—6 岁组显著高于 4—5 岁组（$p<0.01$）和 3—4 岁组（$p<0.001$）；其他组之间差异不显著。

表 3.15　不同年龄段汉语儿童产出介词词型和词频数的描述性分析

	年龄	个案数	平均值	标准差	最小值	最大值
介词词型	3—4 岁	119	2.35	1.232	0	5
	4—5 岁	103	2.50	1.171	0	5
	5—6 岁	119	3.03	1.131	0	6
	总计	341	2.63	1.212	0	6
介词词频	3—4 岁	119	6.88	6.534	0	39
	4—5 岁	103	6.85	5.272	0	27
	5—6 岁	119	10.92	9.270	0	44
	总计	341	8.28	7.532	0	44

就介词的词频数来看，3—4 岁时平均值为 6.88，4—5 岁时为 6.85，5—6 岁时达到 10.92。通过直方图图 3.8，我们可以看出，儿童产出介词的词频数在 5 岁前处于较低阶段，5 岁后增长速度突然加快。进一步的方差分析表明，介词词频的产出存在显著的年龄主效应（$F=11.952$，$p<0.001$）；5—6 岁组显著高于 4—5 岁组（$p<0.001$）和 3—4 岁组（$p<0.001$）；其他各组之间的差异不显著。对介词的分析发现，尽管 5 岁前儿童整体产出的介词数量非常少，但 5 岁开始数量便急速增加；此外，儿童整体产出介词的类型也是增加的。

我们进一步分析了不同年龄段儿童介词高频词和新词产出的分布情况。通过表 3.16，我们发现整体上儿童产出的介词词型较少。4—5 岁增加“比”“不管”“关于”“离”等；5—6 岁增加“挨着”“比如”“按照”，词型的丰富度逐渐增加。就儿童产出的高频介词来看，“在”是产出最多的介词；其次是介词“把”和“给”。随着年龄增长，儿童对介词的使用逐渐丰富起来，词型总数也逐渐增加。可以说，不管是数量上，还是质量上，介词均可以反映儿童词汇的进步，因此可以纳入汉语儿童的词汇诊断系统中。

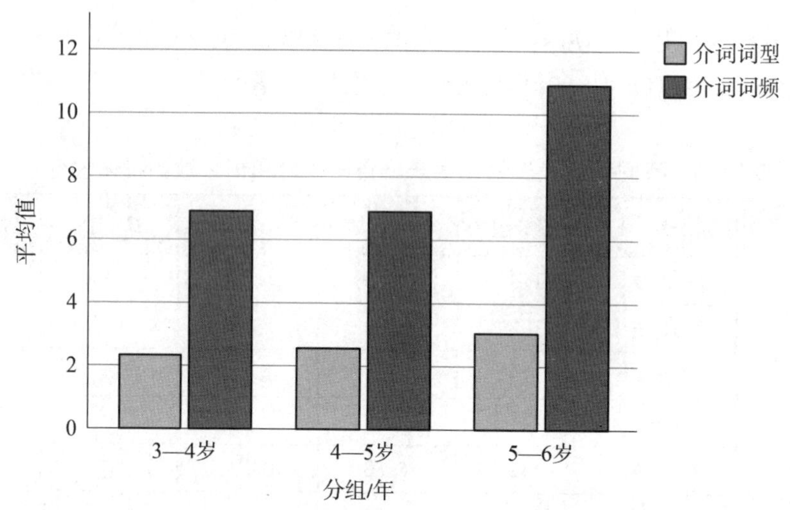

图 3.8　不同年龄段汉语儿童产出介词词型数和词频数的直方图

表 3.16　不同年龄段儿童介词产出中的新词和高频词表

年龄	3—4 岁	4—5 岁	5—6 岁
新词		比、不管、如、往、关于、离	挨着、比如、除了、及、为了、直到、按照、沿、视
高频词	320 在、181 把、177 给、21 跟、17 从、6 被、2 对、1 等到	318 在、169 把、155 给、30 跟、17 从、5 被、4 比、3 对、2 不光、1 等到、1 关于、1 离、1 如、1 往	642 在、335 把、184 给、53 跟、46 从、15 被、3 挨着、3 按照、3 比、3 除了、2 及、2 往、1 比如、1 等到、1 对、1 视、1 为了、1 沿、1 直到

注：表格中的数字表示词汇的频数。

（三）不同年龄段汉语儿童的词汇结构水平发展常模及其意义

汉语儿童词汇结构水平发展的常模是基于多个标准而建立的。

第一，基本符合汉语儿童词汇从简单到复杂的发展规律，体现汉语儿童词汇结构水平随年龄增长而逐步增加的发展趋势。基于这一个标准，汉语儿童词汇结构中的名词、动词、副词、量词、连词以及介词的词型数和词频数均可以纳入。

第二，需要纳入汉语儿童词汇发展研究以及特殊儿童词汇发展研究中非常重要的指标。基于这一标准，汉语儿童所产出的形容词虽然没有显著的年龄主效应，但是它仍然显现出了随着年龄增长而逐步增加的态势，而且作为汉语实词的重要代表，理应纳入常模参考指标。此外，汉语儿童所产出的代词，是众多语言障碍儿童经常出现问题的词汇结构维度，比如何晓炜、田琳和孙蓝(2014)、苏怡和莉蒂希娅·蕾格斯(2020)、夏滢(2008)以及宋珊珊、万国斌、金宇和静进(2015)等得出的研究结论，这表明自闭症儿童可能存在主客体理解方面的困难，因此代词也应该纳入这一常模参考系统中。

基于上述标准的思考，我们最终在建构汉语儿童实词的词汇结构水平常模中，纳入了名词、动词、形容词和代词的词型数与词频数，在建构汉语儿童功能词的词汇结构水平常模中，纳入了副词、量词、连词和介词的词型数与词频数。基于此，我们建立了不同年龄段汉语儿童词汇结构水平的发展常模，具体结果如表 3.17 和表 3.18 所示。

表 3.17　不同年龄段汉语儿童实词词汇结构水平常模

词汇结构	指标	年龄	参考数据		一个标准差内的参考范围	
			平均值	标准差	下限	上限
名词	名词词型	3—4 岁	30.83	9.463	21.367	40.293
		4—5 岁	33.90	10.178	23.722	44.078
		5—6 岁	38.95	12.978	25.972	51.928
	名词词频	3—4 岁	54.92	19.937	34.983	74.857
		4—5 岁	60.72	24.282	36.438	85.002
		5—6 岁	73.37	35.945	37.425	109.315
动词	动词词型	3—4 岁	31.16	10.094	21.066	41.254
		4—5 岁	30.83	9.300	21.53	40.13
		5—6 岁	36.09	12.801	23.289	48.891
	动词词频	3—4 岁	67.10	25.535	41.565	92.635
		4—5 岁	66.54	23.849	42.691	90.389
		5—6 岁	80.82	37.604	43.216	118.424
代词	代词词型	3—4 岁	8.97	2.615	6.355	11.585
		4—5 岁	8.74	2.574	6.166	11.314

续表

词汇结构	指标	年龄	参考数据		一个标准差内的参考范围	
			平均值	标准差	下限	上限
		5—6 岁	9.34	2.972	6.368	12.312
	代词词频	3—4 岁	46.62	22.453	24.167	69.073
		4—5 岁	43.73	26.558	17.172	70.288
		5—6 岁	50.82	30.530	20.29	81.35
形容词	形容词词型	3—4 岁	8.96	3.604	5.356	12.564
		4—5 岁	9.83	3.628	6.202	13.458
		5—6 岁	9.99	4.414	5.576	14.404
	形容词词频	3—4 岁	22.16	10.499	11.661	32.659
		4—5 岁	22.60	10.163	12.437	32.763
		5—6 岁	23.73	14.221	9.509	37.951

上述常模的参考值在不同实词词汇结构水平的诊断和预测中都具有参考意义。

名词方面，以 3—4 岁为例，当某个 3—4 岁儿童的名词词型数在 21.367—40.293 之间、名词词频数在 34.983—74.857 之间时，表明该名儿童的名词在正常儿童的发展常模范围内，而当某个 3—4 岁儿童的名词词型数取值低于 21.367、名词词频数取值低于 34.983 时，即该名儿童的名词产出在正常儿童的发展常模一个标准差之外，表明该名儿童的名词产出落后于正常儿童，需要在名词的丰富度方面引起关注，可以调取其产出的名词进行具体分析。

动词方面，以 3—4 岁为例，当某个 3—4 岁儿童的动词词型数在 21.066—41.254 之间、动词词频数在 41.565—92.635 之间时，表明该名儿童的动词在正常儿童的发展常模范围内，而当某个 3—4 岁儿童的动词词型数取值低于 21.066、动词词频数取值低于 41.565 时，即该名儿童的动词产出在正常儿童的发展常模一个标准差之外，表明该名儿童的动词产出落后于正常儿童，需要在动词的丰富度方面引起关注，可以调取其产出的动词进行具体分析。

代词方面，以 3—4 岁为例，当某个 3—4 岁儿童的代词词型数在 6.355—11.585 之间、代词词频数在 24.167—69.073 之间时，表明该名儿童的代词在正常儿童的发展常模范围内，而当某个 3—4 岁儿童的代词词型数取值低于 6.355、词频数取值低于 24.167 时，即该名儿童的代词产出在正常儿童的发展常模一个标准差之外，表明该名儿童的代词产出落后于正常儿童，需要在代词的丰富度方面引起关注，可以调取其产出的代词进行具体分析。

形容词方面，以 3—4 岁为例，当某个 3—4 岁儿童的形容词词型数在 5.356—12.564 之间、形容词词频数在 11.661—32.659 之间时，表明该名儿童的形容词在正常儿童的发展常模范围内，而当某个 3—4 岁儿童的形容词词型数取值低于 5.356、形容词词频数取值低于 11.661 时，即该名儿童的形容词产出在正常儿童的发展常模一个标准差之外，表明该名儿童的形容词产出落后于正常儿童，需要在形容词的丰富度方面引起关注，可以调取其产出的形容词进行具体分析。

表 3.18　不同年龄段汉语儿童功能词词汇结构水平常模

词汇结构	指标	年龄	参考数据		一个标准差内的参考范围	
			平均值	标准差	下限	上限
副词	副词词型	3—4 岁	10.57	4.293	6.277	14.863
		4—5 岁	12.56	4.188	8.372	16.748
		5—6 岁	14.25	6.019	8.231	20.269
	副词词频	3—4 岁	27.41	13.653	13.757	41.063
		4—5 岁	31.04	13.890	17.15	44.93
		5—6 岁	38.03	24.319	13.711	62.349
量词	量词词型	3—4 岁	3.83	1.879	1.951	5.709
		4—5 岁	4.01	1.763	2.247	5.773
		5—6 岁	5.04	2.468	2.572	7.508
	量词词频	3—4 岁	18.83	9.849	8.981	28.679
		4—5 岁	20.59	13.743	6.847	34.333
		5—6 岁	24.97	16.932	8.038	41.902
连词	连词词型	3—4 岁	2.05	1.692	0.358	3.742
		4—5 岁	2.85	1.746	1.104	4.596
		5—6 岁	3.37	2.239	1.131	5.609

续表

词汇结构	指标	年龄	参考数据		一个标准差内的参考范围	
			平均值	标准差	下限	上限
	连词词频	3—4 岁	—①	—	—	—
		4—5 岁	5.87	5.231	0.639	11.101
		5—6 岁	—	—	—	—
介词	介词词型	3—4 岁	2.35	1.232	1.118	3.582
		4—5 岁	2.50	1.171	1.329	3.671
		5—6 岁	3.03	1.131	1.899	4.161
	介词词频	3—4 岁	6.88	6.534	0.346	13.414
		4—5 岁	6.85	5.272	1.578	12.122
		5—6 岁	10.92	9.270	1.65	20.19

上述常模的参考值在不同功能词词汇结构水平的诊断和预测中都具有参考意义。

副词方面，以 3—4 岁为例，当某个 3—4 岁儿童的副词词型数在 6.277—14.863 之间、副词词频数在 13.757—41.063 之间时，表明该名儿童的副词在正常儿童的发展常模范围内，而当某个 3—4 岁儿童的副词词型数取值低于 6.277、副词词频数取值低于 13.757 时，即该名儿童的副词产出在正常儿童的发展常模一个标准差之外，表明该名儿童的副词产出落后于正常儿童，需要在副词的丰富度方面引起关注，可以调取其产出的副词进行具体分析。

量词方面，以 3—4 岁为例，当某个 3—4 岁儿童的量词词型数在 1.951—5.709 之间、量词词频数在 8.981—28.679 之间时，表明该名儿童的量词在正常儿童的发展常模范围内，而当某个 3—4 岁儿童的量词词型数取值低于 1.951、量词词频数取值低于 8.981 时，即该名儿童的量词产出在正常儿童的发展常模一个标准差之外，表明该名儿童的量词产出落后于正常儿童，需要在量词的丰富度方面引起关注，可以调取其产出的量词进行具体分析。

连词方面，以 3—4 岁为例，当某个 3—4 岁儿童的连词词型数在 0.358—3.742 之间时，表明该名儿童的连词在正常儿童的发展常模范围内，而当某个 3—4 岁儿童的连词词

① 5—6 岁汉语儿童所产出的连词词频标准差超过了词频数，因此不具有常模参考意义，予以剔除。

型数取值低于 0.358 时，即该名儿童的连词产出在正常儿童的发展常模一个标准差之外，表明该名儿童的连词产出落后于正常儿童，需要在连词的丰富度方面引起关注，可以调取其产出的连词进行具体分析。

介词方面，以 3—4 岁为例，当某个 3—4 岁儿童的介词词型数在 1.118—3.582 之间、介词词频数在 0.346—13.414 之间时，表明该名儿童的介词在正常儿童的发展常模范围内，而当某个 3—4 岁儿童的介词词型数取值低于 1.118、介词词频数取值低于 0.346 时，即该名儿童的介词产出在正常儿童的发展常模一个标准差之外，表明该名儿童的介词产出落后于正常儿童，需要在介词的丰富度方面引起关注，可以调取其产出的介词进行具体分析。

第三节　汉语儿童不同词汇结构发展常模的使用与分析

基于汉语儿童名词、动词、形容词和代词四类实词的词型数和词频数，以及副词、量词、连词和介词四类功能词的词型数和词频数，我们建立了不同年龄段汉语儿童词汇结构水平的发展常模，为汉语儿童不同词汇结构的初步评价提供了重要的常模参考数据。

一、运用不同词汇结构常模进行语言障碍诊断和预测的基本原则

汉语儿童不同词汇结构发展常模的建立，为不同词汇结构发展的诊断与预测提供了重要的量化参考数据。利用这些数据进行分析时，需要把握以下三个原则。

（一）在汉语儿童不同词汇结构的常模参考中，我们所建构的标准容许差异范围为一个标准差上下

具体到不同的词汇结构：名词词型数上，3—4 岁容许差异范围位于 21.367—40.293 之间，4—5 岁容许差异范围位于 23.722—44.078 之间，5—6 岁的容许差异范围位于 25.972—51.928 之间；名词词频数上，3—4 岁容许差异范围位于 34.983—74.857 之间，

4—5 岁容许差异范围位于 36.438—85.002 之间，5—6 岁的容许差异范围位于 37.425—109.315 之间。

动词词型数上，3—4 岁容许差异范围位于 21.066—41.254 之间，4—5 岁容许差异范围位于 21.53—40.13 之间，5—6 岁的容许差异范围位于 23.289—48.891 之间；动词词频数上，3—4 岁容许差异范围位于 41.565—92.635 之间，4—5 岁容许差异范围位于 42.691—90.389 之间，5—6 岁的容许差异范围位于 43.216—118.424 之间。

形容词词型数上，3—4 岁容许差异范围位于 5.356—12.564 之间，4—5 岁容许差异范围位于 6.202—13.458 之间，5—6 岁的容许差异范围位于 5.576—14.404 之间；形容词词频数上，3—4 岁容许差异范围位于 11.661—32.659 之间，4—5 岁容许差异范围位于 12.437—32.763 之间，5—6 岁的容许差异范围位于 9.509—37.951 之间。

代词词型数上，3—4 岁容许差异范围位于 6.355—11.585 之间，4—5 岁容许差异范围位于 6.166—11.314 之间，5—6 岁的容许差异范围位于 6.368—12.312 之间；代词词频数上，3—4 岁容许差异范围位于 24.167—69.073 之间，4—5 岁容许差异范围位于 17.172—70.288 之间，5—6 岁的容许差异范围位于 20.29—81.35 之间。

副词词型数上，3—4 岁容许差异范围位于 6.277—14.863 之间，4—5 岁容许差异范围位于 8.372—16.748 之间，5—6 岁的容许差异范围位于 8.231—20.269 之间；副词词频数上，3—4 岁容许差异范围位于 13.757—41.063 之间，4—5 岁容许差异范围位于 17.15—44.93 之间，5—6 岁的容许差异范围位于 13.711—62.349 之间。

量词词型数上，3—4 岁容许差异范围位于 1.951—5.709 之间，4—5 岁容许差异范围位于 2.247—5.773 之间，5—6 岁的容许差异范围位于 2.572—7.508 之间；量词词频数上，3—4 岁容许差异范围位于 8.981—28.679 之间，4—5 岁容许差异范围位于 6.847—34.333 之间，5—6 岁的容许差异范围位于 8.038—41.902 之间。

连词词型数上，3—4 岁容许差异范围位于 0.358—3.742 之间，4—5 岁容许差异范围位于 1.104—4.596 之间，5—6 岁的容许差异范围位于 1.131—5.609 之间；连词词频数上，4—5 岁容许差异范围位于 0.639—11.101 之间。

介词词型数上，3—4 岁容许差异范围位于 1.118—3.582 之间，4—5 岁容许差异范围位于 1.329—3.671 之间，5—6 岁的容许差异范围位于 1.899—4.161 之间；介词词频数上，3—4 岁容许差异范围位于 0.346—13.414 之间，4—5 岁容许差异范围位于 1.578—12.122 之间，5—6 岁的容许差异范围位于 1.65—20.19 之间。

(二) 当某个词汇结构的产出数量低于正常儿童参考数据一个标准差以上，或者低于容许差异范围的下限时，则考虑这个词汇结构的发展滞后

具体到不同的词汇结构：名词词型数方面，当3—4岁儿童的取值低于21.367、4—5岁儿童的取值低于23.722、5—6岁儿童的取值低于25.972时，或者名词词频数方面，当3—4岁儿童的取值低于34.983、4—5岁儿童的取值低于36.438、5—6岁儿童的取值低于37.425时，可以将这类儿童诊断为名词产出存在问题。

动词词型数方面，当3—4岁儿童的取值低于21.066、4—5岁儿童的取值低于21.53、5—6岁儿童的取值低于23.289时，或者动词词频数方面，当3—4岁儿童的取值低于41.565、4—5岁儿童的取值低于42.691、5—6岁儿童的取值低于43.216时，可以将这类儿童诊断为动词产出存在问题。

形容词词型数方面，当3—4岁儿童的取值低于5.356、4—5岁儿童的取值低于6.202、5—6岁儿童的取值低于5.576时，或者形容词词频数方面，当3—4岁儿童的取值低于11.661、4—5岁儿童的取值低于12.437、5—6岁儿童的取值低于9.509时，可以将这类儿童诊断为形容词产出存在问题。

代词词型数方面，当3—4岁儿童的取值低于6.355、4—5岁儿童的取值低于6.166、5—6岁儿童的取值低于6.368时，或者代词词频数方面，当3—4岁儿童的取值低于24.167、4—5岁儿童的取值低于17.172、5—6岁儿童的取值低于20.29时，可以将这类儿童诊断为代词产出存在问题。

副词词型数方面，当3—4岁儿童的取值低于6.277、4—5岁儿童的取值低于8.372、5—6岁儿童的取值低于8.231时，或者副词词频数方面，当3—4岁儿童的取值低于13.757、4—5岁儿童的取值低于17.15、5—6岁儿童的取值低于13.711时，可以将这类儿童诊断为副词产出存在问题。

量词词型数方面，当3—4岁儿童的取值低于1.951、4—5岁儿童的取值低于2.247、5—6岁儿童的取值低于2.572时，或者量词词频数方面，当3—4岁儿童的取值低于8.981、4—5岁儿童的取值低于6.847、5—6岁儿童的取值低于8.038时，可以将这类儿童诊断为量词产出存在问题。

连词词型数方面，当3—4岁儿童的取值低于0.358、4—5岁儿童的取值低于1.104、5—6岁儿童的取值低于1.131时，或者连词词频数方面，当4—5岁儿童的取值低于0.639时，可以将这类儿童诊断为连词产出存在问题。

介词词型数方面，当 3—4 岁儿童的取值低于 1.118、4—5 岁儿童的取值低于 1.329、5—6 岁儿童的取值低于 1.899 时，或者介词词频数方面，当 3—4 岁儿童的取值低于 0.346、4—5 岁儿童的取值低于 1.578、5—6 岁儿童的取值低于 1.65 时，可以将这类儿童诊断为介词产出存在问题。

（三）当发现词汇结构产出数量存在滞后之后，需要提取该儿童所产出的具体词汇结构进行分析，以获得更进一步的词汇结构特征，从而为后续的临床干预提供具体的干预建议

那么基于语料库的汉语儿童不同词汇结构常模该如何使用，如何对儿童的词汇结构发展程度进行分析呢？在本节，我们将通过 CHILDES 国际儿童语料库下的 KidEval 指令[①]，介绍常模参考数据的使用与分析过程。

二、运用不同词汇结构常模进行语言障碍诊断和预测的基本流程

KidEval 是 Kid Evaluation 的简称，是 CHILDES 国际儿童语料库下 CLAN 软件所集成的指令之一，主要用于儿童临床语言的数据分析和评估。对汉语而言，KidEval 中不仅覆盖了汉语儿童的词汇整体发展常模 CvocD，还涵盖了不同词汇结构的发展常模。

在使用不同词汇结构的发展常模进行汉语儿童词汇整体发展水平的诊断与预测之前，我们需要将常模参考数据下载到电脑中，然后遵循图 3.9 的诊断和预测流程展开。

首先，我们需要获得儿童的语料，这一语料收集的是成人与幼儿的自由游戏对话，50 句以上。在完成语料的转录之后，我们会对这名儿童的语料进行断句、计算机自动化分词、计算机自动化添加%mor 层等准备工作。

第二，将不同词汇结构的发展常模下载到本地电脑中。选择 CLAN 程序的“文件(File)”菜单，点击“获取 KidEval 常模(Get KIDEVAL Database)”，这样 CLAN 软件会自动下载汉语儿童语言发展常模数据到本地文件夹(C:\TalkBank\CLAN\lib\kideval)。

第三，利用 CLAN 系统的 KidEval 指令进行诊断和预测分析。KidEval 指令可以自动将这名儿童的不同词汇结构的发展水平与对应年龄段的不同词汇结构的发展常模参考值

① 现阶段的 KidEval 指令中仅仅集成了汉语不同词汇结构的词频数，词型数的计算可以通过 FREQ 指令实现；在不久的将来，我们将继续开放词型数分析的数据。

进行对比,检测这名儿童的不同词汇结构的发展水平是否处于常模参考值范围内。如果在常模参考值范围之外,可以利用 FREQ 指令调取这名儿童的词汇结构进行具体分析。

第四,根据 KidEval 自动生成的 Excel 表格,对这名儿童的词汇整体发展水平作出诊断和预测,完成诊断报告。

三、运用 KidEval 对语言障碍儿童的词型数和词频数进行诊断与预测

在本部分中,我们将以一名 3 岁语言障碍儿童(mingming)作为研究个案,举例说明基于 KidEval 进行语言障碍儿童不同词汇结构诊断和预测的量化分析过程。

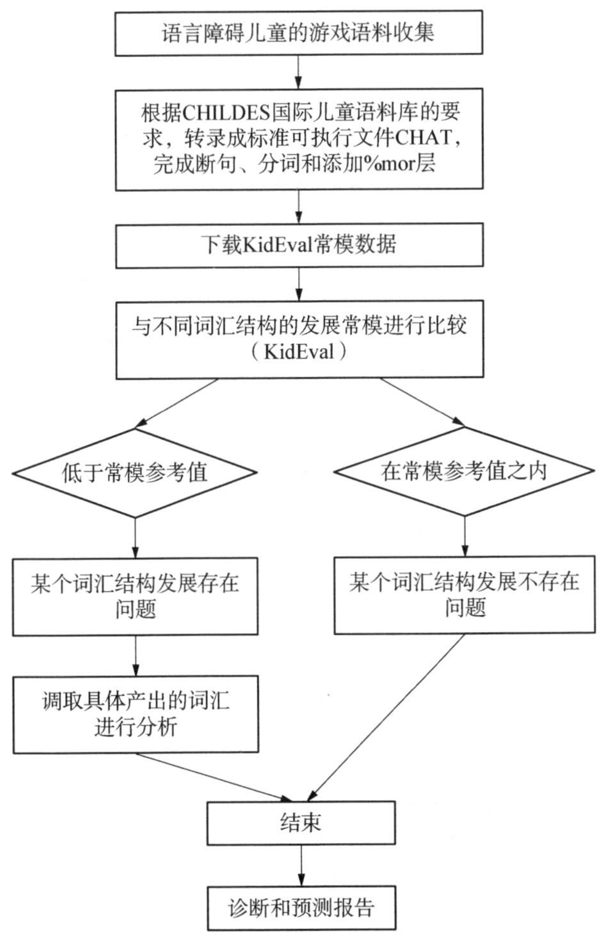

图 3.9　汉语儿童不同词汇结构发展水平的诊断与预测流程

(一) 语料分析准备

研究者在获取“mingming”的语料后，对这名儿童的语料进行断句和自动化分词处理，并添加%mor 层，从而完成了进行不同词汇结构水平计算的基础工作。这名 3 岁儿童的语料命名为 mingming. cha。

(二) 将汉语儿童词汇整体发展常模下载到本地电脑中

在下载和安装 CLAN 程序之后，需要选择“文件(File)”菜单并点击“获取 KidEval 常模(Get KIDEVAL Database)”，这样 CLAN 软件会自动下载汉语儿童语言发展常模数据到本地文件夹(C:\TalkBank\CLAN\lib\kideval)。该数据文件为 zho_md_kideval_db. cut①，该文件包括了 341 名儿童的基本信息以及常模数据。

(三) 利用 CLAN 系统的 KidEval 指令进行诊断和预测分析

通过第二章，我们对基于 KidEval 进行语言障碍诊断和预测的具体流程已经有所了解。本节将简要进行介绍。

第一，在正式运行指令之前，需要先确定工作路径，也就是选择这名儿童的语料文件*. cha 所在的位置。通过点击 working 选项，我们可以选择这名儿童语料文件所在的电脑位置，即 C:\USERS\YIBIN\DESKTOP\；通过点击 mor lib 确定进行汉语儿童不同词汇结构水平计算时%mor 层的参考语言 C:\Users\Yibin\Desktop\MOR\zho\，即中文 zho；最后在 CLAN 的指令(Command)窗口中输入指令：

```
kideval +LinkAge +lzho +t*CHI: +dmd~"3;-4" mingming.cha
```

+LinkAge	表示与对应年龄段的参考数据进行匹配
+lzho	表示儿童的语言是汉语
+t* CHI:	仅分析儿童的话语
+dmd~"3;-4"	表示常模参考数据选择的年龄段为 3—4 岁
mingming. cha	表示选择“mingming”这个儿童作为分析对象

点击运行(Run)按钮，计算机会自动将该儿童的数据与常模参考数据中 3—4 岁的数

① zho_md_kideval_db. cut 文件为可编辑文件，研究者可以根据需要增加或减少数据。

据进行对比分析，并自动生成对比分析的 Excel 表格。该指令运行后的结果如下：

```
>kideval +LinkAge +lzho +t* CHI: +dmd~"3; -4" mingming.cha
    Using default, build into KIDEVAL source code, language file: zho
    Database File used: C:\talkbank\clan\lib\kideval\zho_md_kideval_db.cut
kideval +LinkAge +lzho +t* CHI: +dmd~3; -4 mingming.cha
Tue Apr 21 16:17:59 2020
kideval (09-Feb-2020) is conducting analyses on:
  ONLY speaker main tiers matching: *CHI:;
    and those speakers' ALL dependent tiers
  and ALL header tiers
****************************************
From file <mingming.cha>
Output file <mingming.kideval.xls>


PLEASE SEE SLP MANUAL FOR RECOMMENDED INTERPRETATION.
```

（四）根据 KidEval 自动生成的 Excel 表格，对这名儿童的不同词汇结构水平作出诊断和预测

上述运算会自动生成对特定儿童词汇整体发展水平的评估结果，具体产出的 Excel 表格如图 3.10 所示。该表格主要呈现了三个部分的内容。

	A	B	C	D	E	F	AE	AF	AG	AH	AI	AJ	AK	AL	AM	AN	AO	AP	AQ	AR	AS	AT
1	File_DB	Language	Corpus	Code	Age(Month)	Sex	名词词型	名词词频	动词词型	动词词频	形容词词型	形容词词频	代词词型	代词词频	副词词型	副词词频	量词词型	量词词频	连词词型	连词词频	介词词型	介词词频
2	mingming.cha	zh	zhou2	CHI	46	male	14	18	14	30	3	4	4	5	1	1	1	1	1	1	0	0
3	+/-SD	.	.	.	.	.	-1.779	-1.852	-1.700	-1.453	-1.654	-1.730	-1.901	-1.854	-2.229	-1.934	-1.506	-1.810	-0.621	/	-1.907	-1.053
4							*	*	*	*	*	*	*	*	**	*	*	*			*	*
5	Mean Database	.	.	.	.	.	30.83	54.92	31.16	67.1	8.96	22.16	8.97	46.62	10.57	27.41	3.83	18.83	2.05	/	2.35	6.88
6	SD Database	.	.	.	.	.	9.463	19.937	10.094	25.535	3.604	10.499	2.615	22.453	4.293	13.653	1.879	9.849	1.692	/	1.232	6.534
7	Number files	.	.	.	.	.	119	119	119	119	119	119	119	119	119	119	119	119	119	119	119	119
8																						
9	PLEASE SEE SLP MANUAL FOR RECOMMENDED INTERPRETATION.																					
10																						
11	+/- SD * = 1 SD, ** = 2 SD																					
12	Database keywords: 3;-4																					
13	Database date: 2019-10-02, 01:27																					
14																						
15																						

图 3.10　利用 KidEval 进行汉语儿童词汇整体发展常模分析的操作结果①

① 这里展示的是未来 KidEval 完整的汉语词汇结构水平分析，目前 KidEval 的版本中仅包括词频数的对比分析结果。

第一，这名儿童的基本数据信息。包括这名儿童的语言、语料库、编码、年龄、性别等基本情况以及这名儿童不同词汇结构水平的数值。本研究中我们发现这名儿童的名词、动词、形容词和代词四类实词的词型数和词频数分别是 14，18；14，30；3，4；4，5。这名儿童的副词、量词、连词和介词四类功能词的词型数和词频数分别是 1，1；1，1；1，1；0，0。

第二，这个年龄段汉语儿童的样本数量以及对应的不同词汇结构水平发展常模包括了 119 名 3—4 岁儿童，他们的名词、动词、代词和形容词四类实词的词型数和词频数（词型在前、词频在后）分别是：30.83(9.463)、54.92(19.937)；31.16(10.094)、67.10(25.535)；8.97(2.615)、46.62(22.453)；8.96(3.604)、22.16(10.499)。副词、量词、连词和介词四类功能词的词型数和词频数（词型在前、词频在后，连词在该年龄段仅有词型参考）分别是：10.57(4.293)、27.41(13.653)；3.83(1.879)、18.83(9.849)；2.05(1.692)；2.35(1.232)、6.88(6.534)。

第三，这名儿童与汉语儿童不同词汇结构水平的对比分析结果，包括了是否存在显著差异（在图 3.10 中使用*表示落后常模一个标准差，**表示落后常模两个标准差）。通过图 3.10 所展示的 KidEval 完整分析框架，我们发现，mingming 的名词词型和词频、动词词型和词频、形容词词型和词频、代词词型和词频、量词词型和词频、介词词型和词频均与正常儿童不同词汇结构发展的参考常模之间存在显著的差异，上述指标与常模之间的差异大小均在一个标准差以上，在副词词型的差异上达到了两个标准差以上。

通过上述评估过程，我们发现该儿童在名词、动词、形容词、代词、副词、量词和介词的产出上均存在产出的滞后，这些词汇结构水平应该受到足够多的关注。

四、运用 FREQ 对语言障碍儿童的具体词汇产出情况进行诊断和预测

那么，上述词汇结构水平的滞后具体体现在哪些方面呢？通过 FREQ 指令，我们分别调取了 mingming 所产出的名词、动词、形容词、代词、副词和量词（介词没有产出），结果如表 3.19 所示。

通过分析表 3.19 中 mingming 所产出的具体词汇结构，并对比汉语正常儿童词汇结构发展与产出的特征，我们认为：

名词方面，3 岁时，正常儿童的词汇中是以指物名词为主，指人名词为辅，从这一点来看，mingming 与正常儿童名词产出的特征相似，但是汉语正常发展的 3 岁儿童名词产出中出现了表示集合概念的集体名词，比如“菜”“东西”“颜色”“地方”“家”，而 mingming 则

表 3.19 mingming 所产出的名词、动词、形容词、副词、代词和量词列表

词汇结构	名词	动词	形容词	代词	副词	量词
具体产出	妈妈、滑梯、妈、幼儿园、宝宝、球、伟伟、华华、昕怡、笔、积木、帽子、小人、熊	玩、画、坐、拔、看、是、拿、要、下来、掉、放、滑滑、滑、摘	小、对、好	你、这、我、什么	在	个

没有产出。

动词方面，3 岁时，正常儿童最为普遍产出的动词是关系/存现动词“有”，但是 mingming 并没有产出；正常儿童产出了诸如表示意愿的能愿动词“想”、表示可能的能愿动词“会”“要”，而且产出的频率较高，但是 mingming 则仅仅产出了表示可能的能愿动词“要”，能愿动词的丰富水平不够。

形容词方面，3 岁时正常儿童的形容词产出中，产出最多的词是“白”“好”“大”“多”等性质形容词，总体上以单音节形容词为主，但是辅助产出了大量的多音节形容词，与正常儿童相比，mingming 产出了三个性质的形容词，但没有多音节形容词。

代词方面，3 岁时正常儿童产出的三类代词(人称代词、指示代词和疑问代词)包括“这、我、他、你、什么、它、那、他们、她”等，mingming 仅仅产出了人称代词“你”“我”、指示代词“这”和疑问代词“什么”，整体产出较少，而且 mingming 不会产出人称代词的复数形式。

副词方面，3 岁时，正常儿童产出的副词以否定副词“不”为主，还产出了“还”“没”“就”“再”“也”“都”等副词，与之相比，mingming 仅仅产出了具有副词用法的“在”，其他副词产出的数量较少，并没有产出重复副词“还”“也”、时间副词“就”等，表明 mingming 在副词产出方面存在问题。

量词方面，mingming 与正常发展儿童产出最为高频的量词都是个体量词“个”，但是与正常儿童不同的是，3 岁时，正常儿童产出的高频词包括“个、层、只、把、下、些、张、点、块、对、口、分”等量词，其中覆盖了名量词中的个体量词“个”“只”“把”“张”“口”，集合量词“些”“对”，不定量词“点”“块”，准量词“分”等，以及动量词“下”，但反观 mingming，则仅仅产出了个体量词“个”，并没有产出其他的量词子类。

通过上述评估过程，我们发现该儿童 mingming 在词汇结构的名词、动词、形容词、代

词、副词、量词和介词方面的产出存在词型和词频数量上的落后，而通过调取该儿童所产出的名词、动词、形容词、代词、副词、量词，我们发现，该儿童在这些词汇的产出质量上也与正常发展的儿童之间存在不少的差距，反映出这名儿童在词汇结构水平上的“滞后”。因此，我们判定这名儿童在不同词汇结构水平上与 3 岁年龄段的正常发展儿童之间存在差距，未来应该在名词、动词、形容词、代词、副词、量词和介词方面予以更多的支持和干预。

第四章

汉语儿童语法发展的整体常模研究

语法问题是理解语言障碍的关键(Crystal, 2012),也是多数研究者公认的、可以区分正常儿童与语言障碍儿童的核心指标。本章将聚焦汉语儿童语法发展的整体常模建构,通过对已有文献的分析,研究确定汉语儿童语法整体发展常模的参照性指标 MLGU,详细描述建构汉语儿童语法整体发展常模的研究历程以及主要发现,并介绍有关该常模的使用与分析过程。

第一节　汉语儿童语法整体发展的特征

儿童语言结构的核心能力反映在儿童的语法结构能力上。1 岁儿童还不会使用句子,但已经会使用单字来进行表达,到 1 岁半后有了双词句甚至简单句;2 岁儿童已经开始使用复合句,但复合句子句之间的连词很少,到 4 岁开始频繁使用含有连词的复合句,也就是说,句法的发展从简单句开始,到无连词的复合句,再到有连词的复合句(Hsu,1996;引自萧振民,2012)。周兢(1997)将 0—8 岁儿童的语法划分为四个发展阶段:0—2 岁为前结构阶段、2—4 岁为简单结构阶段、4—6 岁为合成结构阶段、6—8 岁为嵌置结构阶段。前结构阶段是儿童语言发展的开端,主要发展语言感知能力、语言发音能力和句法结构意识,儿童并未获得语言结构的表达方法。到简单结构阶段后,儿童的句法能力体现在他们已经会使用 6 种简单结构关系句,即事实关系句、动作关系句、所属关系句、描述关系句、存现关系句、方位关系句,以及疑问句和否定句。4 岁以后,儿童开始把两种简单结构按照不同的方式进行合成,进入合成结构阶段。此时的合成结构句式主要有并列合成关系、承继合成关系、选择合成关系、条件合成关系、因果合成关系、转折合成关系 6 种。6 岁以后,儿童会在句中嵌入短语或者小句来提升句子的复杂度,但受到口语本身的影响,儿童的口语仍然以合成结构句和简单结构句为主。

一、儿童语法发展研究与 MLU

如何衡量语法的复杂水平,自 20 世纪初就引起了儿童语言研究者的兴趣。尼斯(Nice,1925)认为平均句子长度是“判断儿童在获得成人语言能力方面最重要的单一标准”。因此尼斯设计了“平均响应长度”或称 MLR(mean length of response),即我们现在所说的 MLUw(mean length of utterance in words)或单词中的平均发音长度。但是,布朗(Brown,1973b)指出,MLU 的计算应该基于词素,而不是单词。通过探索词素发展与语法发展之间的关系,布朗发现,基于词素的平均语素长度(MLUm, mean length of utterance in morphemes)比平均单词长度(MLUw)更能准确地反映语法的增长特性,在布朗看来，相比年龄，MLU 更适合用来衡量个体的发展，因为它允许“基于内部”(on internal grounds)识别具有相同结构复杂度但可能并非相同年龄的孩子。目前为止，MLU 已经被证明是儿童语言研究中最常见的复杂性指标之一(表 4.1)。

表 4.1　布朗提出的平均语句长度计算规则及其在 CLAN 中的实现[①]

布朗的计算规则	CLAN 程序中的运算规则
1. 从语料的第二页开始计算，当该页包括背诵内容时，从第一个非背诵内容的句子开始，MLU 的计算应采纳儿童语料中的首批 100 句话语并满足如下的规则。 2. 只使用转录完整的句子。用括号标出转录中有疑问的语句。 3. 包括所有正确的重复(用加号记录标注)。话者在单个词汇上若有结巴表现记为一个词素，并且记录所说的最完整形式。若使用重复或类似的表达方式表示强调，则对每次重复进行计算，如 no, no, no。 4. 不计算诸如 mm 或者 oh 等表示延时思考的词，但需要计算 no, yeah 以及 hi。 5. 所有复合词(两个或者以上的自由词素)，专有名词以及仪式化的重复记为一个词素。例如：birthday, rackety-boom, choo-choo, quack-quack, night-night, pocketbook, see-saw。理由是尚没有证据表明词素构成成分可以单独作为词素。 6. 所有的不规则动词过去式作为一个词素(如 got, did, went, saw)。理由是尚没有证据表明儿童会将这些词与其一般现在形式相联系。 7. 所有指小词记为一个词素(doggie, mommie)，因为儿童不会单独使用指小词词缀。指小词是儿童使用的普遍形式。	1. 在 CLAN 中进行计算时，可以跳过前 25 句话，这主要通过＋z25u - 125u 来实现，在 KIDEVAL 指令中会自动输出 MLU - 100。 2. 当语句中出现 xxx, yyy 和 www 时，MLU 指令会自动剔除这些语句；如果希望将 xxx 包括在分析中，可以使用＋sxxx 符号来实现；yyy 和 www 在分析时仍然会被剔除；如果语句中没有词，那么这句话也在分析时被剔除。 3. 如果使用[/]，[//]，[///]，[/?]和[/—]的代码来标记部分重复和完全重复，那么在计算 MLU 的时候，这些语句的形式都会被排除，可以根据研究需要，使用＋ r6 或以下符号来更改此设置：＋ s ＋“ </>”＋ s ＋“<//>”。 4. 对于某些表示延时思考的词，如果研究者希望将它们标记为非词，则可以在它们之前加上 & 标记，如 &mm。或者，可以添加—smm 符号来进行排除。默认情况下，MLU 指令还会排除以下字符串：uh um 0 *&* ＋ *— * $ *，其中星号* 表示排除符号后的任何内容。 5. 我们可以使用＋s 来包含本应排除的语句行。例如，通过使用＋s"[＋ trn]"符号来强制包含标有[＋ trn]的行，也可以使用—sxxx 符号更改 MLU 的排除选项。在这

① 转引自：Pan. Basic measures of child language. Handbook of Research in Language Development using CHILDES. 1994, 31.

续表

布朗的计算规则	CLAN 程序中的运算规则
8. 所有的助词记为单独词素(is, have, will, can, must, would)。也包括所有的链接动词: gonna, wanna, hafta。后面的这些词汇记为单个词素,而不作为 going to 或者 want to 等计算,是因为儿童通常就是使用这种缩略表达的。将所有语法语素作为单独词素计算,例如,表示所有格的 's,表示复数的 s,以及表示第三人称单数的 s,表示规则动词过去式的 d 以及表示进行时态。 9. 所有的计算遵循以上规则,但通常计算所有语料而非仅 100 句话语。	种情况下,MLU 指令不会排除具有 xxx 的句子,但仍排除特定的字符串"xxx"。我们可以使用特殊形式的标记@a 强制将难以理解的字符串作为单词来处理。当句子和情境上下文非常清楚地提醒我们,儿童所产出的这种形式表示一个单词时,就可以进行这种处理。例如,xxx@a 将在%mor 行上显示为 w|xxx,而 xxx@a$n 将在%mor 行上显示为 n\|xxx。当然,我们可以根据单词的词性将 n 替换为其他的 v, adj 等。这些代码也适用于 yyy, yyy@a 和 yyy@a$n。 6. 从%mor 层计算 MLU 时,作为词素分隔符的复合标记被剔除了;如果从主行计算 MLU,则可以添加-b+符号修改这种设置。 7. 用于标记不规则词素的"&"符号不被当作词素分隔符。 8. 默认情况下,小词被看作真实的词素。 9. 除非将形式替换为[: have to],否则在计算 MLU 时会自动将 hafta 作为一个词素进行处理。

为进一步描述儿童早期的语言发展,布朗根据纵向研究结果,将儿童的 MLU 发展分为五个阶段,每个阶段平均新增词素约 0.5 个,并对应着特定语法特征的出现。在第一个阶段时,儿童的 MLU 在 1—2 之间,构句方面以语义为基础单位;第二个阶段时,儿童的 MLU 在 2—2.5 之间,一些构词的特征开始呈现,如-ing,-s;第三个阶段时,儿童的 MLU 在 2.5—3 之间,儿童产出的简单句中出现了助动词;第四个阶段时,儿童的 MLU 在 3—4 之间,开始产出了从句;第五个阶段时,儿童的 MLU 在 4 以上,此时儿童开始产出了并列句(转引自张显达,1998)。

随着计算机技术的进步和国际儿童语料库系统的建立,依靠计算机进行 MLU 计算已经成为很多研究者的选择,从而进一步扩展了 MLU 这一指标在众多语言研究中的应用范围，目前为止使用这一指标的研究超过了70 000项(Rice et al.，2010)。在临床应用中，MLU也用于诊断幼儿的语言障碍，研究者会将MLU均值以下一个标准差作为区分语言障碍儿童的标志(Eisenberg，Fersko，and Lundgren，2001)。在诊断患有自闭症或自闭症谱系障碍且非语言智商得分低于85的3—9岁儿童过程中，研究者发现自闭症儿童的总得分持续低于正常儿童群体，此外，自闭症儿童的平均语句长度也没有得到显著的改善(Rice et al.，2010)。

二、汉语儿童语法研究与MLU

汉语是一种非常独特的语言，这种独特性对布朗提出的以词素为单位的平均语句长度计算提出了新的挑战。在汉语中，字是最小的语音单位，但是根据词素语法的概念，汉语中只有当字构成词，具有词法的意义，才能进行计算。因此，汉语学界和儿童语言学界都进行了基于汉语词素的汉语MLU尝试。

汉语早期的一些研究中以词为单位计算儿童的句子平均长度，比如吴淑华和龙厚禄(1980)、武进之(1981)以及朱曼殊、武进之和缪小春(1979)开展的研究。朱曼殊等(1979)的研究发现，2—6岁儿童简单陈述句句子长度发展的规律如下：2岁儿童的MLU为2.905，2岁半达到3.758，3岁达到4.613，3岁半达到5.219，4岁达到5.765，5岁达到7.868，6岁达到8.385。而武进之(1981)的研究则发现，2岁儿童使用单词句的比例达到70%，双词句为22.4%，2岁半单词句为37.96%，三词句为21.6%，3岁儿童三词句居多，为21.5%，3岁半6—10词句比例达到21.2%，4岁出现11词以上的句子。

随着计算机技术的进步和国际儿童语料库系统的建立，依靠CLAN(Child Language Analysis)系统进行MLU计算已经成为很多研究者的选择，大量基于CLAN的研究应运而生，汉语MLU的计算也变得更为简便。金志娟和金星明(2008，2009)通过对成人与儿童的游戏互动语料进行分析后发现，儿童的MLU发展情况如下：36个月为3.8，42个月为3.9，48个月为3.99，54个月为4.07，60个月为4.38，66个月为4.5，72个月为4.55，总体来说，儿童的MLU随着年龄的增长在增加，每半年大约增长0.1个单位。此外，研究还发现，MLU的发展受到家庭语言环境中言语互动以及父亲教育程度的影响。李琳(2014)对4—6岁儿童叙事语料的分析发现，儿童的MLU发展情况如下：48个月为5.06，54个月为5.88，60个月为6.14，66个月为6.57，72个月为6.72，方差分析表明，儿童在54个月以后句子长度并没有显著的增长。张显达等人对48名幼儿图片叙事语料的分析发现，儿童的 MLU 水平在 4 岁为 3.92，5 岁为 4.42，6 岁为 4.86，7 岁为 4.72。蔡宜芳(2008)对三四岁幼儿语料的分析发现，3 岁儿童 MLU 为 3.99，4 岁为 4.29，MLU 有着发展的年龄趋势。谢锡金(2014)对香港 180 名 3—6 岁儿童的研究发现，在 30 分钟的研究时间内，儿童的平均语句数量为 48.6 句，3 岁组平均 47.88 句，4 岁组平均 47.50 句，5 岁组平均 50.47 句。在上述三个年龄段内，男生的总平均语句数量为 47.64 句，女生为 49.57 句，尽管二者在数据上并没有显著性差异，但还是发现女生的语言运用要略高于男生。就平均语句长度来看，3 岁组儿童的平均语句长度为 5.72，4 岁组为 5.96，5 岁组为 6.33，三组之间存在年龄增长的主效应；此外，男生的平均语句长度为 5.74，女生为 6.25。李琳(2014)对 4—6 岁儿童叙事语料的分析发现，儿童的 MLU5 发展情况如下：48 个月为 5.8，54 个月为 6.52，60 个月为 8.64，66 个月为 9.4，72 个月为 9.96，与 MLU 相比，MLU5 的发展在 54 个月之前比较缓慢，但是 54—66 个月时发展加速，并在 66 个月后发展减缓。可以说，来自不同情境的语料研究都发现了汉语儿童 MLU 的年龄发展趋势和特点。此外，汉语研究范围内，有研究者证实 MLU 可以作为有效的语言指标用来区分语言障碍儿童和正常儿童，比如金志娟和金星明(2009)。所以说，对 MLU 的汉语研究，充分展示了 MLU 这一指标对于衡量汉语儿童语法复杂度发展的重要价值。

三、MLU 的局限以及 MLGU 的出现

大量的研究基于 MLU 获得了对汉语儿童语言发展基本特点的进一步认识，并且在使用 MLU 的过程中，研究者还提出了很多具有“基础性”意义的话题，主要体现在三个方面。

第一，MLU 的上限问题。最早根据汉语词法规则进行 MLU 计算的研究者是我国台湾学者张显达。他指出，虽然 MLU 在一定程度上可以反映汉语儿童语言发展和进步的趋势，但是 MLU 具有一定的局限性，在小年龄儿童上反应敏感(只有在 MLU≤4.0 才有效)，但随着年龄的增长，MLU 的敏感度会逐渐下降(Cheung, 1998)。这就是所谓 MLU 衡量年龄发展趋势的上限问题。

第二，分词的问题。诚如前文所述，汉语中计算 MLU 的方法是基于词素的，但是由于汉语并没有统一的分词规则，也没有关于儿童语言研究场域下特定的分词规则说明，因此研究者在研究过程中往往基于自己的专业对于儿童语言和汉语词法的认知进行词的切分。其中比较有影响力的儿童分词标准来自张显达(Cheung，1998)。根据研究语料

以及汉语的特点，张显达提出了更为具体的语词界定标准（见表 4.2），并且认为从整体语言评估的考量出发，以一定标准下的语词作词素为单位所计算的 MLU 更能呈现汉语语句组织的发展（转引自张莉、周兢，2009）。

表 4.2 汉语语词界定标准①

种类	举例	语词指标
1. 动＋动（独立）	进来，出去	1
2. 动＋动（附着）	忘记，知道	1
3. 动＋名（自由）	看书，买菜	2
4. 动＋名（限制）	跳舞，跑步	1
5. 名词（名称）	长裤，茶杯	1
6. 名词（地点 A）	桌子上，房间里	1
7. 名词（地点 B）	上面，外面，这里	1
8. 数词＋量词	一个，两片	2
9. 限定词＋量词	这个，那只	1
10. 代词	我，自己，他们	1
11. 形容词	漂亮，黑黑	1
12. 否定词	不/不要，没/没有	1
13. 副词	很/非常，已经	1
14. 时间副词	今天，天天	1
15. 连词	可是，因为	1
16. 语法词	的；了；着；过	1

但是，分析表 4.2，我们不难发现，在张显达提出的分词标准中，存在有一定争议的地方。比如，第六项表示地点的名词。在汉语语法中，会将“桌子上”“房间里”归为名词性词组，这自然也就超出了词法的范畴，而且在一定程度上会降低儿童的 MLU 水平；再比如，第九项限定词和量词，在儿童的语言产出中，“这个”“那只”是具有量词短语性质的结构，由“代词＋量词”的形式组成，除了“这个”“那只”之外，还有“那个”“这只”之类的产

① 转引自：Zhou Jing. Pragmatic Development of Mandarin-speaking Children from 14 Months to 32 Months. Nanjing Normal University Press，Appendix B.，P224。

出，这些具有短语性质的组合在儿童语言研究中应予以切分，从而扩展儿童的语法水平。由于汉语儿童语言研究中对这一问题并没有专门的讨论，因此分词的标准备受争议。

第三，复合关系句问题。在计算 MLU 的过程中，大多数的语言学家都会提出根据基于语句(utterance)的标准，对儿童所产出的语言进行断句。但是，汉语中并没有语句的概念，也没有统一的标准。过往有关的研究都将儿童产出的单句作为拆分标准，或者将具有明显连词标记的复合关系句作为两个语句进行运算，但是这会在很大程度上拆分在语法上具有紧密关系的句子，从而降低了儿童的 MLU 水平。事实上，根据儿童语法发展的阶段理论，儿童句法的发展是从简单句开始，到无连词的复合句，再到有连词的复合句(Hsu, 1996;引自萧振民,2012)。周兢(1997)提出，4 岁以后，儿童开始将两种简单结构按照不同的方式进行合成，进入合成结构阶段。此时的合成结构句式主要有并列合成关系、承继合成关系、选择合成关系、条件合成关系、因果合成关系、转折合成关系 6 种，有些句子中并没有明显的连词作为标记。因此，过往的研究往往忽视了这些没有连词标记的复合关系句或者合成结构句。

MLU 的上限问题、分词问题、复合关系句问题，促使研究者开始考虑寻求新的解决路径。研究者认为，MLU 的上限问题与后二者的关系密切，因此需要密切关注分词和复合关系句的界定。为了回应上述问题，研究者建立了新的分词标准和断句规则，具体如表 4.3 所示。

表 4.3　汉语儿童语言的词素切分标准和举例

类型	举例	计算 MLU 时作为几个词进行运算
1. 动＋动(独立)	进来;出去	1
2. 动＋动(附着)	忘记;知道	1
3. 动＋名(自由)	看书;买菜	2
4. 动＋名(限制)	跳舞;跑步	1
5. 名词(名称)	衬衫;羽绒服	1
6. 名词(地点 A)	桌子上;瓶子里	2
7. 名词(地点 B)	里面;外头	1
8. 数词＋量词	一只;五个	2
9. 限定词＋量词	这头;那个	2

续表

类型	举例	计算 MLU 时作为几个词进行运算
10. 代词	我;他	1
11. 形容词	好看;美丽	1
12. 否定词	不;没	1
13. 副词	非常;也	1
14. 时间副词	昨天;刚才	1
15. 连词	所以;于是	1
16. 语法词	的;了;着;过	1

在分句方面,与传统语料的划分不同的是,我们尽可能地将汉语儿童的语句按照语法的规则进行划分,在具有复合关系的分句之间,我们采用如下方式进行呈现(在两个分句之间增加"+."符号):

*CHI: 今天 我们 要 在 我们 家 参观 一 下 +.

*CHI: 而且 今天 会 有 猫 妈妈 跟 我们 一起 来 做 游戏.

通过上述修改,本研究提出了一个更加能够反映汉语语法特征的句子长度计算指标,即 MLGU(mean length of grammatical utterance),并利用这个指标来建构汉语儿童语法整体发展的常模。

第二节　汉语儿童语法整体发展的常模建立

通过第一节的文献梳理,我们提出了基于汉语的 MLGU 可以作为建构汉语儿童语法整体发展常模的指标。在本节中,我们将围绕汉语儿童 MLGU 常模的建构过程进行具体的探索。

一、研究设计与方法

（一）研究目的

本研究致力于不同年龄段汉语儿童大样本语料的计算机语料分析，建构基于汉语MLGU值的不同年龄段发展常模。通过计算机语料分析，探讨下列几个方面的问题：(1)了解汉语MLGU在3—4岁、4—5岁和5—6岁的发展变化状况；(2)获取不同年龄段MLGU的常模参考数据并解释其代表的意义。

（二）研究对象

本研究语料来自国家哲学社会科学研究课题①。基于对语句数量的考虑，选择最低50句②为衡量标准，选择3—6岁341名儿童，其中3—4岁儿童119名（平均月龄：40.73±3.349），4—5岁儿童103名（平均月龄：53.62±4.076），5—6岁儿童119名（平均月龄：66.61±4.294）；家庭经济状况中等，与父母的日常交流语言均为普通话。经教师报告，所有儿童无听力障碍以及发展迟滞问题。

（三）语料收集及转录

研究所涉及的341名儿童的语料数据都来自自由游戏场景，研究采用了半结构化的情境设计，让幼儿在特定的游戏场景下与成人进行互动。语料记录的时间为30分钟。本研究用文字的方式将录音中成人和儿童的语言记录下来，并按照CHILDES国际儿童语料库（MacWhinney，2000）对文件格式的要求，转换为可在CLAN中运行的文本文件格式。分别对儿童和成人的每个语句（utterance）进行标记。除了汉字外，所有的符号在英文状态下显示。

（四）分词与添加%mor层

在以往的汉语儿童语料研究中，我们往往使用手工的方式对语句中的词进行划分，

① 语料来源：周兢，“基于汉语儿童语料库的语言障碍诊断系统研究”，国家哲学社会科学基金项目(17BYY093)。

② 国际研究对语料分析时需要纳入的语句数量进行过讨论。尽管不同研究者所提出的语句数量不同，但普遍认为，在儿童语料分析时，最低需要纳入50句语言样本（详见Guo & Eisenberg，2015），这样可以有效避免互动者的不同对儿童语言产出的影响。

这大大降低了语料处理的速度和精确度。在 CHILDES 国际儿童语料库的研究中心，工程师利用计算机开发了自动化的分词系统，这一分词系统是通过 zhoseg. js 程序(https://talkbank. org/morgrams/zhoseg. zip)运行的。主要的分词过程如下：第一，根据 CHILDES 国际儿童语料库中已有的汉语词库，由 zhoseg. js 程序自动调取、匹配，然后进行分词。第二，对于 zhoseg. js 程序分不出的语法，可以通过 CHILDES 国际儿童语料库的 mor +xl 指令输出，由研究者手动根据汉语儿童语言的词素切分标准进行分词，并将这些词的分词规则写到 zhoseg. js 程序中。第三，重复上述过程，直到所有句子分词结束。由于大多数的分词工作由计算机来实现，因此分词的效率和准确率也大大提高。在分词之后，通过 mor 指令添加词法分析层%mor 层，至此完成分析的准备工作。

二、运用 CLAN 系统的 MLU 指令进行分析

在基于 CHILDES 国际儿童语料库建构汉语儿童语法发展常模 MLGU 的过程中，我们使用了 CLAN 系统的 MLU 指令来实现。默认模式下，MLU 指令是基于%mor 层进行运算的，因为%mor 层是根据汉语语法切分的标准设定的，这也是计算 MLGU 的基础，此外，在%mor 层中，也自动剔除了重复性的话语。

默认情况下，MLU 指令会将符号 xxx, yyy 和 www 排除在外。如果要包括 xxx 形式以及包含这种形式的语句，可以使用+ sxxx 选项来实现；此外，MLU 始终将形式 yyy 和 www 排除在外。如果使用[/]，[//]，[///]，[/?]和[/-]的代码来标记重复和回溯，那么在计算 MLU 的时候，这些语句的形式都会被排除，可以根据研究需要，使用+ r6 或以下符号来更改此设置：+ s +"</>" + s +"<//>"。对于某些语气词，如果研究者希望将它们标记为非词，则可以在它们之前加上 & 标记，如 &mm。或者，可以添加-smm 符号来进行排除。默认情况下，MLU 指令还会排除以下字符串：uh um 0 * &* + * - * $ *，其中星号*表示排除符号后的任何内容。另外，我们使用[+ exc]将研究者认为可以在转录时保留但在分析时需要剔除的话语标注出来，比如完全宣读文本的话语或者重复成人的话语等。这些话语或者没有实际的意义，或者并非由话者所自发产生，不能有效衡量话者的语言水平，应予以排除。但是，MLU 指令不能自动剔除这些话语，因此在计算过程中，我们通过手动添加命令符号的形式来排除。

另外，由于 MLU 指令是通过%mor 层展开的，但是 MLU 在执行指令时会自动基于%mor 进行。输入下列指令即可。

mlu +t* CHI -s"[+ exc]" +f *.cha

+t* CHI	仅分析儿童的话语
-s"[+ exc]"	剔除句末标有[+ exc]的句子，研究者可以根据需要剔除某些完全宣读书本的句子或者独立成句的语气助词等
+f	保存计算结果
*.cha	分析所有扩展名为.cha的语料

在输入命令进行相关计算时，我们需要注意的是运行程序名（如MLU）必须在各个命令行行首。其余的指令在顺序上并没有硬性要求，研究者可以先在指令窗口输入MLU，然后点击运行，查看有关MLU的所有相关指令。

在输入命令行时，我们需要注意"＋"和"－"两个符号，这两个符号之后必须紧跟相应的处理内容。其中"＋"表示相应内容需要纳入到计算过程中，"－"则表示不计算相应内容。在计算儿童MLGU时，我们使用了＋t* CHI的符号，旨在告诉CLAN程序只计算儿童的话语，如果没有这个要素，该程序就会默认为计算所有说话者的言语，并分别计算各说话者的相应指标。同时，我们使用了－s的符号，向程序表达了计算过程中排除之后所紧跟内容的信息。如为排除以[＋ exc]结尾的需要剔除的话语，我们使用－s"[＋ exc]"符号。此外，通过＋f符号，可以将计算的过程以及结果输出新的cha文件。最后在命令行末尾输入*.cha，表示对指定工作目录位置下所有后缀名为cha的文件进行处理。本命令的处理皆针对儿童的话语层，并且所有文件扩展名均为cha，因此，可以使用*.cha代表所有文件，用来提高运算效率，降低手动输入文件所带来的错误，进行高效处理。当运行命令输入完毕后，点击run输出计算结果。

```
> mlu +t* CHI: -s"[+ exc]"  +f mingming.cha
mlu +t* CHI: -s"[+ exc]" +f mingming.cha
Thu Apr 23 14:03:11 2020
mlu (09-Feb-2020) is conducting analyses on:
  ONLY dependent tiers matching: %MOR;
****************************************
From file <mingming.cha>
Output file <mingming.mlu.cex>
```

通过双击最后一行，可以打开 mingming. mlu. cex 文件，结果如下。

```
mlu +t* CHI: -s"[+ exc]" +f mingming. cha
Thu Apr 23 13:36:28 2020
mlu (09-Feb-2020) is conducting analyses on:
  ONLY dependent tiers matching: %MOR;
****************************************
From file <mingming. cha>
MLU for Speaker: *CHI:
  MLU (xxx, yyy and www are EXCLUDED from the utterance and morpheme counts):
    Number of: utterances=45, morphemes=98
    Ratio of morphemes over utterances=2.178
    Standard deviation=1.081
```

从中可知，在 CLAN 软件的输出窗口中，运行 MLU 指令会出现三个部分的结果：

(1) 儿童所产出的话语总量为 45，即儿童产出了 45 句话；

(2) 儿童总词素数量为 98，表示儿童所产出的语句中总共包括了 98 个词；

(3) 平均每个句子中产出的词素数量以及标准差。平均词素数量就是 MLGU 值，在此例中，儿童的 MLGU 为 2.178，整个交流过程中平均语句长度的标准差为 1.081 个词素。

三、研究结果

通过运行 MLU 指令，对三个年龄段共计 341 名儿童的 MLGU 进行计算，我们分别获取了三个年龄段汉语儿童语法整体发展水平的均值、标准差等信息。具体的结果如下。

(一) 不同年龄段汉语儿童的 MLGU 发展

从总体上看，汉语儿童语法整体发展水平 MLGU 呈现出平稳增长的态势(见表 4.4 和图 4.1)。通过方差分析，我们发现，儿童 MLGU 的发展具有非常显著的年龄主效应($F=25.018$，$p=0.000$)，多重比较显示，5—6 岁组显著高于 4—5 岁组($p<0.05$)和 3—4 岁组($p<0.001$)；4—5 岁组显著高于 3—4 岁组($p<0.001$)。

表 4.4　不同年龄段汉语儿童语法整体水平(MLGU)的描述性分析结果

年龄	个案数	平均值	标准差	最小值	最大值
3—4 岁	119	3.66	0.901	1.773	7.530
4—5 岁	103	4.31	1.152	1.988	7.341
5—6 岁	119	4.81	1.598	1.931	10.292

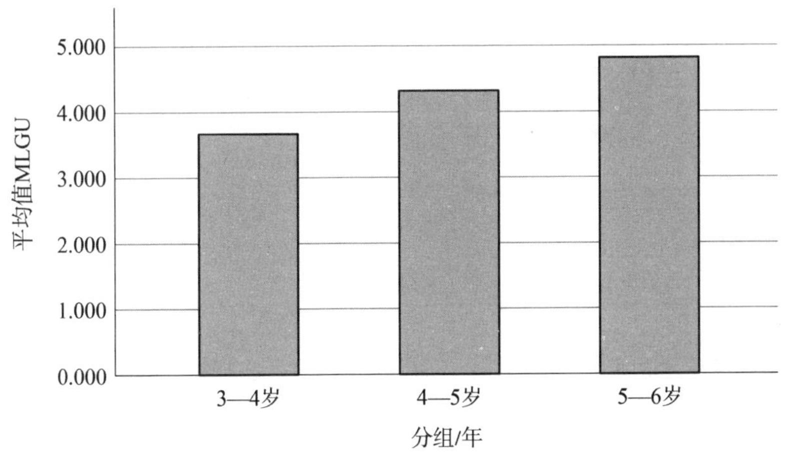

图 4.1　不同年龄段汉语儿童语法整体水平(MLGU)发展直方图

从过往研究中对 MLU 数值的界定来看，金志娟和金星明(2008，2009)通过对自由游戏语料的分析与研究，发现 36 个月儿童的 MLU 为 3.8，42 个月是 3.9，48 个月是 3.99，54 个月是 4.07，60 个月是 4.38，66 个月是 4.5，72 个月是 4.55，蔡宜芳(2008)对三四岁幼儿语料的分析发现，3 岁儿童 MLU 为 3.99，4 岁为 4.29。通过数值比较，我们认为本研究所获得的 MLGU 值与 MLU 的数据相对吻合，基本反映了汉语儿童自由游戏情境下的普遍语句长度。与叙事场景相比，自由游戏场景下的语句长度要低一些，李琳(2014)对 4—6 岁儿童叙事语料的分析发现，儿童的 MLU 发展情况如下：48 个月为 5.06，54 个月为 5.88，60 个月为 6.14，66 个月为 6.57，72 个月为 6.72。整体来看，MLGU 反映出汉语情境下儿童语法复杂度的发展趋势，可以作为衡量汉语儿童语法整体发展水平的重要指标。

(二) 不同年龄段汉语儿童的 MLGU 常模及其意义

通过对 MLGU 的发展性分析，我们认为 MLGU 能够反映汉语儿童的语法整体发展，从而作为衡量汉语儿童语法整体发展的指标。基于此，我们建立了基于 MLGU 的汉语儿童语法整体发展常模(表 4.5)。其中 3—4 岁儿童的常模是 3.66±0.901，其参考范围是 2.759—4.561，4—5 岁儿童的常模是 4.31±1.152，其参考范围是 3.158—5.462，5—6 岁儿童的常模是 4.81±1.598，其参考范围是 3.212—6.408。

表 4.5　不同年龄段汉语儿童语法整体发展水平(MLGU)常模

年龄	个案数	平均值	标准差	一个标准差内的参考范围	
				下限	上限
3—4 岁	119	3.66	0.901	2.759	4.561
4—5 岁	103	4.31	1.152	3.158	5.462
5—6 岁	119	4.81	1.598	3.212	6.408

上述常模的参考价值在于，当某个 3—4 岁儿童的语法整体发展水平 MLGU 的取值位于 2.759—4.561 之间时，表明该名儿童的语法整体发展水平 MLGU 在正常儿童的发展常模范围内，而当某个 3—4 岁儿童的语法整体发展水平 MLGU 的取值低于 2.759 时，即该名儿童的语法整体发展水平 MLGU 在正常儿童的发展常模一个标准差之外，表明该名儿童的语法整体发展水平落后于正常儿童，需要在语法方面引起关注。当某个 4—5 岁儿童的语法整体发展水平 MLGU 的取值位于 3.158—5.462 之间时，表明该名儿童的语法整体发展水平 MLGU 在正常儿童的发展常模范围内，而当某个 4—5 岁儿童的语法整体发展水平 MLGU 的取值低于 3.158 时，即该名儿童的语法整体发展水平 MLGU 在正常儿童的发展常模一个标准差之外，表明该名儿童的语法整体发展水平落后于正常儿童，需要在语法方面引起关注。当某个 5—6 岁儿童的语法整体发展水平 MLGU 的取值位于 3.212—6.408 之间时，表明该名儿童的语法整体发展水平 MLGU 在正常儿童的发展常模范围内，而当某个 5—6 岁儿童的语法整体发展水平 MLGU 的取值低于 3.212 时，即该名儿童的语法整体发展水平 MLGU 在正常儿童的发展常模一个标准差之外，表明该名儿童的语法整体发展水平落后于正常儿童，需要在语法方面引起关注。

第三节 汉语儿童语法整体发展常模的使用与分析

基于 MLGU 的汉语儿童语法整体发展常模的建立，为汉语儿童语法发展的初步评价提供了重要的常模参考数据。那么，基于语料库的 MLGU 常模该如何使用，如何对疑似有语言问题的儿童进行语法整体发展的诊断呢？在本节，我们将重点介绍汉语儿童语法整体发展常模的使用原则、流程以及具体分析过程。

一、运用 MLGU 常模进行语言障碍诊断和预测的基本原则

基于 MLGU 的汉语儿童语法整体发展常模的建立，为汉语儿童语法发展的初步评价提供了重要的常模参考数据。利用这些数据进行分析时，需要把握以下三个原则。

第一，尽可能多地收集儿童的语句。诚如前文所述，在建构汉语儿童语法整体发展常模时，我们选择 50 句作为标准。尽管一些语言障碍儿童的语句产出十分有限，但是我们仍然建议尽可能多地获取他们的语句，因为语句的数量会影响后续分析的质量。

第二，在 MLGU 的常模参考中，我们所建构的标准容许差异范围为一个标准差上下，3—4 岁儿童的语法整体发展水平 MLGU 的容许差异范围位于 2.759—4.561 之间，4—5 岁儿童的语法整体发展水平 MLGU 的容许差异范围位于 3.158—5.462 之间，5—6 岁儿童的语法整体发展水平 MLGU 的容许差异范围位于 3.212—6.408 之间。

第三，当 MLGU 的得分低于一个标准差以上，则考虑存在语法发展滞后。也就是说，当 3—4 岁儿童的语法整体发展水平 MLGU 的取值低于 2.759、4—5 岁儿童的语法整体发展水平 MLGU 的取值低于 3.158、5—6 岁儿童的语法整体发展水平 MLGU 的取值低于 3.212 时，可以将这类儿童诊断为语法发展滞后。

二、运用 MLGU 常模进行语言障碍诊断和预测的基本流程

建构 MLGU 常模是进行语言障碍儿童语法整体发展诊断的前提。目前 MLGU 常

模已经自动嵌入了 CLAN 软件的 KidEval 指令中。应用 KidEval 指令，不仅可以批量进行不同语料数据的分析，最为重要的是，KidEval 提供了进行数据比对的常模参考数据。迄今为止，KidEval 指令内嵌入的常模参考数据主要覆盖了英语、日语和汉语三种语言(MacWhinney, 2000)，对汉语而言，还涵盖了其中最为重要的语法整体发展常模参考数据 MLGU 值。在使用 MLGU 进行汉语儿童语法整体发展水平的诊断与预测之前，我们需要将常模参考数据下载到电脑中，然后遵循图 4.2 的诊断和预测流程来展开。

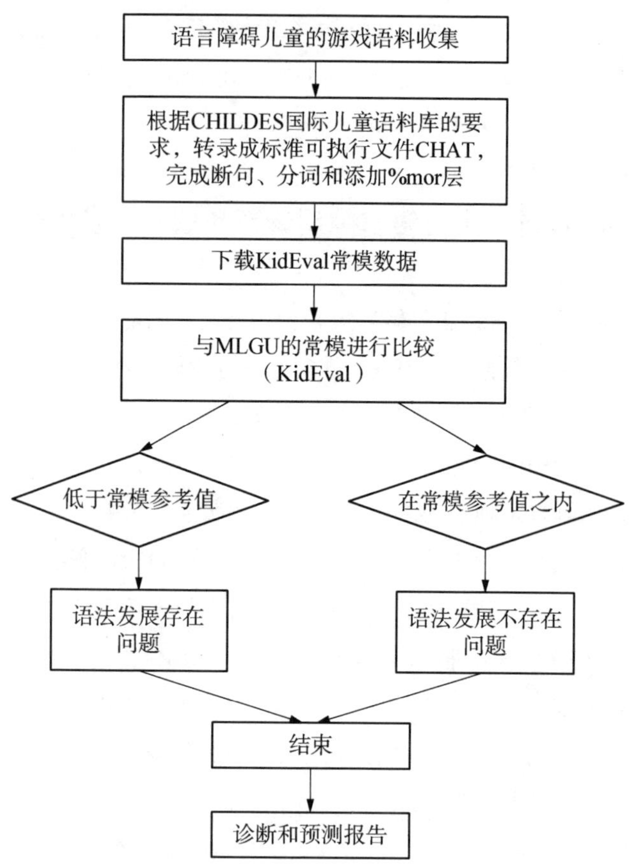

图 4.2 基于 MLGU 的汉语儿童语法整体发展诊断与预测流程

首先，我们需要获得儿童的语料，这一语料收集的是成人与幼儿的自由游戏对话，50 句以上。在完成语料的转录之后，我们会对这名儿童的语料进行断句、计算机自动化分词、计算机自动化添加%mor 层等准备工作。

第二，将汉语儿童语法整体发展常模下载到本地电脑中。

第三，利用 CLAN 系统的 KidEval 指令进行诊断和预测分析。KidEval 指令可以自动将这名儿童的 MLGU 值与对应年龄段的 MLGU 常模参考值进行对比，检测这名儿童的 MLGU 值是否处于 MLGU 常模参考值范围内。

第四，根据 KidEval 自动生成的 Excel 表格，对这名儿童的语法整体发展水平作出诊断和预测，完成诊断报告。

三、运用 MLGU 常模进行语言障碍诊断和预测的具体过程举例

在本部分中，我们将以一名 3 岁语言障碍儿童作为研究个案，举例说明基于 MLGU 进行语言障碍诊断和预测的具体过程。

（一）语料分析准备

研究者在获取这名 3 岁语言障碍儿童的语料后，对这名儿童的语料进行断句和自动化分词处理，并添加%mor 层，从而完成 MLGU 计算的基础工作。这名 3 岁儿童的语料命名为 mingming. cha。

（二）将汉语儿童语法整体发展常模下载到本地电脑中

在下载和安装 CLAN 程序之后，需要选择“文件(File)”菜单并点击“获取 KidEval 常模(Get KIDEVAL Database)”，这样 CLAN 软件会自动下载汉语儿童语言发展常模数据到本地文件夹（C:\TalkBank\CLAN\lib\kideval）。该数据文件为 zho_md_kideval_db. cut①，该文件包括了 341 名儿童的基本信息以及 MLGU 常模数据。

（三）利用 CLAN 系统的 KidEval 指令进行诊断和预测分析

具体的操作过程如下。

第一，在正式运行指令之前，需要先确定工作路径，也就是选择这名儿童的语料文件 *. cha 所在的位置。通过点击图 4. 3 中的 working 选项，我们可以选择这名儿童的语料文件所在的电脑位置，即 C:\USERS\YIBIN\DESKTOP\；通过点击 mor lib，确定进行汉

① zho_md_kideval_db. cut 文件为可编辑文件，研究者可以根据需要增加或减少数据。

语儿童 MLGU 计算时%mor 层的参考语言 C:\Users\Yibin\Desktop\MOR\zho\，即中文 zho；最后在 CLAN 的指令(Command)窗口中输入 KidEval。

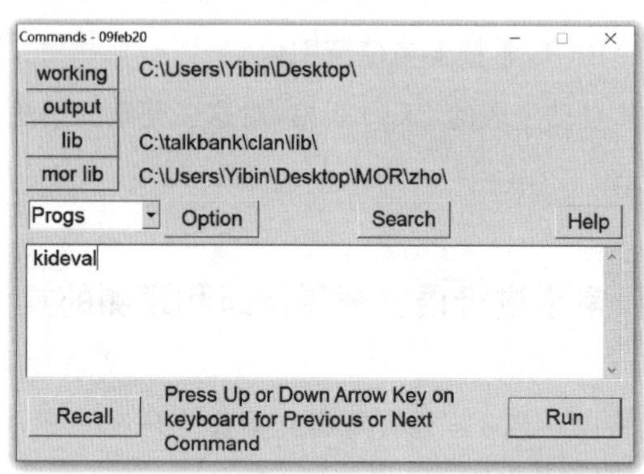

图 4.3　利用 KidEval 进行汉语儿童语法整体发展常模分析的操作过程(1)

第二，单击选项(Option)按钮，打开文件选择对话框(图 4.4)。选择要与常模参考数据进行 MLGU 对比的文件 mingming. cha，将其添加至右侧空白框内，并点击完成(Done)按钮。由此，我们确定了对 mingming. cha 这个语料所代表的儿童进行诊断和预测。

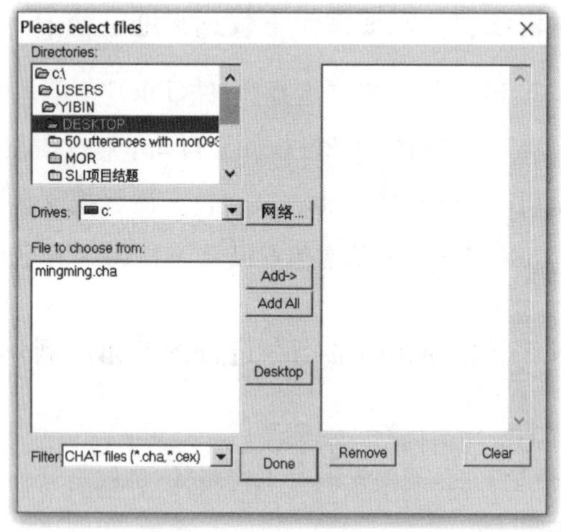

图 4.4　利用 KidEval 进行汉语儿童语法整体发展常模分析的操作过程(2)

第三，选择“与数据库进行比较(compare to database)”，弹出下列对话框(图 4.5)，单击选择“中文(Chinese-ZHO)”。此外,我们可以根据研究的需要,仅仅选择数据库中的男孩(Male only)或者女孩(Female only)或者同时选择男孩和女孩(Both Male and Female),也可以选择进行常模对比的年龄,点击“choose Age Range independent of input file”可以查看选项。最后我们选择 OK 按钮,跳出对话框①。

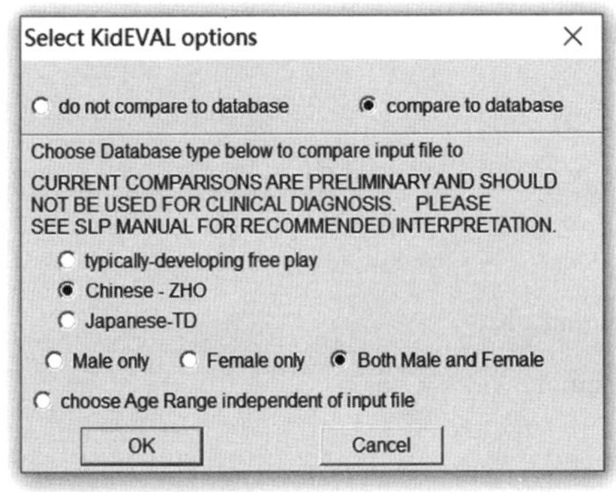

图 4.5 利用 KidEval 进行汉语儿童语法整体发展常模分析的操作过程(3)

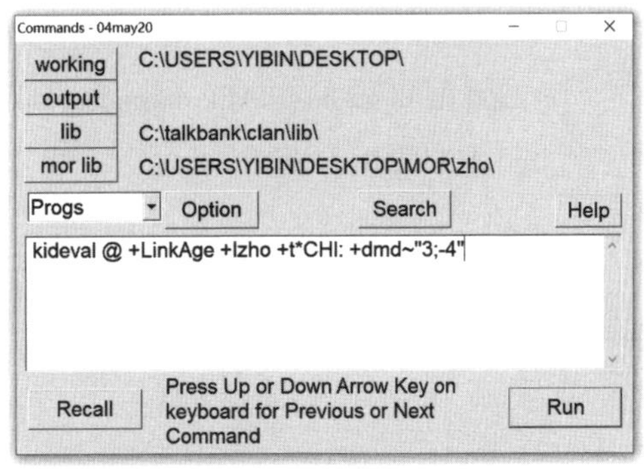

图 4.6 利用 KidEval 进行汉语儿童语法整体发展常模分析的操作过程(4)

图 4.6 中出现的指令为:

kideval @ + LinkAge + lzho + t* CHI: + dmd~"3; - 4"

@	表示选中了这名儿童的数据 mingming. cha
+ LinkAge	表示与对应年龄段的参考数据进行匹配
+ lzho	表示儿童的语言是汉语
+ t* CHI:	仅分析儿童的话语
+ dmd~ "3; - 4"	表示常模参考数据选择的年龄段为 3—4 岁

第四,点击运行(Run)按钮,计算机会自动将该儿童的数据与常模参考值中 3—4 岁的数据进行对比分析,并自动生成对比分析的 Excel 表格。该指令运行后的结果如下:

① 在目前的 CLAN 系统中,默认进行对比的常模数据是以半岁作为跨度的。本研究发现,汉语儿童语法整体发展是以一年为跨度逐步增长的,因此研究者可以根据汉语研究的结论对操作指令中的年龄范围进行修改。

```
>kideval @ +LinkAge +lzho +t* CHI: +dmd~"3;-4;"
    Using default, build into KIDEVAL source code, language file: zho
    Database File used: C:\talkbank\clan\lib\kideval\zho_md_kideval_db.cut
kideval @ +LinkAge +lzho +t* CHI: +dmd~3;-4;
Thu Mar 19 20:08:18 2020
kideval (09-Feb-2020) is conducting analyses on:
  ONLY speaker main tiers matching: * CHI: ;
    and those speakers' ALL dependent tiers
  and ALL header tiers
****************************************
From file <c:\USERS\YIBIN\DESKTOP\mingming.cha>
Output file <c:\USERS\YIBIN\DESKTOP\mingming.kideval.xls>

PLEASE SEE SLP MANUAL FOR RECOMMENDED INTERPRETATION.
```

（四）根据 KidEval 自动生成的 Excel 表格，对这名儿童的语法整体发展水平作出诊断和预测，完成诊断报告

通过上述运算会自动生成对特定儿童语法整体发展水平的评估结果，具体产出的 Excel 表格如图 4.7 所示。该表格主要呈现了三个部分的内容。

	A	B	C	D	E	F	P	AY
1	File_DB	Language	Corpus	Code	Age(Month)	Sex	MLU_Morphemes	
2	mingming.cha	zh	zhou2	CHI	46	male	2.178	
3	+/-SD	.	.	.	.	.	-1.6	
4							*	
5	Mean Database	.	.	.	.	.	3.66	
6	SD Database	.	.	.	.	.	0.901	
7	Number files	.	.	.	.	.	119	
8								
9	PLEASE SEE SLP MANUAL FOR RECOMMENDED INTERPRETATION.							
10								
11	+/- SD * = 1 SD, ** = 2 SD							
12	Database keywords: 3;-4							
13	Database date: 2019-10-02, 01:27							
14								
15								

图 4.7　利用 KidEval 进行汉语儿童语法整体发展常模分析的操作结果

第一，这名儿童的基本数据信息。包括这名儿童的语言、语料库、编码、年龄、性别等基本情况，以及这名儿童的语法整体发展水平 MLGU 值。本研究中我们发现这名儿童的 MLGU 值是 2.178。

第二，常模中这个年龄段汉语儿童的样本数量以及对应的语法整体发展水平 MLGU 常模，包括 119 名 3—4 岁儿童，他们的 MLGU 均值是 3.66，标准差是 0.901。

第三，这名儿童与汉语儿童语法整体发展水平 MLGU 的对比分析结果，包括是否存在显著差异(在图 4.7 中使用* 表示落后常模一个标准差，** 表示落后常模两个标准差)，以及差异的数值(在本研究中，这名儿童与正常儿童语法整体发展水平的常模对比差距在 1.6 个标准差)。

通过上述评估过程，我们发现该儿童在语法整体发展水平 MLGU 上与常模参考数据之间存在显著差异，这种差异达到了 1.6 个标准差，也就是说，这名儿童在语法的整体发展水平上显著落后于同年龄段的正常儿童，反映出这名儿童语法发展水平的“弱势”。因此，我们判定这名儿童在语法整体发展水平上与 3 岁年龄段的正常发展儿童之间存在差距，在语法的发展方面应该予以更多的关注。

第五章

汉语儿童不同语法结构发展的常模研究

语法是语言的重要范畴。汉语作为世界上使用最为广泛的语言，其语法结构与英语存在非常大的差异，研究我国儿童语法发展的特征和规律，对于指导我国幼儿园的语言教育与实践，拓展我国的儿童语言发展理论具有十分重要的价值。有关汉语儿童的语法发展研究成果颇丰，从朱曼殊（1986）的《儿童语言发展研究》到周国光（2016）的《汉族儿童句法习得研究》，来自儿童语言研究领域的工作者进行了不少的探索。汉语句法特征的描述是非常困难的，很难找到一个得到广泛认可的汉语语法体系，而且为了临床使用的便利，这些评价语法发展的指标还不能过于详细。因此，寻找一个体现汉语儿童语法结构整体发展水平的指标就成为当下最为重要的研究课题。本章主要围绕上述问题展开，梳理有关汉语儿童语法结构发展的当前研究，并详细探讨建构汉语儿童语法结构整体发展常模的过程，从而为汉语儿童的语言障碍诊断和预测提供语法结构范畴的实证支持。

第一节　汉语儿童不同语法结构发展的特征

语法整体发展水平 MLGU 的建构，为揭示汉语儿童语法的整体发展提供了重要的思路。为了进一步探明汉语儿童不同语法结构的产出情况，我们需要对汉语儿童所产出的语法结构进行分析。一方面，在汉语中主要依靠 MLGU5 来获得最长五句话的平均语句长度，从而提供汉语儿童语法结构整体的量化发展数据，另一方面，则依靠对儿童产出的具体语法结构进行分析，了解不同语法结构产出的发展特征，从而整合语法结构整体的数据和不同语法结构的分析，提供汉语儿童不同语法结构产出的常模参考值。在第一节，我们主要回顾过往有关汉语儿童语法结构整体发展指标的探究。

一、有关汉语儿童语法结构整体水平衡量的探索

汉语语法是非常复杂的，而儿童口语的特殊性也增加了句法的复杂程度。尽管如此，不少研究者还是在尝试建立有关汉语语法发展的综合性指标体系。此外，由于不同语种在语法上的共通性，也有不少来自国外和国内的研究者在共同制定有关的指标体系，这些尝试主要包括基于 IPSyn(Index of Productive Syntax)的汉语语法发展指标体系 C-IPSyn 和 MAPS(Mandarin Assessment of Productive Index)，以及基于 LARSP 的 C-LARSP 系统。

来自台湾的林奂伊(2009)基于英语 IPSyn 的框架，建立了汉语版的 IPSyn。林奂伊(2009)使用 CHILDES 国际儿童语料库中的汉语儿童语料库(chang)以及 7 个自建语料，对总共 31 个儿童的语料进行了研究。为了更好地贴合汉语的语言特征，林奂伊(2009)把英语的复数形式转化为"-们"，使用汉语中的"了""着""过"三个动态助词替代英语中的时态，将汉语量词短语作为衡量儿童名词短语发展的重要指标，并纳入汉语特有的"把字句"等特殊句式，建构出共计 59 个句法形式；从词汇语义上，囊括了名词、代词、修饰语、副词、动词、分词、系动词、动态助词、动介词、情态助词、否定标记、连词。此外，该指标体系还包括短语以及句子的多种结构。张显达等人也基于英语 IPSyn 的规则开发了

适合汉语儿童句法发展特征的指标体系 MAPS，通过对 48 名 4—7 岁正常发展儿童、10 名 9—10 岁 SLI 儿童前 50 句叙事语料进行分析后发现，儿童从 4 岁到 7 岁呈现出比较显著的整体进步，年龄段或跨年龄段儿童（以 1 岁为一个段）之间存在显著差异，但是 SLI 儿童则没有表现出这种进步性，与同 MLU 的 4 岁儿童相比，他们的成绩也并没有显示出与正常儿童的差异。

此外，金立贤等人（Jin et al.，2014）对马来西亚汉语儿童的语言发展进行了研究，并建立起儿童语言发展的评估体系——C-LARSP。她们的研究将 130 名儿童在自由对话、故事讲述以及生活经历叙事三个任务下的语料进行了量化，并将汉语儿童语言发展划分为如下阶段：阶段一，儿童没有问句形式，声调的上扬表示请求。这个阶段的儿童语句数量很少，主要是呼格、符号性的发音、名词和动词。但是他们开始产出含有一个或两个成分的句法结构，比如动词命令、名词、动词、形容词以及代词（“这个”）及其内向结构（endocentric constructions，比如“我妈妈”），两个成分的句法结构在英语中是没有的。阶段二，儿童会继续使用汉字叠词，并产出复合名词和动词，开始发展情态助动词以及的字结构。子句水平的成分与英语相近。阶段三，是汉语子句结构发展的加速阶段。儿童使用给字结构来表达命令；疑问句的形式也逐渐通过“谁、为什么和哪里”来呈现；疑问标记词出现的词序也有所差别。此外，还出现了更多复杂的短语组合，包括复合助动词、复合动词补语、复合内源结构做名词短语、量词短语修饰名词。阶段四，儿童产出了大量的连词，比如“然后”。儿童也常常使用附加疑问句，比如“是不是?”。在这个阶段还出现了主谓谓语句以及更为复杂的动词结构（最多使用三个动词）。此时，儿童的很多语句都包含有状语成分。阶段五，儿童产生了配对式复合连词（比如，“因为……所以”“如果……那么”）来构成双子句结构。此外，儿童开始产出一种新的副词形式——最。这个阶段儿童使用复合形式的总量要比第三、第四阶段多。阶段六和阶段七出现了更为复杂的汉语结构，比如连词使用、名词短语、多子句以及儿童对叙事事件和叙事顺序的描述能力。

面对复杂的汉语语法，IPSyn、MAPS 以及 C-LARSP 对汉语儿童语法发展复杂度整体发展指标做出了有益探索。尽管上述研究或多或少都揭示了汉语儿童语法发展的增长趋势，但是仍然存在不少问题。第一，所使用的指标不足以代表汉语儿童语言的全部，而且指标选择并不统一，这不仅受制于汉语儿童的语言产出，也受到不同语言学家理论背景差异的影响，诚如金立贤等（2014）所说，汉语句法特征的描述是非常困难的，因为很难找到一个广泛受到认可的汉语语法描述，而且为了临床使用的便利，这些针对语法发展的指标还不能过于详细，这就给汉语儿童语法结构的产出分析带来了困难。第二，不能进行自动化的运算。尽管英语的 IPSyn 可以通过 CLAN 进行自动化计算，但是我们发现汉语研究的上述指标并不能通过计算机进行自动化运算，这就给汉语语言障碍儿童的诊断带来了不少挑战。第三，也是最为重要的，上述指标都没有经历过汉语儿童语法结构发展的量化数据分析，并未提供发展常模，因此在当前的汉语儿童语法结构衡量方面尚显准备不足。

二、汉语儿童语法结构整体发展与 MLU5 和 MLGU5

IPSyn、MAPS 和 C-LARAP 三种综合性指标的探索目前并不能解决汉语儿童语法发展的衡量和指标问题，因此我们将研究视角转到了基于语料库的汉语儿童语法发展研究中，其中最受到密切关注的是最长五句话的平均语句长度，即 MLU5(Mean Length of five longest utterances)。

事实上，自布朗时代开始，除了基于语言样本来计算 MLU 之外，布朗(1973)还认为在特定年龄产生的上限或最长句子是衡量儿童所达到的语法复杂性的相关附加指标。因此，他基于两个指标即 MLU 和最长句子，建立了最早的儿童句法发展的五个阶段。在所分析的三个纵向语料库中，这两个值都随着儿童年龄的增长而增加。例如，伊娃(Eva)在 2 岁时达到了第五阶段，而此时亚当(Adam)和莎拉(Sarah)的 MLU 值大约为 2，即处于第二阶段。表 5.1 中，我们结合布朗提供的数据，呈现了每个阶段对应的 MLU 目标值和上限以及在不同阶段纵向研究的三个孩子的年龄范围(Ezeizabarrena and Garcia Fernandez, 2018)。

表 5.1　MLU 和上限达到的目标值与近似值

阶段	目标值		亚当，伊娃和莎拉的年龄（月）
	MLU	上限	
Ⅰ语义角色和句法关系	1.75	5	18—30
Ⅱ语法语素和意义模块	2.25	7	19—34
Ⅲ简单句式	2.75	9	20—36
Ⅳ嵌入	3.50	11	22—42
Ⅴ	4.00	13	24—48

尽管使用年龄以外的其他指标来比较儿童的语言发展情况具有优势,但布朗(1973)仍然指出了一些局限性,这一局限是从第五阶段开始的。他认为,在那个阶段,儿童的各种语言产物和他们的语言单元开始更多地依赖于互动的性质,而不是儿童的知识。

因此,后续有研究者开始提出使用 MLU5 这一指标。研究者发现最长五句话语的平均长度,是衡量个体句法技能最高水平的有效指标(Klatter-Folmer, van Hout, Kolen, and Verhoeven, 2006)。当儿童使用长句时,他们正在尽力表达复杂的想法,而最长五句话语的平均长度能够较为清晰地反映儿童语言样本的最高水平,其测量信度也与整体样本相当。研究者还指出,儿童的平均语句长度 MLU 的发展与他们的最长五句语句平均长度 MLU5 的发展密切相关呈平行状态,在儿童年龄达到 42 个月时,他们的 MLU 和 MLU5 不再呈直线上升的发展态势(MacWhinney, 2000)。与此同时,有些研究还告诉我们,正常儿童语言发展过程中,他们的最长五句话语的平均语句长度 MLU5 约为一般平均语句长度 MLU 的三倍(Pan, 1994)。

张莉和周兢(2009)对 MLU 和 MLU5 的研究发现,MLU 容易受到情境的影响,4 岁后对儿童语法发展的反应敏感度会降低,但 MLU5 则可以更好地反映 4 岁后儿童语言的发展梯度,4 岁后儿童的 MLU5 在 7 个语汇以上。李琳(2014)对 4—6 岁儿童叙事语料的分析发现,儿童的 MLU5 发展情况如下:48 个月为 5.8,54 个月为 6.52,60 个月为 8.64,66 个月为 9.4,72 个月为 9.96,与 MLU 相比,MLU5 的发展在 54 个月之前比较缓慢,但是 54—66 个月时发展加速,并在 66 个月后发展减缓。MLU5 也在汉语学习具有特殊性的新加坡儿童群体中得到了研究和证实。黄雪云(2017)的研究发现,新加坡华族儿童的 MLU5 在 3 岁、4 岁、5 岁分别可以达到 2.79、4.31、5.18,而追踪一年之后,上述指标的发展可以分别达到 5.41、7.08、8.45,呈现出随着年龄增长而逐步增加的态势,这表明 MLU5 也可以反映多语背景下汉语儿童的语法发展梯度。杨晓岚(2018)的研究发现,在自由游戏场景下,汉语儿童的 MLU5 发展水平在 3 岁、4 岁和 5 岁分别达到 8.57、9.73 和 9.90,其中 4—5 岁有明显的上升,5—6 岁的发展曲线趋向平缓,这可能是由于在角色游戏中,儿童之间互动的方式和水平所决定的,因为儿童与儿童之间双向的语言互动水平相比儿童与成人之间的互动水平要低一些。刘丝韵(2018)在有关汉语儿童学习故事续编的研究中发现,汉语儿童最长五句话的平均语句长度 MLU5 在 3 岁、4 岁和 5 岁分别达到了 5.95、7.42 和 9.35,整体上儿童续编语句的长度随着年龄增长在不断增长,3 岁与 4 岁、4 岁与 5 岁之间均存在显著的差异。牛苗苗(2018)对汉语儿童说明性讲述情境下的最长五句话平均语句长度进行分析后发现,4 岁、5 岁和 6 岁儿童的 MLU5 分别是7.22、9.07和9.59,展现出汉语儿童语法发展的平稳增长态势,其中5岁是儿童语法发展水平的关键时期。此外,研究还发现,MLU5可以用来区分正常儿童和语言障碍儿童(张放放,2010)。

综上所述,我们发现在汉语儿童语法研究范围内,MLU5不仅可以衡量语法整体的发展趋势,也可以区分语言障碍儿童与正常儿童,因此可以将MLU5作为衡量汉语儿童语法发展常模建构的重要指标。但是,诚如前文所述,在计算汉语儿童MLU5的过程中,过往有关的研究都将儿童产出的单句作为拆分标准,或者将具有明显连词标记的复合关系句作为一个语句进行运算,这会在很大程度上拆分在语法上具有紧密关系的句子,从而降低了儿童的MLU5水平。事实上,根据儿童语法发展的阶段理论(周兢,1997),4岁以后,儿童开始将两种简单结构按照不同的方式进行合成,进入合成结构阶段。此时的合成结构句式主要有并列合成关系、承继合成关系、选择合成关系、条件合成关系、因果合成关系、转折合成关系6种,有些句子中并没有明显的连词作为标记。因此,过往的研究往往忽视了这些没有连词标记的复合关系句或者合成结构句。在重新分析汉语儿童语法发展特征,建构汉语儿童语法结构发展的常模过程中,我们进行了新的处理,将两个具有明显复合关系的句子作为一句进行分析,并将这个更加反映汉语语法特征的最长五句话的句子长度计算指标修改为MLGU5,并利用这一指标来建构汉语儿童语法整体发展的常模。

三、汉语儿童不同语法结构的产出与发展特征

为了进一步对儿童所产出的具体语法结构进行相应的诊断和评价,以提供更加具体和细节化的分析与诊断结果,本研究对过往有关汉语儿童语法结构的发展成果进行了分析。具体涉及的语法结构如表5.2所示。

表5.2　汉语儿童不同语法结构分析维度

序号	维度	序号	维度
1	量词短语	5	把字句
2	的字结构	6	连动结构句
3	介词短语	7	兼语句
4	宾语复杂度	8	复合关系句

（一）量词短语

从量词短语发展的角度来看，1 岁左右的儿童已经产出名词性短语。早期名词性短语的主要形式是光杆名词、专有名词以及指示词。1 岁 8 个月以后，“数词＋量词＋名词”（数量名）等其他形式的名词短语也逐渐丰富（转引自吴庄、黄荣、张政豪，2015）。吴庄等（2015）通过对 3 岁、5 岁、7 岁、9 岁四组以及成人对照组在执行看图说话任务中的语言进行分析后发现，当新出现物体的数量为单个时，3 岁儿童普遍使用光杆名词，这一比例达到 79%，而较少使用数量名（17%），但是呈现出明显的年龄增长趋势。朱曼殊（1986）对量词结构的分析发现，4 岁儿童已经能够使用“数词＋量词＋名词”这一形式了，但是使用的量词主要是“个”和“只”，使用时有过度概括的特点。也就是说，从形式上他们已经习得了这一结构，但是具体运用上还未实现对量词和名词的分化，量词和名词的适当匹配甚至到 5 岁依旧不能实现，但儿童会使用诸如“数词-动词-名词”或者“数词-形容词-名词”的组合方式，到 6 岁后，随着儿童对事物认识水平的提高，量词的选择上也与名词逐渐匹配起来。整体来看，就量词结构来看，4—6 岁儿童量词结构产出仍然处于发展的阶段。

（二）的字结构

“的”字组成的短语，一般意义上也是名词短语的类型。在很多汉语儿童的研究中，研究者并不会区分“的、地、得”，所以有些研究结论就会显得比较令人困惑。但整体上，研究者对的字结构产出的分析最为重视。系统对“的”结构习得进行分析的是孔令达、周国光和李向农（1990）。孔令达等（1990）提出 5 岁前儿童使用结构助词“的”的情况主要包括六种结构，即动词-的、名词-的、形容词-的、动词-的-名词、名词-的-名词、形容词-的-名词。厄尔博（Erbaugh，1992）发现，儿童“的”字的使用常见于所有格的“的”，比如“我的”。大多数的动词后面加上“的”就会被名词化。2 岁前，儿童很容易且准确地使用“的”，诸如“红的”“高的”等。在某些情况下，会出现“的”字误用的情况。其一，需要强制使用“的”的情况，儿童可能会丢掉“的”字，比如：——是谁的？——我（而不是我的）；其二，儿童对“的”字理解可能有误，会产出诸如“爸爸的冷气”之类的说法；其三，儿童可能将“的”字挪到名词短语的后面，将“名词-的-名词”变成了“名词-名词-的”，比如把“奶奶的娃娃”说成了“奶奶娃娃的”；其四，当儿童自发地使用语法词素时，会出现多次标记的情况，比如“这是我的的”，上述这些错误都出现在儿童 2;6 之前。

（三）介词短语

汉语儿童的介词短语多是由“在”字引导的。研究发现，“在＋方位词”的组合是最早出现的，大约在 1 岁 8 个月就已经开始产出。2 岁左右，儿童开始产出“在＋处所词”和“在＋方所”短语，4 岁以后开始出现“在＋时间短语”。整体上，汉语儿童的介词发展遵循了几个阶段：第一阶段是 1;0—1;6，为介词的准备阶段；1;6—2;6，为介词的发生阶段；2;6—4;0，为介词的快速发展阶段；4;0—5;0，是介词的平缓发展阶段（陈勇，2006）。

（四）宾语复杂度

宾语的复杂度可以很好地反映儿童句法的发展水平。随着儿童年龄的增长，汉语普通话儿童的简单句会逐渐完善，无修饰语句子的数量越来越少，有修饰语句子的数量越来越多，宾语的复杂度也逐步增加，其中宾语为词的情况逐步减少，宾语为短语和从句的情况则逐步增多。周国光（2016）在《汉族儿童句法习得研究》一书中有关儿童述宾结构发展的研究发现，1.5 岁时，儿童产出的述宾结构主要是“光杆动词＋名词”的形式，而到 2 岁后，除了动词开始出现重叠之外，作为动词的宾语也开始出现词组，随着年龄的增长，到 4 岁左右开始出现小句做宾语的情况，也就是宾语从句，比如“爸爸，你闻闻我脸搽得可香”，到 4.5 岁以后，儿童述宾结构的掌握逐渐趋向成熟，双宾结构不断出现，也出现了新的双宾结构。

（五）把字句

把字句是汉语特殊句式的一种，也是儿童语言发展的重要标志。20 世纪 90 年代至今，语言研究工作者开展了大量有关汉语儿童把字句发展的研究，逐渐形成了把字句研究的一种模式，即通过儿童自发性语料或者通过诱导性任务，考察儿童产出和理解把字句不同模式的能力。李向农是最早系统研究儿童把字句结构的研究者。20 世纪 90 年代，李向农、周国光和孔令达（1990）通过对 70 名幼儿的研究发现，儿童把字句的类型可以分为 9 大类、17 个小类；张显达（Cheung，1993）对产出任务的语句进行分析后发现，儿童主要产出 5 种把字句，分别是使用动补结构、使用“的”（地、得）引入修饰结构、在动词之后使用方位短语、使用动态助词“了”以及把字误用等。通过分析发现，产出最多的类型是第三类，即在动词之后使用方位短语，其次是第一类。对汉语儿童的自发性语料进行分析后，张显达还发现除上述 5 种结构之外的其他 6 种把字句结构，包括①假动词短语，比如“他把它这样子”；②补语从句，比如“他把衣服拿了去洗”；③动词重复，比如“他把衣服拍一拍”；④未完成动态助词“着”，比如“他把衣服抱着”；⑤加否定词，比如“他没有把衣服拿走”；⑥三个论元的谓语结构，比如“他把衣服给了李四”。通过对上述 6 种结构的年龄分析，研究者发现只有三论元结构的把字句呈现年龄发展的特征。对语料中把字句的错误进行分析后发现，儿童主要存在四种错误，分别是使用不及物动词（“他把它飞走”）、动词错用（“把他吃破了”）、限定词使用不当（“把一本书拿着”）、副词位置不正确（“把它摇这起来”vs“把它这摇起来”）。

临床语言障碍的诊断中，不少研究者在建构汉语儿童语法发展体系的过程中，也将把字句作为其中的一个指标来使用，对汉语普通话特殊语言障碍儿童的把字句进行研究后发现，汉语普通话 SLI 儿童在习得把字句中存在语法缺损现象。这主要体现在：第一，SLI 儿童总体上产出的把字句总量要低于正常儿童（关艳培，2016；李慧，2014）；第二，SLI 儿童在理解和产出不同类型的把字句上也要弱于正常儿童，比如在不同述补结构的把字句产出、理解和模仿方面，SLI 儿童表现最好的是带结果补语的把字句，其次是趋向补语和处所补语，但整体上都不如正常儿童（曾涛等，2013）；第三，在把字句的语义关系理解上，SLI 儿童也要弱于正常儿童（曾涛等，2013）；第四，SLI 儿童产出的错误把字句的数量也显著高于正常儿童（关艳培，2016）。

（六）连动结构句

李讷和汤普森（Li and Thompson，1989）将汉语的复杂句称为连动结构，即包括两个或两个以上动词短语或子句的句子，但二者之间并没有显著的关系标记。他们把这种结构表示为（NP）- V -（NP）-（NP）- V -（NP），并将其分为四种，分别是两个或多个独立事件、其中一个动词短语或者子句作为主语或者另外一个动词的间接宾语存在、兼语结构以及描述性子句。在研究 SLI 儿童与正常儿童的语法发展时，张显达（Cheung，2009）将上述四个类别转化为五种可操作性的类别：①连动结构，即有两个动词的单句，仅有一个宾语；②兼语结构，即第一个动词与第二个动词之间的名词短语，该名词短语作为第一个动词的宾语、第二个动词的主语，比如“我请她过来”；③子句宾语，比如“不爱睡午觉”；④子句主语，比如“这里用正方形才可以用”，一般情况下，子句主语所需要的记忆负荷要超过子句宾语；⑤描述性子句，比如“我有一个朋友很会唱歌”。儿童对连动结构的习得开始于 1 岁，一直发展到 3 岁半，并进入稳定阶段。对 SLI 儿童的研究发现，SLI 儿童的语法产出甚至高于正常儿童，SLI 儿童产出了正常儿童所没有产出的子句主语。张显达认为，这可能是因为研究中SLI儿童的年龄略大于正常儿童，其记忆广度更大，因此会产出需要更多加工负荷的句子；但研究者并没有对此作出验证。

（七）兼语句

兼语句的基本结构是(S)+V1+N+V2。儿童的兼语句主要是使令式的，由“叫、让、使”等动词充当V1。对2—3岁儿童兼语句习得的研究发现，儿童兼语句自2岁开始习得，这与朱曼殊、武进之和缪小春(1979)的研究略有不同(朱曼殊的研究发现是在2.5岁出现兼语句)。后者认为2.5—3岁是兼语句发展的关键阶段，此时，儿童从基本的兼语结构“动词+名词+动词”发展出“动词+名词+动词+宾语”的复杂结构。3岁后，带宾语的兼语句数量显著增加，而且在动词前出现主语的比例、动词前出现否定形式的比例都显著增加(缑瑞隆、何秋和、刘雯，1992)。对儿童来说，述宾结构和使役动词的发展是发展兼语句的基石。崔荣辉(2009)对5—6岁儿童语料的研究发现，5—6岁儿童兼语句中除了使用2岁半到3岁产出的“叫”“让”等动词外，还出现了“教”“安排”等动词，但仍然以前两个动词为主。何文君(2014)通过使用句子重复任务，对2—4岁SLI儿童和正常儿童的不同语法特征进行了分析，儿童在习得动态助词“了”和“在”、把字句以及名词单复数方面没有差异，但是其他语法项目上均存在显著性差异，其中就包括兼语句。

（八）复合关系句

早期儿童产出的复句形式主要是联合复句、偏正复句、多重复句和紧缩复句四类。朱曼殊等(1979)对复合句的研究发现，自2岁开始，复合句的比例逐渐上升，4—5岁发展更快；复合句以联合复句和偏正(主从)复句为主，其他类型复句也都有出现，比如并列、连贯、补充复句以及因果复句，但发展上并没有显著的年龄效应。因此研究者更多地关注前两者的发展情况。尽管研究者对联合复句的认识存在分歧，但是研究结果大致能够说明儿童联合复句发展的趋势，即①并列复句为主，随年龄增长呈现递增趋势；②连贯复句，与补充复句比例相当；③递进复句和总分复句发展较慢，频率低。这一研究结论也在胡承佼(2003)的研究中得到证实。胡承佼(2004)对5岁前儿童的复句句法结构进行了规律性的总结，发现产出最多的是并列复句、连贯复句、因果复句，其中3岁是儿童复句发展的转折点。

关联词的使用是儿童复句发展的重要标志。早期儿童复合句中的关联词比较少，但关联词的使用呈现年龄增长趋势。李琳(2014)通过对30名儿童的叙事追踪语料分析后发现，儿童使用复句连词（“还”“然后”等）的数量随着年龄增长呈上升趋势，但总体而言，60个月之前，儿童平均使用复句连词的频率低于1次。60个月后迅速增加，其中使用“然后”的频率逐年增加。在所有复句中，含有关联词语的复句约占四分之一，整体上复句质量并不高（李宇明，1995）。尽管很少有研究者关注语言障碍儿童的复句习得情况，但还是有个别研究指出，正常发展儿童与发展迟缓儿童的复句使用会随年龄增长而增加且复杂化，发展迟缓儿童的复句产出仍落后于正常发展儿童（廖佳玲，2011）。

通过上述8个维度的分析，我们发现，上述句法结构都具有较好的年龄发展趋势。因此，我们认为，在对汉语儿童的语法结构整体发展水平进行诊断之后，还应该就他们所产出的上述句法结构作进一步的分析，以便从更加细节化的分析角度，为语言障碍的诊断和预测提供进一步的证据。

第二节　汉语儿童不同语法结构发展的常模建立

通过第一节的文献梳理，我们提出了基于汉语的MLGU5可以作为建构汉语儿童语法整体发展常模的指标。在本节中，我们将围绕汉语儿童MLGU5常模的建构过程进行具体的探索，并进一步分析不同年龄段汉语儿童的句法结构产出特征。

一、研究设计与方法

（一）研究目的

本研究致力于不同年龄段汉语儿童大样本语料的计算机语料分析，建构基于汉语MLGU5值的不同年龄段发展常模。通过计算机语料分析，探讨下列几个方面的问题：（1）了解汉语MLGU5在3—4岁、4—5岁和5—6岁的发展变化状况；（2）获取不同年龄段MLGU5的常模参考数据并解释其所代表的意义；（3）进一步了解不同年龄段汉语儿童在产出8类语法结构上的发展特征，为剖析句法结构提供证据。

(二) 研究对象

本研究语料来自国家哲学社会科学研究课题①。基于对语句数量的考虑，选择最低50句为衡量标准，选择3—6岁341名儿童，其中3—4岁儿童119名(平均月龄：40.73±3.349)，4—5岁儿童103名(平均月龄：53.62±4.076)，5—6岁儿童119名(平均月龄：66.61±4.294)；家庭经济状况中等，与父母的日常交流语言均为普通话。经教师报告，所有儿童无听力障碍以及发展迟滞问题。

(三) 语料收集及转录

研究所涉及的341名儿童的语料数据都来自自由游戏场景，研究采用半结构化的情境设计，让幼儿在特定的游戏场景下与成人进行互动。语料记录的时间为30分钟。本研究用文字的方式将录音中成人和儿童的语言记录下来，并按照CHILDES国际儿童语料库(MacWhinney, 2000)对文件格式的要求，转换为可在CLAN中运行的文本文件格式CHAT。分别对儿童和成人的每个语句进行标记。除了汉字外，所有的符号在英文状态下显示。

(四) 分词与添加%mor层

在以往的汉语儿童语料研究中，我们往往使用手工的方式对语句中的词进行划分，这大大降低了语料处理的速度和精确度。在CHILDES国际儿童语料库的研究中心，工程师利用计算机开发了自动化的分词系统，这一分词系统是通过zhoseg.js程序(https://talkbank.org/morgrams/zhoseg.zip)运行的。主要的分词过程如下：第一，根据CHILDES国际儿童语料库中已有的汉语词库，由zhoseg.js程序自动调取、匹配，然后进行分词。第二，对于zhoseg.js程序分不出的语法，可以通过CHILDES系统的mor +xl指令输出，由研究者手动根据汉语儿童语言的词素切分标准进行分词，并将这些词的分词规则写到zhoseg.js程序中。第三，重复上述过程，直到所有句子分词结束。由于大多数的分词工作由计算机来实现，因此分词的效率和准确率也大大提高。在分词之后，通过mor指令添加词法分析层%mor层，至此完成分析的准备工作。

---

① 语料来源：周兢，基于汉语儿童语料库的语言障碍诊断系统研究，国家哲学社会科学基金项目(17BYY093)。

二、运用 CLAN 系统的 MAXWD 和 MLU 指令进行 MLGU5 分析

在基于 CHILDES 国际儿童语料库建构汉语儿童语法发展常模 MLGU5 的过程中，我们使用了 CLAN 系统的 MAXWD 指令对汉语儿童的最长五句话进行提取，然后利用 CLAN 系统的 MLU 指令计算最长五句话的平均语句长度 MLGU5。

MAXWD 指令的目的是定位、测量和输出最长的句子。如果寻找最长的词，则会输出词、词长以及该词出现的句子行号；在搜索最长句子的过程中，需要添加＋g 指令，所输出的结果包括句子、句子总长度以及该句子出现的行号和文件名。默认模式下，MAXWD 指令需要结合具体的符号来使用，比如＋a，则显示展示唯一长度的句子，＋cN 符号显示 N 个最长句子，＋g1 表示通过词素层%mor 层进行计算，＋g2 表示通过词汇层进行计算，在输出时，可以选择＋d1，将提取的最长五句话转换为 CHAT 文件，便于后期处理和分析。提取最长五句话的命令如下：

```
maxwd +t* CHI +g1 +c5 +d1 -s"[+ exc]" filename.cha
```

+t* CHI	仅分析儿童的话语
+g1	找出以词素为单位最长的句子(分析通过%mor 层展开)
+c5	找出最长的五句话语
+d1	以 CHAT 格式输出结果
-s"[+ exc]"	剔除句末标有[+ exc]的句子
filename.cha	需要分析的文件

＋g1 要素的加入，旨在让 MAXWD 程序鉴别出以词素为单位最长的句子；若要找出以单词为单位的最长句子，则需要改成＋g2；若要找出以字为单位最长的句子，则需要输入＋g3。＋c5 是指筛选出最长的五句话语，如要找出最长的十句话语，则可改为＋c10。命令要素 d1 的加入表明将第一次计算结果以 CHAT 格式输出，即能为其他 CLAN 程序所分析的格式。命令要素－s"[＋ exc]"表示剔除句末标有[＋ exc]的句子，研究者可以根据需要剔除某些完全宣读书本的句子或者独立成句的语气助词等。通过提取一名 50 个月儿童的最长五句话，我们得出了如下结果：

```
> maxwd +t* CHI +c5 +g1 +d1 @
```

maxwd +t* CHI +c5 +g1 +d1 @

Sun Apr 26 15:16:33 2020

maxwd (09-Feb-2020) is conducting analyses on:

ONLY dependent tiers matching: %MOR;

****

From file <c:\USERS\YIBIN\DESKTOP\f50L.cha>

*CHI:要 妈妈 还 给 1 你 .

%mor:v:aux|yao4=should n:relat|ma1&DIM=mother adv|hai2=still prep|gei3=for pro:per|ni3=you .

*CHI:我 喜欢 木 琴 .

%mor:pro:per|wo3=I v|xi3huan1=like n|mu4=wood n|qin2=stringed_instrument.

*CHI:我 喜欢 木 琴 .

%mor:pro:per|wo3=I v|xi3huan1=like n|mu4=wood n|qin2=stringed_instrument.

*CHI:这 是 小 马 .

%mor:pro:dem|zhe4=this v:cop|shi4=is adj|xiao3=small n|ma3=horse.

*CHI:阿姨 在 1 拍 录像 .

%mor:n:relat|a1yi2=aunt prep|zai4=at n|pai1=beat n|lu4xiang4=videotape.

在提取出最长五句话之后,需要通过 CLAN 系统的 MLU 指令对最长五句话的平均句子长度进行计算,这部分的指令操作与计算 MLGU 时是相似的,只是需要处理的文件不同:通过 MAXWD 提取的最长五句话文件是以.cex 结尾的。默认模式下,MLU 指令是基于%mor 层进行运算的,因为%mor 层是根据汉语语法切分的标准设定的,这也是计算 MLGU 的基础,此外,在%mor 层中,也自动剔除了重复性的话语,因此在提取最长五句话之前,必须要将 CHAT 中儿童所有的句子添加%mor 层,通过 MAXWD 指令调取的最长五句话中也包括了对应的句法层%mor 层。

默认情况下,MLU 指令会将符号 xxx, yyy 和 www 排除在外,也会将使用[/],[//],[///],[/?]和[/-]的形式排除。默认情况下,MLU 指令还会排除以下字符串:uh um 0 *&* + *-* $ *,其中星号*表示排除符号后的任何内容。另外,我们使用[+ exc]将研究者认为可以在转录时保留但在分析时需要剔除的话语标注出来,比如完全宣读文本的话语或者重复成人的话语等。这些话语或者没有实际的意义,或者并非由话者自发产生,不能有效衡量话者的语言水平,应予以排除。但是,MLU 指令不能自动剔除这些话语，因此在计算过程中，我们通过手动添加命令符号的形式排除。

另外，由于 MLU 指令是通过%mor 层展开的，但是 MLU 在执行指令时会自动基于%mor 进行。输入下列指令即可：

mlu +t* CHI +f *.cex

+t* CHI	仅分析儿童的话语
*.cex	分析所有扩展名为.cha 的语料

在输入命令行时，我们需要注意"+"和"-"两个符号，这两个符号之后必须紧跟相应的处理内容。其中"+"表示相应内容需要纳入到计算过程中，"-"则表示不计算相应内容。在计算儿童的 MLGU5 时，我们使用了+t* CHI 的符号，旨在告诉 CLAN 程序只计算儿童的话语，如果没有这个要素，该程序就会默认为计算所有说话者的言语，并分别计算各说话者的相应指标。同时，我们使用了在命令行末尾输入*.cex，表示对指定工作目录位置下所有后缀名为.cex 的文件(每一名儿童所产出的最长五句话都将保存在以.cex 结尾的 CHAT 文件中)进行处理。本命令的处理皆针对儿童的话语层，并且所有文件扩展名均为 cex，因此，可以使用*.cex 代表所有文件，提高运算效率，降低手动输入文件所带来的错误，进行高效处理。当运行命令输入完毕后，点击 run 输出计算结果。

From file <f50L.mxwrd.cex>

MLU for Speaker: *CHI:

MLU (xxx, yyy and www are EXCLUDED from the utterance and morpheme counts):

Number of: utterances = 5, morphemes = 21

Ratio of morphemes over utterances = 4.200

Standard deviation = 0.400

从中可知，在 CLAN 软件的输出窗口中，运行 MLU 指令会出现三个部分的结果：

(1) 儿童所产出的话语总量 5，即研究调取了该儿童所产出的最长 5 句话；

(2) 儿童总词素数量 21，表示儿童所产出的 5 个语句中总共包括了 21 个词；

(3) 平均每个句子中产出的词素数量以及标准差。平均词素数量就是 MLGU5 值，在此例中，儿童的 MLGU5 为 4.200，整个交流过程中平均语句长度的标准差为 0.400 个词素。

三、研究结果

通过运行 MAXWD 和 MLU 指令，对三个年龄段共计 341 名儿童的 MLGU5 进行计算，我们分别获取了这三个年龄段汉语儿童语法整体发展水平的均值、标准差等信息。具体结果如下。

（一）不同年龄段汉语儿童的 MLGU5 发展

通过对不同儿童语料进行运算和分析，我们发现，就最长五句话的平均语句长度来看，3—4 岁时为 8.69，4—5 岁时为 10.68，5—6 岁时为 11.56，整体上随着年龄递增而逐渐增长。通过直方图图 5.1，我们也发现这一趋势，其中 4—5 岁是儿童 MLGU5 增长最快的阶段。

表 5.3　不同年龄段汉语儿童语法结构整体水平（MLGU5）的描述性分析结果

年龄	个案数	平均值	标准差	最小值	最大值
3—4 岁	119	8.69	2.179	4.600	17.333
4—5 岁	103	10.68	3.246	5.200	27.667
5—6 岁	119	11.56	4.185	2.200	28.333
总计	341	10.29	3.521	2.200	28.333

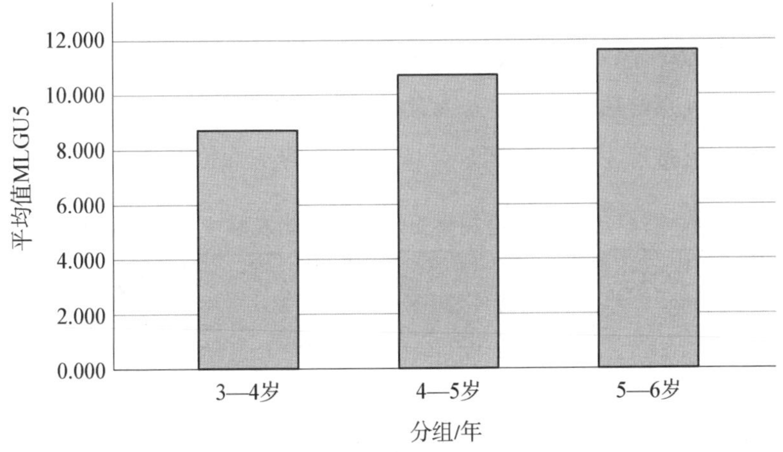

图 5.1　不同年龄段汉语儿童语法结构整体水平（MLGU5）发展直方图

为了更好地比较不同年龄段儿童的差异，我们对数据进行了方差分析。结果显示，儿童 MLGU5 的发展具有非常显著的年龄主效应($F=23.468$，$p<0.001$)，多重比较显示，5—6 岁组显著高于 3—4 岁组($p<0.001$)；4—5 岁组显著高于 3—4 岁组($p<0.001$)；其他组之间没有显著的年龄趋势。MLGU5 呈现出与 MLGU 相同的趋势，4 岁后发展速度明显增快。这说明，MLGU5 也可以反映汉语儿童的语法发展。

从过往研究中对 MLU5 数值的分析来看，张莉和周兢(2009)发现，MLU5 可以更好地反映 4 岁后儿童语言的发展梯度，4 岁后儿童的 MLU5 在 7 个语汇以上。李琳(2014)对 4—6 岁儿童叙事语料的分析发现，儿童的 MLU5 发展情况如下：48 个月为 5.8，54 个月为 6.52，60 个月为 8.64，66 个月为 9.4，72 个月为 9.96。杨晓岚(2018)的研究发现，在自由游戏场景下，汉语儿童的 MLU5 发展水平在 3 岁、4 岁和 5 岁分别达到 8.57、9.73 和 9.90。刘丝韵(2018)在有关汉语儿童学习故事续编的研究中发现，汉语儿童最长五句话的平均语句长度 MLU5 在 3 岁、4 岁和 5 岁分别达到了 5.95、7.42 和 9.35。牛苗苗(2018)对汉语儿童说明性讲述情境下的最长五句话平均语句长度进行分析后发现，4 岁、5 岁和 6 岁儿童的 MLU5 分别是 7.22、9.07 和 9.59。通过本研究，我们发现，基于新的计算规则得到的 MLGU5 要比过往的数值高，但同时 MLGU5 的确反映了汉语儿童语法结构整体发展水平的递增趋势，因此可以作为衡量汉语儿童语法结构整体发展水平的重要指标。

(二) 不同年龄段汉语儿童的 MLGU5 常模及其意义

通过对 MLGU5 的发展性分析，我们认为 MLGU5 能够反映汉语儿童的语法结构整体发展，从而作为衡量汉语儿童语法结构整体发展的指标。由此，我们建立了基于 MLGU5 的汉语儿童语法结构整体发展常模(表 5.4)。其中 3—4 岁儿童的平均值是 8.69，其参考范围是 6.511—10.869，4—5 岁儿童的平均值是 10.68，其参考范围是

表 5.4　不同年龄段汉语儿童语法结构整体发展水平(MLGU5)常模

年龄	个案数	平均值	标准差	一个标准差内的参考范围	
				下限	上限
3—4 岁	119	8.69	2.179	6.511	10.869
4—5 岁	103	10.68	3.246	7.434	13.926
5—6 岁	119	11.56	4.185	7.375	15.745

7.434—13.926，5—6 岁儿童的平均值是 11.56，其参考范围是 7.375—15.745。

上述常模的参考价值在于，当某个 3—4 岁儿童的语法结构整体发展水平 MLGU5 的取值位于 6.511—10.869 之间时，表明这名儿童的语法结构整体发展水平 MLGU5 在正常儿童的发展常模范围内，而当某个 3—4 岁儿童的语法结构整体发展水平 MLGU5 的取值低于 6.511 时，即这名儿童的语法结构整体发展水平 MLGU5 在正常儿童的发展常模一个标准差之外，表明这名儿童的语法结构整体发展水平落后于正常儿童，需要在语法结构方面给予关注。

当某个 4—5 岁儿童的语法结构整体发展水平 MLGU5 的取值位于 7.434—13.926 之间时，表明这名儿童的语法结构整体发展水平 MLGU5 在正常儿童的发展常模范围内，而当某个 4—5 岁儿童的语法结构整体发展水平 MLGU5 的取值低于 7.434 时，即这名儿童的语法结构整体发展水平 MLGU5 在正常儿童的发展常模一个标准差之外，表明这名儿童的语法结构整体发展水平落后于正常儿童，需要在语法结构方面给予关注。

当某个 5—6 岁儿童的语法结构整体发展水平 MLGU5 的取值位于 7.375—15.745 之间时，表明这名儿童的语法结构整体发展水平 MLGU5 在正常儿童的发展常模范围内，而当某个 5—6 岁儿童的语法结构整体发展水平 MLGU5 的取值低于 7.375 时，即这名儿童的语法结构整体发展水平 MLGU5 在正常儿童的发展常模一个标准差之外，表明这名儿童的语法结构整体发展水平落后于正常儿童，需要在语法结构方面给予关注。

（三）不同年龄段汉语儿童不同语法结构的产出特征

MLGU5 常模的建立，为整体上衡量语句结构的复杂度提供了重要的数据参考。那么，MLGU5 的年龄效应，是如何体现在不同的句法结构产出中的呢？本部分我们将继续分析汉语儿童的不同语法结构产出特征，一方面，探究汉语儿童语法结构逐渐走向复杂的原因，另一方面，对这些具有发展标志的句法结构进行分析，我们可以为进一步的语言障碍诊断和预测提供更加多样的证据。本研究聚焦 8 类语法结构的产出分析，具体的分析结果如下。

1. 量词短语

量词是汉语区别于其他语言的一个重要特征，量词的使用也可以反映儿童的语言发展水平。不少研究者对以量词为核心的量词短语进行了分析和研究。本部分，我们主要通过对儿童产出量词短语的探索来了解儿童这一语法结构的发展情况。通过对数量结构、数量名结构、数量形容名结构、代量结构、代量名结构、代量形容名结构、代数量结构 7 种量词短语的探究与分析，我们发现自由游戏情境中汉语儿童主要产出了“数词＋量词”“数词＋量词＋名词”“代词＋量词＋名词”三种。研究发现，上述三种量词短语形式，其产出数量均随着年龄增长而逐步增加，其中三个年龄段汉语儿童所使用的数量结构分别达到 5.84、8.17、10.13 个，三个年龄段汉语儿童所使用的数量名结构分别达到 1.71、2.27、3.87 个，而三个年龄段汉语儿童所使用的代量名结构的均值均低于 1 次。

通过抽取儿童所产出的“数量”结构，我们发现，儿童产出的数量结构有如下几个特点：其一，各个年龄段都以量词“个”组成的数量结构为主，“数词＋个”组成的结构在产出数量上逐年增加；其二，年龄增长促进量词种类不断增加，也使得数量结构逐步得到丰富和增加。具体的数量结构中所包含的量词如表 5.5 所示。

表 5.5　不同年龄段汉语儿童产出数量结构中的量词使用情况汇总

年龄	量词
3—4 岁	个、层、下、只、台、张、分钟、号、条、把、班、岁、次、杯、棵、根、天、块、本、点、份、下子、句、步、朵、队、排、发、盆
4—5 岁	个、颗、根、下、张、盏、杯、棵、只、位、号、层、步、座、下子、次、天、件、岁、口、种、把、班、楼、双、家、本、句、圈、点、块、纸、盘、组、间、栋、分钟、首、岁、盏、条、支、排
5—6 岁	个、层、下、只、头、粒、根、间、架、张、把、步、朵、家、下子、件、条、块、点、盆、栋、套、截、首、盏、些、瓶、次、副、棵、种、遍、幢、角、本、页、天、缕、位、班、片、分钟、碗、件、桶、点钟、顿、口、杯、扇、盒、年、幅、支、样

数量名结构方面，5 岁前，儿童使用这一结构的数量较少，5 岁后产出增加，这种增长趋势一致持续到 6 岁时。代量名结构方面，尽管产出并不多，但这一结构的产出随着年龄增长有所增加，汉语儿童这一结构产出最快是在 5—6 岁阶段。通过具体分析上述结构的产出情况，我们发现，“代词＋数词＋量词”的产出相对固定，每个年龄段的产出形式比较固定，但随着量词产出丰富度的提升而提升，整体上这一结构中使用的量词比较少。3 岁时使用的量词有“个、岁、层、只、把、句”，4 岁时使用的量词有“个、圈、家、页、盘”，5 岁时使用的量词有“个、次、朵、间、栋、件、只、家子”。参考上述分析结果，在对语言障碍儿童进行诊断和预测时，可以作为句法分析的重要补充。

2. 的字结构

现代汉语与其他语言最大的一个不同之处在于，汉语中有结构助词“的”的存在。汉语中的字结构助词有三个，即“的、地、得”，其中使用最多的是“的”。通过对比分析我们发现，汉语儿童不同年龄段中产出的 6 类的字结构中，以“名词-的”“名词-的-名词”和“形容词-的”的情况最为普遍，而且上述结构在 3 岁时已经产出，其中随着年龄增长而不断增加的是“名词-的-名词”“动词-的-名词”两类的字结构。我们认为，3—6 岁也是儿童助词“的”快速产出和发展的阶段，这一汉语特殊的语言现象，可以反映汉语儿童语言发展的复杂度变化。

3. 介词短语

在介词短语的产出上，汉语儿童产出最多的是“在”字介词短语，研究者对儿童使用的“在字结构”进行了提取。进一步分析，我们发现，3—4 岁时儿童产出该结构的数量为 2.81，4—5 岁时是 3.03，5—6 岁时是 4.56。随着年龄的增长，介词短语的产出数量也逐步增多。可见，介词短语也是汉语儿童句法结构产出中具有标志意义的结构之一。

4. 宾语复杂度

宾语是短语的情况，即宾语为名词短语的情况，包括了量词短语以及的字结构组成的宾语，此时宾语不再是单独的一个词，而是由修饰语和名词构成的，可以反映儿童语言复杂度的提升。对儿童句子中宾语为短语的情况进行统计后，我们发现，3—4 岁时儿童产出该结构的数量为 57.58，4—5 岁时是 63.70，5—6 岁时是 81.91。对儿童句子中宾语为句子的情况进行统计后，我们发现，3—4 岁时儿童产出该结构的数量为 4.25，4—5 岁时是 6.43，5—6 岁时是 6.65。整体上这一结构产出的数量并不多，但这一结构的产出随着年龄的增长不断增加，4 岁后发展速度加快。这基本上与过往的研究结论一致，即宾语为短语的情况是最常见的，发展的速度也最快，宾语为句子的情况最少(谢锡金，2014)，但也呈现出发展的递增趋势。由此可见，儿童单句的产出，从产出宾语短语向宾语从句逐渐发展。

5. 把字句

分析汉语儿童所产出的把字句，我们发现，三个年龄段汉语儿童所产出的把字句分别为 1.6、1.6、2.9 句，可见汉语儿童已经普遍习得了把字句。对李向农等(1990)提出的

9 大类 14 个小类把字句进行分析后发现，整体上，把字句作为一种特殊的句子类型，3—6 岁儿童所产出的数量并不多，其中把字句中含有动补结构、动词前修饰语的情况随着年龄的增长而增加，能够较好地反映儿童把字句的发展情况。一方面，动补结构产出数量的优势在多项研究中得到证明。邓湘君等（Deng，Mai and Yip，2018）对 Tong 语料把字句中的结构进行分析后发现，“动词＋结果补语”的产出是最多的，这一研究也与对 xuminchen、beijing corpus、zhou1 以及 context 四个语料库的分析相似。根据李向农等（1990）和张显达（Cheung，1993）的研究，结合对语料的初步统计，我们发现，儿童把字句中含有动补结构的情况是最为常见的，比如“我把这盖起来”。另一方面，从把字句自身的特点出发，把字引导的句子表示对事物或人处置的结果，这就需要儿童将动作与结果密切联系起来。正是把字句的这种特性，使得动补结构，或者动词前有副词等结构的情况有所增加。

6. 连动结构句

连动结构句是指包括两个或两个以上动词短语或字句的句子，比如“我起床吃东西”。对儿童连动结构句的情况进行统计后，我们发现，3—4 岁时儿童产出该结构的数量为 4.38，4—5 岁时是 5.32，5—6 岁时是 6.91。可见汉语儿童的连动结构句已经开始普遍产出，说明汉语儿童对句子中多个动词结构使用的水平在不断提升。

7. 兼语句

兼语句的基本结构是“（主语）＋动词 A＋名词＋动词 B”。儿童的兼语句主要是使令式的，由叫、让、使等动词充当动词 A，比如“叫我吃饭”。其中“我”既可以做“叫”的宾语，也可以做“吃饭”的主语。对儿童兼语句的情况进行统计后，我们发现，3—4 岁时儿童产出该结构的数量为 1.63，4—5 岁时是 2.37，5—6 岁时是 2.88。可见，儿童整体产出的兼语句数量并不多，但存在普遍性。整体上这一结构的产出在 4 岁后发展速度加快，5—6 岁儿童产出这一结构的水平显著高于 4—5 岁，4—5 岁显著高于 3—4 岁。

8. 复合关系句

单句是儿童口语中常见的语句类型，但随着儿童年龄的增长，儿童会产出两个具有复合关系的语句，即复合关系句，后者能够体现儿童语法的发展水平。早期儿童产出最多的复合关系句是联合关系句和偏正关系句，联合关系句包括并列、补充、承继、递进、选择等多种，偏正关系句包括因果、转折、条件等。在本部分，我们将重点对具有年龄发展趋势的复合关系句进行分析。

对儿童并列关系复句的情况进行分析后，我们发现，3—4 岁时儿童产出该结构的数量随着年龄增长而逐步增加。进一步分析并列关系句中使用的连词，我们发现，一方面，儿童使用的连词数量在逐渐递增，另一方面，连词的词类也在逐渐丰富，4—5 岁时种类增加显著。3 岁时，儿童在并列关系句中使用的连词包括“因为、那、还有、然后”，4 岁时，使用的连词包括“然后、因为、还、不仅、又、要不然”，5 岁时，使用的连词包括“然后、因为、除了、那、首先”等。

对儿童补充关系复句的情况进行分析后，我们发现，整体上这一结构的产出在 4 岁前较慢，4 岁后发展速度加快。进一步分析补充关系句中使用的连词，我们发现，一方面，儿童使用的连词数量在逐渐递增，另一方面，连词的词类也在逐渐丰富，4 岁时产出最快，类型开始丰富起来；但整体来看，儿童此类复合关系句中使用连词的情况较为多见，其中 3 岁时使用的连词包括“那、然后、要是、因为”，4 岁时使用的连词包括“因为、就是、然后、如果、首先、又”，5 岁时使用的连词包括“因为、然后、可是、那、万一、首先、所以、要不然、要么、要是”等。

对儿童承继关系复句的情况进行分析后，我们发现，整体上这一结构的产出在 5 岁前较慢，5 岁后发展速度加快。进一步分析承继关系句中使用的连词，我们发现，一方面，儿童使用的连词数量在逐渐递增，另一方面，连词的词类也在逐渐丰富，5 岁前，整体产出较少，5 岁后开始丰富起来，与承继关系句的数量产出关系密切，这种发展一直持续到 6 岁前。其中 3 岁时使用的连词包括“然后”，4 岁时使用的连词包括“就是、然后”，5 岁时使用的连词包括“然后、因为、首先、而且、可是、那、要是”等。

对儿童因果关系复句的情况进行分析后，我们发现，整体上这一结构的产出在 5 岁前较慢，5 岁后发展速度加快。进一步分析因果关系句中使用的连词，我们发现，儿童此类复合关系句中使用连词较少，主要集中在连词“因为”的使用上，这说明儿童对因果关系的理解水平尚不足以支撑儿童进行熟练的表达，此时正是儿童因果关系发展的初期。

对儿童条件关系复句的情况进行分析后，我们发现，整体上这一结构的产出在 5 岁前较慢，5 岁后发展速度加快。进一步分析条件关系句中使用的连词，我们发现，儿童在条件关系句中使用连词的数量在 5 岁前是非常少的，5—6 岁发展速度增快，整体使用连词的情况开始增多。其中 3 岁时使用的连词包括“如果、要是”，4 岁时使用的连词包括“如果、那、因为”，5 岁时使用的连词包括“如果、万一、因为、那、要是、然后、可是、要不然、直到”等。

对儿童转折关系复句的情况进行分析后，我们发现，整体上这一结构的产出在5岁前较慢，5岁后发展速度加快。进一步分析转折关系句中使用的连词，我们发现，儿童此类复合关系句中使用连词的情况还是非常少的，4岁后开始增加，但是整体使用连词的频率还是非常低的。其中3岁时使用的连词包括“那”，4岁时使用的连词包括“因为、不过”，5岁时使用的连词包括“然后、虽然、但是”等。

通过对上述8类语法结构的分析，我们发现，这8类语法结构的产出数量以及复杂度，都随着年龄的增长有所增长，因此在对语言障碍儿童进行语法结构诊断和预测时，在参考整体语法结构水平MLGU5常模的同时，也可以利用这些结构维度作进一步的分析(表5.6)。

表5.6　汉语儿童具体语法结构产出分析对照表

维度	指标
量词短语	数量结构
	数量名结构
	代量名结构
的字结构	名词-的-名词
	动词-的-名词
介词短语	介词短语
宾语复杂度	宾语为短语
	宾语从句
把字句	把字动词修饰
	把字动补
连动结构句	连动结构句
兼语句	兼语句
复合关系句	并列
	补充
	承继
	条件
	转折
	因果

第三节　汉语儿童不同语法结构发展常模的使用与分析

那么，基于语料库的 MLGU5 常模该如何使用，如何对疑似有语言问题的儿童进行语法整体发展的诊断呢？在本节，我们将重点介绍汉语儿童语法整体发展常模的使用与分析过程。

一、运用 MLGU5 常模进行语言障碍诊断和预测的基本原则

基于 MLGU5 的汉语儿童语法结构整体发展常模的建立，为汉语儿童语法发展的初步评价提供了重要的常模参考数据。在使用 MLGU5 进行语法结构的诊断和预测方面，需要注意如下三个原则。

第一，在 MLGU5 的常模参考中，我们所建构的标准容许差异范围为一个标准差上下，3—4 岁儿童的语法结构整体发展水平 MLGU5 的容许差异范围位于 6.511—10.869 之间，4—5 岁儿童的语法结构整体发展水平 MLGU5 的容许差异范围位于 7.434—13.926 之间，5—6 岁儿童的语法结构整体发展水平 MLGU5 的容许差异范围位于 7.375—15.745 之间。

第二，当 MLGU5 的得分低于均值水平的一个标准差以上，被考虑语法发展滞后。也就是说，当 3—4 岁儿童的语法结构整体发展水平 MLGU5 的取值低于 6.511、4—5 岁儿童的语法结构整体发展水平 MLGU5 的取值低于 7.434、5—6 岁儿童的语法结构整体发展水平 MLGU5 的取值低于 7.375 时，可以将这类儿童诊断为语法结构发展滞后。

第三，当不同年龄段发现语法结构整体发展水平 MLGU5 存在落后时，可以进一步调取有语言问题儿童的最长五句话进行详细的语法结构分析，主要聚焦本章第二节所获得的具有年龄发展趋势的语法结构上，这些语法结构包括量词短语、的字结构、介词短语、宾语复杂度、把字句、连动结构句、兼语句、复合关系句 8 类。

二、运用 MLGU5 常模进行语言障碍诊断和预测的基本流程

MLGU5 常模的建构是进行语言障碍儿童语法整体发展诊断的前提。目前 MLGU5 常模尚未自动嵌入 CLAN 软件的 KidEval 指令中。因此,研究者可以使用 MAXWD 和 MLU 两个指令进行儿童的语法结构整体分析,并与汉语儿童语法结构的整体发展常模进行对比,以探查某个潜在语言障碍儿童的语法整体发展。具体的诊断和预测过程如图 5.2 所示。

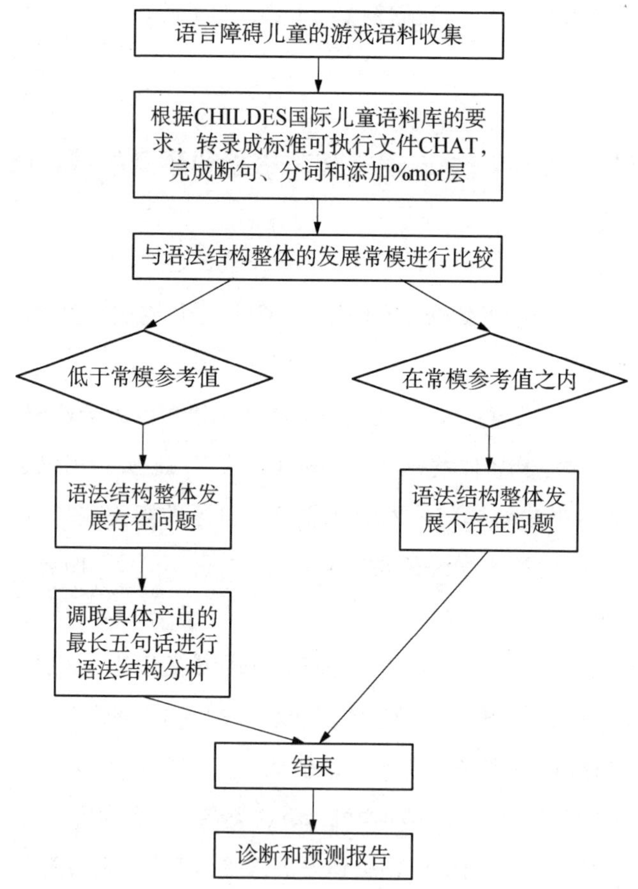

图 5.2 基于 MLGU5 的语言障碍儿童诊断与预测分析流程

首先,我们需要获得儿童的语料,这一语料收集的是成人与幼儿的自由游戏对话,50

句以上。在完成语料的转录之后，我们会对这名儿童的语料进行断句、计算机自动化分词、计算机自动化添加%mor 层等准备工作。

第二，我们将依托 CLAN 系统的 MAXWD 指令和 MLU 指令提取这名儿童最长的五句话，并计算最长五句话的平均语句长度。

第三，将上述计算结果与常模数据一个标准差的下限进行对比，以诊断和预测这名儿童与汉语相同年龄段的正常发展儿童之间的差异，判定这名儿童是否处于汉语正常儿童 MLGU5 的常模参考值范围内。

第四，当这名儿童 MLGU5 的数值低于汉语相同年龄段正常发展儿童的常模参考值下限（均值以下一个标准差）时，说明这名儿童存在语法结构产出的问题，需要基于这名儿童所产出的最长五句话，进一步进行不同语法结构的产出分析，分析维度包括量词短语、的字结构、介词短语、宾语复杂度、把字句、连动结构句、兼语句、复合关系句，在具体分析中需要参考汉语儿童同年龄段的语法结构产出数量和产出特征。

第五，通过上述过程，我们不仅可以获得这名儿童的语法结构整体发展的情况，还可以从不同语法结构产出的角度，提供更为具体的语法结构产出水平的诊断和预测，从而为语言障碍儿童的未来诊断提供更加具体的操作化干预建议。

三、运用 MLGU5 常模进行语言障碍诊断和预测的具体过程举例

在本部分中，我们将以一名 52 个月语言障碍儿童作为研究个案，举例说明基于 MLGU5 进行语言障碍诊断和预测的具体过程。

首先，语料分析准备。研究者在获取这名 52 个月语言障碍儿童的语料后，对语料进行断句和自动化分词处理，并添加%mor 层，从而完成了进行 MLGU5 计算的基础工作。这名 52 个月儿童的语料命名为 mingming. cha。

第二，我们将依托 CLAN 系统的 MAXWD 指令和 MLU 指令直接计算最长五句话的平均语句长度。

由于 mingming 是一名低功能自闭症儿童，他会产出非常多的重复成人的话语，因此我们在这些话语后添加[+ exc]标记，予以剔除。具体的指令如下：

```
maxwd +t*CHI +g1 +c5 +d1 -s"[+ exc]" mingming.cha|mlu
```

通过运行上述指令，我们可以直接获得 mingming 所产出的最长五句话的平均语句

结果：

```
From file &lt;c：\USERS\YIBIN\DESKTOP\mingming.cha&gt;
mlu
Mon Apr 27 08:53:06 2020
mlu (09-Feb-2020) is conducting analyses on:
  ONLY dependent tiers matching: %MOR;
****************************************
From pipe input
MLU for Speaker: *CHI:
  MLU (xxx, yyy and www are EXCLUDED from the utterance and morpheme counts):
    Number of: utterances = 5, morphemes = 24
    Ratio of morphemes over utterances = 4.800
    Standard deviation = 0.400
```

第三，将上述计算结果与常模数据一个标准差的下限进行对比，我们发现，mingming的MLGU5＝4.800，对照4岁段汉语正常发展儿童的MLGU5参考值为7.434—13.926，一个标准差的下限为7.434，因为4.800<7.434，因此可以判定，mingming的语法结构整体发展水平与正常儿童之间存在一个标准差以上的差异，也就是说，mingming的语言发展出现了语法结构整体发展的延迟状态。

第四，为了了解mingming语法结构发展的情况，需要对mingming的最长五句话进行进一步的分析，以探寻这名儿童不同语法结构产出的情况。

因此，我们利用CLAN系统的MAXWD指令，调取了mingming的最长五句话，运行指令：

```
maxwd +t*CHI +g1 +c5 +d1 -s"[+ exc]" mingming.cha
```

得到如下结果：

*CHI：&嗷 妈妈 的 手机 响 了 .

%mor：n：relat|ma1&DIM = mother poss|de n|shou3ji1 = cell_phone v|xiang3 = make_a_sound asp|le .

*CHI：我 要 吃 三 个 .

%mor：pro：per|wo3 = I v：aux|yao4 = should v|chi1 = eat num|san1 = three cl|ge4 .

*CHI：我 要 吃 红 枣 .

%mor：pro：per|wo3 = I v：aux|yao4 = should v|chi1 = eat adj|hong2 = red n|zao3 = jujube .

*CHI：你 要 吃 三 个 .

%mor：pro：per|ni3 = you v：aux|yao4 = should v|chi1 = eat num|san1 = three cl|ge4.

*CHI：不 要 坐 下来 .

%mor：adv|bu4 = not v：aux|yao4 = should v|zuo4 = sit v|xia4lai2 = come_down.

随后，我们从量词短语、的字结构、介词短语、宾语复杂度、把字句、连动结构句、兼语句、复合关系句这 8 个维度，对 mingming 产出的最长五句话进行细致分析。

从量词短语的产出来看，mingming 只产出了基于个体量词“个”的数量结构即“三个”，根据第二节所获得的研究结论，汉语儿童 4 岁时已经开始习得“数量名”的结构，这说明从数量结构方面，mingming 并没有完全获得产出数量名结构的能力。此外，从量词的产出和使用来看，汉语 4 岁正常儿童已经开始使用多种不同的名量词和动量词了，但是 mingming 仅仅会使用量词“个”，表明其量词的使用也不够丰富，需要进一步予以关注。

从的字结构的产出来看，mingming 产出了“妈妈的手机”，这说明 mingming 已经初步具有使用“的”字来表达物权/所有权的概念，对照 4 岁正常儿童的的字结构产出，我们认为，在“名词-的-名词”产出方面，mingming 的发展状态不错，当然，mingming 并没有产出“动词-的-名词”的结构，比如“吃的东西”。

从介词短语的产出来看，mingming 并没有产出任何形式的介词短语，表明他在介词短语的使用上存在困难，说明他对空间的把握能力有限。

对比分析后我们发现，mingming 的宾语产出到了最长五句话，仍然是以名词或者短语为主，并未出现汉语 4 岁正常儿童所产出的宾语从句；从宾语的复杂度角度来说，需要对这一语法结构进行进一步的指导。

最后，对比分析后我们还发现，mingming 并没有产出汉语儿童经常产出的把字句、连动结构句、兼语句和复合关系句。

通过上述过程，我们认为，mingming 的语法结构产出问题普遍存在于量词短语、的字结构、介词短语、宾语复杂度、把字句、连动结构句、兼语句、复合关系句 8 个语法结构中，因此为了提升 mingming 的语法水平，需要制定更为详尽的语言干预方案，提升上述 8 类语法结构的产出水平。

通过上述评估过程，我们发现这名儿童在语法结构整体发展水平 MLGU5 上与常模参考数据之间存在显著差异，这种差异达到了 1 个标准差以上，也就是说，这名儿童在语法结构的整体发展水平上显著落后于同年龄段的正常儿童，反映出这名儿童语法结构发展水平的“弱势”。进一步的分析还发现，这名儿童在量词短语、的字结构、介词短语、宾语复杂度、把字句、连动结构句、兼语句、复合关系句这 8 个语法结构的产出上均与正常儿童的发展特征有所差距，因此，我们判定这名儿童在语法结构整体发展以及不同语法结构的产出水平上与 4 岁年龄段的正常发展儿童之间存在差距。在未来的干预中，应该关注上述诊断过程，在提升和改善这名儿童的语法结构方面提供更多的帮助。

第六章 运用语料库进行智障儿童早期词汇发展诊断与监测

智障儿童又称智力缺陷或者智力发展迟滞儿童，是我们生活中常见的一个特殊需要儿童群体。较长时间以来，研究者认定由于大脑受到器质性损害或脑发育不完全，造成认识以及其他发展的障碍，而语言的发展障碍是这类儿童表现出的一个方面的主要问题。如何在早期诊断和评价智障儿童的语言障碍，从而给予及时精准的发展干预，是儿童语言发展评价研究和早期语言干预研究关注的问题。本章将讨论运用语料库进行智障儿童早期词汇发展的诊断与监测，并基于智障儿童案例进行如何诊断与监测的分析。

第一节　智障儿童的发展特点与早期词汇习得研究

在世界卫生组织国际疾病分类中有关智力障碍的定义认为，智力发育障碍是一种病因多样的疾病，起源于发育期。智障儿童的基本特征是智力功能和适应行为明显低于平均水平，在标准测试中大约低于平均同龄发展水平两个或两个以上的标准差（大约低于2.3个百分点）。多年来，研究者比较一致地认为：智力障碍发生在18岁以前；智力障碍的特征是智力障碍者的智力明显落后于正常发展的同龄人；由于智力落后，智力障碍者的智力功能和适应行为受到影响，低于平均水平。据估计，目前全球大约有1.5亿名智力障碍者存在（陈小娟，2015）。因而，智力障碍是一个全球性的医学和教育问题，它不仅严重危害儿童身心健康，更是一个严重的社会问题。

一、智障儿童的发展特点

研究表明，智障儿童的身心发展与普通儿童发展的阶段性和连续性遵循着相同的规律，但是智障儿童发展的速度慢、起点迟，最终水平也低；智力障碍程度越严重，身心发展的水平与普通儿童的差异就越大（王书荃，2008；茅于燕，2007；张福娟、杨福义，2011；陈柔颖，2013；陈小娟，2015）。

（一）认知

认知是人对客观世界的认识活动，包括感知觉、注意、记忆、思维和想象等心理活动。认知能力是儿童对外界物质刺激做出相应反应的能力。一般而言，认知能力随着年龄和经验的增长而增进。研究表明，智障儿童的认知水平总体低于普通儿童。

感知特征方面，相对于普通儿童，智障儿童能够感知的信息少，感知的范围狭窄，感知速度慢，只能感知客观事物的部分属性，而且不准确。如有些智障儿童不能理解相对的“长短”“高矮”和“宽窄”等，不能分清“早”“中”“晚”，只能捕捉和记住成人讲解的一部分内容等。一般而言，智障儿童的视觉感受性低，很难或不能辨别物体的形状和大小；听觉反应迟钝，对语音识别较为困难。方燕红等人考察了8—18岁智障儿童的空间方位概念，发现智障儿童空间方位概念的发展随着年龄、智力发展呈现规律性变化，在各种空间概念的获得和发展上遵循“上下”“里外”和“前后”的顺序关系，但在高年级，智障儿童仍未完全掌握“左右”概念。总体而言，智障儿童空间方位概念的发展水平远低于普通儿童（方燕红等，2014）。

记忆力特征方面，智障儿童的识记具有缓慢，记忆容量小、保持差，再现不准确且易遗忘等特点。智障儿童的记忆编码加工过程不完善，欠缺记忆的主动加工过程，只能够机械地重复，输入的信息无法在大脑中系统化，因而停留在短时记忆系统中，无法形成长时记忆。研究表明，工作记忆能力的缺损是智障儿童智力缺损的一个重要心理特征。工作记忆与智力之间存在密切联系，近年来的研究也表明了工作记忆能力和流体智力之间高度相关；工作记忆能力以及工作记忆中的不同成分与智力之间都存在着不同程度的相关（Gray et al.，2017）。一方面，智力水平直接影响个体的工作记忆能力，智力损伤越严重，工作记忆水平越低（Schuchardt et al.，2010）；另一方面，通过工作记忆水平可预测个体的智力成绩，工作记忆测验也作为智力筛查的工具，能有效区分儿童是否存在智力障碍。在视空间工作记忆上，智障儿童的视觉模式记忆发展得比空间工作记忆早，两者既有差异，又高度相关，在性别上也存在差异，男童的视空间工作记忆好于女童（方燕红、尹观海、袁林燕，2019）。

在注意力和思维特征方面，儿童的注意以无意注意为主，而智障儿童的表现更为明显。智障儿童的注意以自己的兴趣为中心，稳定性差，容易分散；相较大多数普通儿童来说有着较为明显的注意广度狭窄的特征，智障儿童很难在短时间内注意多个对象，不能有效运用选择性注意。智障儿童的思维具有具体性，抽象和概括能力不足、思维目的性不明确、刻板性强等特点，智障儿童往往不能有的放矢地进行思维，他们一旦开始进行某项活动或解决某个问题后，便不能始终如一地坚持下去，难以进行连贯的思维。他们已形成的心理定式不易改变，在遇到新情况需要重新调整时，他们仍然用固定模式去解决问题。

（二）行为和社会情感

行为是智障儿童最为外化的特征，有研究者对印度贫困地区智障儿童的行为问题进行了研究，发现在四类智力障碍程度中，行为问题的发生率并不相同。某些行为问题与智商、智力残疾水平和智力残疾儿童的年龄正相关，而年龄是独立的预测因素（Lakhan and Kishore，2016）。也有研究表明，相比于普通儿童，智障儿童具有更高的比例同时具有行为问题和特定的心理健康问题，在智障儿童中，行为问题的发生率超过25%，焦虑症的发生率达到22%（尽管在不同的研究中，由于样本和研究方法的不同可能有差异）（Whitaker and Read，2006）。

这可能是由于智障儿童智力缺陷而导致的个性和情绪情感智力缺陷造成的。智障儿童认识事物少，较少参加集体活动，因而个性的形成和发展存在一些问题。主要表现为：独立性和主动性差；自控力差，易于冲动；一方面很固执，一方面又易于受暗示；自我意识差，又不顾及他人；是非观念薄弱，或不懂是非。智障儿童的情绪情感表现为：多受机体需要的支配，高层次情感协调能力差；情感不稳定，体验简单，情感幼稚，易受外界各因素的影响；表情外露，不会掩饰；情感表露的强度与外界刺激的强度不一致；情感的控制能力差；情感的控制力较差，发展水平低；情感具有病态性。但也有研究报告认为，行为问题导致了心理健康的问题（Holden and Gitleson，2006）。另外，有研究考察了特定型语言障碍儿童和中度智障儿童的语言问题与社会能力的关系，表明中度智障儿童语言较低的理解能力对他们的同伴关系有影响（Tzouriadou et al.，2013）。

（三）运动

运动是人类个体的基本功能，包括大肌肉运动和小肌肉运动。运动由大脑控制，脑功能的正常与否直接影响个体的运动能力。智障儿童具有明显的发育迟缓，视觉、触觉及其动觉的滞后使其运动技能的掌握存在一定的困难，导致其实际运动水平低。在粗大运动上表现为：身体控制、平衡、上肢协调、速度和灵巧度等方面比较差，而且每一个行为动作都开始得比较晚，直到成年仍有许多动作做不好。精细运动方面表现为：肌肉张力异常、精细动作发展缓慢、双手协调能力差、手眼协调能力差、反应迟钝、手部本体感觉较差等。

智障儿童常见体型不匀称，身体的柔韧性或灵活性差，常存在运动起来不协调或课堂表现过于活跃，有着攻击、破坏的行为或其他不良行为等。不同障碍程度的智障儿童的运动、行为障碍表现不一，重度和极重度智障儿童的运动、行为障碍表现显著。一般情况下，重度智障儿童的动作会表现得十分笨拙且有一定的防卫能力。

二、智障儿童的语言发展

儿童语言的获得与发展是一个非常复杂的过程，它与儿童所处的社会环境、文化习俗等因素有紧密联系，也与个体的智力、兴趣和自我认知等方面的发展密切相关。国外研究发现，对于智障儿童而言，言语障碍是他们面临的主要困难(Beirne, Patton, and Kim, 2006)。智力和语言能力有密切的关联，有较高的智力，就有较少的语言困难(Gargiulo, 2015)。国内学者也指出智障儿童的语言能力与智力的关系密切，智障儿童的障碍程度越重，其语言能力就越落后(林宝贵、邱上真，1983)。总体而言，智障儿童的语言发展开始年龄较晚、发展速度较慢、最终水平较低，具体表现在语音、语义、语法和语用几个方面(林宝贵、李旭原，1993；曾怡淳，1993；陈小娟、张婷，2015)。

从语音方面来看，智障儿童的障碍主要表现为：①构音障碍，即智障儿童对元音、辅音等语音发音错误，时常表现为替代、扭曲和遗漏等；②语流障碍，即说话声音过大或微弱，音调过高或过低、时断时续，能够感觉到言语时呼吸不畅、气流不充足；③嗓音障碍，主要表现为鼻腔共鸣控制异常，鼻音过重或不足等。许多智障儿童在表达自己的思想和要求时，常常表达不清，使人无法理解，发音不准，吐字不清，原因多是由于发音器官的发音动作不如普通儿童那样灵活自如。

在语义发展方面，智障儿童往往无法理解说话者的语义，掌握的词汇量较少，使用的语汇比普通儿童少，词汇贫乏；另一方面，智障儿童表达时词不达意，不会运用字词、片语或无法运用比喻性语言，词汇表达以具体事物为主，较少使用抽象性、修辞性的词汇，并且语义范围狭窄，说话的语义不够完整，时常出现语义范围过宽和过窄的现象。在口语理解方面，智障儿童在听别人讲话时，不能区分各个语言单位，只能听出和分辨出少数不多的单音，不能正确理解言语的内容，更不能理解别人言语中的深刻含义。

就语法发展而言，智障儿童说话的句型简短，通常使用简单的句子，甚至说出的句子结构不完整，大多会省略中间的词句或颠倒词句，因此对复杂句的理解和表达有困难；另外，智障儿童说话缺乏连贯性甚至整句混淆且不合语法；在句子理解方面，对转折、反问、被动等句子结构复杂的句子理解困难，对句中功能词理解有困难。有研究认为，虽然智障儿童的句法能力比我们想象的要好，但与普通儿童相比，其总体发展水平还是偏低，具体表现在：①结构简单；②句子成分残缺；③随意添加句子成分；④疑问句运用能力差；⑤逻辑关系混乱；⑥逻辑关系混乱；⑦语序混乱；⑧无法表达(陈小娟、张婷，2015)。钮文英(2003)指出，智障儿童在口语表达上，词汇变化贫乏，句型发展较慢。林丽英(2009)研究表明智障儿童不会使用含 3 个指令的复杂句表达，如“我吃饼干、糖果和饮料”，通常会漏掉“和”或少说一项。

在语用发展方面，研究者指出，智障儿童说话不符合当下沟通的情境，语词使用不当，例如说话幼稚，常常使用娃娃语。他们无法使用语音结合形成词汇的规则，也就是声母与韵母结合的规则，字形辨认不清或有混淆的现象。林丽英(2009)提到幼儿园大班儿童口语理解应发展至叙述性语言理解，例如：听懂一段话(至少3个指令以上)，如“记得明天带故事书和玩具来学校”，而智障儿童可能全忘了，或者只带玩具或故事书来；在复杂句和含有空间词的句子理解上也有较大的困难。陈奕如(2011)认为在听觉理解能力方面，智障儿童无论听音辨别还是了解字词、词汇、语句的能力均比普通儿童弱。

三、智障儿童的词汇发展

相较于语法和语用方面，国内外研究对智障儿童语义技能发展的关注居多。词汇是语句的最小结构单位，词汇量的丰富程度和准确理解影响到口语理解和口语表达的各方面，因此词汇的评价是儿童语言发展的重要指标，词汇也作为儿童语义技能发展的重要指标。近年来，国内外对智障儿童的词汇研究主要从词汇类型、词汇量和词汇理解三个方面展开(梁丹丹、任会启，2012；陈小娟、张婷，2015；梁丹丹、宋宜琪，2015；梁丹丹，2018)，共涉及以下五个方面。

第一，智障儿童对词汇的理解遵循从具象性词汇到抽象性词汇的规律性发展。郭强等人考察了中度智力障碍学生对名词、动词亚类型的理解。结果发现，中度智力障碍学生理解指物名词优于指人名词，对抽象名词的理解最差；指物名词与指人名词的理解能力存在不同的优势发展阶段，指物名词理解能力在三至五年级发展较快，指人名词理解能力在五至七年级发展较快。中度智力障碍学生的行为动词理解能力优于心理动词理解能力(郭强、颜晗、刘巧云、冯敏，2018)。指物名词和指人名词都是有具体指代对象的具象性名词，研究证明了智障儿童具象性词汇的发展优势。林青等人对唐氏综合征(Down Syndrome, DS)儿童进行不同类型名词、动词和形容词理解的特征的研究也证实了这一点，研究发现学龄段DS儿童在外部特征类形容词、性质评价类形容词和事件情境类形容词的理解方面与普通儿童无显著性差异，对机体感觉类形容词、情绪情感类形容词和品性行为类形容词的理解能力极显著低于普通儿童(林青，2020)，根据郑林曦对六类形容词的定义，前三类是描述物品外部特点、属性和情形的形容词，属于具体概念；后三类是描述人的感受、心情和品德的形容词，属于抽象概念。在一项对说曼尼普尔语智障儿童的方位词使用的研究发现，智障儿童倾向于使用方位泛化的词而不是方位特指的词，相对于事物的感知特征，智障儿童通常基于其功能来对事物进行描述

(Nameirakpam，2016)，证明了智障儿童对词汇理解的具象化特征。

第二，智障儿童在对形容词的理解上正向形容词优于负向形容词，存在不同的优势发展阶段。有人研究轻、中度智障儿童空间形容词的理解状况，结果发现，智障儿童 48 个月时还很难理解空间形容词，58 个月时能理解“大(big)、高(tall)、高(high)、长(long)”等正向形容词，却很不能理解负向形容词，表明智障儿童在成对形容词的掌握上对正向词的理解先于负向词(方俊明，2011)。孙圣涛等人关于智障儿童对“深”“浅”和“长”“短”等形容词的词义掌握研究也证实了这一点。研究发现，智障儿童对“深、长”的理解优于对“浅、短”的理解，这可能与正向词汇更多地在日常生活中被提及有关。孙圣涛等人的研究还证实了随着年龄增大，智障儿童对这些形容词的理解有所增长，存在不同的优势发展阶段。其中，中重度智障儿童对“大”“小”的理解在 10—12 岁年龄组儿童理解水平上出现快速的增长(孙圣涛、钟秋婷，2011)，中度智障儿童对“高”“矮”的理解在 11—12 岁呈现显著的增长，且对“高”本体、“矮”位置、“高”位置、“低”之间的理解没有显示出明确的先后顺序，而普通儿童在这四类词的发展上，显示出“高”“矮”“低”的明确排序(孙圣涛、冯俊、李燕，2015)。中度智障儿童对“深”“浅”的掌握在 9—10 岁显著提升，并且智障儿童对“深”词义的掌握好于对“浅”词义的理解，对“深”“浅”表示距离、颜色含义的掌握好于表示时间、程度含义的掌握。中重度智障儿童对“长”“短”词义的掌握在 14—16 岁呈现快速的增长(孙圣涛、蔡雯、李冠华，2010)。

第三，智障儿童对副词的习得较晚，对不同的副词的理解程度不同。前人的研究表明智障儿童在方位名词、量词的习得顺序上与普通儿童一致，只是习得年龄较晚且发展速度缓慢(华红琴、朱曼殊，1993；佟子芬，1998)，虚词的获得相对滞后(彭聃龄，1991)，副词的习得晚于动词和形容词，在但语句和双语句阶段，一般没有副词，多词句阶段出现次数也很少(吴剑飞、陈云英，2005)。孙圣涛等人的研究表明，中重度智障学生对汉语副词的理解程度不同，7—18 岁的智障学生在程度副词、时间副词、范围副词中，理解最好的是时间副词。智障学生理解程度副词的正确率在年龄组维度上都存在着显著差异；对副词“最”的理解在 7 岁至 14 岁之间发展迅速，对副词“很”“比较”的理解在 11 岁至 18 岁之间发展迅速，对副词“有点”的理解在 7 岁至 18 岁期间发展均衡。智障学生在 15 岁之前对范围副词“只有”“全部”的理解发展迅速。智障学生在 15 岁之前对时间副词“已经”的理解发展迅速，对时间副词“将要”的理解在 7 岁至 18 岁期间发展大体均衡(孙圣涛、何晓君、施凤，2007)。

第四，智障儿童词汇量与词汇类型的关系研究。在有关智障儿童词汇量与词汇类型关系的研究中，目前国内的研究成果很少，国外的研究结论也不尽一致。其中赞皮尼和德奥多里科(Zampini and D'Odorico, 2011)发现唐氏综合征儿童在词汇习得初期名词占主导地位，其后比例逐渐稳定，谓词数量增加，封闭式词汇产生较少，但数量亦逐渐呈现上升趋势，其中在100—200个词汇内，社会性词汇较多。埃琳娜·切卡(Elena Checa, 2016)等人发现当词汇量小于100个时，社会性词汇较多但呈现下降趋势，名词继续增长；词汇量在101—250个之间时，名词最多且所占的比例呈稳定趋势，动词与形容词也缓慢增长，介词、冠词等封闭类词汇较少。可见在词汇发展的同时，不同研究中不同词汇量阶段的词汇类型及所占的比例不同，智障儿童习得的介词、量词等封闭类词汇较少。

第五，智障儿童对词汇理解的深度与认知发展的关系研究。梁丹丹等人探讨了智障儿童对动物类、水果类、工具类实体名词感觉和功能语义特征的组织情况。结果发现，智障儿童感觉特征表征贫乏，而功能特征表征相对完好。弱化的感觉特征使智障儿童在动物类和水果类的语义组织上表现出非典型性，导致同一概念中各语义特征之间的联结松散，而相对完好的功能特征使智障儿童工具类名词的语义组织与普通儿童没有差异，这表明智障儿童在认知发展方面的低水平影响了其语义组织的发展(梁丹丹、任会启，2012)。张积家与方燕红等人以实龄相同的智力普通儿童为参照，考察低、中、高年级智障儿童对常见食物的概念结构，比较智障儿童与普通儿童概念发展的异同。结果表明随年龄增长，智障儿童对食物分类的结构逐渐清晰，分类概念水平逐渐提高。智障儿童概念联系类型的发展趋势是以基于情境的slot-filter联系为主，向以分类学关系为主转变，研究进一步表明智障儿童与普通儿童具有相似的语义组织模式(张积家、方燕红，2009)。这也证实了相对于普通儿童，智障儿童对已习得词汇含义的理解在长时间内是不完整的，常常表现为对词汇的使用与词汇的实际含义不相符，对于完成从“词—名称”“词—概念”的过渡很困难，需要很长的时间(方俊明、雷江华，2011)。国外一项对唐氏综合征儿童的接受性词汇和语义知识的研究中，发现DS儿童在语义知识(概念)方面存在障碍，而不是由于语言表达的障碍而导致以往的测试表现差，即使DS儿童在接受性词汇上与同等词汇年龄(vocabulary age)的典型儿童无差异，但是在词汇深度测试(图片匹配语义知识测验)中显著同等词汇年龄儿童(5—7岁)，甚至显著低于4岁儿童，这说明智障儿童具有语义知识特异性损伤。研究者进一步证实，智障儿童与普通儿童的词汇语义发展不仅仅是速度的差异，而是质的不同，两者遵循不同的发展过程。

第二节　智障儿童词汇发展研究设计与过程

一、研究对象

本研究选择国家哲学社会科学基金项目“汉语特殊儿童语言发展与语料库建设的研究”[①]中的 6 名智障儿童追踪数据进行分析，追踪频率为每两个月一次。6 名智障儿童是通过韦克斯勒儿童智力量表(WPPSI)进行评估并在上海各融合幼儿园和特殊教育机构选取，其生理年龄在 4 岁左右；除智力障碍之外，智障儿童没有其他障碍表现。6 个个案的基本情况如表 6.1 所示。

表 6.1　智障儿童基本情况表

被试	操作智商	开始时间	结束时间	年龄段及对应数据量			
				3 岁	4 岁	5 岁	合计
BXY	中度智障	3;10	4;8	1	4	0	5
LRL	中度智障	3;9	5;3	1	6	2	9
MY	轻度智障	3;10	4;8	1	6	0	7
PY	轻度智障	4;5	5;9	0	3	4	7
SJY	轻度智障	4;8	5;8	0	2	7	9
ZLH	中度智障	3;8	4;2	2	2	0	4
合计	/	/	/	5	23	11	

① 国家哲学社会科学基金项目“汉语特殊儿童语言发展与语料库建设的研究”(05BYY039)。

二、语料收集

采用录像的方法追踪收集语料，每次拍摄在儿童观察室里进行。考虑到研究的延续性，研究者选择“森林大屋与动物”系列玩具提供给智障儿童与父母互动，母亲和孩子可依据自己的情况有所选择，确保智障儿童游戏互动的兴趣，并能够激发出母亲与孩子互动语言的产生。为了检验拍摄到的智障儿童的语言表现是否反映其真实的语言状况，每次拍摄完毕后研究者会询问其母亲有关孩子的语言表现，如果表现真实则作为有效数据，否则考虑重新为其补拍。研究期间每次拍摄时间为 30 分钟，每两个月拍摄一次，并接受家长的咨询。在拍摄录像过程中，研究者利用录音设备记录所有语音信息。

三、语料转录与编码

本研究用文字的方式将录像中母亲和孩子的言语及身体语言记录下来，并按照 CHILDES 国际儿童语料库对文件格式的要求，转换为可在 CLAN 中运行的文本文件格式。分别对儿童和母亲的每个语句(utterance)进行标记。除了汉字外，所有的符号在英文状态下显示。

四、语料库运算过程

第一，语料输入与计算机自动切分。将采集来的语料用 CHAT(国际儿童语言语料录写系统)格式录入到语料库之后，根据 CHILDES 国际儿童语料库的要求和汉语儿童语言的特征，计算机将按照前期研究对语料进行由 Java 程序 zhoseg. js 自动调取、匹配的分词过程，同时进行汉语语言规则的语句切分处理，特别包含汉语具有复合关系分句的呈现，提高计算机处理语句的准确度。

第二，在前期研究中，已经形成可供分析汉语各类不同词型的%mor 运算功能。在汉语儿童语料运算时，可以根据汉语常用多义词和多音词的特点，优化处理数据语料的词法层%mor 准确分析，保证运算过程的词汇自动分类运算。

第三，运用 CLAN 程序中的 KidEval 指令进行分析。KidEval 指令已经集成了周兢和张义宾研制的“基于汉语儿童语料库的语言发展测评系统”的部分指标。这个指标系统包括：(1)汉语儿童词汇整体发展测评指标 CvocD;汉语儿童词汇结构水平发展测评指标。CvocD 是词汇多样性指标 vocD 在中文情境下的特殊运用,代表汉语儿童的词汇多样性水平;词汇结构水平发展测评指标则包括了汉语 8 大词类(名词、动词、代词、形容词、副词、量词、连词、介词)的词型数和词频数;(2)汉语儿童语法整体发展测评指标 MLGU 和 MLGU5;汉语儿童语法结构水平测评指标。MLGU 是平均句子长度(mean length of grammatical utterance)的简称,MLGU5 则是儿童所产出最长五句话的平均句子长度。汉语儿童语法结构水平测评指标包括汉语儿童语言中常出现的句法结构,比如量词短语、的字结构、介词短语、宾语为短语、宾语为从句、连动结构句、把字句、兼语句以及复合关系句等。

第四,通过运行 KidEval 指令,计算机可以将智障儿童的词汇发展数据与 CHILDES 国际儿童语料库中的常模参考数据进行自动化对比分析,并将每名儿童每次的观察结果都转成 Excel 文件,在 Excel 表格中会自动标记智障儿童与正常儿童发展参考常模的差异显著性水平(图 6.1)。如图 6.1 所示,基于上述语料库运行过程,我们通过已有汉语儿童语言发展测评系统的对应分析,获得智障儿童语料的词汇发展水平和语法发展水平的评估结果。

	A	B	C	D	E	F	G	H	I	J	K	L	M	N	O	P	Q	R	S	T	U
1	File_DB	Language	Corpus	Code	Age(Month)	Sex	Group	Race	SES	Role	Education	Custom_field	Total_Utts	MLU_Utts	MLU_Words	MLU_Morphemes	MLU100_Utts	MLU100_Words	MLU100_Morphemes	FREQ_types	FREQ_tokens
2	mingming.cha	zh	zhou2	CHI	48	male	.	.	.	Target_Child	.	.	45	45	2.178	2.178	45	NA	NA	42	98
3	+/-SD	.	.	.	.	.	.	.	.	.	.	.	-1.126	-1.122	-1.29	-1.288	NA	NA	NA	-2.29	-1.429
4													*	*	*	*				**	*
5	Mean Database	.	.	.	.	.	.	.	.	.	.	.	98.967	97.944	4.373	4.473	100	3.74	3.794	130.956	412.911
6	SD Database	.	.	.	.	.	.	.	.	.	.	.	47.917	47.191	1.702	1.782	NA	1.48	1.521	38.838	220.382
7	Number files	.	.	.	.	.	.	.	.	.	.	.	90	90	90	90	28	28	28	90	90
8																					
9	PLEASE SEE SLP MANUAL FOR RECOMMENDED INTERPRETATION.																				
10																					
11	+/- SD * = 1 SD, ** = 2 SD																				
12	Database keywords: 4;-4;5																				
13	Database date: 2019-10-02, 01:27																				
14																					
15																					
16																					

图 6.1 KIDEVAL 系统的运算结果

第五,如图 6.2 所示,应用“基于汉语儿童语料库的语言发展测评系统”的指标对智障儿童进行测评的流程是,首先关注词汇和语法发展的一级指标 CvocD、MLGU 和 MLGU5;当我们发现智障儿童词汇/语法的一级指标与正常儿童存在显著差异时,进一步分析对应的词汇/语法二级指标,以探究智障儿童在不同词类/语法结构上与正常儿童的差异。

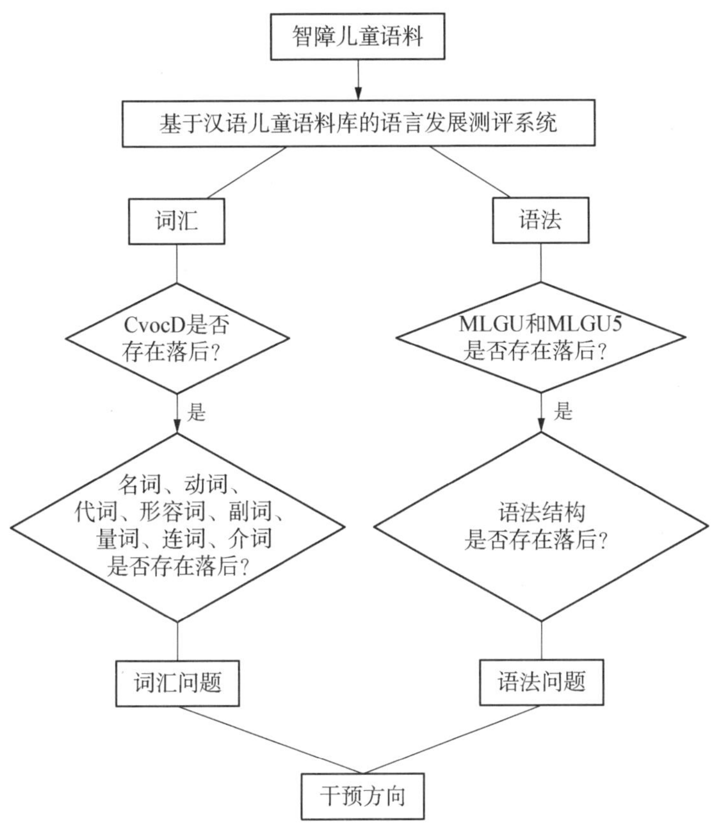

图 6.2　智障儿童语言发展测评工作路径图

第三节　智障儿童早期词汇发展的总体评价与监测

已有国际研究证实,通过非正式评估进行儿童语言发展评价,收集儿童在自然状态下的语言样本并进行分析,具有较好的生态效度并对鉴定临床语言发育迟缓更具敏感度,因而有利于儿童语言障碍的治疗或干预计划的制定以及结果的监测(Lund and Duchan, 1993; Paul and Norbury, 2012)。研究者同时指出,借鉴语言样本分析指标作为儿童语言发展水平和儿童语言障碍诊断的评估标准,在早期儿童语言障碍诊断的临床中具有较高的应用价值。

一、智障儿童早期词汇多样性指标 CvocD 分析

如前文所述，在研究中我们依托国际儿童语料库建设的规则，进一步提升了汉语儿童语料分析的分词、词法的规范性，建立起自动化的语法分析层，构建了跨越 3—6 岁年龄段、基于计算机和大数据的免费和多用途参考语料库。经过一系列的研究和大数据检验发现，汉语儿童词汇多样性指标 CvocD 值可以作为衡量汉语儿童词汇整体发展水平的重要指标(周兢、张义宾，2020；周兢、张义宾，2020；Zhang and Zhou，2020)。由此构建的汉语儿童词汇多样性(CvocD)发展常模，为我们构建了不同年龄段汉语儿童词汇多样性的基本发展水平，从而展现出汉语儿童语言发展过程中词汇成长的阶梯状态。又基于此，我们尝试对语料库中智力落后儿童的语料进行评估，试图观察到汉语智障儿童早期词汇发展方面的差异。

研究发现，比较智障儿童的情况与正常儿童的词汇整体发展常模(图 6.3 和表 6.2)，3 名智障儿童在追踪的不同阶段，在 CvocD 数值上均显著落后($t_{三岁}=-2.732, p<0.01$；$t_{四岁}=-4.476, p<0.001$；$t_{五岁}=-2.990, p<0.001$)。这些追踪数据覆盖了智障儿童的 3 岁、4 岁和 5 岁三个阶段，这表明智障儿童的产出性词汇从语言实际运用的角度，都与普通儿童存在发展差异。

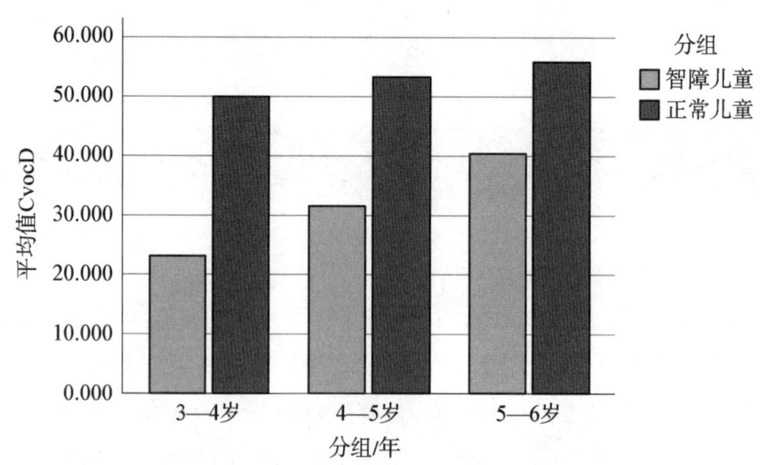

图 6.3　智障儿童与正常发展同龄儿童参考数据(CvocD)的比较

表 6.2　智障儿童与正常发展同龄儿童参考数据(CvocD)的比较

年龄段	智障儿童			常模			t 值
	N	M	SD	N	M	SD	
3—4 岁	5	23.118	17.093	119	49.845	15.226	p=0.001
4—5 岁	23	31.535	20.111	103	53.208	14.154	p=0.000
5—6 岁	11	40.643	18.691	119	55.741	14.211	p=0.000

二、智障儿童早期词汇多样性指标 CvocD 数据点的发展差异分析

进一步分析智障儿童早期词汇多样性追踪数据，在计算机运算中与汉语儿童常模 CvocD 的数据点进行比较(图 6.4)，我们可以发现：

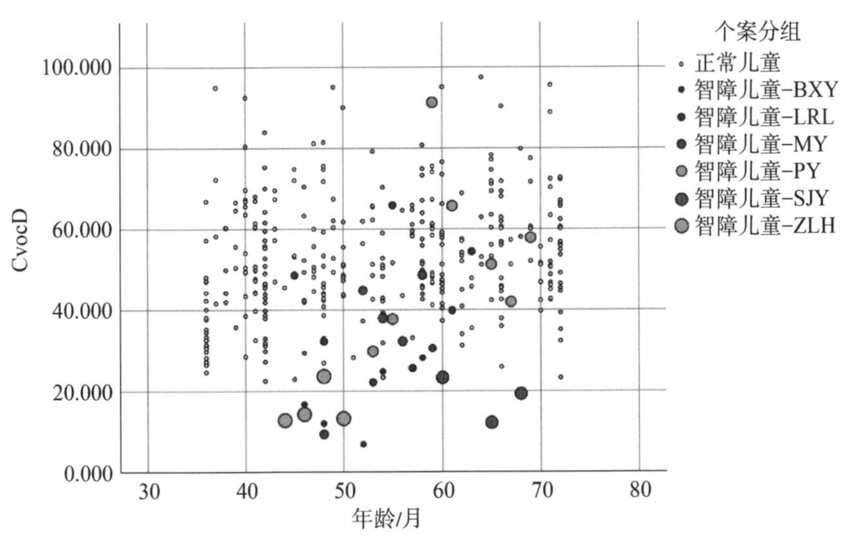

图 6.4　智障儿童个案与正常发展同龄儿童参考数据(CvocD)的比较

第一，图 6.4 展示了普通儿童语言发展过程中词汇多样性数值与智障儿童的发展差异。我们可以观察到，与同龄普通儿童相比，智障儿童在词汇多样性水平上呈现出明显的下沉状态。6 名智障儿童的追踪语料，除了儿童 PY 的部分阶段词汇产出，几乎所有追踪的智障儿童都普遍存在着发展障碍。这个观察告诉我们，智障儿童的词汇整体发展普

遍处于正常儿童发展的“地板”水平甚至是“地板”水平之下。

第二，智障儿童是一个词汇发展存在明显个体差异的群体。6 名智障儿童中，有 3 名没有词汇整体发展的年龄趋势，有 3 名随着年龄增长而逐渐增加，其中智障儿童 PY 的词汇整体水平甚至接近正常儿童。

第三，基于数据的分析，我们认为，词汇多样性水平作为评估智障儿童词汇整体发展方面具有第一级指标的价值。因为智障儿童普遍落后于正常儿童的情况，通过词汇整体水平即多样性水平的评估，我们可以初步发现智障儿童的词汇发展状况，从而做进一步评价的打算。

第四节　智障儿童早期词汇结构水平发展评价与教育干预建议

在获得智障儿童早期词汇发展整体水平的认识之后，我们进一步探讨智障儿童早期词汇结构水平发展。在汉语儿童词汇发展的常模建设中，通过对不同年龄阶段汉语儿童语料的数据分析，我们将汉语儿童不同词汇结构水平发展的指标，列为汉语儿童词汇整体发展一级评价指标下的二级评价指标。具体而言，这个词汇发展二级评价指标，是根据儿童语料库中不同年龄段儿童不同词汇类型的产出和使用情况，即每一次语料中出现的词型数以及词频数的阶段总和，来获得汉语儿童词汇习得过程中词汇结构水平发展的认识。

一、智障儿童早期词汇结构水平发展指标的评价

以往的研究发现，在儿童不同词类发展的语料库评价方面，名词、动词、形容词、代词、副词、量词、连词、介词的词型数和词频数是具有发展敏感度的指标。在对智障儿童追踪语料进行词汇整体发展评价之后，我们进一步来分析他们的具体词汇产出类型和词汇产出频率情况（见表 6.3、表 6.4、表 6.5）。

表 6.3　3 岁智障儿童与汉语儿童实词词汇结构常模对比

词汇结构	指标	年龄	参考数据			智障儿童	是否落后
			平均值	标准差	－1SD		
名词	名词词型	3—4 岁	30.83	9.463	21.367	6.60	+
	名词词频	3—4 岁	54.92	19.937	34.983	12.20	+
动词	动词词型	3—4 岁	31.16	10.094	21.066	10.00	+
	动词词频	3—4 岁	67.10	25.535	41.565	23.60	+
代词	代词词型	3—4 岁	8.97	2.615	6.355	1.80	+
	代词词频	3—4 岁	46.62	22.453	24.167	2.00	+
形容词	形容词词型	3—4 岁	8.96	3.604	5.356	2.40	+
	形容词词频	3—4 岁	22.16	10.499	11.661	11.20	+

表 6.4　4 岁智障儿童与汉语儿童实词词汇结构常模对比

词汇结构	指标	年龄	参考数据			智障儿童	是否落后
			平均值	标准差	－1SD		
名词	名词词型	4—5 岁	33.90	10.178	23.722	13.57	+
	名词词频	4—5 岁	60.72	24.282	36.438	23.83	+
动词	动词词型	4—5 岁	30.83	9.300	21.53	12.57	+
	动词词频	4—5 岁	66.54	23.849	42.691	27.00	+
代词	代词词型	4—5 岁	8.74	2.574	6.166	2.17	+
	代词词频	4—5 岁	43.73	26.558	17.172	5.39	+
形容词	形容词词型	4—5 岁	9.83	3.628	6.202	4.70	+
	形容词词频	4—5 岁	22.60	10.163	12.437	13.96	O

表 6.5　5 岁智障儿童与汉语儿童实词词汇结构常模对比

词汇结构	指标	年龄	参考数据			智障儿童	是否落后
			平均值	标准差	－1SD		
名词	名词词型	5—6 岁	38.95	12.978	25.972	19.18	+
	名词词频	5—6 岁	73.37	35.945	37.425	34.00	+

续表

词汇结构	指标	年龄	参考数据			智障儿童	是否落后
			平均值	标准差	－1SD		
动词	动词词型	5—6 岁	36.09	12.801	23.289	17.18	＋
	动词词频	5—6 岁	80.82	37.604	43.216	39.91	＋
代词	代词词型	5—6 岁	9.34	2.972	6.368	3.82	＋
	代词词频	5—6 岁	50.82	30.530	20.29	8.45	＋
形容词	形容词词型	5—6 岁	9.99	4.414	5.576	6.18	O
	形容词词频	5—6 岁	23.73	14.221	9.509	21.18	O

（一）不同年龄段智障儿童与正常儿童实词词汇结构常模对比

通过与汉语儿童实词词汇结构常模对比，我们发现，3 岁时，智障儿童在名词、动词、代词、形容词的词频上都与正常儿童词汇结构发展的常模有一个标准差以上的差异，这表明 3 岁时智障儿童与正常儿童之间存在显著的差异；4 岁时，智障儿童也在上述词汇结构上呈现出与正常儿童词汇结构发展常模一个标准差以上的差异；到 5 岁时，除形容词的产出之外，智障儿童在名词、动词和代词的词汇结构上呈现出与正常儿童词汇结构发展常模一个标准差以上的差异。通过上述对比，我们认为，智障儿童在 3 岁时即与正常儿童常模之间存在较大的差距。

（二）不同年龄段智障儿童与正常儿童功能词词汇结构常模对比

通过与汉语儿童功能词词汇结构常模对比，我们发现，3 岁时，智障儿童在副词、量词、连词和介词的词频上都与正常儿童词汇结构发展的常模有一个标准差以上的差异，这表明 3 岁时智障儿童与正常儿童之间存在显著的差异；4 岁和 5 岁时，智障儿童也在上述词汇结构上呈现出与正常儿童词汇结构发展常模一个标准差以上的差异（除 4 岁连词词频和 5 岁副词和介词词频）；通过上述对比，我们认为，智障儿童在 3 岁时即与正常儿童常模之间存在较大的差距（见表 6.6、表 6.7、表 6.8）。

表 6.6　3 岁智障儿童与汉语儿童功能词词汇结构常模对比

词汇结构	指标	年龄	参考数据			智障儿童	是否落后
			平均值	标准差	－1SD		
副词	副词词型	3—4 岁	10.57	4.293	6.277	2.60	＋

续表

词汇结构	指标	年龄	参考数据			智障儿童	是否落后
			平均值	标准差	－1SD		
	副词词频	3—4岁	27.41	13.653	13.757	7.20	+
量词	量词词型	3—4岁	3.83	1.879	1.951	0.80	+
	量词词频	3—4岁	18.83	9.849	8.981	1.80	+
连词	连词词型	3—4岁	2.05	1.692	0.358	0	+
	连词词频	3—4岁	—①	—	—	0	—
介词	介词词型	3—4岁	2.35	1.232	1.118	0.20	+
	介词词频	3—4岁	6.88	6.534	0.346	0.20	+

表6.7　4岁智障儿童与汉语儿童功能词词汇结构常模对比

词汇结构	指标	年龄	参考数据			智障儿童	是否落后
			平均值	标准差	－1SD		
副词	副词词型	4—5岁	12.56	4.188	8.372	3.61	+
	副词词频	4—5岁	31.04	13.890	17.15	8.30	+
量词	量词词型	4—5岁	4.01	1.763	2.247	1.09	+
	量词词频	4—5岁	20.59	13.743	6.847	2.91	+
连词	连词词型	4—5岁	2.85	1.746	1.104	0.39	+
	连词词频	4—5岁	5.87	5.231	0.639	0.96	O
介词	介词词型	4—5岁	2.50	1.171	1.329	0.78	+
	介词词频	4—5岁	6.85	5.272	1.578	1.30	+

表6.8　5岁智障儿童与汉语儿童功能词词汇结构常模对比

词汇结构	指标	年龄	参考数据			智障儿童	是否落后
			平均值	标准差	－1SD		
副词	副词词型	5—6岁	14.25	6.019	8.231	6.00	+
	副词词频	5—6岁	38.03	24.319	13.711	19.82	O

① 5—6岁汉语儿童所产出的连词词频标准差超过了词频数，因此不具有常模参考意义，予以剔除。

续表

词汇结构	指标	年龄	参考数据			智障儿童	是否落后
			平均值	标准差	-1SD		
量词	量词词型	5—6 岁	5.04	2.468	2.572	1.09	+
	量词词频	5—6 岁	24.97	16.932	8.038	6.91	+
连词	连词词型	5—6 岁	3.37	2.239	1.131	0.91	+
	连词词频	5—6 岁	—	—	—	3.27	—
介词	介词词型	5—6 岁	3.03	1.131	1.899	1.55	+
	介词词频	5—6 岁	10.92	9.270	1.65	3.09	O

二、智障儿童早期实词习得发展水平的评价分析

(一) 名词的产出与使用情况

名词是表示人、事、物、地点或抽象概念的词汇，可以分为个体名词、集体名词、复合名词、物质名词和抽象名词等。探讨智障儿童早期名词发展问题，通过词汇结构水平发展的评价分析，我们发现智障儿童早期名词习得发展与正常儿童相比存在落后现象。一是智障儿童在 3 岁、4 岁和 5 岁的名词词频产出，均显著落后于正常儿童发展参考常模($t_{三岁}=-4.762$, $p<0.001$; $t_{四岁}=-7.748$, $p<0.001$; $t_{五岁}=-4.730$, $p<0.001$)；二是在名词词型的产出方面，这种差异也普遍存在($t_{三岁}=-5.688$, $p<0.001$; $t_{四岁}=-6.420$, $p<0.001$; $t_{五岁}=-3.528$, $p<0.001$)(图 6.5)。

在以往有关智障儿童的研究中，对小学智障儿童名词词汇理解水平的研究发现，智障儿童指物名词的发展要落后于指人名词(郭强等，2018)。那么，学龄前智障儿童的名词发展情况如何呢？通过语料库的分析，我们发现处于幼儿阶段的智障儿童，他们在名词产出上，指物名词的习得情况远远超过指人名词。从具体产出的词来看(表 6.9)，3 岁时智障儿童能够产出指人名词，如“伯伯、警察、小人、眼睛”；4 岁时指人名词逐步增加，指物名词更是大量产出；5 岁时他们的指人名词产出进一步增加。此外，从智障儿童所产出的词汇列表来看，智障儿童在 3—5 岁期间几乎没有使用抽象名词进行表达的现象。由此可见，智障儿童在名词的发展上，指人名词和指物名词从 3 岁开始产出，指物名词远远多于指人名词，有逐步增加和丰富的趋势，但是他们的名词发展水平基本处于具象词汇

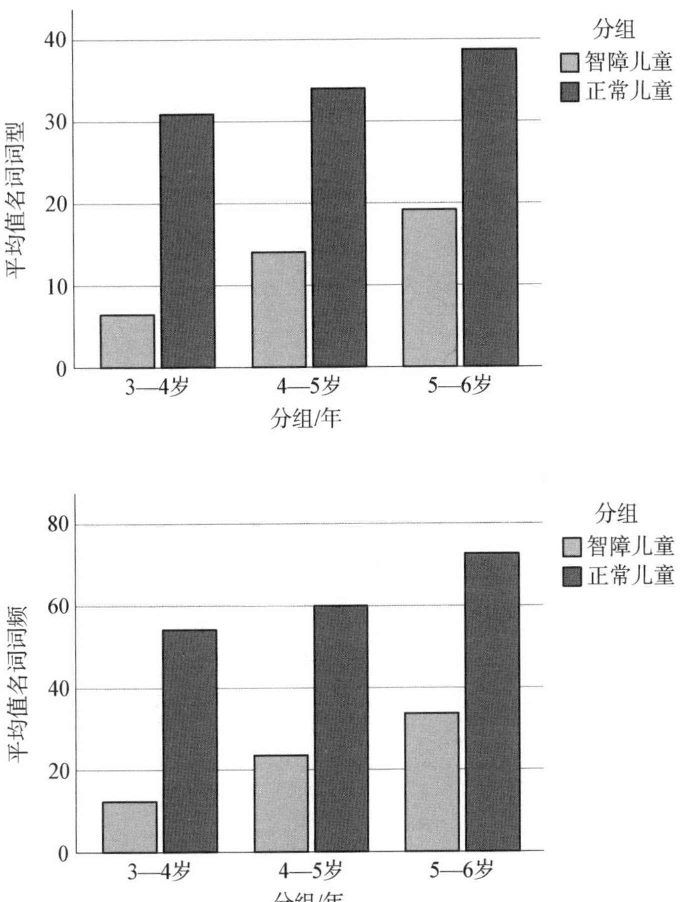

图 6.5　智障儿童与正常发展同龄儿童名词发展的比较

习得阶段。

与正常儿童名词产出的特征相比，3 岁时，正常儿童的词汇中也是以指物名词为主，指人名词为辅，从这一点来看，智障儿童的发展特征与正常儿童是相似的，但是汉语正常发展的儿童名词产出中出现了表示集合概念的集体名词，比如“菜”“东西”“颜色”“地方”“家”，智障儿童则没有产出，3 岁智障儿童产出的名词仍以具体的个体名词为主。4 岁时，随着儿童年龄的增长，正常儿童的名词产出中逐步增加了抽象名词，比如“材料”“成分”等，还增加了不少集体名词，但是这些抽象名词和集体名词并未见于智障儿童所产出的名词中，4 岁的智障儿童所产出的名词仍然以具体的个体名词为主。5 岁时，正常儿童的名词产出中除了继续增加集体名词之外，还产出了表示方位的名词，比如“北方”，正常

表 6.9　不同年龄段智障儿童产出的名词汇总

3岁	4岁	5岁
14 笔、8 滑滑梯、4 猪、3 棒、3 球、3 幼儿园、2 伯伯、2 大象、2 洞、2 帽子、2 圆、1 车子、1 房子、1 河、1 鸡鸡、1 机、1 积木、1 蕉、1 警察、1 蜡笔、1 蓝、1 手机、1 腿、1 小人、1 熊、1 眼睛、1 油	30 猪、27 兔、21 门、18 蝗虫、18 小朋友、14 羊、13 娃娃、10 洞、10 南瓜、9 糖、7 大姐、7 房子、7 玩具、7 熊、6 茶、6 兔子、6 香烟、6 椅子、5 凳子、5 狗、5 滑滑梯、5 火、5 家、5 咖啡、5 梁梁、5 水、4 边、4 窗、4 脚、4 裤子、4 螃蟹、4 三角形、3 棒、3 本本、3 车子、3 蛋、3 耳朵、3 工人、3 路、3 毛巾、3 毛毛虫、3 奶瓶、3 裙子、3 手、3 树、3 头、3 西瓜、3 先生、3 衣服、3 鱼、3 嘴巴、2 小螺号、2 恐龙世界、2 超音蝙蝠、2 杯子、2 长方形、2 出租车、2 创可贴、2 地方、2 点、2 东西、2 肚子、2 饭、2 房、2 胡萝卜、2 花、2 机器、2 机器人、2 警察、2 口、2 裤、2 篱笆、2 猫头鹰、2 帽子、2 木板、2 拼图、2 球、2 圈、2 袜子、2 屋顶、2 小妹、2 眼泪、2 鹦鹉、2 雨伞、2 早上、2 桌子、1 三角裤、1 喷雾器、1 塑料袋、1 幽魂、1 怪人、1 房子形、1 打火机、1 牛屎、1 玛巴、1 贴图、1 阿富汗、1 把、1 白菜、1 白鹭、1 板、1 半圆形、1 棒棒糖、1 宝、1 杯子、1 杯、1 鼻子、1 草、1 超人、1 车轮、1 虫、1 厨、1 船、1 窗户、1 窗子、1 床、1 大海、1 袋子、1 灯、1 凳子、1 电视、1 洞洞、1 短裤、1 飞机、1 风、1 风浪、1 杆、1 隔壁、1 公园、1 锅、1 孩子、1 红绿灯、1 猴子、1 后门、1 蝴蝶、1 滑梯、1 会、1 火车、1 鸡、1 恐龙、1 老虎、1 垃圾、1 铃、1 楼、1 楼梯、1 螺丝刀、1 马、1 猫、1 猫咪、1 眉毛、1 煤气、1 猕猴桃、1 面、1 名、1 木瓜、1 女孩、1 男、1 男孩、1 牛、1 女、1 炮、1 汽车、1 气球、1 前、1 钱、1 青菜、1 人、1 沙发、1 扇子、1 未来世界、1 树叶、1 丝瓜、1 塔、1 坦克车、1 汤、1 糖果、1 桃、1 兔子、1 推车、1 椭圆形、1 娃、1 娃娃、1 碗、1 尾巴、1 巫婆、1 虾、1 香蕉、1 相片、1 小弟、1 小人、1 小头爸爸、1 鞋、1 血、1 颜色、1 眼、1 眼睛、1 羊羊、1 遥控器、1 药、1 衣、1 椅、1 鹰、1 游戏、1 雨、1 圆、1 澡澡、1 针、1 枕头、1 纸、1 子、1 左	18 树、12 房子、11 老师、9 车子、9 东西、8 梁梁、8 猫、8 门、8 苹果、7 手、6 气球、6 球、6 颜色、5 洞、5 花、5 鸡、4 颜色、4 奥特曼、4 车车、4 帽子、4 汽车、4 三角形、4 兔子、4 姐姐、4 鱼、3 花园、3 脚、3 警察、3 咖啡、3 老虎、3 马路、3 圈、3 水、3 梯形、3 兔、3 碗、3 像、3 熊猫、3 一半、3 猪、2 大板、2 姑父、2 棒子、2 杯子、2 辫子、2 长颈鹿、2 厨、2 大卡车、2 大象、2 刀、2 灯、2 电池、2 电视、2 房顶、2 飞机、2 猴子、2 轮子、2 米粉、2 面条、2 女孩、2 鸟、2 屁股、2 前、2 青菜、2 蜻蜓、2 人、2 水果、2 松鼠、2 椭圆形、2 娃娃、2 玩具、2 蜗牛、2 屋顶、2 西瓜、2 羊、2 椅子、2 圆圈、2 嘴巴、1 东远、1 刀剪、1 学习机、1 海洋球、1 潘杨、1 网球王子、1 迪加、1 迪迦曼、1 迪迦、1 爱心、1 板子、1 板、1 保龄球、1 鼻子、1 边、1 兵、1 茶、1 窗、1 床、1 大门、1 袋子、1 当中、1 点、1 吊车、1 顶、1 对面、1 耳朵、1 饭、1 父、1 狗、1 姑妈、1 瓜子、1 光、1 盒子、1 蝴蝶、1 胡萝卜、1 会、1 鸡蛋、1 积木、1 鸡腿、1 家家、1 家、1 建议、1 橘黄、1 客人、1 篮子、1 轮胎、1 蚂蚁、1 蜜蜂、1 面、1 木、1 男孩、1 泡泡、1 朋友、1 瓢、1 墙、1 茄子、1 青蛙、1 圈圈、1 身体、1 狮子、1 水池、1 水壶、1 套子、1 拖鞋、1 外婆、1 香烟、1 项链、1 鞋子、1 熊、1 雪花、1 鸭、1 鸭子、1 眼睛、1 衣服、1 幼儿园、1 月亮、1 正方形、1 桌子、1 转弯、1 桌子

儿童的名词使用上用词也更加准确，产出了相较于“房子”而言更加精确和具体的名字如“厨房”“客厅”等，但上述名词类型并没有出现在智障儿童的语料中。由此可见，通过与正常儿童名词发展常模的对比，我们发现，正常儿童遵循着从个体名词到专有名词再到集体名词和抽象名词的顺序，但是智障儿童的词汇产出主要体现在指物和指人的个体名词数量的增加上，总体上名词产出的质量和水平与正常儿童之间存在不少差距。

（二）动词的产出与使用情况

动词一般是用来表示动作或状态的词汇，表示人或事物的动作或一种动态变化，一般出现在名词主语或主句后面。考察智障儿童的早期动词发展情况（见图 6.6），与正常

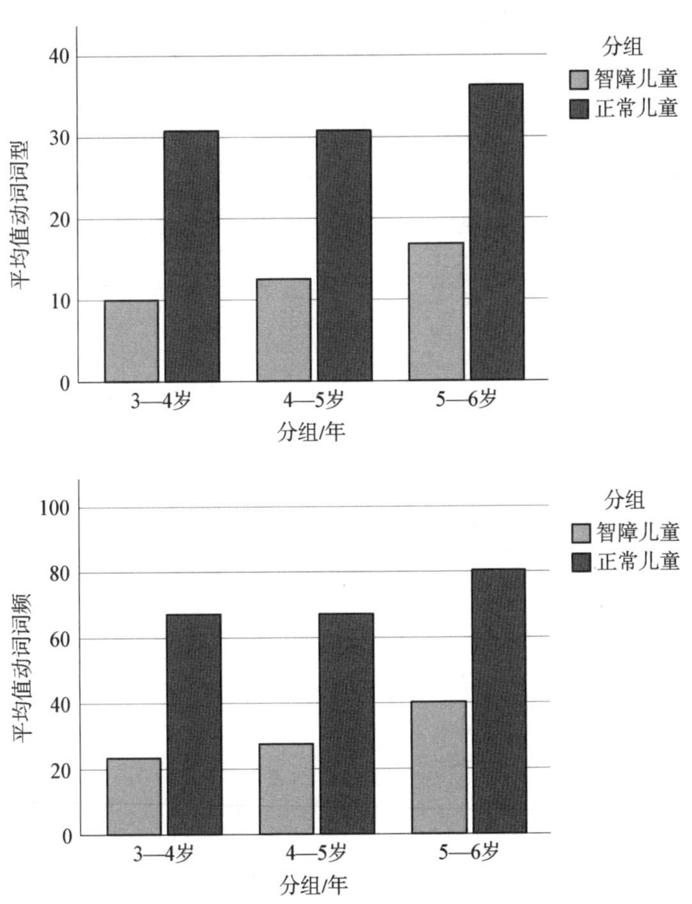

图 6.6　智障儿童与正常发展同龄儿童动词发展的比较

表 6.10　不同年龄段智障儿童产出的动词汇总

3 岁	4 岁	5 岁
32 要、12 玩、6 画画、6 画、5 看、5 拿、5 坐、3 拔、3 倒、3 放、3 爬、2 抱抱、2 搭、2 打、2 关、2 拉、2 没、2 摸、2 喜欢、2 谢谢、2 装、1 滑滑、1 滑、1 开始、1 哭、1 噜、1 收、1 摔、1 说、1 撕、1 推、1 响、1 写、1 写字、1 预备、1 摘、1 有	46 玩、46 要、32 吃、31 摆、29 有、27 看、25 倒、21 喝、21 剪、18 放、12 坐、11 洗澡、10 拿、10 做、9 插、9 洗、9 写、8 给、8 画、8 装、7 穿、7 睡觉、6 回家、5 帮、5 看看、5 弄、5 喜欢、4 动、4 干、4 滑、4 撕、3 摆、3 包、3 打、3 叫、3 尿尿、3 派、3 碰、3 撒、3 收、3 睡、3 想、3 像、3 谢谢、3 抓住、2 擦、2 唱、2 搭、2 带、2 戴、2 顶、2 发射、2 翻、2 干杯、2 关、2 画画、2 换、2 捡、2 觉、2 骂、2 买、2 爬、2 喷、2 切、2 扔、2 收拾、2 睡觉、2 贴、2 洗洗、2 下雨、2 摇、2 舀、2 长、2 找、2 转、2 走开、1 关门、1 赔钱、1 按、1 把、1 抱抱、1 踩、1 藏、1 唱歌、1 吃饭、1 重、1 抽、1 戳、1 打雷、1 打针、1 短、1 发烧、1 翻车、1 分开、1 搞、1 光、1 黑、1 横、1 呼叫、1 记、1 驾、1 讲、1 结、1 救命、1 卡、1 开始、1 累、1 没、1 拿下、1 拍、1 跑、1 掐、1 让、1 热、1 认、1 烧、1 烧饭、1 试、1 数、1 刷、1 说、1 送、1 抬、1 躺、1 烫、1 踢、1 调、1 跳、1 推、1 喂、1 握、1 小心、1 写字、1 行、1 羞、1 修、1 游泳、1 愿、1 允许、1 砸、1 站、1 找到、1 抓、1 追、1 准备、1 捉迷藏、1 钻	34 吃、27 玩、25 看、23 摆、23 有、20 插、20 要、13 放、12 吹、11 画、10 搭、8 拆、8 动、8 换、8 抓、8 转、8 做、7 给、7 拿、6 洗、6 知道、5 喜欢、5 想、4 打、4 看看、4 拍、4 睡觉、4 写、4 找、4 撞、3 变、3 打开、3 倒、3 等、3 顶、3 夹、3 看见、3 弄、3 抓住、3 装、3 坐、2 擦、2 戴、2 放开、2 滚、2 喝、2 叫、2 觉、2 没、2 怕、2 挖、2 歇、2 休息、2 扎、2 炸、1 拔、1 把、1 摆、1 搬、1 变成、1 吃饭、1 打、1 打败、1 待会、1 等会、1 点、1 丢、1 嘟、1 干、1 工作、1 关、1 黑、1 吼、1 呼、1 花、1 挤、1 架、1 讲、1 降、1 爬、1 拍拍、1 瞧、1 圈、1 烧饭、1 收、1 睡、1 说、1 说话、1 套、1 跳、1 弯、1 像、1 笑笑、1 赢、1 用、1 游泳、1 造、1 站、1 长、1 找、1 种

儿童相比，智障儿童在3岁、4岁和5岁的动词词频产出均显著落后于正常儿童发展参考常模($t_{三岁}=-11.382$，$p<0.001$；$t_{四岁}=-7.783$，$p<0.001$；$t_{五岁}=-4.703$，$p<0.001$)；此外，智障儿童在3岁、4岁和5岁的动词词型产出均显著落后于正常儿童发展参考常模($t_{三岁}=-3.766$，$p<0.001$；$t_{四岁}=-6.617$，$p<0.001$；$t_{五岁}=-3.478$，$p<0.001$)。

汉语的动词分为动作动词、状态动词、关系动词和能愿动词(刘月华、潘文娱、故韡，2001)。通过分析我们发现(表6.10)，智障儿童产出的动词中以动作动词为主，3岁时还产出了状态动词比如"喜欢"，关系动词比如"有"，能愿动词比如"要"；4岁时产出了状态动词比如"喜欢""羞"，关系动词比如"有"，能愿动词比如"要""愿"；5岁时产出了关系动词比如"有"，能愿动词比如"想"，状态动词比如"喜欢""怕"等。总体来看，智障儿童的早期动词产出与使用，仍然以动作动词为主，其他动词的产出较少，表明其心理活动状态可能并不丰富。

与汉语正常儿童的动词产出特征相比，3岁时，正常儿童最普遍产出的动词是关系/存现动词"有"，但是在智障儿童所产出动词中仅出现了一次，正常儿童产出了诸如表示意愿的能愿动词"想"、表示可能的能愿动词"会""要"，而且产出的频率较高，但是智障儿童则仅仅产出了表示可能的能愿动词"要"，能愿动词的丰富水平不够；4岁时，正常儿童心理动词"想"的使用频率增加，使役动词"用"的使用增加，虽然4岁时智障儿童产出的词数增加比较显著，但是这些常见词在智障儿童中并未发现；5岁时，正常儿童产出表示意愿的能愿动词"想"和表示可能的能愿动词"会"的频率进一步增加，产出了表示存在的存现动词"在"，关系动词/存现动词"有"也是大量产出，分析发现，智障儿童所产出的动词中仍然以儿童游戏中的"动作"为主，缺少了存现动词"在"、表示意愿的能愿动词"想"和表示可能的能愿动词"会"。总体来看，通过对不同年龄段智障儿童的动词进行诊断，我们发现：第一，智障儿童的词汇数量产出不足，与正常儿童存在显著差异；第二，智障儿童所产出动词中，仍然以具体的动作动词为主，表示心理意愿的能愿动词、表示存在的存现动词的产出不足，表明智障儿童心理活动的状态可能并不丰富，他们的语言会更加聚焦在当前的游戏动作中。

(三) 形容词的产出与使用情况

形容词是词类的一种，主要用来描写或修饰名词和代词，表示人或事物的性质、状态、特征或属性。从形容词的发展来看(图6.7)，智障儿童与正常儿童相比，在3岁时，他们的形容词词频产出均显著落后于正常儿童发展参考常模($t_{三岁}=-2.296$，$p<0.05$)；

进一步观察形容词词型的产出情况(图 6.7),智障儿童在 3 岁和 4 岁年龄段均显著落后于正常儿童发展参考常模($t_{三岁}=-4.049$, $p<0.001$; $t_{四岁}=-3.164$, $p<0.001$)。

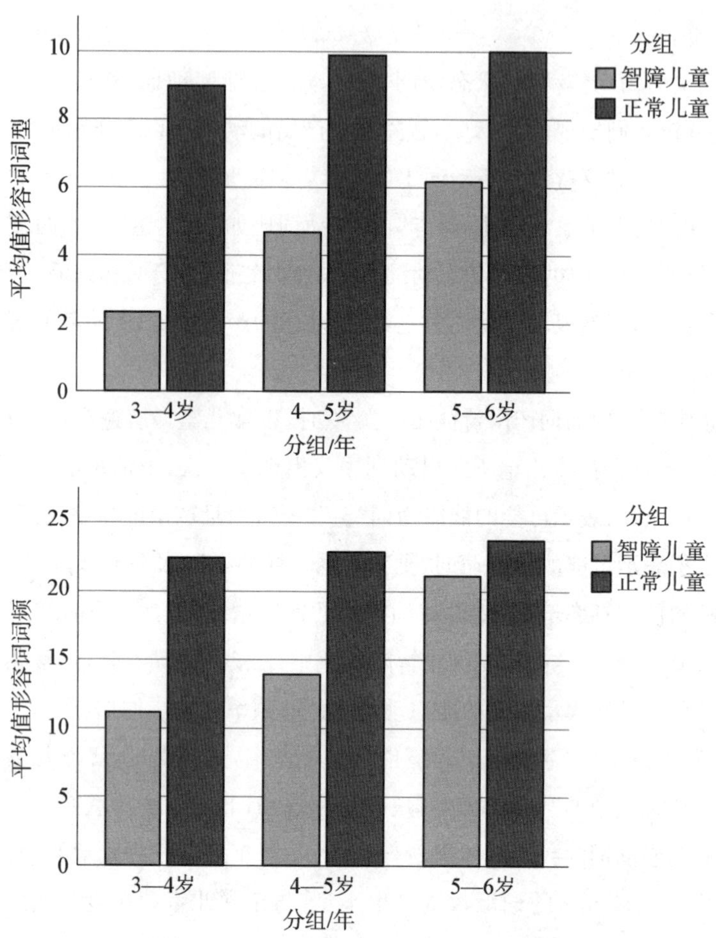

图 6.7 智障儿童与正常发展同龄儿童形容词发展的比较

考虑不同类型形容词的习得与使用(表 6.11),智障儿童产出的形容词以描述物品外部特点、属性和情形的具体概念形容词为主,比如“好”“大”“黄”“小”,但并没有产出描述人的感受、心情和品德的抽象概念形容词。从形容词的正向与负向来看,产出的正向形容词高于负向形容词,这些正向形容词包括“好”“大”“厉害”“好吃”“干净”“对”“高”“简单”等;而负向形容词包括“小”“坏”“饿”“难”“痛”“烫”“脏”“死”等,使用量均较少。

表 6.11　不同年龄段智障儿童产出的形容词汇总

3 岁	4 岁	5 岁
41 好、9 小、2 大、1 对、1 坏、1 黄	136 好、76 小、16 大、9 黄色、7 白、7 黄、6 红、5 黑色、5 红色、4 白色、4 厉害、4 绿色、3 咖啡色、2 扁、2 多、2 饿、2 好的、2 好玩、2 坏、2 蓝色、2 下、1 凹、1 薄、1 对、1 干净、1 高、1 高兴、1 好吃、1 好看、1 花色、1 简单、1 口渴、1 冷、1 绿、1 难、1 漂亮、1 清楚、1 湿、1 烫、1 疼、1 痛、1 一样、1 脏、1 紫色	98 好、38 小、11 大、10 黄色、9 多、8 对、6 红色、5 黄、5 绿色、4 好看、4 绿、3 橙色、3 好吃、2 蓝色、2 冷、2 熊熊、2 痒、1 饱、1 饿、1 肥肥、1 干、1 高兴、1 红、1 坏、1 灰色、1 橘色、1 厉害、1 清楚、1 少、1 深色、1 死、1 一模一样、1 远、1 脏

与正常儿童形容词的产出特征相比，我们发现，3 岁时正常儿童的形容词产出中，产出最多的词是“白”“好”“大”“多”等性质形容词，总体上以单音节形容词为主，但是辅助产出了大量的多音节形容词，与正常儿童相比，智障儿童也产出了少量的性质形容词，所产出的形容词中并没有多音节形容词；4 岁时，正常儿童出现了描述个体品质或者情感的词，比如“孤单”“可怕”“老实”“成功”等，这表明 4 岁时正常儿童对事物属性的描述从外部走向了内部，与之相比，虽然智障儿童产出了多音节形容词，但是他们并没有产出对应的“内部形容词”，即描述人的感受、心情和品德的抽象概念形容词。到了 5 岁，正常儿童所产出的形容词中颜色词逐步减少，描述人的感受、心情和品德的抽象概念形容词进一步产出，与之相比，智障儿童所产出的形容词仍然以性质形容词为主。通过对比分析，我们认为：第一，智障儿童与正常儿童具有共同的形容词产出特征，比如 3 岁时以外部形容词为主；第二，智障儿童所产出表示人的感受、心情和品德的抽象概念形容词较少。

（四）代词的产出和使用情况

汉语的代词，即代替名词、动词、形容词、数量词的词，如“我、他们、自己、人家、谁、怎样、多少、那里、这儿、这些”。现代汉语语言学将代词分为三类：人称代词，疑问代词，指示代词。观察智障儿童的代词发展，图 6.8 显示了与正常儿童相比，在 3 岁、4 岁和 5 岁的代词词频产出均显著落后于正常儿童发展参考常模（$t_{三岁}=-19.689$，$p<0.001$；$t_{四岁}=-13.153$，$p<0.001$；$t_{五岁}=-9.439$，$p>0.001$）；进一步观察代词词型的产出情况

(图 6.8),智障儿童在三个年龄段均显著落后于正常儿童发展参考常模($t_{三岁}=-6.063$, $p<0.001$; $t_{四岁}=-11.563$, $p<0.001$; $t_{五岁}=-5.676$, $p<0.001$)。

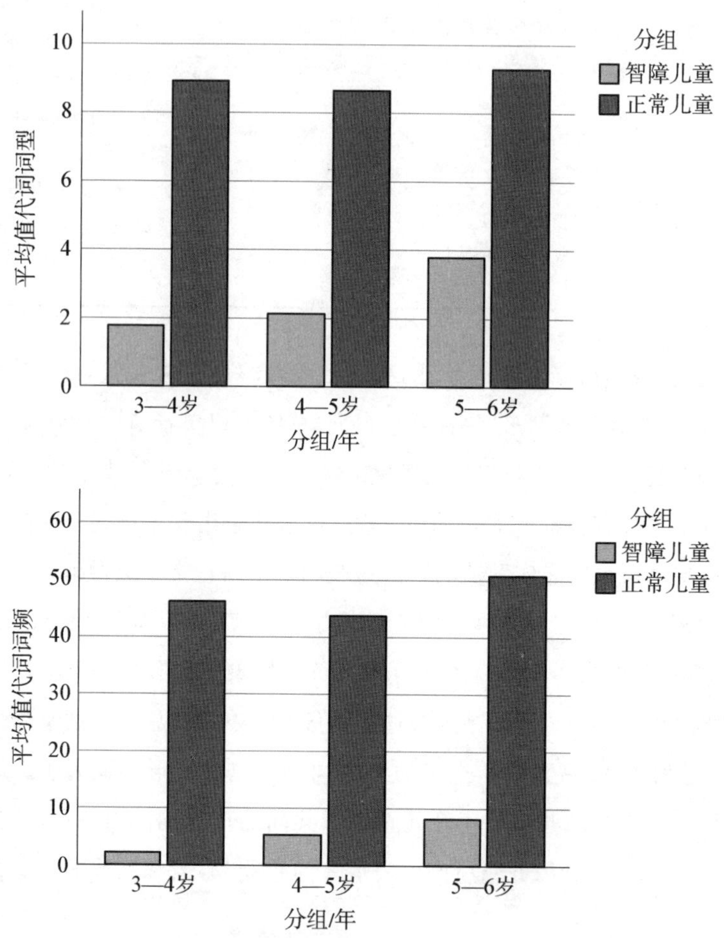

图 6.8 智障儿童与正常发展同龄儿童代词发展的比较

进一步观察智障儿童的代词使用具体情况(表 6.12)。智障儿童产出的代词中以单数的人称代词为主,3 岁、4 岁和 5 岁均产出了“你”“我”两个人称代词;3 岁产出了指示代词“这”和疑问代词“什么”;4 岁时增加了人称代词“它”“他”“自己”“大家”“它/他们”和“我们”,以及指示代词“这”“那”、疑问代词“哪里”“什么”“哪”“哪儿”;5 岁的智障儿童,能够较好地使用人称代词“它”“他”“大家”“它/他们”“自己”和“我们”,以及指示代词“这”

“那”“这样”“那边”、疑问代词“什么”“哪个”“哪里”“哪”“啥”“谁”。由此可见，智障儿童产出的代词在5岁时有比较快速的发展。

表6.12 不同年龄段智障儿童产出的代词汇总

3岁	4岁	5岁
4你、2这、2我、2什么	57我、20这、14你、9它、8什么、3他、3自己、3哪里、2哪、1那、1大家、1它们、1我们、1哪儿	15我、14你、10什么、9它、8这、8哪个、8哪里、3那、3这样、3它们、3他、2哪、1大家、1他们、1自己、1那边、1啥、1谁

与正常儿童的代词产出特征相比，我们发现，3岁时正常儿童产出的三类代词（人称代词、指示代词和疑问代词）包括了“这、我、他、你、什么、它、那、他们、她”等，从代词的产出上远远超过了智障儿童，智障儿童仅仅产出了人称代词“你”“我”、指示代词“这”和疑问代词“什么”；4岁时，智障儿童增加了大量的人称代词，但是在指示代词“这样”、第二人称代词复数“你们”方面的产出不足；5岁时，智障儿童也没有产出正常儿童所经常产出的第二人称复数形式“你们”。通过对比分析，我们认为，智障儿童在产出第二人称复数方面存在困难，在代词使用的广泛性方面存在不足。此外，就年龄来看，正常儿童的代词发展在3岁时已经到了比较高的水平，这可能表明智障儿童的代词发展存在更加延迟的问题。

三、智障儿童功能性词汇发展的评价分析

在早期儿童词汇发展的评价中，研究者发现具有指标价值的几种功能性词汇对评价汉语儿童词汇结构水平有效。这几种功能性词汇分别为副词、量词、连词和介词，通过对普通儿童语料库语言的分析，获得了词汇发展结构水平的常模。将智障儿童与同龄儿童语料进行运算比较，我们可以得到智障儿童功能性词汇发展的评价结果。

（一）量词的产出与使用情况

通常用来表示人、事物或动作的数量单位的词，叫作量词。分析智障儿童早期量词的产出与使用情况，图6.9展示了与普通同龄儿童相比，智障儿童在3岁、4岁和5岁的量词词频产出均显著落后于正常儿童发展参考常模（$t_{三岁}=-9.440$，$p<0.001$；$t_{四岁}=$

$-11.408, p<0.001; t_{五岁}=-3.489, p<0.001$);与此同时,他们的量词词型产出均显著落后于正常儿童发展参考常模($t_{三岁}=-3.565, p<0.01; t_{四岁}=-9.876, p<0.001; t_{五岁}=-10.868, p<0.001$)。

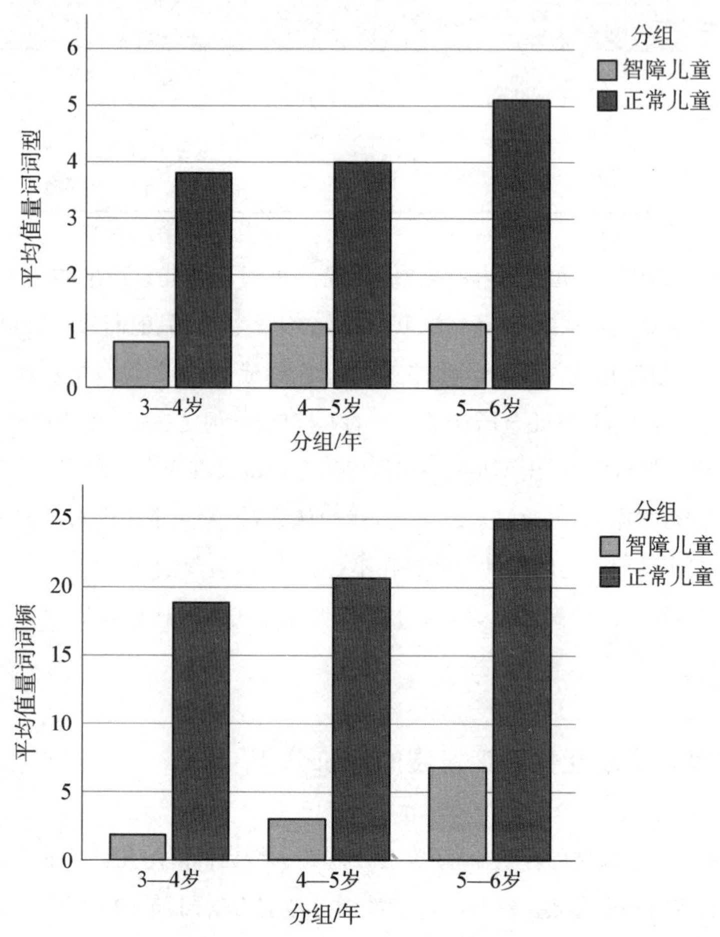

图 6.9 智障儿童与正常发展同龄儿童量词发展的比较

在儿童词汇研究中,研究者一般将儿童量词习得分为两大类,即通用量词和专用量词。通用量词主要指多数名词都适用的量词,而专用量词则是更具体表示事物的计量单位,儿童的量词发展有着从通用量词向专用量词发展的一般规律。仔细观察智障儿童三个年龄段的量词产出和使用情况(表 6.13),他们能够较早产出通用量词"个",并且在几个年龄段反复使用这样的通用量词。在 4 岁时智障儿童开始产出专用量词,使用"张"

"只""遍""杯""棵""首""双""点"等；5 岁的智障儿童还产出使用了专用量词"张""块""只""点""下"。

表 6.13　不同年龄段智障儿童产出的量词汇总

3 岁	4 岁	5 岁
7 个、1 条、1 只	53 个、5 只、3 遍、1 杯、1 点、1 棵、1 首、1 双、1 张	67 个、6 块、1 点、1 张、1 只、1 下

从具体产出的量词来看，与正常儿童相同的是，智障儿童产出最高频的量词都是个体量词"个"；不同的是，3 岁时，正常儿童产出的高频词包括"个、层、只、把、下、些、张、点、块、对、口、分"等量词，其中覆盖了名量词中的个体量词"个""只""把""张""口"，集合量词"些""对"，不定量词"点""块"，准量词"分"等，以及动量词"下"，但反观智障儿童，则仅仅产出了个体量词"个""条""只"，并没有产出其他的量词子类；到 4 岁时，智障儿童产出了个体量词"个""只""棵""首""张"、集合量词"双"，动量词"遍"、借用量词"杯"，与正常儿童所产出的量词相比，缺少了动量词"下""次"、集合量词"些"、个体量词"把"等；到 5 岁时，智障儿童产出了动量词"下"，但是正常儿童所产出的动量词则包括了"下""回""次"等，整体产出的名量词中也增加了部分量词"节""截""块块""缕"、集合量词"副""套"、容器量词"锅""瓶"等，反观智障儿童所产出的量词，则较 4 岁相比增长不显著，甚至有所减少。基于上述对比，我们认为，智障儿童产出的量词中与正常儿童相同，以名量词为主，但是在不同年龄段的动量词和集合量词的产出上，均与正常儿童之间存在差异。此外，随着年龄增长，到 5 岁后，智障儿童的量词增长陷入了"停滞期"。

（二）副词的产出与使用情况

副词是一种汉语词汇，指一类用以修饰动词或加强描绘词组或整个句子的词。副词常用来修饰动词（词组）、限制动词或形容词以表示时间、频率、范围、语气、程度等。考察智障儿童的副词结构发展水平（图 6.10），与正常儿童相比，智障儿童在 3 岁和 4 岁的副词词频产出均显著落后于正常儿童发展参考常模（$t_{三岁}=-3.272, p<0.01$；$t_{四岁}=-10.402, p<0.001$）；此外，副词词型的产出均显著落后于正常儿童发展参考常模（$t_{三岁}=-4.123, p<0.001$；$t_{四岁}=-8.622, p<0.001$；$t_{五岁}=-4.361, p<0.001$）。

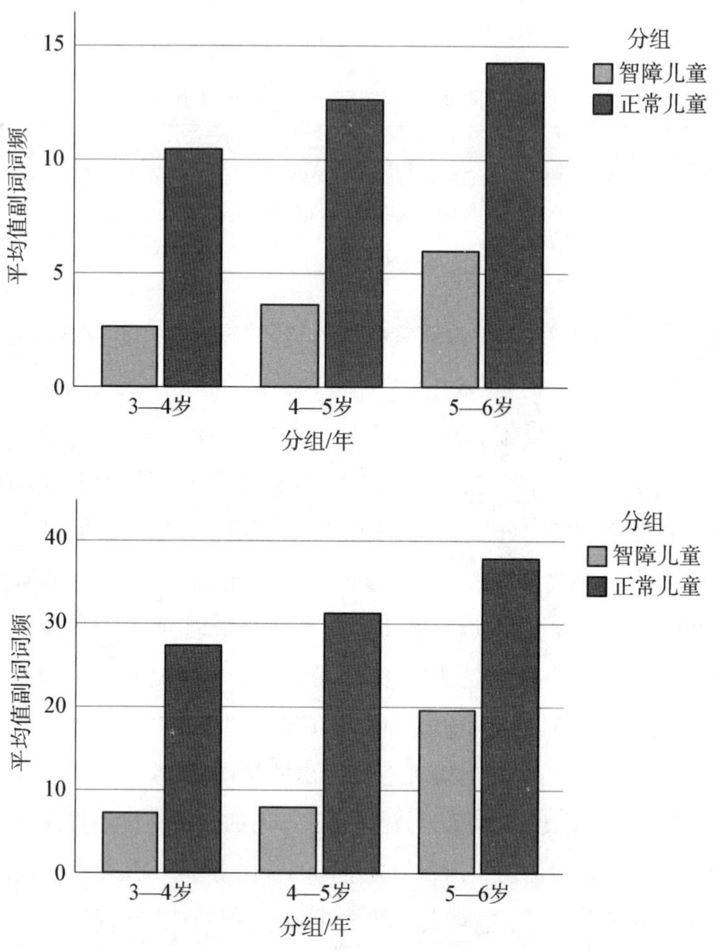

图 6.10　智障儿童与正常发展同龄儿童副词发展的比较

从副词产出和使用的具体情况来看(表 6.14),智障儿童产出的副词以否定副词“不”“没”为主,这与正常儿童的词汇产出特征是相似的。3 岁儿童产出最多的是否定副词,其次是重复副词“又”“再”,时间副词“在”和范围副词“只”。4 岁时,智障儿童所产出的副词中仍然以否定副词为主,其次是程度副词“快”“好”“快点”“好像”“很”“太”“一点”“咪咪”“一”“真”“正好”,时间副词“就”“边”“现在”“在”“一边”,范围副词“都”“全部”“通”,重复副词“又”“还”“也”。5 岁时的智障儿童已经能够产出使用否定副词“不”“没”,重复副词“还”“也”“再”“又”,程度副词“好”“太”“快”“通”“一”“真”“最”“白”“多”“很”“一点”,时间副词“就”“马上”“在”“先”，范围副词“一起”，语气副词“这样子”“当然”“正好”。

表 6.14　不同年龄段智障儿童产出的副词汇总

3 岁	4 岁	5 岁
22 不、9 没、1 又、1 再、1 在、1 只	90 不、24 没、17 再、8 还、7 好、6 咪咪、5 快、5 又、4 都、4 也、3 太、2 边、2 很、2 快点、1 好像、1 就、1 全部、1 通、1 现在、1 一、1 一边、1 一点、1 在、1 真、1 正好	100 不、31 没、17 还、15 好、8 再、4 太、4 也、4 又、3 就、3 马上、3 一起、2 快、2 通、2 一、2 在、2 这样子、2 真、2 最、1 白、1 当然、1 多、1 很、1 先、1 一点、1 正好

3 岁时，正常儿童产出了“还”“没”“就”“再”“也”“都”等副词，与之相比，智障儿童产出的副词中以否定副词“不”“没”为主，其他副词产出的数量较少，并没有产出重复副词“还”“也”、时间副词“就”等；到 4 岁时，虽然智障儿童大量产出了副词词类，但是所产出副词以否定副词和程度副词为主，其他副词子类产出较少，正常儿童所产出的副词“先”“一起”“已经”，在智障儿童产出中并未发现；5 岁时，正常儿童增加“轮流”“差点”等副词的产出，副词的种类在增加，但是智障儿童的词类增加较少，没有产出范围副词“都”和时间副词“先”等。通过分析，我们认为，智障儿童在量词产出的数量上落后于正常儿童发展常模，在产出质量上，虽然与正常儿童相似，均以否定副词和重复副词为主，但是词类产出的丰富度不高，汉语正常儿童经常产出的副词“都”“先”并没有产出。

(三) 连词产出和使用情况

汉语中连词是用来连接词与词、词组与词组或句子与句子，表示某种逻辑关系的虚词。连词可以表并列、转折、假设、选择、递进、条件、因果等关系。通过语料库运算与分析，智障儿童的连词习得发展水平与正常儿童相比有显著落后的现象(图 6.11)。智障儿童在 3 岁、4 岁和 5 岁时的连词词频产出，均显著落后于正常儿童发展参考常模($t_{三岁}=-8.395$，$p<0.001$；$t_{四岁}=-6.915$，$p<0.001$；$t_{五岁}=-1.789$，$p>0.05$)；与此同时，智障儿童在三个年龄段的连词词型产出，均显著落后于正常儿童发展参考常模($t_{三岁}=-7.312$，$p<0.001$；$t_{四岁}=-10.995$，$p<0.001$；$t_{五岁}=-7.012$，$p<0.001$)。

从连词的产出情况看(表 6.15)，智障儿童 3 岁产出和使用的连词很少，仅有“还有”；4 岁逐步增多，产出了表示承继和原因的连词“接着”“因为”；5 岁时产出的连词类型与 4 岁相同，为承继连词“然后”“那”和因果连词“因为”等连词。正如我们所指出的，连词是

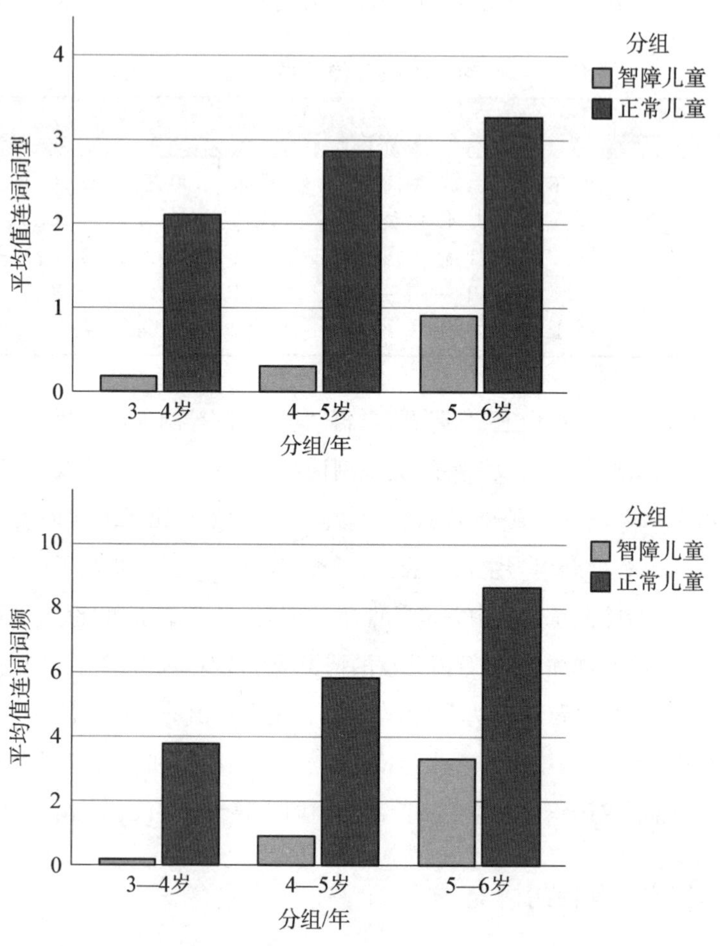

图 6.11　智障儿童与正常发展同龄儿童连词发展的比较

连接词与词、词组与词组或句子与句子的功能性词汇，是否习得和使用，预示着儿童能够在语言交流中表现出有逻辑关系的表达能力。智障儿童早期连词的产出和使用非常少的现象，将直接影响他们的语法结构能力。

表 6.15　不同年龄段智障儿童产出的连词汇总

3 岁	4 岁	5 岁
1 还有	13 还有、7 好、1 接着、1 因为	32 还有、2 然后、1 那、1 因为

通过将智障儿童的连词产出与正常儿童对比分析，我们发现3岁时正常儿童所产出的连词包括表示因果关系的“因为”“所以”，表示并列关系的“和”，表示承接关系的“然后”“还有”，表示转折关系的“可是”“但是”等，但是3岁的智障儿童仅仅产出了表示承继关系的“还有”；4岁时，汉语正常儿童的连词产出进一步增加，整体覆盖了表示并列关系、承继关系、因果关系、转折关系、让步关系、递进关系的连词，但是智障儿童仅仅产出了表示递进关系的“还有”“还”，并且产出了少量的承继关系连词“接着”和因果关系连词“因为”，这表明智障儿童在发展并列关系、转折关系、让步关系方面存在一定的困难；5岁时，智障儿童所产出的连词中包括了表示递进关系的“还有”，表示承继关系的“然后”“那”和表示因果关系的“因为”，在并列关系、转折关系、让步关系连词的产出方面存在一定的困难。由此可见，与正常儿童相比，虽然智障儿童产出了部分连词，但是在句子关系的理解上还存在一定的困难，导致产出的连词较少。

(四) 介词产出和使用情况

汉语的介词又称前置词，是用来表现一个字的文法功能的词汇或字缀，一般用在名词、代词或名词性质的短语前面，和这些词合起来组成介词结构，以表示处所、时间、状态、方式、原因、目的、比较对象等。考察智障儿童的追踪语料(图6.12)，与正常儿童相比，这些儿童在3岁没有介词产出；4岁和5岁的介词词频产出均显著落后于正常儿童发展参考常模($t_{三岁}=-8.395$，$p<0.001$；$t_{四岁}=-8.021$，$p<0.001$；$t_{五岁}=-6.051$，$p<0.001$)；此外，智障儿童在三个年龄段的介词词型产出与使用均显著落后于正常儿童发展参考常模($t_{三岁}=-20.830$，$p<0.001$；$t_{四岁}=-5.799$，$p<0.001$；$t_{五岁}=-4.079$，$p<0.001$)。

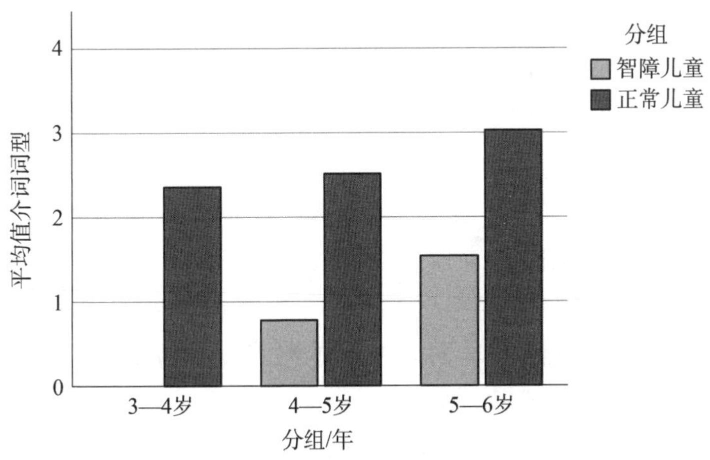

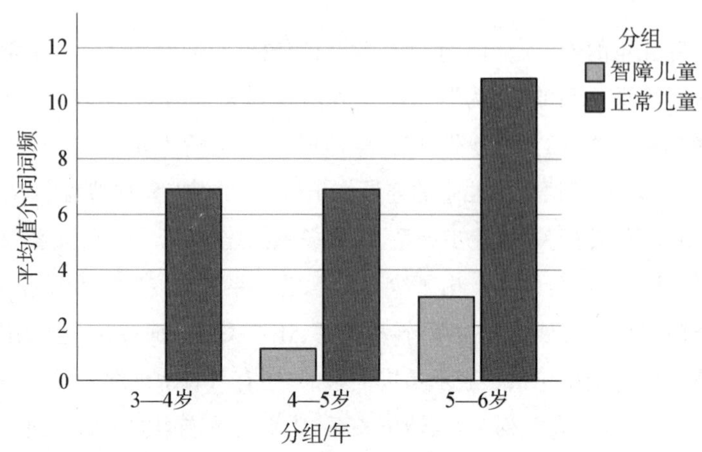

图 6.12　智障儿童与正常发展同龄儿童介词发展的比较

对上述语料库追踪数据观察的结果表明，智障儿童的介词产出和使用是非常有限的（表 6.16）。智障儿童在 4 岁时才出现使用介词的现象，他们产出的介词包括表示对象的介词“给”“把”和表示空间的介词“在”；至 5 岁，智障儿童出现使用表示对象的介词“给”“把”“被”“和”和表示空间的介词“在”“往”。因为介词的习得与汉语介宾短语的使用直接相关，介词发展的困难预示着智障儿童在复杂句子结构的发展方面存在着比较严重的滞后现象。

表 6.16　不同年龄段智障儿童产出的介词汇总

3 岁	4 岁	5 岁
/	12 给、9 在、7 把	13 给、6 把、4 在、1 被、1 和、1 往

与正常儿童相比，智障儿童在 3 岁没有介词产出，4 岁时，正常儿童普遍产出最多的是“在”“把”“给”“跟”“从”“被”等，但是智障儿童在“被”“跟”“从”上并没有产出，5 岁时正常儿童的介词产出更加多样，除去 4 岁所产出的介词之外，还产出“除了、及、往、比如、等到、对、视、为了、沿、直到”等介词，虽然智障儿童较 4 岁时产出有所增加，但是整体产出的介词与正常儿童产出的介词广泛性存有差距。

四、智障儿童早期词汇学习与发展的教育干预建议

在基于语料库的早期词汇发展评价结果的基础上，我们对智障儿童早期词汇学习与

发展提出下列教育干预建议：

第一，遵循汉语儿童早期词汇发展规律，开展智障儿童早期词汇教育干预。尽管研究一再发现和证明智障儿童早期词汇发展存在困难，与普通同龄儿童相比较，他们的词汇产出和使用都存在着明显差异，但是，研究同时展示了智障儿童早期词汇发展的基本规律仍然是遵循着汉语儿童早期词汇习得发展的路径。智障儿童的各类词汇发展均滞后于普通儿童，不过我们可以看到，他们的词汇产出和使用还是有着从实词到虚词的基本特征，名词、动词和形容词优先发展，相对于其他词类的产出在词型和词频上均显得比较丰富。智障儿童的词汇习得过程也体现出由具体词汇到抽象词汇的发展规律，这样的结果一方面符合学前儿童的词汇习得特征，同时智障儿童的落后状况也与他们的认知发展水平密切相关。从实证评价中获得的结论提示我们，智障儿童的语言干预一定要考虑按照儿童语言发展的特点和规律进行。考察现有的智障儿童语言干预方案，发现一般存在以下问题：(1)过度重视智障儿童的词汇拓展训练，注重同类词汇(比如名词和动词)的丰富拓展学习；(2)过多关注实词学习而忽略其他类型词汇的学习，这样便可能忽视功能性词汇的习得，影响智障儿童的构词造句能力的形成。

第二，按照从理解到表达的儿童语言学习规律，安排智障儿童的词汇学习计划。在观察特殊儿童语言干预的时候，我们常常可以看到一些机构让智障儿童机械重复地学习一两个词汇，直至他们能熟练地说出为止。以表达为学习成绩评价的工作方案，往往使得智障儿童的语言干预输入信息非常少，能够表达的词汇十分有限。本章的内容显示，即使是在智障儿童群体中，他们的词汇产出和运用也是与他们的词汇输入和习得紧密联系在一起的，因此这个智障儿童的群体也就存在着十分明显的词汇发展个体差异。在对智障儿童进行早期词汇干预活动的时候，我们应当切记儿童从理解到表达的发展过程，一定要给予智障儿童足够的语言输入的机会，在输入的基础上帮助他们理解词汇，从而进一步帮助他们在理解的基础上进行表达和运用。

第三，采用从具象到抽象的内容和方式进行早期词汇学习的教育干预。如同研究所发现，智障儿童早期词汇学习存在着从具象到抽象的特征规律，因此我们的早期词汇教育干预需要借助相应的辅助手段来帮助他们学习。从语言教育的手段来说，我们建议智障儿童的实词学习借助于图像卡片，而虚词的学习则需要一定的情境方式辅助。建议面对智障儿童的早期词汇教育干预，尽可能地选用难度合适的图画书和动态情境，同时可以创设相应的游戏情境，引导智障儿童逐步理解学习内容、理解词汇含义，在理解的基础上进一步进行提问，让智障儿童指着图画用恰当的词汇来回答。

第七章 运用语料库进行智障儿童早期句法发展诊断与监测

人们常说，掌握一种语言主要是指掌握了这种语言的语法系统。汉语语法系统的一个特别性，缘于我们这种语言主要依靠词序和功能词，来表达句子中各个成分之间的关系。因此，汉语的句法构成就成为汉语语言的主要构造规则，而在汉语儿童语言发展过程中，儿童的句法发展就成为一个非常重要的习得范畴。评价儿童的早期句法发展，是我们研究儿童语言发展的重要标志，也是智障儿童语言发展的重要监测点。本章将从探讨智障儿童早期句法发展入手，进而分析智障儿童句法发展的评价与监测，在此基础上，根据智障儿童早期句法发展研究结果提出相应的教育干预建议。

第一节　早期儿童句法发展与智障儿童早期句法发展研究

在语法理解和发展的过程中，儿童不断地尝试表达自己的愿望、要求和想法，而要清楚地表达就必须使用恰当的句法。儿童句法的发展，就是在不断的理解和产生句子的过程中发展起来的。

一、汉语儿童早期句法发展的研究

有关汉语儿童句法发展的研究，通常采用两种方法，一是考察儿童说出句子的长度，二是考察儿童说出的句子在结构上的完整性和复杂性。

(一) 汉语儿童早期的语句平均长度

研究告诉我们，在语言发展的早期阶段，复杂的语法往往使句子的长度增加(Pan，1994)，句子长度相同的儿童的语言发展水平较年龄相同的儿童更相似(Klee et al.，2004)。因此，话语长度常被作为衡量句法发展的有效指标。这种方法通常是收集儿童自发的言语样本，计算话语中词汇以及语句的数量，进而得出语句长度。布朗(1973)称这一指标为平均语句长度(mean length of utterance，MLU)，在英语儿童语法发展研究中，他以词素为单位计算平均语句长度，并使之成为取代用年龄来衡量儿童语言发展顺序的重要指标(Klee et al.，2004)。

回顾布朗的研究，我们看到20世纪70年代布朗通过对3名英语儿童的追踪研究，确定了从18到49个月英语儿童平均语句长度的发展过程。他的研究发现，大部分儿童语言水平的提高表现为句子长度的增加，体现为新词或者新的语言要素即词素的增加。话语的长度主要由词素这一有意义的语言单元来决定，儿童词素的发展反映了其新的语言知识的掌握。由此，布朗提出了MLU即平均语句长度的概念，以词素为单位计算平均语句长度，将儿童语言样本中的所有词素除以所有话语数即得到MLU(Parker and Brorson，2005)。在布朗的追踪研究中，还发现了不同儿童MLU的增长速率不同，存在着儿童语言发展的个体差异性，但是 MLU 相似的儿童具有相似的语言成熟度，语言的复杂程度也相当(Gleason，1989)。

自布朗的研究之后，国外研究者对运用平均语句长度 MLU 方法评量儿童语法发展的有效性问题进行了深入探讨。从 MLU 与其他测评语法发展工具的相关程度等方面，一些研究证明了平均语句长度 MLU 与评估英语儿童语法发展量表 IPSyn 的相关度达 0.92；与布雷克(Blake，1993)的句法复杂性评估工具的相关度为 0.88(Thordardottir and Weismer，1998；Rollins，Snow and Willett，1996；Klee et al.，2004)。这些研究都表明 MLU 作为语言测量基本指标的有效性。与此同时，在不同语种儿童语言发展研究中，如荷兰语、希伯来语以及西班牙语儿童语言发展的研究，也证明了 MLU 作为评量儿童语法发展非标准化工具的有效性(Klee et al.，2004)。

汉语是一种非常独特的语言，平均语句长度 MLU 对于汉语儿童语言发展是否也具有普适性，是否也能作为衡量汉语儿童语法发展的某种有效指标？这是研究汉语儿童语言发展必须要回答的问题。布朗指出以词素为单位所计算的平均语句长度(MLUm)是更为精确的方法，但汉语语法构成的独特性告诉我们，英语词素的计算方式无法在汉语中套用，因为汉语是完全不同的语法体系。汉语以字为最小的语言单位，但字只有构成词以后才能够充当语法成分。词是代表一定的意义，具有固定的语音形式，可以独立运用的最小的结构单位。通常个体所表达的话语，都是通过词或者词组构成的(胡裕树，2005)。如希基(Hickey，1991)指出，MLU 的计算方法包含 MLUs(音节)、MLUm(语素)以及 MLUw(词)(张显达，1998)。那么，在汉语情境下，哪种计算方法最能体现汉语儿童的语法发展水平？

我国学者朱曼殊等曾经在 20 世纪 80 年代对汉语儿童平均语句长度进行研究，结果发现可以字数和词数两种方式计算汉语儿童 MLU，但是字数的结果显然无法与国际研究结果进行比较(朱曼殊，1986)。我国台湾学者张显达曾专门撰文论证平均语句长度(MLU)在中文中的应用，考虑到词是最常使用的单位，只有极少数的词形变化才能独立出来形成一个单位，因此用词数计算 MLU 才能够捕获语法发展的信息。对 5 名个案儿童纵向追踪语料以及 80 名小班至小学一年级儿童故事讲述能力与口语表达能力测试得分的相关研究表明，儿童的 MLU 与年龄存在显著相关，从而验证了 MLU 作为汉语儿童语言发展指标的合理性；MLU 与口语表达能力测试得分的显著相关则显示了 MLU 具有较高的效度；对语言样本 MLU 分半信度的结果证明了 MLU 的内部稳定性。由此可知，MLU 能够反映汉语儿童的语言发展，是儿童语言评量的理想工具(张显达，1998)。

句子的平均长度(MLU)通常用来测量儿童早期的语言发展,它基本能作为 4 岁前儿童语言发展特别是语言表达方面的重要指标。如果儿童有相同的 MLU,那么他们的语言学习就达到了相同的程度,即处在一个相同的复杂度水平上。随着儿童的成长,他们的语句也开始变长。史慧中等人(1990)对 3—6 岁儿童平均句子长度的研究结果如表 7.1 所示。

表 7.1　3—6 岁儿童句子平均长度

年龄	3—4 岁	4—5 岁	5—6 岁
平均长度	4—6	7—10	7—10

朱曼殊等人对 2—6 岁儿童的平均句子长度(单位: 含词量)进行了细分研究,结果如表 7.2 所示。

表 7.2　2—6 岁儿童句子平均长度

年龄	2 岁	2 岁半	3 岁	3 岁半	4 岁	5 岁	6 岁
平均句子长度	2.91	3.76	4.61	5.22	5.77	7.87	8.34

在将近 20 年的汉语儿童语法发展与相关语料库研究中,诸多汉语儿童语言研究者证实了平均语句长度 MLU 在汉语儿童语法发展研究中的普适性,因而 MLU 已经成为汉语儿童语法发展的一种基本评量手段(朱曼殊,1986;缪小春、朱曼殊,1989;张显达,1998;周兢,2001;金志娟、金星明,2008,2009;孙悦,2010;周兢等,2014;杨琼,2014;黄雪云,2017;杨晓岚,2018)。

研究者还指出,儿童的平均语句长度 MLU 的发展与他们的最长五句语句平均长度 MLU5 的发展密切相关呈平行状态,在儿童年龄达到 42 个月时,他们的 MLU 和 MLU5 不再呈直线上升的发展态势(MacWhinney, 2000)。与此同时,有些研究还告诉我们,正常儿童的语言发展过程中,他们的最长五句话语的平均语句长度 MLU5 约为一般平均语句长度 MLU 的三倍(Pan, 1994)。研究者发现最长五句话语的平均长度 MLU5 是衡量个体句法技能最高水平的有效指标(Klatter-Flomer et al., 2006)。当儿童使用长句时,他们正在尽力表达复杂的想法(Davis, 1937)。最长五句话语的平均长度能够较为清晰地反映儿童语言样本的最高水平,其测量信度也与整体样本相当(Davis, 1937)。在语料库运算的语言研究中，诸多研究同时发现，平均最长五个句子的数值对于汉语儿童语法发展也具有较好的发展评价的指标意义（张莉、周兢，2009；李琳，2014；周兢等，2014；王海娟，2017；蒋忠心，2019；王娟等，2019）。

（二）汉语儿童早期句法结构的复杂度和完整性发展

句子长度虽然是一种通用的评定儿童期语言发展的指标，但也只是指标之一，在4岁以后，MLU对儿童语法发展的预测能力逐渐减弱，同时因为它只能表明句子中所含字、词在数量上的发展，无法表明句子在质上的变化，不能反映句子的结构性质和复杂程度，因此在4岁之后，主要通过分析学前儿童句子在结构和复杂性的变化来研究儿童语法的发展。

1. 从简单句到复合句

史慧中等人（1990）从幼儿对各种类型的单句、复句的掌握情况出发，阐述了汉语儿童句法发展的一般顺序：3岁儿童说出的句子绝大多数为单句，也有少量的复句（如并列句）；4岁儿童开始出现少量的复句，如递进句、转折句等；5岁儿童的复句明显增多，句型也多种多样；6岁以后，简单句的质量明显提高。

复合句是指由两个或两个以上的意思关联比较密切的单句合起来构成的句子。武进之（1981）的研究表明：幼儿复合句的出现稍迟于简单句，它是在幼儿简单句还不十分完善的时候出现的。复合句出现后与简单句并行发展，2—6岁儿童语句中简单句和复合句的比例如表7.3所示。这与吴天敏等（1979）的研究有些差异。吴天敏等人的研究表明：1岁半至2岁的复合句比例为7.3%，2岁至2岁半为30.5%，2岁半至3岁的比例为42.3%。总的来说，中国儿童在2岁时开始说出数量较少的复合句，4—5岁时发展较快。复合句的类型分布如下：2—6岁儿童的复合句大多为联合复句，占复句的76.92%，具体来说，联合复句中出现最多的是并列复句，其次是连贯复句，还有补充复句。主从（偏正）复句中出现较多的是因果复句，有少量转折、条件、目的复句，而递进、让步复句极少，不同类型复合句在学前儿童语句中的比例如表7.4所示。

复合句中最重要的是关联词的使用，缪小春（1994）的研究发现，2岁时复合句中无关联词，2岁半开始出现关联词，但直到6岁使用关联词的复合句仍不多，只占复合句总数的25%。

表 7.3 学前儿童语句中简单句和复合句的比例

年龄	简单句（%）	复合句（%）
2 岁	96.46	3.54
2 岁半	90.00	10.00
3 岁	82.57	17.43
3 岁半	78.45	21.55
4 岁	76.60	23.40
5 岁	59.95	40.05
6 岁	62.85	37.15

表 7.4 学前儿童语句中复合句类型的比例

复合句类型 / 年龄	联合（%）	主从（%）	多重（%）	紧缩（%）
2 岁	85.7	14.3		
2 岁半	80.33	19.67		
3 岁	67.46	29.76	2.4	1.2
3 岁半	79.14	16.55	3.5	0.74
4 岁	70.83	23.21	4.16	1.8
5 岁	78.42	13.35	7.87	0.36
6 岁	79.17	13.06	6.39	1.39

2. 从陈述句到多种形式的句子

儿童最初掌握的是陈述句，到学前末期，陈述句仍占全部语句的三分之一左右，其他句型如疑问句、否定句等也都发展起来，但对某些较复杂的句子形式尚不能完全理解。

疑问句、祈使句和感叹句随着儿童年龄和认知的发展不断增加。以疑问句的产生为例，李宇明等(1995)的研究发现：

(1) 2 岁前是儿童疑问句的主要发生期，2 岁前后除选择问句之外，其他几大类疑问句都已发生，故称此时期为疑问句的发生期。

(2) 最初发生的疑问句具有简略性的特点，而且主要表达婴儿的惊疑和不适应，这种问句主要是简单反应性的，高度依赖语境，离开语境则很难知道儿童问的是什么。

(3) 2—3 岁是儿童疑问句发展的关键期。除了极个别的疑问句格式外，绝大多数疑问句格式已经出现，此时儿童的疑问句摆脱了发生期阶段所表现出来的简略性特点，内容逐渐复杂化，开始出现儿童疑问句发展成熟的标志——反问。

(4) 3 岁以后是对疑问句进行完善的阶段。此时，儿童的疑问句主要是向语用性的方向发展。主要表现有两点：第一，疑问句的非疑问用法，如"谁想拿卡片，都得从我这里拿"；第二，大约在 4 岁，出现了以"什么""怎么""为什么"等疑问词开头的疑问句。

3. 从混沌一体到逐步分化

在幼儿早期的语言发展中，单词句阶段的语言功能有表达情感、意动(语言和动作的结合表示意愿)和指物三个方面。学前儿童句子结构的不完整首先表现在单词句和电报语阶段。如在单词句阶段中，儿童用一个词表示一句话，而且同样的词表示不同的意思。如"妈妈"这个单词句中，既可能表示要妈妈抱，也可能表示看到某个东西要妈妈帮忙拿。因此这个单词句是和某种情境联系在一起的，含义不够明确，不能完全表达自己的意思。

早期的语言都是不可分的，稍后能在使用中逐步分化出修饰语和中心语，以及名词和动词的等同性。随着儿童年龄的增长和认知能力的发展，语言的这些功能开始逐步分化、清晰。根据吴天敏等人(1979)的研究，1.5—3 岁儿童已有主-谓-宾句(19.9%)、谓-宾句(16.4%)、主-谓句(15.2%)、复杂谓语句(3.5%)。2—3 岁儿童的句子种类没有变，但比例发生了变化，主-谓-宾句的比例上升到了 23.6%，谓-宾句为 3.2%，主-谓句为 9.8%。朱曼殊等人(1979)研究了 2—6 岁儿童的句子共有 9 大类和 14 个小类。2 岁儿童出现有简单修饰语的句子，2 岁半出现兼语句，3 岁使用复杂修饰语的能力显著增强，5—6 岁出现了有复杂结构的联合结构句子。

儿童句子结构从混沌一体到逐渐分化，从简单到复杂的一个重要表现就是儿童从单词句发展到双词句，最后形成完整的句子。随着句子长度不断增长，句子结构也不断完整，从最初出现的主谓不分的单词句到双词句，最后发展到出现结构完整、层次分明的复合句。朱曼殊等人(1979)的研究发现，儿童最初出现的复合句，大部分也是不完整的(占 66%)，结构松散、不严密，造成句子意思不明确。如果脱离当时的情境，就很难理解这些话。到了 6 岁，儿童的句子一般就比较完整了。2 岁和 2 岁半儿童的句子大部分已是完整句，分别为 63.78%和 64.92%，从 3 岁开始，儿童的话语基本上都是完整句，占比从 92.97%到 98.36%，儿童句子完整性的发展见表 7.5。

表 7.5　学前儿童句子完整性的发展

年龄	不完整句（%）	完整句（%）
2 岁	36.22	63.78
2 岁半	35.08	64.92
3 岁	7.08	92.97
3 岁半	5.73	94.27
4 岁	6.76	93.24
5 岁	5.26	94.74
6 岁	1.61	98.36

4. 从无修饰到有修饰

儿童最初的句子是没有修饰语的，如"宝宝画画""汽车走了"。2—3 岁儿童有时出现一些修饰语的形式，如"大灰狼""小白兔"，但实际上他们是把修饰词和被修饰词作为一个词组来使用，在他们的心目中"大灰狼"就是狼，不论是大狼还是小狼。

朱曼殊等(1979)的研究发现，2 岁半儿童已经开始出现一定数量的简单修饰语，如"两个娃娃玩积木"。3 岁开始出现复杂修饰语。如"我玩的积木"。2 岁儿童运用修饰语的仅占 20%，3 岁达 50%。3 岁至 3 岁半是复杂修饰语句的数量增长最快的年龄。据黄宪妹(1983)的研究发现，到 4 岁，有修饰性的语句开始占优势。儿童语句中修饰语的发展如表 7.6 所示。

表 7.6　学前儿童修饰语语句的发展

年龄	黄宪妹的资料（1983）	朱曼殊等的资料（1979）
2 岁		18.12
2 岁半		22.46
3 岁	47.37	53.03
3 岁半	50.30	59.50
4 岁	53.35	72.00
4 岁半	62.84	
5 岁	62.91	85.13
6 岁	76.53	91.30

(三) 汉语儿童早期特殊语句的发展

1. 否定句

双语句阶段的否定句一般是否定词在句子之外，以后逐渐地将否定词移入句子中间。根据朱曼殊等人的研究，儿童早期的否定句有四种意思：一是否定物体存在；二是拒绝；三是否认；四是反对。其中前两种否定句发展较早，后两种否定句出现较迟，在这方面的发展情况，中外研究结果是较为一致的。中外儿童否定句的发展基本遵循同样的过程：一开始表示否定，儿童只是说"不(no)"，随后开始将"no(不)"加到他们想要否定的任何话语中——不要。最后逐渐学会将"不(no)"放在主要动词的前面。

2. 疑问句

最早出现的疑问句没有疑问词，只用升调来表示，约在双词句阶段就出现，以后发展成为有疑问词的疑问句。2—6 岁儿童逐步具有汉语中的所有疑问句形式，如特指问、选择问、是非问、正反问等。李宇明(1995)的研究发现，问句的主要理解期在 1 岁 4 个月至 1 岁 11 个月，问句的发生集中在 2 岁至 2 岁 5 个月期间。把理解和发生放在一起看，可以说 1 岁 4 个月至 2 岁 5 个月是儿童问句系统的主要发展阶段。在问句发展的早期，理解和发生基本上是交替进行的。除了 1 岁 8 个月、2 岁 4 个月和 2 岁 5 个月外的其他时间，问句的理解和发生是不重合的，即理解的时候没有新的问句格式发生，发生的时候不理解新的问句格式。这可能是因为儿童早期的语言发展能力有限，不可能同时发展较多的语言项目。在理解和使用两种能力都需要发展而又不能齐头并进的情况下，只能交替进行。

3. 被动句

被动句在我们的生活中运用得不多，但是被动句和主动句由于在主语和宾语上的互换，因此被动句的掌握也是儿童语法发展的重要标志和内容。霍根(Horgan, 1978)发现，儿童往往在全被动句中将生物作为被动语态的宾语，而删节的被动语态(truncated passives)中将非生物作为宾语。国外的有关研究发现，儿童总是用主动句中概括出的一条词序规则(名-动-名)，作为理解被动句的策略，所以理解和产生被动句远比主动句迟。

汉语中的被动句有四种类型，即"被"字句、"叫"字句、"让"字句、"给"字句。其中

"被"字句是被动句的典型。朱曼殊等人的研究表明,儿童 4—5 岁时已大量使用"给"字句和"让"字句,同时也有少量的"叫"字句,"被"字句的出现较迟,到了 6 岁也只能偶然使用。一般认为,儿童要到 6 岁才能基本掌握被动句,入小学以后方可完全掌握(包括理解和产生)。

二、智障儿童语法发展研究

语法涉及的是一套复杂的规则,因而语法必然反映使用者的逻辑思维能力。由于智障儿童的逻辑思维能力较低,人们普遍认为智障儿童的语法能力相对于普通儿童偏低,多年来的研究也证明了这一点。

(一) 智障儿童的句子理解能力随智龄发展逐渐提高,并呈现出不同的发展特征

孙圣涛等人以 138 名智障学生为被试,探讨了 8—18 岁智障学生的句子判断能力。被试需要对出现的句子做出正误判断,出现的句子包括正确、有语法错误和有语义错误三类。结果发现,智障学生的句子判断能力随着年龄的增长而提高,在 8—10 岁到 11—14 岁之间增长显著,发展迅速,11—14 岁组智障学生对于语法及语义错误的判断存在显著差异,说明智障儿童的句子判断能力在 11—14 岁达到缓慢发展的时期。一项对中重度智障儿童对陈述、祈使和反问三种句类指令的理解和反应的实验研究发现,在这三类句式上,重度智障儿童的理解能力滞后于反应能力(孙圣涛、FanXuehong、王秀娟,2008)。国外对日语智障儿童的句法发展研究发现,在句法理解方面,同等智龄的智障儿童在句法发展上显著滞后于唐氏综合征儿童。智障儿童的句法发展比同等智龄的 DS 儿童慢 1—3 年,且在智龄达到 5—6 岁时发展缓慢,但是到智龄为 7—9 岁时,发展较为迅速。

(二) 智障儿童对不同句子类型的习得遵循句法特征从简单到复杂的顺序进行

一项对日语智障儿童语法能力的研究,对比了自闭症儿童、唐氏综合征儿童和无自闭症与唐氏病症的智障儿童的句法发展,发现在任何一个年龄组,智障儿童在形态句法更复杂的方面,比如联合助词、被动句、比较句等都低于唐氏综合征儿童(Koizumi,

Saito, Kojima, 2019)。与同等智力年龄的普通儿童相比,自闭症儿童在被动句的生成方面存在困难。从句法理解能力上来观察,也能证实自闭症儿童对被动句的理解困难(Tager Flusberg 1981; Nakagawa et al., 2013)。孙圣涛等人也发现智障学生对陈述句和祈使句指令的理解与反应能力都显著优于反问句,7—10 岁年龄组学生在祈使句类上的理解和反应得分最高,其次是陈述句和反问句,11—14 岁年龄组学生虽然还是祈使句类上的得分最高,但与陈述句类之间的差异已经缩小,15—18 岁年龄组学生的陈述句类得分高出祈使句类得分,反问句类得分依然是最低的。这可能是反问句在句法特征上更加复杂的原因,对反问句的理解需要更高的认知水平。对句子判断能力的研究发现,总体表现相对较好的智障学生,对于因果关系复句与条件关系复句的判断显著优于转折关系复句的判断成绩,智障学生对转折词的识别和理解存在困难。朱晓艳(2010)发现,介词损伤是汉语智障儿童生成句子的复杂度低及生成"被"字句、"把"字句和"比"字句三种句式时存在困难的原因之一。

(三) 智障儿童在复杂句子结构的理解和使用上存在困难

韩笑(2009)在研究智龄匹配的智障儿童和普通儿童在看图说话任务中名动产生问题时发现,损伤组被试话语的句法复杂度显著低于正常的匹配组儿童,具体表现为尽管智障儿童在看图说话任务中产生的句子数量显著多于他们的正常匹配组,但是他们的 MLU 却比正常匹配组短得多。她认为,与普通儿童相比,在同样的看图说话任务中,智障儿童更倾向于产生句法上较为简单的句子。一项对西班牙语的唐氏综合征儿童的形态语法发展的研究也发现了这一点,研究发现智龄匹配的唐氏综合征儿童和普通儿童在组合词方面没有差异,但在句子长度和形态句法上有差异,DS 儿童产生的句子更短,形态句法复杂度更低,形态后缀更少。对交互作用的分析表明,除了形态句法复杂度,两组儿童的习得模式相似。只是 DS 儿童学习更慢,这也表明西班牙语 DS 儿童与智龄匹配的普通儿童相比,在语法发展上存在困难。而词汇水平同等的 DS 儿童和普通儿童的形态语法比较发现,他们的平均语句长度没有差异,这表明,词汇量相等时,两组儿童的平均语句长度相同。有研究者认为这是因为 DS 儿童个体可能只是通过从句结构和并列的话语来增加平均话语长度,而本身没有复杂的语法和句子结构(Galeote et al., 2015)。

(四) 智障儿童词汇水平和语法水平存在不同等发展关系

加利奥特等人(Galeote et al., 2015)的研究还表明,智障儿童在形态句法复杂性和形态后缀的发展方面水平低于普通儿童。这些差异出现在200—300个词的词汇量水平上，可能表明了词汇水平和语法水平的分离。而小泉等人（Koizumi et al.，2019）的研究也证实了这一点，研究发现，智障儿童的句法发展比同龄儿童慢1—3年，且在智龄达到5—6岁时发展缓慢；但是智龄到7—9岁时，发展较为迅速。研究者认为，智障儿童的语义方面可能随着智力年龄的增加而发展，词汇的发展与智龄的增长保持相同的水平，而句法的发展与智龄相比却有相当大的延迟。换言之，在词汇发展或智龄的基础上，句法发展可能不会如预期那样发展（Koizumi，Saito，and Kojima，2019）。但赞皮尼和德奥多里科（2011）的研究表明，虽然智障儿童的多词表达比例较低，但必须指出的是，这些儿童在自由游戏过程的表达中，他们词汇类型的数量与多词表达的数量呈正相关。因此认为，词汇技能的提高可能与使用句法结构话语的能力提高有关。

（五）智障儿童在功能词的理解和使用上存在困难

朱晓艳（2010）采用语法启动实验，通过9组18幅图片考察了20名汉语智障儿童及其智龄匹配的普通儿童的介词生成情况。研究发现，汉语中度智障儿童生成介词时存在困难，并且其介词生成能力存在严重损伤。主要表现为在语法启动实验中，智障儿童生成介词的正确数比普通儿童显著要少；尤其是与普通儿童相比，智障儿童生成更多的介词缺失和介词错用这样类型的非目标答语。而韩笑（2009）等人的研究也证明了这一点，与普通儿童相比，在同样的看图说话任务中，智障儿童产生的功能词比例明显更低。贾萍萍（2010）以智龄匹配的普通儿童为控制组，通过叙述任务对29名智障儿童在“着”“了”“在”及动词重叠的习得状况进行了横向比较和纵向描写，研究发现智障儿童在这四类时体标记的习得中并不同步，“在”存在过度泛化运用现象，“了”会经常被遗漏，动词重叠量少并且呈现单一化，“着”已基本习得。这表明智障儿童对句子中的时体标记的理解水平较低。而赞皮尼和德奥多里科（2011）的研究也表明功能词的缺陷可能是唐氏综合征儿童多词话语产生率低的原因，而卡塞利等人（Caselli et al.，2008）的研究表明，唐氏综合征儿童功能词的产生率甚至低于特定型语言障碍儿童。

上述有关智障儿童语法句法发展的研究十分有限，且多见于对学龄儿童的研究。由此我们认为，智障儿童的早期语法句法发展十分重要，更需要非标准化的适用的研究范式。

第二节　智障儿童早期句法水平的整体发展评价与监测

在早期儿童语言障碍的监测和诊断方面，国际研究一直存在着两种不同的思路。一类采用标准化的语言测验工具进行正式评估，如英语国家通过 LDS（Language Development Survey）的测查，发现儿童语言落后状况及存在的问题，从而为障碍儿童安排进行早期语言干预方案。另外一种不同的早期儿童语言障碍监测与诊断，是通过非正式评估进行儿童语言发展评价。这种思路下的语言障碍监测与诊断，一般通过收集语言样本、口述、填空测验和访谈儿童等方法进行。近期的研究发现，收集儿童在自然状态下的语言样本并进行分析（language sample analysis, LSA），通常比标准化测验更具有生态效度（Lund and Duchan, 1993）。与标准化的语言测验相比较，语言样本分析对于鉴定临床语言发育迟缓更加具有敏感度，对于治疗或干预计划的制定以及结果的监测更加有效，而且能够更加有效地反映出儿童日常生活中的语言使用情况（Paul and Norbury, 2012）。研究者同时指出，借鉴语言样本分析指标作为儿童语言发展水平和儿童语言障碍诊断的评估标准，在早期儿童语言障碍诊断的临床中具有较强的应用价值，但通常具有样本量小、缺乏适当参考值、对于方言缺乏敏感性等局限（Dijk and Geert, 2005; Ratner and MacWhinney, 2016）。因此，创建一个具备年龄发展常模和多层儿童比较的早期儿童语言样本数据库，便成为当今国际儿童语言研究界十分重视的研究任务。位于美国卡内基梅隆大学的国际儿童语料库数据储存和分析系统（CHILDES），已经率先开展了这样的研究工作。

一、汉语儿童句法发展整体评价监测指标运用规则

在将近 20 年的汉语儿童语法发展与相关语料库研究中，诸多汉语儿童语言研究者证实了平均语句长度 MLU 在汉语儿童语法发展研究中的普适性，因而 MLU 已经成为汉语儿童语法发展的一种基本评量手段（朱曼殊，1986；缪小春、朱曼殊，1992；张显达，1998；周兢，2001；张鑑如，2002；金志娟、金星明，2008，2009；孙悦，2010；周兢等，2014；杨

琼,2014;黄雪云,2017;杨晓岚,2018)。因为语料库计算机处理语言信息的特殊性,汉语儿童语料的录入分析根据张显达的研究对布朗的 14 个语素规则有所修订(张显达,1998;周兢,2009)。与此同时,在语料库运算的语言研究中,诸多研究同时发现,平均最长五个句子的数值对于汉语儿童语法发展也具有较好的发展评价的指标意义(周兢、张莉,2009;李琳,2014;周兢等,2014;王海娟,2017;蒋忠心,2019;王娟等,2019)。此外,在汉语儿童语法发展研究中,已发现汉语儿童在进入 3 岁左右时出现复合的句式(周兢,1997),到 4 岁时呈现联合关系、因果关系、递进关系、转折关系等等,这些汉语语法要素如何融入语法发展评价?为此,此次研究将语料的复合句子状态形成计算机标注连接,并让计算机分析汉语平均句子长度 MLGU 和平均最长的五个句子长度 MLGU5,此为我们工作的重点。

如本书第四章和第五章所述,在语料库运行 MLGU 作为汉语儿童句法发展整体评价指标的原则和程序是:

第一,在 MLGU 的常模参考中,我们所建构的标准容许差异范围为一个标准差上下,3—4 岁儿童的语法整体发展水平 MLGU 的容许差异范围位于 2.759—4.561 之间,4—5 岁儿童的语法整体发展水平 MLGU 的容许差异范围位于 3.158—5.462 之间,5—6 岁儿童的语法整体发展水平 MLGU 的容许差异范围位于 3.212—6.408 之间。

第二,当 MLGU 的得分低于均值一个标准差以上,则考虑语法发展滞后。也就是说,当 3—4 岁儿童的语法整体发展水平 MLGU 的取值低于 2.759、4—5 岁儿童的语法整体发展水平 MLGU 的取值低于 3.158、5—6 岁儿童的语法整体发展水平 MLGU 的取值低于 3.212 时,可以将这类儿童诊断为语法发展滞后。

第三,当根据 MLGU 被诊断为语法发展落后之后,利用 MLGU5 分析其句法结构的产出情况。在 MLGU5 的常模参考中,我们所建构的标准容许差异范围为一个标准差上下,3—4 岁儿童的语法结构整体发展水平 MLGU5 的容许差异范围位于 6.511—10.869 之间,4—5 岁儿童的语法结构整体发展水平 MLGU5 的容许差异范围位于 7.434—13.926 之间,5—6 岁儿童的语法结构整体发展水平 MLGU5 的容许差异范围位于 7.375—15.745 之间。当 MLGU5 的得分低于均值一个标准差以上,则考虑语法发展滞后。也就是说,当 3—4 岁儿童的语法结构整体发展水平 MLGU5 的取值低于 6.511、4—5 岁儿童的语法结构整体发展水平 MLGU5 的取值低于 7.434、5—6 岁儿童的语法结构整体发展水平 MLGU5 的取值低于 7.375 时,可以将这类儿童诊断为语法结构发展滞后。

第四，当不同年龄段儿童发现语法结构整体发展水平 MLGU5 落后时，可以进一步调取语言问题儿童的最长五句话进行详细的语法结构分析。

二、智障儿童句法发展 MLGU 的整体评价结果分析

对智障儿童将近 3 年的追踪语料运算分析，获得了下列结果：

第一，智障儿童在 3 岁到接近 6 岁期间的语言产出，运用平均句法长度进行整体水平评价，与普通儿童平均语句长度存在着比较明显的差异(图 7.1、表 7.7)。以每半年的语料进行运算，结果显示均存在着一个标准差以上的差距。具体而言，智障儿童在上述五个年龄段的平均语句长度分别是 1.61、1.81、2.06、1.95、2.12；3.5—4 岁时，$t(57)=-4.610$，$p<0.001$；4—4.5 岁时，$t(55)=-10.480$，$p<0.001$；4.5—5 岁时，$t(67)=-11.128$，$p<0.001$；5—5.5 岁时，$t(52)=-10.015$，$p<0.001$；5.5—6 岁时，$t(74)=-3.246$，$p<0.01$。这些情况比较明显地指出，智障儿童在 3.5 岁至 6 岁期间的句法发展水平显著落后。

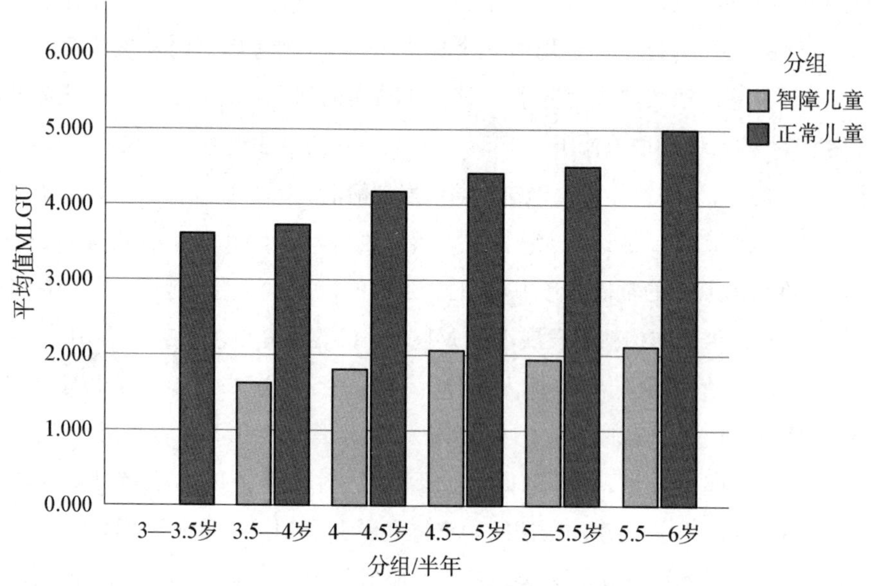

图 7.1　3—6 岁智障儿童与普通儿童的 MLU 比较

表 7.7　智障儿童与正常发展同龄儿童参考数据(MLGU)的比较

年龄段	智障儿童			常模		
	N	M	SD	N	M	SD
3—4 岁	5	1.612	0.513	119	3.662	0.901
4—5 岁	23	1.944	0.502	103	4.312	1.152
5—6 岁	11	2.012	0.629	119	4.810	1.598

第二,进一步分析 3 岁至 6 岁智障儿童的语料,作为整体上与普通儿童存在差别的这组智障儿童,他们的平均句法长度同时存在着比较明显的个体差异。观察 6 名智障儿童句法的产出和使用,他们基本呈现了比较清晰的个体成长图景,值得教育工作者予以关注。

第三,根据每一次追踪记录的语言交流中记录下来的句法水平,我们还可以看出这组孩子的不同成长状态(图 7.2)。比如说,儿童 PY 和儿童 LRL,起步时刻相似,水平差异很小,但是在发展过程中出现越来越大的差距,儿童 PY 在 6 岁时几乎接近普通儿童组的下位水平,而儿童 LRL 持续保持下沉状态,在 5 岁之后有加大滞后状态的趋势。这样的情况提示我们,需要进一步考察儿童 LRL 的生活学习环境。如果他们正处在接受早期干预的状态,需要考虑教育干预方案的干预内容和方法的适宜性,必要时予以调整。

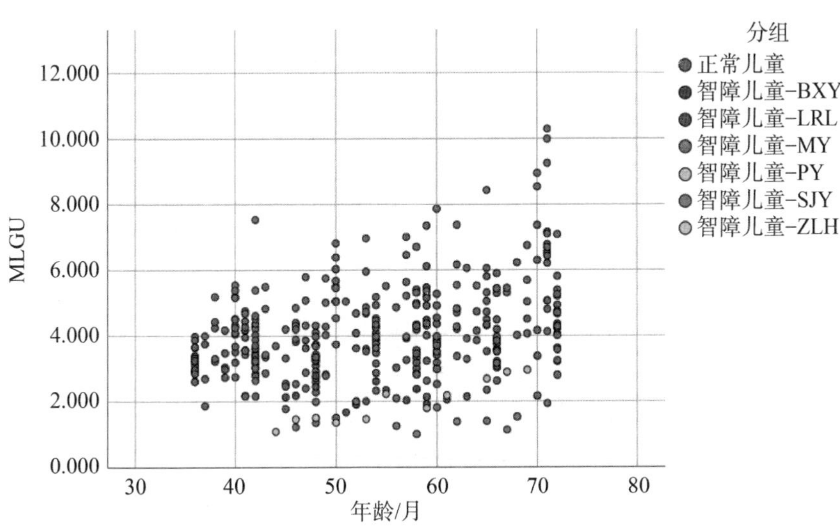

图 7.2　智障儿童个案与普通儿童参考数据(MLGU)的比较

第三节　智障儿童句法结构水平发展评价与监测

近年的汉语儿童语言研究发现，除了基于语料库运算的平均语句长度之外，平均最长五个句子的数值和语句分析，对于汉语儿童语法发展也具有较好的发展评价指标意义。此外，汉语儿童语法发展研究也已发现，汉语儿童在进入 3 岁左右时出现复合句式，到 4 岁之后呈现联合关系、因果关系、递进关系、转折关系等等。将语料的复合句子状态形成计算机标注连接，并让计算机分析汉语平均最长五个句子的 MLGU5，评价汉语儿童语法结构发展水平的 MLGU5 指标并且获得发展常模，就成为汉语儿童语言句法结构水平测评的一种重点方式。

一、智障儿童句法结构水平研究结果

在一次语言交流的语料记录中，儿童最长五个句子的平均长度，实际上代表着他们当前最高的句法结构水平，也是他们的语法发展质量水平的体现。进一步观察图 7.3 可

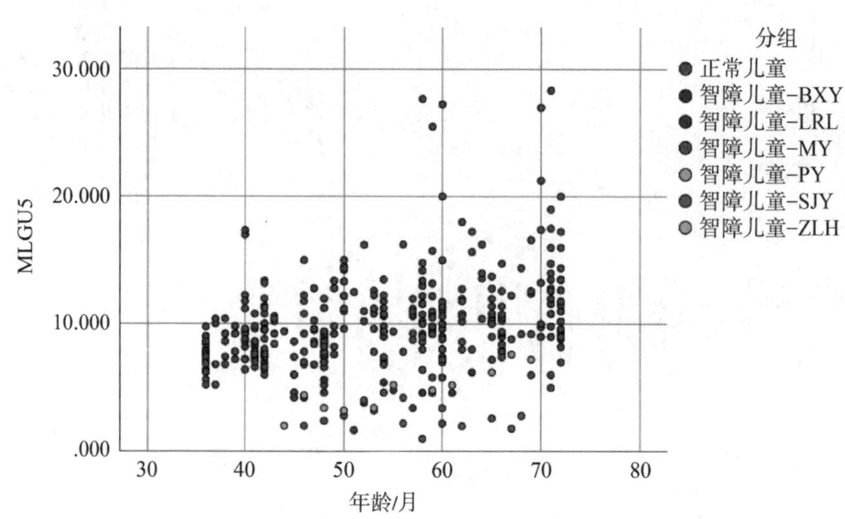

图 7.3　智障儿童个案与普通儿童参考数据(MLGU5)的比较

以发现，智障儿童与同龄普通儿童比较，他们的句法结构水平数值 MLGU5 更多地显现沉降水平。再将智障儿童进行半岁分组，并对最长五句话的平均句法长度 MLGU5 进行分析，智障儿童在 3.5—4 岁（$t(57)=-5.625$，$p<0.001$）、4—4.5 岁（$t(55)=-13.563$，$p<0.001$）、4.5—5 岁（$t(67)=-6.273$，$p<0.001$）、5—5.5 岁（$t(52)=-4.437$，$p<0.001$）、5.5—6 岁（$t(74)=-3.178$，$p<0.01$）时，平均最长五个句子的 MLGU5 水平显著低于正常儿童发展常模（图 7.4）。

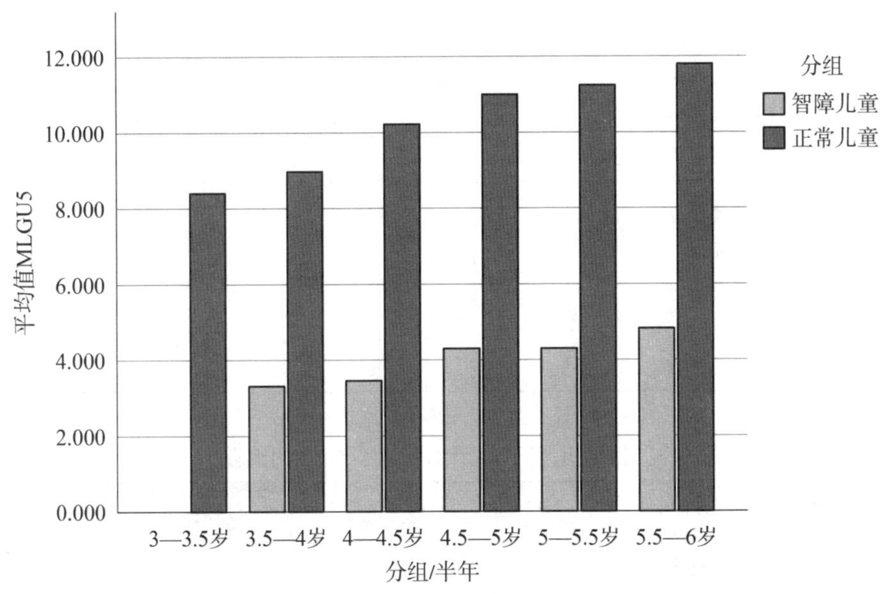

图 7.4　3—6 岁智障儿童与普通儿童 MLGU5 的比较

二、智障儿童句法结构成长发展样态

研究者希望进一步了解智障儿童的句法发展究竟是怎样的一个过程。在跨度大概三年的时间里，这些智障儿童的自发性语句表达大致呈现什么样的句法形态？采用 MAXWD 指令，我们可以调出 MLGU5 的具体例句，表 7.8 至表 7.13 分别列出了 6 名智障儿童个案中最长五个句子的发展情况。

表 7.8　智障儿童 BXY 产出最长五句话的追踪分析

月份	最长五句话	月份	最长五句话
46 月	*CHI：妈妈在玩对吗? *CHI：妈妈要玩那个! *CHI：小熊玩球. *CHI：你玩我玩! *CHI：宝宝帽子摘掉!	52 月	*CHI：妈‡小猪要回家! *CHI：妈‡小猪不玩了. *CHI：&啊这个小朋友上楼. *CHI：小朋友玩玩具,好不好啊? *CHI：小猪回家啦.
48 月	*CHI：小白兔站起来. *CHI：小白兔吃螃蟹. *CHI：小白兔吃螃蟹. *CHI：小白兔吃螃蟹. *CHI：咪咪不玩嘀嘀呜.	54 月	*CHI：哪儿都不坐. *CHI：&啊他坐着抽香烟. *CHI：我要看昕昕啊. *CHI：小朋友打针吊水啦. *CHI：凡凡嘴巴吃香烟.
50 月	*CHI：我不要玩了. *CHI：我不玩了. *CHI：妈妈要看昕昕! *CHI：不玩了. *CHI：要玩那个!		

表 7.9　智障儿童 LRL 产出最长五句话的追踪分析

月份	最长五句话	月份	最长五句话
45 月	*CHI：不能撕坏啦. *CHI：小车子放里面呵呵. *CHI：＜又摔倒了又摔倒了＞[/]又摔倒了. *CHI：两个三个. *CHI：要关起来.	51 月	*CHI：倒了. *CHI：xx 小羊. *CHI：好.
48 月	*CHI：梁梁也肚子饿了. *CHI：开到家里面去. *CHI：小猪藏起来了. *CHI：又打开了. *CHI：啊门吱啊.	53 月	*CHI：小娃娃在哪里? *CHI：＜砸扁了＞[/]砸扁了. *CHI：这个放进去. *CHI：不要捡. *CHI：打扁了.

续表

月份	最长五句话	月份	最长五句话
55 月	*CHI：不小心戳出血啦. *CHI：坐在小沙发上. *CHI：倒茶给妈妈喝. *CHI：小门坏了. *CHI：小绿颜色的.	61 月	*CHI：我和爸爸妈妈看着妹妹. *CHI：这是个零. *CHI：写不出来啦. *CHI：画只羊嘛. *CHI：给梁梁不吃.
57 月	*CHI：再画一遍. *CHI：再来一遍. *CHI：爸爸来啦. *CHI：爸爸来啦. *CHI：再喝点.	63 月	*CHI：给爸爸吃+.[+bln]给梁梁吃+.[+bln]给妈妈吃. *CHI：我吃一半+.[+bln]妈妈吃一半. *CHI：老师不是三+.[+zzn]老师四. *CHI：老师一个圈圈. *CHI：小鸭不见了.
59 月	*CHI：走起路来摇&啊[/]摇. *CHI：再画一个妹妹. *CHI：写大的六. *CHI：七剪下来了. *CHI：不剪小船.		

表 7.10　智障儿童 MY 产出最长五句话的追踪分析

月份	最长五句话	月份	最长五句话
46 月	*CHI：谢谢妈妈. *CHI：一二. *CHI：好了. *CHI：好了. *CHI：好玩.	50 月	*CHI：做好了. *CHI：奶奶不要. *CHI：我来了. *CHI：放在这里. *CHI：妈妈会.
48 月	*CHI：一二五. *CHI：妈放好! *CHI：不要. *CHI：一二. *CHI：羊妈妈.	52 月	*CHI：肚子饿了要吃. *CHI：大熊爬树. *CHI：小狗爬树. *CHI：我第一名. *CHI：要吃奶瓶.

续表

月份	最长五句话	月份	最长五句话
54 月	*CHI：我也给你吧！ *CHI：不给哥哥一个. *CHI：看未来世界的怪人. *CHI：这是我的. *CHI：又来人了.	58 月	*CHI：你看有一个洞妈妈. *CHI：自己穿衣服一点都不难. *CHI：小兔子先生要洗澡啦. *CHI：我来帮你弄妈妈. *CHI：怎么了洗澡了妈妈.
56 月	*CHI：这里有一个洞. *CHI：有一个洞. *CHI：不愿做毛毛虫. *CHI：有一个洞. *CHI：蝗虫快来呀！		

表 7.11　智障儿童 PY 产出最长五句话的追踪分析

月份	最长五句话	月份	最长五句话
53 月	*CHI：不叫鹦鹉啊！ *CHI：& 喔大房子走路！ *CHI：没看到. *CHI：这是七. *CHI：你看呀！	61 月	*CHI：不知道它长得像. *CHI：小鸡见过的. *CHI：不想玩这个呀！ *CHI：因为女孩有这个帽子. *CHI：做房子等一等！
55 月	*CHI：给<小猪>[/]小猪搭个房. *CHI：还有小猪没地方放. *CHI：<好多小猪>[/]好多小猪哦. *CHI：哪小猪啊? *CHI：妈摆边呀?	65 月	*CHI：还有一个那种树. *CHI：那两个羊去大马路. *CHI：& 哎呀还有一个没有东西架. *CHI：马上变好树啦. *CHI：变成了好树.
59 月	*CHI：不是好几遍. *CHI：因为好大的风. *CHI：会把手烫到. *CHI：现在他在房子这边. *CHI：还有两个窗户.	67 月	*CHI：待会儿坐到又要痛死了. *CHI：这是树妈妈+.[+bln]这是树爸爸！ *CHI：没有摆哪里 & 啊不好摆呀！ *CHI：还有哪个是好装的? *CHI：你再夹一个咖啡颜色.

续表

月份	最长五句话	月份	最长五句话
69 月	*CHI：＜这里摆好＞[//]哪里摆好多啊？ *CHI：好多东西这里摆不下！ *CHI：手脏了就洗洗手. *CHI：小兔太大摆不下. *CHI：门打开了脚会冷.		

表 7.12　智障儿童 SJY 产出最长五句话的追踪分析

月份	最长五句话	月份	最长五句话
56 月	*CHI：这一个. *CHI：我弄上. *CHI：我的. *CHI：好的. *CHI：好.	65 月	*CHI：还有一个啊？ *CHI：不玩了. *CHI：门呢？ *CHI：拿这个. *CHI：好[/]好了.
58 月	*CHI：好. *CHI：好. *CHI：球. *CHI：&嗯没有. *CHI：这个.	67 月	*CHI：&嗯我玩啦. *CHI：好了. *CHI：这个啊？ *CHI：好. *CHI：板板.
60 月	*CHI：你说什么啊？ *CHI：你画这张. *CHI：你有吗？ *CHI：不要这个. *CHI：换一个.	68 月	*CHI：好&哎赢了. *CHI：＜来呀来呀＞[/]来呀呀. *CHI：&嗯二一二. *CHI：被打败了！ *CHI：开了.
62 月	*CHI：滚的. *CHI：小猪. *CHI：对的. *CHI：对的. *CHI：不知道.		

表 7.13　智障儿童 ZLH 产出最长五句话的追踪分析

月份	最长五句话	月份	最长五句话
44 月	*CHI：不要. *CHI：好啊. *CHI：好了. *CHI：棒哦. *CHI：没了.	48 月	*CHI：一二三四. *CHI：小兔兔在哪里? *CHI：妈妈来呀. *CHI：<开开开>[/]开来呀. *CHI：这里一个.
46 月	*CHI：囡囡‡你看这是什么? *CHI：不要啊要. *CHI：不要啦要. *CHI：二二七七. *CHI：不要啊要.	50 月	*CHI：好啦‡开啦! *CHI：门开啦! *CHI：它开啦! *CHI：它开啦! *CHI：滑好了.

三、智障儿童句法结构发展的具体分析

通过对比分析上述智障儿童的语法结构，我们发现，汉语智障儿童呈现出语法结构发展的不同特征(表 7.14)。

表 7.14　汉语儿童句法结构发展指标

维度	指标
量词短语	数量结构
	数量名结构
	代数量结构
的字结构	名词-的-名词
	动词-的-名词
介词短语	介词短语
宾语复杂度	宾语为短语
	宾语从句
把字句	把字动词修饰
	把字动补

续表

维度	指标
连动结构句	连动结构句
兼语句	兼语句
复合关系句	并列
	补充
	承继
	条件
	转折
	因果

汉语智障儿童产出的句子主要是以简单句为主，到5岁以后才开始产出具有并列和转折关系的复合关系句。分析汉语智障儿童的语法结构，我们发现：

第一，数量结构方面。3岁时，智障儿童所产出的数量结构均以量词“个”为核心，为简单的“数-量”结构，比如45个月的LRL所产出的“两个”“三个”，“数-量-名”结构并没有产出。4岁时，所产出的量词结构中，“数-量”结构有“一遍”“一个”“几遍”“一名”；“数-量-名”结构有所显现，比如59个月LRL所产出的“一个妹妹”，56个月和58个月MY所产出的“一个洞”，59个月PY所产出的“两个窗户”；“代-数-量”结构产出非常少，56个月SJY所产出的“这一个”。5岁时，智障儿童所产出的“数-量”结构包括了“一半”“一个圆圈”“一个”；“数-量-名”结构方面，65个月的PY产出了“一个那种树”“两个羊”，67个月的PY产出了“一个咖啡颜色”。通过数量结构的分析，我们发现，汉语智障儿童不同年龄段所产出的数量结构呈现出如下几个特征：(1)整体数量比较少；(2)所产出的数量结构中以“数-量”结构为主；(3)随着年龄的增长，智障儿童的“数-量-名”结构的产出有所增加。可见，智障儿童的数量结构也呈现出一定的年龄递增趋势，作为汉语语法中具有标志性的结构，数量结构的发展可能会推动汉语智障儿童语句长度和句法复杂度的增长。

第二，的字结构方面。智障儿童产出的的字结构中，主要是以“形容词-的-名词”为主，但是产出的数量非常少，而且主要集中在4岁时，比如59个月的PY所产出的“好大的风”，55个月的LRL所产出的“小绿颜色的”，59个月的LRL所产出的“大的六”。其中LRL所产出的结构出现了两次，虽然比较少，但是我们仍然可以推测，当智障儿童获得了这种语法结构之后，句子中会经常产出。此外，虽然智障儿童产出了上述结构，但是在具有标志性发展意义的的字结构产出上，智障儿童并没有任何产出。

第三，介词短语方面。通过分析我们发现，汉语智障儿童总共产出了一次介词短语，是由LRL在55个月时产出的“在小沙发上”“给妈妈”。其他阶段并没有介词短语产出。可见，智障儿童在产出介词短语方面存在普遍困难。

第四，宾语复杂度方面。宾语是词、短语还是句子，直接影响或者决定了语法的复杂度水平。通过分析智障儿童所产出的句子，我们发现，宾语为词的情况是最常见的。3岁时，这些词包括“球”“螃蟹”“嘀嘀呜”“里面”，4岁时宾语为词的情况更加普遍起来，包括“家”“楼”“香烟”“水”“树”等，到5岁时，这种情况已经随着智障儿童名词产出的增加而逐步增加，比如增加了“妹妹”“小船”“东西”“手”“羊”。宾语为词的情况是从4岁开始普遍的，比如54个月时MY产出的“给哥哥一个”，56个月时MY产出的“这里有一个洞”，59个月的LRL产出的“再画一个妹妹”“写大的六”等；5岁时产出的宾语为词的情况进一步增加，比如61个月的PY产出的“因为女孩有这个帽子”，65个月的PY产出的“那两个羊去大马路”，67个月的PY产出的“这是树爸爸”和“你再夹一个咖啡颜色”，60个月的SJY产出的“你画这张”，65个月的SJY产出的“还有一个啊”，63个月的LRL产出的“我吃一半”“妈妈吃一半”。基于上述分析，我们认为，汉语智障儿童的宾语句子复杂度呈现如下几个特征：(1)以单个名词为主，所产出的宾语为词的情况随着智障儿童名词产出的增加逐步增加，但仅仅体现在数量上；(2)4岁开始产出了宾语为短语的情况，这些短语以数量结构为主，但是相对比较简单；(3)不同年龄段的汉语智障儿童并没有产出任何宾语从句，这表明，整体上智障儿童的句子复杂度水平并不高。

第五，把字句方面。通过分析我们发现，智障儿童并没有产出任何形式的把字句。

第六，连动结构句方面。4岁时，58个月的MY产出了“我来帮你弄妈妈”这一句带有连动结构的句子，54个月的BXY产出了“他坐着抽香烟”，55个月的LRL产出了“倒茶给妈妈喝”。整体上，智障儿童产出的连动结构句非常少，而且多集中在4岁阶段。

第七，兼语句方面。智障儿童产出的兼语句非常少，58个月时MY产出了“我来帮你弄妈妈”这一句带有连动结构句的兼语句，其他年龄段均没有兼语句产出。

第八，复合关系句方面。在复合关系句的产出上，智障儿童有所表现，但是在这些产出的复合关系句中，并没有明显的复合关系连词作为标记，比如63个月的LRL产出的“给爸爸吃 +. 给梁梁吃 +. 给妈妈吃.”“我吃一半+.[+bln]妈妈吃一半.”“老师不是三+.[+zzn]老师四.”以及67个月的PY产出的“这是树妈妈+.[+bln]这是树爸爸!”，这6名智障儿童在追踪期间产出的复合关系句总共才4句。这表明，智障儿童还不具有描述句子关系的能力，其语法掌握的水平还比较低。

通过上述分析，我们发现，智障儿童的语法结构产出具有如下几个特点：第一，语法结构的产出随着年龄增长逐步增加，特别是数量结构以及宾语复杂度方面；第二，大多数智障儿童的语法发展水平比较低，所产出的语法结构都比较少而且简单；第三，语法结构的产出具有互补性，比如对 LRL 的语法结构产出进行分析，我们发现 LRL 产出了上述语法结构的多种，这表明 LRL 语法结构的产出，为其他语法结构的产出提供了支架。

四、智障儿童句法结构与普通儿童的对比分析

那么，与正常儿童语法结构产出的特征或者常模特征相比，智障儿童的语法产出具有怎样的差距呢?

第一，量词短语方面。汉语儿童量词短语的发展早在 1 岁 8 个月就已经开始了(转引自吴庄、黄荣、张政豪，2015)。量词短语是衡量儿童语法结构水平的重要标志，也是汉语独有的句法结构类型。朱曼殊(1986)对量词结构的分析发现，4 岁儿童已经能够使用“数词＋量词＋名词”这一公式了。通过对比汉语正常儿童不同词汇结构的发展常模特征，我们发现：(1)智障儿童所产出的量词结构数量严重低于汉语正常儿童，后者的量词短语结构产出均值在 3 岁、4 岁和 5 岁分别达到了 5.84 个、8.17 个、10.13 个；(2)从产出的量词结构质量来看，智障儿童所产出的量词结构中的量词比较集中而且数量较少，主要以“个”为主，但是汉语正常发展的儿童则可以普遍产出大量的名量词和动量词，“数-量”结构的发展具有显著的年龄发展趋势，但是这些特征并没有出现在智障儿童群体中；(3)不同年龄段的汉语正常儿童在“数-量-名”结构上的产出平均数量基本维持在 2 个，但是智障儿童的“数-量-名”结构产出还不具有普遍性，只是“零星式”地有所产出，从年龄来看，也是从 4 岁才开始产出。

第二，的字结构方面。孔令达等(1990)提出学龄前儿童最常使用的有 6 种，包括“动词-的”“名词-的”“形容词-的”“动词-的-名词”“名词-的-名词”“形容词-的-名词”；但是在汉语儿童所产出的的字结构中，从产出数量的角度，仅有“名词-的-名词”“动词-的-名词”具有发展的年龄梯度，但是很遗憾，上述两种的字结构都没有出现在汉语智障儿童群体中。这表明，汉语智障儿童对事物的所属所有认识不清，对事物的动作属性了解不足，因此并没有产出诸如“我的妹妹”“吃的东西”等的字结构。

第三，介词短语方面。在介词短语的产出上，汉语儿童产出最多的是“在”字介词短

语。在汉语儿童不同年龄段语法结构产出的探索中，我们发现，汉语正常发展儿童的"在"字介词短语产出在三个年龄段分别达到了 2.81 个、3.03 个、4.56 个，可以说是产出非常普遍的。但是在分析了智障儿童的语料后，我们发现，智障儿童仅仅在 4 岁时产出了一次"在小沙发上"，而且是语法结构水平整体比较高的 LRL 所产出的。可见，整体上，智障儿童在"在"字介词短语的产出上存在困难，反映出他们对事物的位置以及描述存在一定的困难。

第四，宾语复杂度方面。句法的复杂度可以很好地反映儿童句法的发展水平。随着儿童年龄的增长，汉语普通话儿童的简单句会逐渐完善，无修饰语句子的数量越来越少，有修饰语句子的数量越来越多。3 岁时，修饰语的句子已经超过 50%，到 6 岁时，含修饰语的句子已经达到 91.3%。对汉语正常发展儿童的研究发现，宾语为短语的情况在三个年龄段分别达到了 57.58 次、63.70 次、81.91 次，而句子中使用宾语从句的情况则分别达到了 4.25 次、6.43 次、6.65 次；可见，汉语正常发展儿童的句子中宾语为短语、宾语为从句的情况已经为普遍特征。但是，分析汉语智障儿童的数据，我们发现，智障儿童所产出的句子中，宾语为词的情况是最常见的，而宾语为词的情况是到 4 岁才开始产出的，5 岁时产出的宾语为词的情况进一步增加。此外，智障儿童所产出的宾语词多以简单的修饰短语和数量短语为主，平均不超过 3 个词素，综合判定宾语为词的产出是落后于正常儿童的，而且智障儿童并没有产出宾语从句。因此，宾语的复杂度方面，智障儿童是远远落后于正常儿童的。

第五，把字句方面。把字句是汉语特殊句式的一种，也是儿童语言发展的重要标志。对汉语正常发展儿童把字句习得的探究发现，虽然整体上所产出的把字句较少，但是不同年龄段汉语儿童均普遍有把字句产出。通过分析我们发现，智障儿童却没有产出任何形式的把字句。从把字句自身的特点出发，把字引导的句子表示对事物或人处置的结果，这就需要儿童将动作与结果密切联系起来，由此可见，智障儿童并没有理解动作与对事物或者人处置结果之间的关系。

第六，连动结构句方面。对汉语正常儿童连动结构句的产出分析发现，不同年龄段汉语儿童均普遍产出了大量的连动结构句，三个年龄段产出的连动结构句分别达到了 4.38 句、5.32 句、6.91 句；但是反观智障儿童，我们发现，智障儿童到 4 岁才开始出现这一语法结构，而且整体上，智障儿童所产出的连动结构句非常少。由于连动结构句是包括两个或两个以上动词短语或字句的句子，这表明智障儿童在连续性产出动词上存在困难。

第七，兼语句方面。汉语正常儿童的兼语句从 2 岁半就已经开始出现(朱曼殊、武进之、缪小春，1979)，对 3—6 岁汉语正常儿童兼语句产出的常模特征进行分析，我们发现，汉语正常儿童兼语句产出在 3—4 岁、4—5 岁、5—6 岁分别达到了 1.63 次、2.37 次、2.88 次。可见，兼语句已经成为汉语儿童普遍习得的语法结构。但是智障儿童所产出的兼语句非常少，仅在 4 岁时产出了一句，其他年龄段均没有兼语句产出。儿童的兼语句主要是使令式的，由“叫、让、使”等动词引导，这表明智障儿童还没有习得使役动词的用法，这也是未来需要关注之处。

第八，复合关系句方面。汉语正常发展儿童可以普遍产出复合关系句，其中产出最多的复合关系句是联合关系句和偏正关系句，前者包括并列、补充、承继、递进、选择等多种，后者则包括因果、转折、条件等。对汉语儿童复合关系句产出特征的分析发现，汉语儿童可以普遍产出多种复合关系句，其中产出最多的是并列关系句、补充关系句和承继关系句；而且自 3 岁开始，上述复合关系句中均出现了连词的标记。反观智障儿童，我们发现，他们所产出的复合关系句主要是并列关系句和转折关系句，而且数量少；最重要的是，智障儿童即使到了 5 岁阶段，仍然没有产出具有连词标记的复合关系句。这表明，虽然智障儿童在 5 岁出现了复合句雏形，但与同龄普通儿童相比较，他们对于表现不同关系的复合句很不擅长，即使产出两个相关的短句，也缺乏关联的词汇，因而无法清晰地表达更加具体的意思。

五、智障儿童早期句法学习与发展的教育干预建议

在基于语料库的早期句法发展评价结果上，我们对智障儿童早期句法学习与发展提出下列教育干预建议。

第一，将智障儿童的词汇与句法学习联系起来，遵循汉语儿童早期语言发展规律开展智障儿童早期语言教育干预。尽管研究一再发现和证明智障儿童早期词汇与句法发展存在困难，与普通同龄儿童相比较，他们的词汇和句子的产出与使用都存在着明显差异。但是，我们研究发现，智障儿童在语言发展均滞后于普通儿童的同时，呈现出功能性词汇产出特别落后的状态，比较明显地影响到他们的句法发展水平。因而建议按照从理解到表达的儿童语言学习规律，安排智障儿童的词汇和句法一体化学习计划。

第二，建议采用图画书阅读和故事游戏等方式对智障儿童进行早期句法干预。通过图画书阅读和故事游戏，可以用故事确定主题性谈话，提供重复性的语境，比如问儿童故

事中主人公干了些什么，结局如何等等，要注意所提的问题应由易到难和由具体到抽象。比如一开始问："它看起来像什么？""它是用什么做的？"等，再过渡到更难的问题："如果猎人来，会发生什么情况？""哪些东西是一样的？"建议选择合适难度的图画书和动态情境，同时可以创设相应的游戏情境，引导智障儿童逐步理解学习内容，在理解的基础上进一步进行提问，以便儿童从故事中学习理解新的词汇和句式，学会一些新的表达方式。

第三，语言属于符号的一种，符号活动意义的产生、传达和阐释过程，除语言符号外，还包括绘画、舞蹈、音乐符码、文化符码、医学符号、动作符号乃至嗅觉符号、触觉交流等。各种符号系统之间存在一种共性，其他符号的学习与语言符号系统的发展能够相互促进。曾经被称为"全面交流法"的方式在智障儿童早期语言干预中可以很好地加以运用。总之，整合观念指导下的智障儿童语言干预，其含义之一是在方式上也同样走向整合，在活动中糅和多种与儿童发展有关的符号系统协同参与，从而使幼儿在外界环境因素的刺激和强化作用下，产生积极的运用语言与人、事、物交往的需要、愿望和关系，并主动地通过多种符号手段（包括音乐、美术、动作、语言等）作用于环境。

第八章

运用语料库进行自闭症儿童早期词汇发展诊断与监测

自闭症曾被视为一种罕见的病症，在近三十年的研究中，自闭症谱系障碍（Autism Spectrum Disorder, ASD）已经成为儿童发展障碍的三大类型之一；因为几乎所有的自闭症儿童都存在明显的语言发展迟缓和落后现象，自闭症谱系儿童的语言、社会或认知障碍中，语言障碍是诊断自闭症的核心症状（APA, 2013; Baron-Cohen et al., 2000; Daley, 2002; Murray, 1996; Weru, 2005; Tager-Flusberg, 2004）。在儿童语言发展关键期进行语言干预，并由此产生长期预后效应的目标，使得国际研究界一直关注着自闭症谱系障碍儿童的语言发展与诊断研究，并将之称为儿童语言研究理论与实践的"自然实验室"（Eigsti et al., 2013）。本章将从自闭症儿童的发展特点入手，讨论自闭症儿童早期词汇发展诊断与监测问题，为语言干预提供一些基于实证的教育建议。

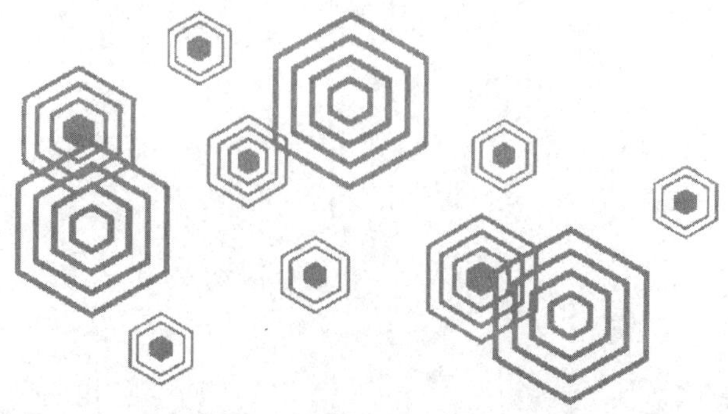

第一节　自闭症儿童的发展特征与词汇习得障碍研究

近年来的研究认为，自闭症以及其他广泛性发展障碍的患病率已接近人群的 1%（Daley，2002；Murray，1996；Weru，2005）。根据美国精神医学学会发布的《精神疾病诊断与统计手册第 5 版（DSM－5）》（APA，2013），自闭症谱系障碍的诊断标准主要有两个：在多种场所下，社交交流与社交互动方面存在持续性的缺陷；受限的、重复的行为模式、兴趣和活动。这些症状从儿童早期出现，并限制或损害了日常功能。

一、自闭症儿童的发展特征

从儿童发展的不同维度来看自闭症谱系儿童，已有的研究发现，他们的发展存在以下问题。

（一）社交交流与社交互动

从社交交流与社交互动方面来看，自闭症谱系儿童有比较明显的社交情感互动缺陷。自闭症幼儿非常明显不能与人进行轮流对话，缺少情绪或情感，有的甚至完全不能开启或回应社交互动。在成长过程中，自闭症谱系儿童可能存在着社交互动中使用非语言交流行为的缺陷，例如语言和非语言交流的整合困难，缺乏联合注意，异常的眼神接触和身体语言，乃至面部表情和非语言交流的完全缺乏；他们存在着发展维持和理解人际关系的缺陷，例如难以调整自己的行为以适应各种社交情境，有可能出现攻击行为，有难以分享想象的游戏或交友的困难，也有对同伴缺乏兴趣的表现（APA，2013）。

在自闭症谱系儿童的发展过程中，我们经常会看到他们受限的、重复的行为模式，具体表现为：（1）刻板或重复的躯体运动、物体使用或言语，例如简单刻板的躯体运动，摆放玩具或翻转物体，模仿言语特殊短语。（2）坚持相同性，缺乏弹性地坚持常规或仪式化的语言或非语言的行为模式。例如对微小的改变极端痛苦，有难以转变的僵化的思维模式，需要走相同的路线或每天吃同样的食物，等等。（3）高度受限的固定兴趣，异常的强度和专注度，以及对不寻常物体的强烈依恋或过度局限或持续的兴趣。例如迷恋平底锅、花好几个小时写日记等（APA，2013）。

（二）认知发展

多项研究报告表明不同的自闭症个体之间差异较大。研究者使用韦氏智力量表（Wechsler，2000）、格里菲斯发育评估量表（Alin-Akerman and Nordberg，1980）、心理教育量表（Lansing，Marcus，Reichler，and Schopler，1990）等进行测验，结果表明，在患有自闭症的人群中，约有23％认知发展正常，39％发育迟缓，38％存在认知障碍（Fernell et al.，2010）。特别是从智力来看，自闭症幼儿中，20％的患者智力正常或高于正常智力，80％存在智力迟缓或障碍（Fombonne，2003）。有研究者因此将智力较高的自闭症患者称为高功能自闭症（High Function Autism，HFA）（Cohen，2000；Tsai，1996）。曾经有一段时间，研究者对高功能自闭症的研究较多。不过近年来，越来越多的声音表达出对这一划分方式的批判。有研究者认为自闭症人士的行为能力并不取决于他的智力分数（Intelligence Quotient，IQ）有多高，而取决于他在相应的年龄适应自己所处环境的能力（Alvares et al.，2020）。

从感觉发展来看，由于自闭症幼儿在各感觉通道的加工，如视觉、听觉、嗅觉、味觉、触觉输入的信息均存在困难，并且他们对感觉信息的加工方式不同于典型发展个体，表现出各种异常的感觉反应（宋宜琪，2018），他们对感觉输入过度反应或反应不足，或者在对环境的感受方面有不同寻常的兴趣。在视觉通道上，有些自闭症个体会对某些特定的视觉刺激表现出强烈、持续的渴求或兴趣，如喜欢长时间注视闪烁的或者旋转的物体（张永盛、杨广学，2014）；在听觉通道上，自闭症患者普遍存在听觉过滤缺陷，不能过滤无关的听觉刺激，因而导致听觉信息处理能力的损伤（Depape et al.，2012）；在味觉和嗅觉通道上，研究发现与脆性X综合征儿童和感觉调节障碍相比，自闭症儿童存在更多的味觉和嗅觉反应过度问题，如一些自闭症儿童由于味觉或嗅觉的过度反应而厌恶某些食物，从而导致挑食行为（Schoen et al.，2009）；在触觉通道上，自闭症幼儿可能对衣服材质要求高，只能穿棉质衣物，或者抗拒由于剪发、踩沙子带来的触觉体验等，部分自闭症患者对疼痛不敏感，甚至为了追求刺激，过度触摸物体，或出现自残等行为；在本体感觉上，自闭症个体对由肌肉或关节等运动器官传来的感觉信息不敏感，可能会出现走路前倾或左右冲撞等症状（Ben et al.，2009）。

(三) 运动能力

从运动功能来看,自闭症幼儿的粗大运动和精细运动均存在不同程度的障碍,与典型儿童相比滞后程度明显。大肌肉方面,自闭症幼儿普遍学步较晚,抓握动作受损,平衡力较差,表现出怪异的步态和运动姿势,笨拙,且有可能出现脚趾行走的现象。有研究者发现,在 208 名自闭症研究对象中,66%的自闭症儿童能够在 15 个月独立行走;23%的自闭症儿童在 15 个月到 18 个月期间独立行走;10%的自闭症儿童在 18 个月之后独立行走;但有 1 名自闭症儿童甚至到 40 个月才能独立行走。这项研究告诉我们,81%的自闭症儿童学会走路的平均月龄是 18 个月。与此同时,这项研究还观察到,大约有 34%的自闭症儿童出现脚趾行走现象,其中有 19%存在着非常清晰的持续用脚趾行走的问题。

研究也发现,自闭症儿童小肌肉发展的滞后与障碍,可能导致他们在扣纽扣、书写和吃饭时遇到困难(Eigsti, 2013)。有部分自闭症儿童在运动能力发展方面问题严重,还会出现紧张症的症状,如扮鬼脸、蜡样屈曲等。

除此之外,自闭症儿童还存在多种障碍的可能。例如,自闭症儿童往往伴随注意缺陷多动障碍,他们有的在成长过程中会出现癫痫、焦虑症、紧张症等。研究中发现,42%的自闭症儿童同时患有注意缺陷多动障碍,6%的自闭症儿童患有癫痫症(Fernell et al., 2010)。

二、自闭症儿童的语言发展特征

与 DSM - 4 比较,美国精神医学学会最新发布的 DSM - 5(APA, 2013)中,语言已经不再是自闭症的诊断标准,但对自闭症儿童语言的研究仍有重要意义。在 DSM - 5 中,有无伴随语言损害是需要单独考虑的指标;世界卫生组织(WHO)发布的《国际疾病分类第 11 版(ICD - 11)》中也以智力水平与语言水平为衡量标准,将自闭症谱系障碍大致分为 6 类,足见自闭症语言发展的重要性与异质性。

实际上,语言障碍是自闭症幼儿父母注意到的最早症状之一,大部分家长在幼儿表现出明显的语言发展滞后情况后,才寻求医疗机构的帮助,并由此转诊至自闭症相关的机构(Naigles and Tek, 2017; APA, 2013)。许多患有自闭症的儿童都有语言缺陷,其范围从言语完全缺乏到语言迟缓,包括对言语的综合理解力差、模仿性言语、生硬而过于书面化的语言等等。即使这部分儿童语言的词汇、语法看上去是完整的,但他们可能在用于相互社交交流的语用功能方面也有发展损害(APA, 2013)。大约30%的自闭症儿童在5岁时没有发展出功能性语言,而获得功能性言语的自闭症儿童在临床上亦表现出异常的言语和语言特征。这些异常广泛存在于语言的各范畴,一些儿童在词汇和语法领域都表现出缺陷,还有一些儿童的语法似乎受损严重,且个体间差异性极大(Eigsti et al., 2007; Kjelgaard and Tager-Flusberg, 2001; Naigles and Chin, 2015)。

在语言的四大范畴中,自闭症幼儿的语音技能似乎相对是一个强项,不过仍存在一定障碍。例如,说话声调高,有"假声""洋腔洋调"现象;说整句话时,说前几个字时声音大,越到后面声音越小;说话的时候似乎捏着鼻子,一字一字地从嗓子吐声;声音暗哑等。这些情况被认为是因为自闭症儿童呼吸不正常以及肌肉僵硬而造成某些构音障碍导致的(杨希洁,2008)。不过,言语运动技能通常被认为在患有自闭症的儿童身上是可以保留的(Gladfelter and Goffman, 2017)。模仿他人语音,有可能成为自闭症幼儿词汇学习的支架。他们这样"先有声后有义"的策略与典型发展的幼儿所使用的策略相反(Norbury et al., 2010)。当然,也有研究者认为,这样一种语音知觉优先的心理惯性,会导致自闭症儿童在语义理解上出现偏差(彭辉、郑荔,2017)。

从词汇与语法的结构语言(structural language)角度来看,自闭症幼儿语言发展最大的特点,就是语言形式(如词汇和语法)与语言意义发展不对称,"Form is easy, meaning is hard"("形式容易,意义很难")(Naigles and Tek, 2017)。自闭症幼儿可能在词汇、语法等单一测试中获得较高分数,但这些测评工具实际上难以获取自闭症幼儿深层的思维信息。究其原因,还是由于他们刻板的模仿方式。有研究者曾在自然情境下对4名自闭症儿童、4名唐氏综合征儿童、4名普通儿童(以MLU即平均语句长度相配)共三组儿童进行了观察,发现自闭症儿童产生的语法存在大量模仿现象,但模仿所起的作用较小(Tager-Flusberg and Calkins, 1990)。对于典型发展的儿童来说,模仿是重要的语言习得方式之一,语言模仿和语言创造相辅相成、相得益彰,共同促进儿童语言的学习。为什么自闭症儿童存在着大量模仿却没有促进其语言发展?经观察,和典型发展儿童依赖信息分析处理的学习方式(analytic)不同,自闭症儿童的"模仿"采用的是一种完形的或整体的策略(gestalt),即采用回声、重复和程序惯例等策略进行学习(Prizant and Barry, 1983),因此,与典型发展儿童的模仿存在质的差异。虽然自闭症儿童在学习一些形式很好的短语时,采用模仿、"死记硬背"的方法一学就会,但这些短语仅仅被当作一个未加分析、理解的字符串在使用,在真正理解时却出现了较大的障碍。也就是说,自闭症幼儿产出语言并不意味着他们理解了,因为他们只是模仿习得了语言的形式而已。

从语用的范畴来看，大部分自闭症儿童在实际的语用环节也有困难。有研究者分析发现，自闭症儿童在词汇和语法产生方面表现出相对的优势，但在语用方面则没有这样的优势(Su, 2018)。又因为语用与社会交往的研究存在交叉，两者是不可分割的关系，所以这一语言范畴的研究较多。正是由于自闭症儿童在社交交流与社交互动方面受损严重，他们的语用也存在严重障碍，缺少基本的会话技能，难以理解上下语境，甚至完全没有表达性语言等。

三、自闭症儿童的词汇发展

(一) 词汇习得是自闭症儿童相对发展较好的语言范畴

研究表明，与语言的其他范畴相比，词汇习得对自闭症儿童来说是一个相对掌握得较好的领域(Kjelgaard and Tager-Flusberg, 2001; Tsai and Beisler, 1984; Luyster et al., 2007)。

在自然跟踪自闭症儿童语言发展的研究中，或者是在皮博迪词汇测试(PPVT)中，甚至出自家长评估检查表的研究结果都报告过，自闭症儿童在词汇方面的发展呈现与普通儿童相似的发展特征。

从语义类别方面来看，自闭症幼儿具有较为丰富的词汇量，包括游戏、身体部位甚至心理状态等范畴(Weismer, 2011; Tager-Flusberg et al., 1990)。除了接受性语言的组匹配之外，对自由游戏会话的分析也表明，自闭症组产生的单词类型与同龄人一样多，甚至可能比与他们心理年龄匹配的非自闭症儿童更丰富(Ben et al., 2009)。

从形式类别来看，自闭症幼儿的名词、动词和修饰语等主要形式类别的产出随着年龄的增长而稳步增加，且出现了明显的名词偏好，这与普通儿童的发展是一致的(Tager-Flusberg et al., 1990; Fein and Waterhouse, 1979; Fein et al., 1996; Rescorla and Sayfer, 2013; Swensen, 2007)。在实验中发现，自闭症儿童偏向将新的语音形式分配给物体(objects)而不是动作(actions)(Ben et al., 2009)。

在习得语言的内部机制上，自闭症儿童存在基本的语义加工机制，且表现与普通儿童、唐氏综合征儿童相同(Waterhouse and Fein, 1982; Tager-Flusberg et al., 1990; Tager-Flusberg and Sullivan, 1994)。曹漱芹通过研究，证实了汉语自闭症儿童与智商匹配非自闭症儿童一样都存在着语义启动效应。与控制组一样，在文字和图片这两种启动条件下，自闭症组在语义相关的项目上正确率都更高，能够通过启动词和目标词之间的语义关联扩散激活目标词，且反应都更加迅速，其中，图片的启动效应更好。这表明自闭症儿童能够通过词汇和图片两种途径获取语义，即自闭症儿童存在控制的、有意识的、外显的语义加工能力（曹漱芹等，2010）。另外，其他内隐语义加工的研究也表明自闭症儿童能够理解基本词义。例如，埃克斯等人发现自闭症儿童与普通儿童在各项任务上均表现出正常的 Stroop 干扰效应，表明他们具有正常的自动语义加工能力（Eskes et al.，1990）。鲍勃等人通过“记忆错觉”的实验发现，患有阿斯伯格综合征的成人会回忆出实验中并未出现但和目标词存在强烈语义关系的词汇，说明他们受到了语义错觉的影响，这也从反面证明了他们拥有一定的语义加工能力（Bowler et al.，2000）。

（二）自闭症儿童词汇发展仍有障碍存在

虽然自闭症儿童在词汇习得数量上显示出相对较好的能力，也能掌握一些词汇的基本语义，但是许多研究已经证实，自闭症儿童语义的深层发展仍存在严重障碍。有学者认为，语义障碍在自闭症个体语言障碍中处于核心地位（宋宜琪等，2018），是导致语法、语用层面障碍的源头（宋宜琪等，2018）。另有研究发现，自闭症儿童的语义障碍不会随着年龄增长而消失，成年后的自闭症个体仍然存在语义障碍（Paul and Cohen，1985），进而影响自闭症儿童的语用发展。例如，自闭症儿童直到 9 岁时，仍有大约 20%的人在一天内不能使用超过 5 个单词（Gladfelter and Goffman，2017）。

从语义类别来看，精神状态类的词汇如思考、知道和想象，以及涉及心理状态和情绪的词语在自闭症幼儿中极少产出（Eskes et al.，1990；Tager-Flusberg and Sullivan，1994；Naigles and Tek，2017）。在背诵文本的测试中，回忆连贯的或不连贯的系列单词及故事时，自闭症儿童和普通儿童不存在显著差异，但是自闭症儿童回忆出来的情感句子显著少于普通儿童（Beversdorf et al.，1998）。这种困难直接影响到自闭症儿童对句子和语篇的理解。比如，他们对卡通、玩笑、幽默、惊奇、连贯的内容理解存在很大困难。这种语言理解与提取的困难以及心理与情感习得的特定困难，极大地影响了自闭症儿童的语言面貌，使他们无法了解交流情境及对方的谈话主题，通常只能片面或者片段地理解他人的谈话内容，以至于在回答他人提出的问题时，相较同年龄儿童怪异或不正确（Lord and Paul，1997），表现出范围狭窄的、无法与情境相协调的使用方式，显示出语义发展的奇异图景：自闭症儿童常出现一种特殊语义倾向，即产生大量特异性词语（idiosyncratic）和新词语（neologism）（Volden and Lord，1991）。

从形式类别来看，虽然语言功能高的自闭症幼儿的名词产出不断增加，且与典型发展儿童的增长率相似，但是，语言功能低的自闭症幼儿的动词使用增长率明显较慢。另一个有趣的事实是，语言功能低的自闭症幼儿产生的GAP动词（general-all-purpose，通用动词，如make、do和go）比语言功能高的自闭症幼儿或典型发展儿童要多得多。另外一个自闭症儿童比较显著的障碍是，无法很好地分辨人称代词，出现"你""我""他"混用的情况，或者用自己的名字代替"我"使用等。

与上一部分有所冲突的是，有研究者认为自闭症儿童的词汇语义加工机制实际上并不完好。有关自闭症个体单个词汇语义表征的研究发现，自闭症个体掌握了词汇的基本语义，但是语义加工方式与典型发展个体存在差异。相较单词产生而言，自闭症儿童的单词理解不仅相对滞后（Charman et al.，2003），而且在重新提取语词语义时较为困难（Tager et al.，1981；Owens，1991）。语言记忆任务是探讨自闭症儿童语义加工最常用的办法，主要包括自由回忆（free recall）和提示性回忆（cued recall），大量的研究结果发现，自闭症儿童自由回忆语义相关词汇的数量及表现出的语义聚合（semantic clustering）程度都和匹配组差异显著。此外，大量的研究还表明，自闭症患者的回忆仅有近因效应，而无首因效应，首因效应的缺乏及近因效应的扩张可能暗示着自闭症个体在材料加工上使用了异常的策略（Renner et al.，2000；Boucher et al.，1976；Bowler et al.，2009）。有关加工水平效应的研究也发现自闭症个体的语义加工能力存在损伤。加工水平效应是指当典型发展儿童在编码阶段对词汇分别进行浅层的字形加工、语音加工或更深层的语义加工时，得到深层语义加工的词汇在头脑中留下的痕迹更深刻，在回忆阶段的正确回忆率也最高。在针对自闭症个体的研究中却没有发现加工水平效应，说明自闭症个体对词汇的语义加工方式可能与典型发展儿童存在差异（Toichi et al.，2001）。

而自闭症幼儿在词汇方面最大的障碍在于词汇组织，甚至有学者认为，自闭症儿童在词汇组织方面比在语法组织方面表现出更大的困难（Naigles and Tek，2017）。虽然有学者认为自闭症儿童的心理词汇库分布并不是杂乱无章的（即拥有词汇组织能力），而是自成体系，且不同词类以不同的联结方式存在于词汇库中（彭辉、郑荔，2017），但自闭症个体的词汇组织方式和能力是有别于典型发展人群的。梁丹丹等人的研究证实了汉语自闭症儿童也存在语义组织能力弱于典型发展儿童（梁丹丹，2018）。特别是有关单词含义（例如词汇知识）和对象之间关系（例如词汇类别的典型/非典型成员、上位/下位层次结构）的概念理解上功能受损。有研究者对自闭症儿童使用的70 000个会话单词进行了分析（包括概念的形成），研究发现，自闭症儿童的词汇概念存在异常，这种异常尤其体现在上位概念和时态概念两个方面（Perkins et al.，2006）。梁丹丹通过研究发现，自闭症患者出现了对隐喻(例如,啄木鸟是医生)理解困难和转喻(例如,老师批评了眼镜)理解缺陷的问题(梁丹丹,2018)。另一个最能体现自闭症儿童无法围绕相同概念单位组织词汇的例子是自闭症幼儿没有表现出“形状偏好”(shape bias)(Potrzeba, Fein, and Naigles, 2015; Tek, Jaffery, Fein, and Naigles, 2008),例如,典型发展的2岁儿童第一次见到一辆载有货物的黑色大卡车时,人们会告诉儿童“这是卡车”,儿童就会通过对卡车形状特征的观察学习,将来就能正确地再认和命名出其他卡车,即使它的大小、颜色与第一次看到的卡车不同,也没有装载货物,而自闭症儿童却没有这一偏好。据此,有研究者认为,词汇范畴结构受损的最早和最显著的指标之一是,患有自闭症的学龄前儿童没有“形状偏好”(Collisson et al., 2015),这也就导致他们在图片命名任务中犯更多的语义不匹配错误。另外,在分类任务中,自闭症儿童可以按照给出的分类规则对单词进行分类,但不给出分类规则时,自闭症儿童便无法完成词汇分类任务(Minshew, 2002)。自闭症儿童在词汇流畅性任务中也表现出较大困难,虽然他们可以根据给出的类别词产出所属类别的词汇,并且产出的流畅度与语言能力匹配组个体一致,但是自闭症个体产出的词汇所代表的样例更加远离类别的典型范例(例如,知更鸟是“鸟”类别的典型范例,而企鹅不是“鸟”,因为它们不飞),而且他们还会产出不属于目标类别的词汇(Dunn et al., 1996)。在记忆任务中发现,典型发展儿童倾向于打乱识记时的呈现顺序而运用语义关联进行回忆,而自闭症儿童则倾向于刻板地按照词汇呈现的顺序进行回忆(Hermelin and O'Connor, 1975)。

(三)自闭症儿童词汇水平的影响因素

词汇学习与认知水平密切相关(Bennetto, Pennington, and Rogers, 1996; Eigsti, 2007; Hermelin and O'Connor, 1975)。费内尔等人(Fernell et al., 2010)通过对自闭症儿童的认知水平、接受性及表达性词汇的水平进行相关分析发现,表达性、接受性词汇的水平与认知水平显著相关。

对于自闭症儿童语义加工机制异常的原因,现有研究倾向于使用“弱中心统合能力”理论来解释。由于他们主管信息资源整合的中央系统功能失调,而表现出一种特殊的认知加工方式,即过度关注事物的细节或部分特征而忽略对事物的整体加工,因而倾向于将刺激理解为相分离的部分,难以整合形成有意义的整体(Minshew, 2002)。他们不仅在视、听觉等感知觉水平上表现出弱中心统合能力,而且在更高层次的语义加工水平上也表现弱中心统合能力,其表现就是难以完成更复杂的语义任务。不过也有质疑声音出现，有研究者从具身认知理论出发，认为自闭症儿童具有信息的统合能力，而他们自身的感觉运动障碍，导致他们在主客观结合认识世界时，产生了有别于典型发展幼儿的身体经验（宋宜琪，2018），并导致语义概念理解的障碍。刘冬梅等人的实验也发现，自闭症儿童在听觉感受与理解及与视觉相关的理解能力相较发育性语言延迟儿童落后，说明自闭症儿童的感觉障碍影响了他们的词汇理解能力（刘冬梅，2020）。

自闭症儿童的词汇水平也与其社会交往水平息息相关。在对自闭症儿童产出的词汇进行研究时，我们发现他们表现出情绪、精神状态类的词汇出现频率少，GAP 动词使用多等现象，所有这些影响都可以追溯到基于社会的意义识别的困难：孩子们发现很难读懂他人的精神状态和情绪，同样也会发现很难学习这些词，而那些在认知和社交世界中经历更大困难的语言功能低下的孩子可能会过度依赖那些通用词汇（GAP 词汇）。对于自闭症儿童最明显的人称代词混用现象，也是因为儿童对与他人的互惠关系缺乏兴趣和/或缺乏成熟度（Naigles and Tek，2017）。

此外，还有学者从刻板行为的角度解释了自闭症儿童词汇学习的障碍。格拉德费尔特等人（Gladfelter and Goffman，2017）通过研究发现，自闭症儿童的言语运动稳定性较高，这说明自闭症儿童在单词学习任务中迅速依赖更稳定、重复性更强的运动模式，但是这种刻板行为缺乏贬义能力，导致他们在语言学习的后期处于不利地位。

综上所述，有关自闭症儿童词汇水平的研究开展较早，并且很早就被研究者认为是自闭症儿童发展较好的方面。不过随着研究的深入，发现并不是这样，自闭症儿童在深层的词汇语义加工方面存在严重的障碍。关于自闭症儿童词汇水平的影响因素也没有形成定论，仍待研究者们继续深入调查。

（四）有关自闭症儿童词汇习得存在的争议

首先，我们发现，对自闭症儿童的语言发展研究存在许多分歧。例如，早期的研究认为词汇是自闭症儿童的优势范畴，甚至高于同年龄的典型发展儿童。然而最近的研究却越来越多地发现，自闭症儿童深层的词汇水平、语义组织的能力存在严重障碍。毫无疑问，自闭症儿童语言发展是受多重因素影响的，因此需要我们在研究时进行多方面思考。

第二，要想有针对性地测试自闭症儿童的语言水平，我们仍需要更适切、精细的评估工具进行测评。一方面，结构化的、分析性的词汇评价工具似乎适合自闭症儿童，这类任务比大多数理解或产出性语言评价任务更能发挥自闭症儿童的优势，因为理解或表达的测试在很大程度上依赖于已知自闭症儿童中特别受损的认知及社会交际方面(Ambridge et al.,2015),难以考察自闭症儿童纯粹的语言能力。在自闭症谱系儿童的早期语言障碍的监测和诊断方面,国际研究一直存在着两种不同的思路。一类采用标准化的语言测验工具进行正式评估,发现自闭症谱系儿童的语言落后状况及存在问题,从而据此为障碍儿童安排进行早期语言干预方案。例如,通过标准化测试 PPVT(皮博迪词汇测试),曾经有研究者发现,自闭症儿童具有较为丰富的词汇量,报告自闭症儿童以分类为基础的排序、概念的命名、概念的种类、词汇测试与语言年龄匹配的发展障碍儿童相比无差异,但是自闭症儿童的词汇发展与普通儿童相比存在着某种质的差异。

第三,上述的反思不仅应体现在评估中,也应体现在自闭症幼儿的语言教育活动中。尽管自闭症儿童对情境的理解有较大困难,但教师在进行教育时仍有必要提供丰富的语义环境,不断发展自闭症儿童的语境分析能力。有研究者指出,随着时间的推移,语义环境丰富性会影响自闭症幼儿的学习,只是这些孩子们需要比典型发展儿童更多的时间和接触才能产生语义线索效应(Gladfelter and Goffman,2017)。李姗通过研究发现,对自闭症儿童进行语义和语境的干预后,他们的词汇水平语言能力均有显著提高(李姗,2018)。

最后,我们可以看到,以上的各种观点多出自以西语儿童为对象的语言研究,有关汉语自闭症儿童的语言发展研究还很少,这些结论并不能简单地加诸汉语自闭症儿童。从语言学上说,汉语言具有鲜明的与印欧语系国家语言不同的特征。在语言的表达上,印欧语系语言重形合,是“显性”语言,它们从构词、构语、构句到语段中的连接都偏重于使用形式或形态因素,被称为形态型语言;而汉语语言重意合,是“隐性”语言,主要是逻辑、语义和语序在起作用,被称为语义型语言(潘文国,2001),与形态型语言有极大的不同。从文化上说,汉语儿童与美国儿童处于不同的文化环境,而文化差异对语言发展的影响非常重要。汉语言文化环境下自闭症儿童的语言发展,极有可能呈现不同的发展状况。不过近年来,已经有越来越多的中国学者开始研究普通话自闭症儿童的语言发展。例如,苏怡对学龄前汉语接触自闭症儿童进行了全方位的研究,对汉语自闭症儿童的词汇、语法、去语境语用等方面进行了与西方幼儿、典型发展儿童的比较研究,发现汉语自闭症儿童在语言各方面的发展,似乎比来自西方的样本都更具有延迟性(Su,2018)。今后,随着汉语自闭症儿童相关研究的增加,或许会有更多不同的结论产生。

第二节 自闭症儿童词汇多样性的整体发展水平评价与监测

近年来，中国研究团队执行国家哲学社会科学研究项目，对于积累多年的汉语儿童语料库进行了再研究，获得了具有较强应用价值的汉语儿童早期语言发展常模和指标体系，并尝试应用于汉语儿童早期语言发展评价。本研究项目运用基于语料库的研究范式，对一组自闭症儿童进行了语言发展评估。

一、研究设计与方法

(一) 研究对象

本研究选择了国家哲学社会科学基金项目“汉语特殊儿童语言发展与语料库建设的研究”①中的4名自闭症儿童追踪数据进行分析，追踪频率为每两个月一次。4名自闭症儿童的诊断主要通过两种方法进行：一是使用会聚式评估，如DSM-Ⅳ(《美国精神疾病诊断与统计手册》第四版)、ICD-10(《国际疾病分类》第十版)和CARS(儿童孤独症评定量表)对他们进行了多次测量，测量结果一致，即均被判断为自闭症；二是请相关国际国内言语和语言障碍评估与矫治专家对这4名儿童进行评估，根据亲子互动录像、家长访谈以及多项评估测试，确认他们均为自闭症儿童。这4名儿童的基本情况如表8.1所示。

表8.1 自闭症儿童个案基本资料以及数据分布

被试	功能性	智商	初始MLGU	开始时间	结束时间	年龄段及对应数据量			
						3岁	4岁	5岁	合计
DWC	高功能	112	2.67	4;7	5;6	0	5	8	13
XTJ	高功能	124	2.08	3;10	5;3	2	14	5	21

① 国家哲学社会科学基金项目“汉语特殊儿童语言发展与语料库建设的研究”(05BYY039)。

续表

被试	功能性	智商	初始 MLGU	开始时间	结束时间	年龄段及对应数据量			
						3岁	4岁	5岁	合计
GYF	低功能	测不出	2.23	4;2	5;8	0	11	10	21
WTY	低功能	测不出	4.21	3;11	5;4	2	12	5	19

注：被试DWC在5;6获得数据2次；被试XTJ在4;0、4;6各获得数据2次；被试GYF在4;6、5;6各获得数据2次；被试WTY在3;11获得数据2次。

(二) 语料收集

本研究采用录像的方法追踪收集语料，每次拍摄均在儿童观察室里进行。考虑到研究的延续性，研究者选择“森林大屋与动物”系列玩具提供给自闭症幼儿与其父母互动，母亲和孩子可依据自己的情况有所选择，确保自闭症幼儿游戏互动的兴趣，并能够激发出母亲与孩子互动语言的产生。为了检验拍摄到的自闭症幼儿的语言表现是否反映其真实的语言状况，每次拍摄完毕后研究者会询问其母亲有关孩子的语言表现，如果表现真实则作为有效数据，否则考虑重新为其补拍。研究期间每次拍摄时间为30分钟，每两个月拍摄一次，并接受家长的咨询。在拍摄录像过程中，研究者利用录音设备记录所有语音信息。

(三) 语料转录与编码

本研究用文字的方式将录像中母亲和孩子的言语与身体语言记录下来，并按照CHILDES国际儿童语料库对文件格式的要求，转换为可在CLAN中运行的文本文件格式。分别对儿童和母亲的每个语句(utterance)进行标记。除了汉字外，所有的符号在英文状态下显示。

(四) 语料库运算过程

第一，语料输入与计算机自动切分。将采集到的语料用CHAT(国际儿童语言语料录写系统)格式录入到语料库之后，根据CHILDES国际儿童语料库的要求和汉语儿童语言的特征，计算机将按照前期研究对语料进行由Java程序zhoseg.js自动调取、匹配的分词过程，同时进行汉语语言规则的语句切分处理，特别包含汉语具有复合关系分句的呈现，提高计算机处理语句的准确度。

第二，在前期研究中已经形成可供分析汉语各类不同词型的%mor 运算功能。在汉语儿童语料运算时，可以根据汉语常用多义词和多音词的特点，优化处理数据语料词法层%mor 的准确分析程度，保证运算过程的词汇自动分类运算。

第三，运用 CLAN 程序中的 KidEval 指令进行分析。KidEval 指令已经集成了周兢和张义宾研制的“基于汉语儿童语料库的语言发展测评系统”的部分指标。这个指标系统包括：(1)汉语儿童词汇整体发展测评指标 CvocD；汉语儿童词汇结构水平发展测评指标。CvocD 是词汇多样性指标 vocD 在中文情境下的特殊运用，代表汉语儿童的词汇多样性水平。词汇结构水平发展测评指标则包括汉语 8 大词类(名词、动词、代词、形容词、副词、量词、连词、介词)的词型数和词频数；(2)汉语儿童语法整体发展测评指标 MLGU 和 MLGU5；汉语儿童语法结构水平测评指标。MLGU 是平均句子长度的简称，MLGU5 则是儿童所产出最长五句话的平均句子长度。汉语儿童语法结构水平测评指标包括汉语儿童语言中常出现的句法结构，比如量词短语、的字结构、介词短语、宾语为短语、宾语为从句、连动结构句、把字句、兼语句以及复合关系句等。

第四，通过运行 KidEval 指令，计算机可以将自闭症儿童的词汇发展数据与 CHILDES 国际儿童语料库中的常模参考数据进行自动化对比分析，并将每位儿童每次的观察结果都转成 Excel 文件，在 Excel 表格中会自动标记自闭症儿童与正常儿童发展参考常模的差异显著性水平(图 8.1)。如图 8.1 所示，基于上述语料库运行过程，我们通过已有汉语儿童语言发展测评系统的对应分析，获得自闭症儿童语料的词汇发展水平和语法发展水平的评估结果。

	A	B	C	D	E	F	G	H	I	J	K	L	M	N	O	P	Q	R	S	T	U
1	File_DB	Language	Corpus	Code	Age(Month)	Sex	Group	Race	SES	Role	Education	Custom_field	Total_Utts	MLU_Utts	MLU_Words	MLU_Morphemes	MLU100_Utts	MLU100_Words	MLU100_Morphemes	FREQ_types	FREQ_tokens
2	mingming.cha	zh	zhou2	CHI	48	male	.	.	.	Target_Child	.	.	45	45	2.178	2.178	45	NA	NA	42	98
3	+/-SD	.	.	.	.	.	.	.	.	.	.	.	-1.126	-1.122	-1.29	-1.288	NA	NA	NA	-2.29	-1.429
4													*	*	*	*				**	*
5	Mean Database	.	.	.	.	.	.	.	.	.	.	.	98.967	97.944	4.373	4.473	100	3.74	3.794	130.956	412.911
6	SD Database	.	.	.	.	.	.	.	.	.	.	.	47.917	47.191	1.702	1.782	NA	1.48	1.521	38.838	220.382
7	Number files	.	.	.	.	.	.	.	.	.	.	.	90	90	90	90	28	28	28	90	90
8																					
9	PLEASE SEE SLP MANUAL FOR RECOMMENDED INTERPRETATION.																				
10																					
11	+/- SD * = 1 SD, ** = 2 SD																				
12	Database keywords: 4;-4;5																				
13	Database date: 2019-10-02, 01:27																				
14																					
15																					
16																					

图 8.1　KidEval 指令的运算结果

第五，如图 8.2 所示，应用“基于汉语儿童语料库的语言发展测评系统”的指标对自闭症儿童进行测评的流程是：首先关注词汇和语法发展的一级指标 CvocD、MLGU 和 MLGU5；当发现自闭症儿童词汇和语法发展的一级指标与正常儿童存在显著差异时，进

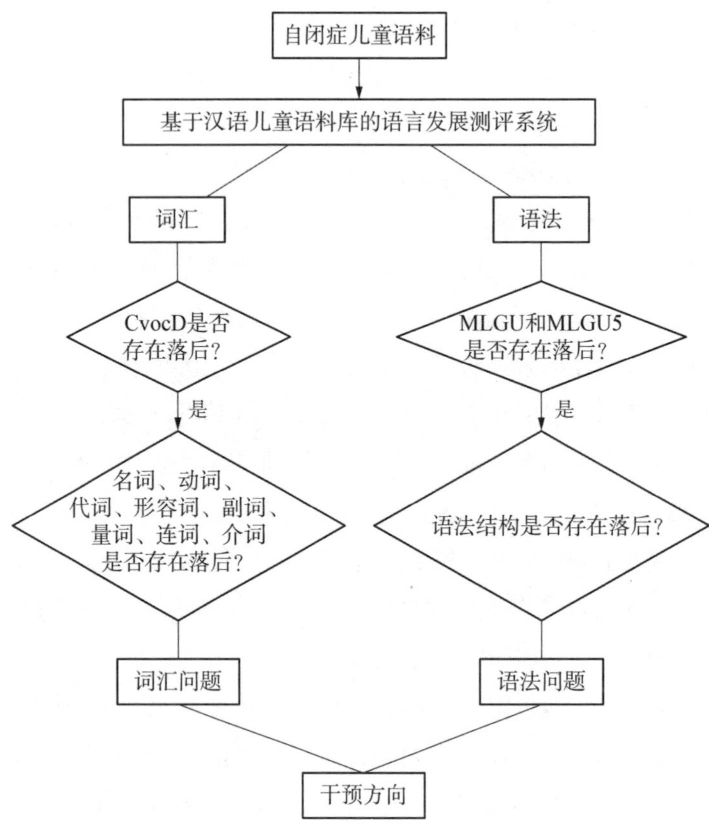

图 8.2 自闭症谱系儿童语言发展测评工作流程图

一步分析对应的词汇和语法发展的二级指标,以探究自闭症儿童在不同词类和语法结构上与正常儿童的差异。

二、自闭症谱系儿童的词汇整体发展水平测评

如前文所述,我们依托国际儿童语料库建设的规则,进一步提升了汉语儿童语料分析的分词、词法的规范性,建立起自动化的语法分析层,构建了跨越3—6岁年龄段,基于计算机和大数据的免费的多用途参考语料库。针对汉语儿童词汇发展的常模研究,我们重点关注汉语儿童词汇整体发展如何变化,哪些指标能够反映汉语儿童整体的词汇发展水平。经过大数据检验的汉语儿童词汇多样性 CvocD 值,被确定作为衡量汉语儿童词汇整体发展水平的一级指标。

研究发现,普通汉语儿童的词汇整体发展水平 CvocD 数值,从产出性自发语言的语料中,4 岁阶段和 5 岁阶段发展常模分别为 53.21、55.74(图 8.3-a);相比之下,自闭症谱系儿童的 CvocD 值分别为 40.30、34.37,自闭症谱系儿童的词汇整体发展水平存在明显差距($t_{四岁(117)}=3.226$, $p<0.05$; $t_{五岁(129)}=4.802$, $p<0.05$)(图 8.3-c)。曾有研究认为,高功能自闭症儿童的词汇可能是具有优势的,并且与正常儿童相比较表现非常接近。

表 8.2　不同年龄段汉语儿童词汇多样性(CvocD)参考常模及其与自闭症谱系儿童的比较[*M*(*SD*)]

指标	4 岁				5 岁			
	正常儿童	自闭症儿童			正常儿童	自闭症儿童		
		整体	高功能	低功能		整体	高功能	低功能
CvocD	53.21 (14.15)	40.30 (19.20)	49.53 (7.06)	31.07 (23.34)	55.74 (14.21)	34.37 (19.12)	50.71 (10.46)	18.03 (7.38)

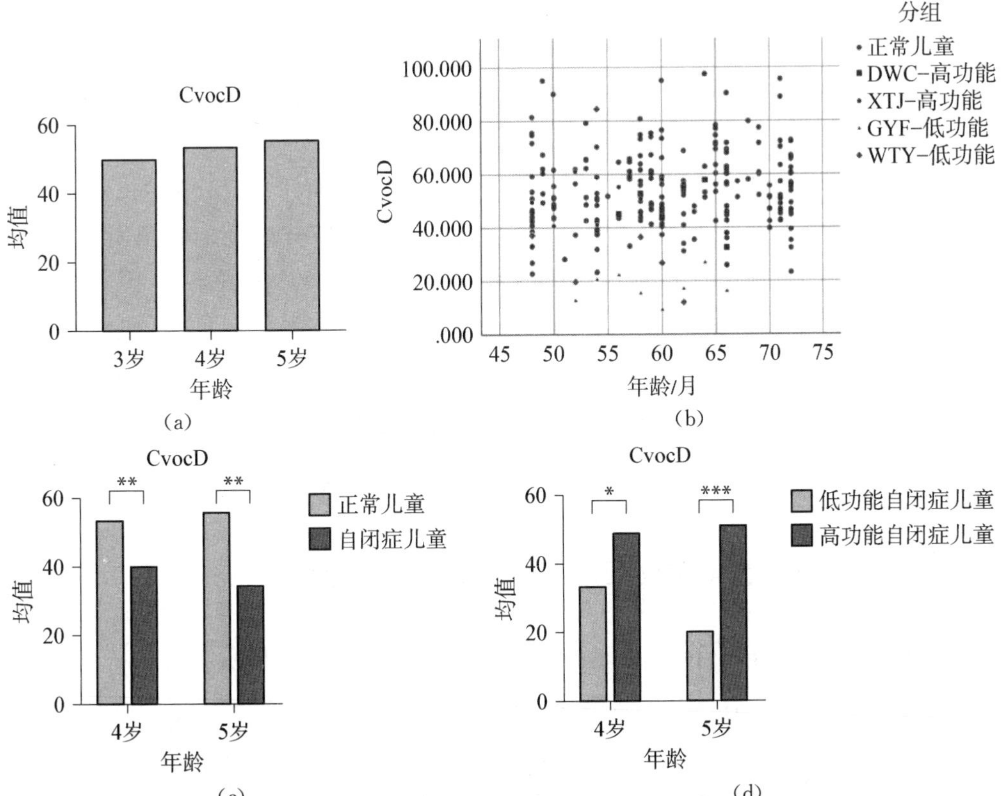

图 8.3　不同年龄段汉语儿童词汇多样性(CvocD)发展直方图及其与自闭症谱系儿童的比较

但是基于语料库追踪两年的语料分析证明，自闭症儿童的产出性词汇发展从语言实际运用的角度来看，无论高功能还是低功能儿童，都与普通儿童存在发展差异。

我们再将自闭症谱系的高功能与低功能儿童进行比较，本研究认为这两类不同功能的自闭症谱系儿童之间存在明显差异（$t_{四岁(14)}=2.141$，$p<0.05$；$t_{五岁(10)}=6.253$，$p<0.05$）（图 8.3 - d）。特别需要指出的是，高功能自闭症儿童在追踪的两年过程中，他们的词汇整体发展水平呈现出微弱上升态势，而低功能自闭症儿童则出现下降状态（图 8.3 - b），这是值得干预教育关注的问题。

第三节　自闭症儿童的词汇结构水平发展测评

我们进一步探讨自闭症谱系儿童的词汇结构水平发展。在汉语儿童词汇发展的常模建设中，我们通过对不同年龄阶段汉语儿童语料的数据分析，获得儿童不同词汇结构水平发展的指标，并选定汉语儿童词汇整体发展一级评价指标下的二级评价指标。具体而言，这个词汇发展二级评价指标，是根据儿童语料库中不同年龄段儿童不同词汇类型的产出和使用情况，即每一次语料中出现的词型数以及词频数的阶段总和，进而获得汉语儿童词汇习得过程中词汇结构水平发展的认识。前期研究发现，在儿童不同词类发展的语料库评价方面，名词、动词、形容词、代词、副词、量词、连词和介词的词型数与词频数是具有发展敏感度的指标。在对自闭症谱系儿童追踪语料进行词汇整体发展评价之后，我们进一步来具体分析他们的词汇产出类型和词汇产出频率情况。

一、自闭症儿童早期词汇结构水平发展指标的评价

（一）不同年龄段自闭症儿童与正常儿童实词词汇结构常模对比

通过与汉语儿童实词词汇结构常模对比（见表 8.3、表 8.4），我们发现，4 岁时，高功能自闭症儿童在名词词型的产出上显著落后于正常儿童发展常模，而低功能自闭症儿童则呈现出名词词型、动词词型和词频、代词词频上的落后；5 岁时，高功能自闭症儿童的落

表 8.3　4 岁自闭症儿童与汉语儿童实词词汇结构常模对比

词汇结构	指标	参考数据			自闭症儿童			
		平均值	标准差	－1SD	高功能	是否落后	低功能	是否落后
名词	词型	33.90	10.178	23.722	20.13	＋	20.64	＋
	词频	60.72	24.282	36.438	42.00	—	36.73	—
动词	词型	30.83	9.300	21.53	26.38	—	14.73	＋
	词频	66.54	23.849	42.691	51.63	—	27.64	＋
代词	词型	8.74	2.574	6.166	6.62	—	1.91	—
	词频	43.73	26.558	17.172	53.63	—	9.00	＋
形容词	词型	9.83	3.628	6.202	16.38	—	9.36	—
	词频	22.60	10.163	12.437	50.25	—	24.09	—

表 8.4　5 岁自闭症儿童与汉语儿童实词词汇结构常模对比

词汇结构	指标	参考数据			自闭症儿童			
		平均值	标准差	－1SD	高功能	是否落后	低功能	是否落后
名词	词型	38.95	12.978	25.972	16.00	＋	7.67	＋
	词频	73.37	35.945	37.425	22.50	＋	12.83	＋
动词	词型	36.09	12.801	23.289	23.17	＋	8.17	＋
	词频	80.82	37.604	43.216	48.50	—	14.17	＋
代词	词型	9.34	2.972	6.368	5.00	＋	7.50	—
	词频	50.82	30.530	20.29	20.83	—	56.83	—
形容词	词型	9.99	4.414	5.576	16.50	—	5.33	＋
	词频	23.73	14.221	9.509	52.83	—	14.00	—

后状态普遍存在于名词词型和词频、动词词型和代词词型，而低功能自闭症儿童则在除代词之外的三类实词上存在普遍落后状态，主要体现在名词词型和词频、动词词型和词频以及形容词词型上。

在对高功能自闭症儿童的数据进行分析后发现，他们在 4 岁和 5 岁时，在名词产出上均存在落后，而进入 5 岁之后，动词和代词也出现了落后，这可能反映出高功能自闭症儿童的发展出现了不连续性，5 岁时进入动词和代词产出的瓶颈状态。相比高功能自闭症儿童，低功能自闭症儿童则在实词产出方面存在普遍的落后。

(二) 不同年龄段自闭症儿童与正常儿童功能词词汇结构常模对比

通过与汉语儿童功能词词汇结构常模对比(见表 8.5、表 8.6)，我们发现，4 岁时，高功能自闭症儿童在量词词频和连词词型上与正常儿童词汇发展常模存在一个标准差以上的差异，而低功能自闭症儿童则在副词词型和词频、量词词型和词频、连词词型和词频上存在普遍落后，与正常儿童功能词发展常模相比至少落后一个标准差。5 岁时，高功能自闭症儿童在副词词型、量词词型和词频、连词词型上落后正常儿童词汇发展常模一个标准差以上，而低功能自闭症儿童则依旧在副词词型和词频、量词词型和词频、连词词型上存在着普遍落后于正常儿童词汇发展常模一个标准差以上的情况。

表 8.5　4 岁自闭症儿童与汉语儿童功能词词汇结构常模对比

词汇结构	指标	参考数据			自闭症儿童			
		平均值	标准差	－1SD	高功能	是否落后	低功能	是否落后
副词	词型	12.56	4.188	8.372	9.75	－	4.45	＋
	词频	31.04	13.890	17.15	27.00	－	7.64	＋
量词	词型	4.01	1.763	2.247	2.50	－	1.73	＋
	词频	20.59	13.743	6.847	6.50	＋	3.91	＋
连词	词型	2.85	1.746	1.104	0.88	＋	0.27	＋
	词频	5.87	5.231	0.639	1.13	－	0.27	＋
介词	词型	2.50	1.171	1.329	1.75	－	1.64	－
	词频	6.85	5.272	1.578	3.88	－	5.18	－

表 8.6　5 岁自闭症儿童与汉语儿童功能词词汇结构常模对比

词汇结构	指标	参考数据			自闭症儿童			
		平均值	标准差	－1SD	高功能	是否落后	低功能	是否落后
副词	词型	14.25	6.019	8.231	7.83	＋	1.67	＋
	词频	38.03	24.319	13.711	26.50	－	1.83	＋
量词	词型	5.04	2.468	2.572	2.33	＋	0.83	＋
	词频	24.97	16.932	8.038	5.83	＋	1.17	＋

续表

词汇结构	指标	参考数据			自闭症儿童			
		平均值	标准差	-1SD	高功能	是否落后	低功能	是否落后
连词	词型	3.37	2.239	1.131	1.00	+	0.33	+
	词频	—	—	—	1.33		0.67	
介词	词型	3.03	1.131	1.899	2.00	—	1.50	+
	词频	10.92	9.270	1.65	6.50	—	3.83	—

通过上述分析,我们发现,对高功能自闭症儿童而言,他们在量词和连词的产出上应该受到更多关注,而对低功能自闭症儿童而言,需要在副词、连词和量词上予以普遍关注。

二、自闭症儿童早期实词习得发展水平的评价分析

(一) 名词的产出与使用情况

名词是表示人、事、物、地点或抽象概念的词汇,可以分为个体名词、集体名词、复合名词、物质名词和抽象名词等。探讨自闭症儿童的早期名词发展问题,通过词汇结构水平发展的评价分析,我们发现自闭症儿童的早期名词习得发展,与正常儿童相比存在落后现象(图 8.4)。

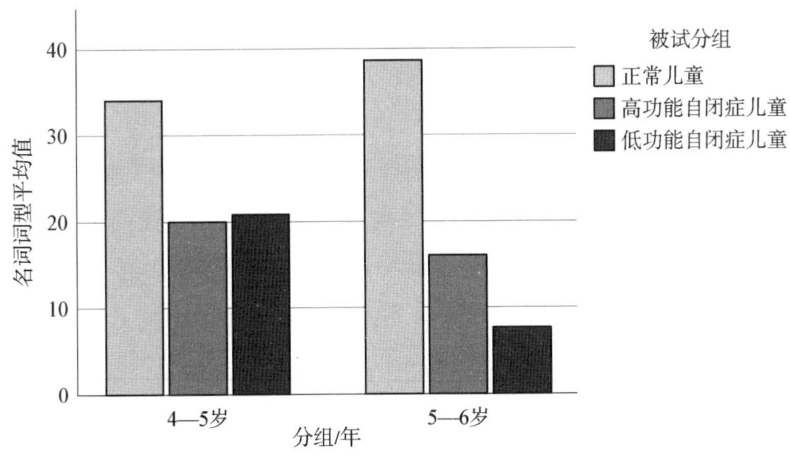

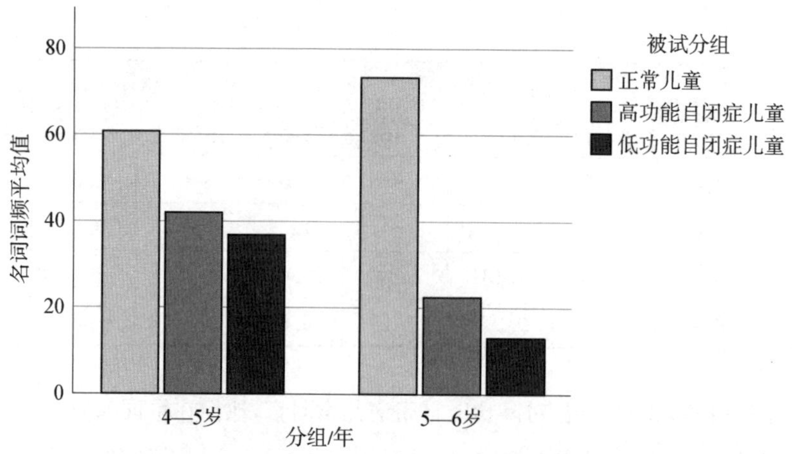

图 8.4 高功能、低功能自闭症儿童与正常儿童在名词词型与名词词频上的对比

与正常儿童相比，4 岁时高功能自闭症儿童在名词词型产出上显著落后（$t=3.709$，$p<0.001$），在名词词频上也显著落后于正常儿童（$t=3.022$，$p<0.01$）；5 岁时，这种差异依然存在于名词词型（$t=4.267$，$p<0.001$）和名词词频（$t=3.433$，$p<0.01$）中，可见高功能自闭症儿童的名词产出出现了不升反降的情况。

与正常儿童相比，4 岁时低功能自闭症儿童在名词词型产出上显著落后（$t=3.953$，$p<0.001$），在名词词频上也显著落后于正常儿童（$t=3.139$，$p<0.01$）；5 岁时，这种差异依然存在于名词词型（$t=13.388$，$p<0.001$）和名词词频（$t=12.023$，$p<0.01$）中，可见低功能自闭症儿童的名词产出也出现了不升反降的情况。

通过对比分析高功能自闭症儿童与低功能自闭症儿童的数据，我们发现，4 岁和 5 岁时低功能自闭症儿童在名词词型和名词词频的产出上与高功能自闭症儿童并没有显著差异（$p>0.05$）。

那么，自闭症儿童具体产出的名词结构情况是怎样的呢？我们通过 CLAN 软件的 FREQ 程序调取了高功能自闭症儿童与低功能自闭症儿童产出的名词，具体如表 8.7 所示。通过分析，我们发现，4 岁时高功能自闭症儿童所产出的名词以指物名词为主，也产出了少量的指人名词；虽然这一特征基本符合汉语正常发展的特征，但是高功能自闭症儿童并没有产出正常儿童在 4 岁就可以产出的抽象名词和集体名词。先期研究发现，4 岁时，正常儿童的名词产出中逐步增加了抽象名词，比如“材料”“成分”等，还增加了不少集体名词，但是这些抽象名词和集体名词并未见于高功能自闭症儿童所产出的名词中；

表 8.7　不同年龄段高功能自闭症儿童和低功能自闭症儿童所产出的名词情况

高功能自闭症		低功能自闭症	
4 岁	5 岁	4 岁	5 岁
48 家、39 车、27 门、25 药、24 红灯、24 羊、23 房子、19 灯、19 兔、17 老师、17 医院、16 不是、16 车车、16 手、15 奶瓶、14 饭、14 警察、13 窗户、12 花、12 云朵、11 电视、11 水、10 树、10 天、10 土、10 幼儿园、9 果实、8 动物园、8 肚子、8 马路、8 蛇、8 血压、8 牙、7 菜、7 手枪、6 果子、6 熊、5 背、5 车子、5 东西、5 轮胎、5 汽车、5 晚饭、5 屋顶、4 奥特曼、4 宝、4 红绿灯、4 积木、4 脚、4 面、4 兔子、4 椭圆、4 眼睛、4 医生、4 椅子、4 院、4 正方形、4 猪、3 绿灯、3 钉子、3 风、3 公园、3 觉、3 恐龙、3 毛毛虫、3 绵羊、3 奶嘴、3 苹果、3 枪、3 人、3 战斗、3 桌子	27 家、23 不是、20 手、20 兔、15 车、14 石头、13 车子、13 汉堡、13 土、12 电视、12 老师、12 线、11 肉皮、9 饭、9 桥、9 药、8 肚子、8 肉、7 电话、7 狗、7 胡萝卜、7 患者、7 轮子、7 椅子、7 鱼、6 工人、6 警察、6 门、6 水、6 调羹、6 兔子、6 碗、5 咖喱、5 包包、5 东西、5 滑梯、5 火车、5 剪刀、5 铃、5 棉花、5 沙发、5 树、5 天、5 医生、5 桌子、4 邮递员、4 鼻子、4 鼻涕、4 标志、4 凳子、4 方向盘、4 勾、4 人、4 推车、4 晚上、4 牙齿、4 颜色、3 包、3 布、3 菜、3 叉子、3 床、3 灯、3 耳朵、3 公园、3 果汁、3 孩子、3 积木、3 坚果、3 帽子、3 墙、3 轻轨、3 蛇、3 书、3 水泥、3 头、3 腿、3 挖土机、3 外公 r、3 外婆、3 玩具、3 微波炉、3 尾巴、3 熊、3 遥控器、3 针	8 电话、6 口袋、5 琴、5 头、5 钥匙、5 嘴巴、4 手机、4 书、4 树、4 眼镜、3 玲玲、3 千懿、3 不是、3 长颈鹿、3 蜡笔、3 头发、3 眼睛、2 白天、2 鼻子、2 地、2 公鸡、2 狗、2 老虎、2 轮船、2 木、2 女孩、2 手、2 桃子、2 图片、2 虾、2 颜色、2 右手、2 圆形、2 澡	14 男孩、13 女孩、7 蜡烛、6 纸、4 新城、4 静安、4 电话、4 门、4 泡泡、3 杯子、3 糕、3 核桃、3 楼梯、3 沙子、3 手、2 海苔、2 不是、2 窗帘、2 电视、2 蝴蝶、2 铃、2 帽子、2 球、2 手指头、2 书、2 水、2 熊

5 岁时，高功能自闭症儿童开始产出诸如“不是”，但是整体上仍然以具体名词为主，其中以指物名词为主，也产出了大量的指人名词，比如“老师”“工人”“警察”等，与同年龄段的正常儿童相比，并没有产出表示方位的名词。

对低功能自闭症儿童而言，他们在 4 岁和 5 岁产出的名词均为具体名词，而且指物名词的数量要远远超过指人名词，到 5 岁时指人名词的产出有所增加。与 4 岁的正常儿童相比，他们所产出的名词仍然以游戏场景下的具体名词为主，没有产出集体名词和抽象名词；与 5 岁的正常儿童相比，低功能自闭症儿童也没有产出方位名词，整体上所产出的类型多以具体的名词为主，而且专有名词较少，名词所指代的多为一般性的物品，缺少更为具体和精确的专有名词，比如 5 岁正常儿童可以产出除了“房子”“房间”之外的其他专有名词如“厨房”“客厅”等。由此可见，自闭症儿童的名词产出与正常发展儿童之间还是存在一定差距的，这也映射了自闭症儿童与正常儿童在产出名词数量上的差异情况。

(二) 动词的产出与使用情况

动词一般是用来表示动作或状态的词汇，表示人或事物的动作或一种动态变化，一般出现在名词主语或主句后面。考察自闭症儿童的早期动词发展情况(图 8.5)，我们发现，与正常儿童相比，4 岁时高功能自闭症儿童在动词词型和动词词频上均不落后于正常儿童($p>0.05$)；但是，到 5 岁时，高功能自闭症儿童在动词词型($t=2.349$，$p<0.05$)和动词词频($t=2.020$，$p<0.05$)上出现了落后，可见高功能自闭症儿童的动词产出出现了不升反降的情况。

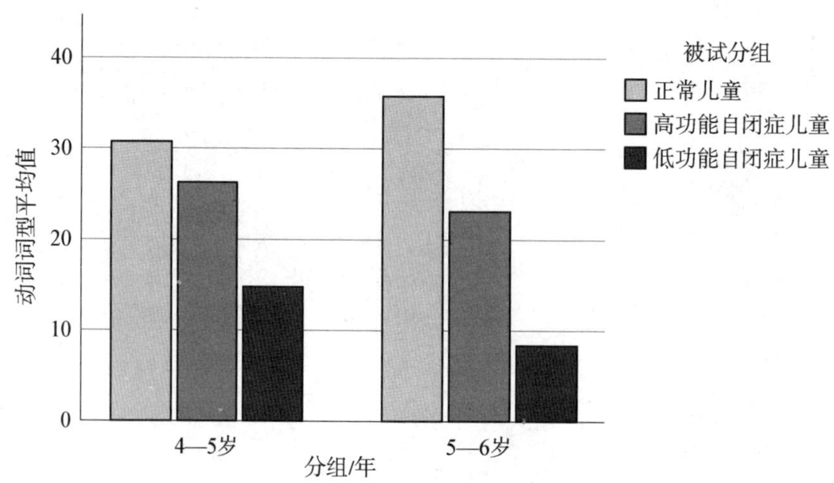

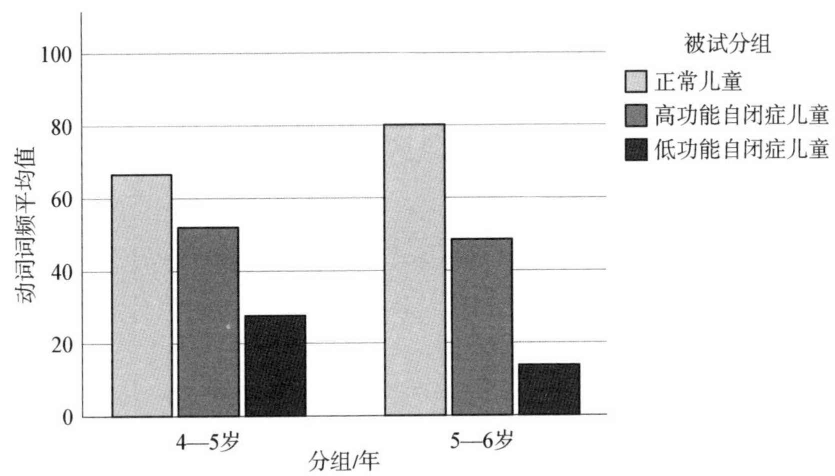

图 8.5 高功能、低功能自闭症儿童与正常儿童在动词词型与动词词频上的对比

与正常儿童相比，4 岁时低功能自闭症儿童在动词词型产出上显著落后($t=5.614$，$p<0.001$)，在动词词频上也显著落后正常儿童($t=9.613$，$p<0.001$)；5 岁时，这种差异依然存在于动词词型($t=15.134$，$p<0.001$)和动词词频($t=17.184$，$p<0.01$)中，可见低功能自闭症儿童的动词产出也出现了不升反降的情况。

通过对比分析高功能自闭症儿童与低功能自闭症儿童的数据，我们发现，4 岁时低功能自闭症儿童在动词词型上落后于高功能自闭症儿童($t=2.758$，$p<0.05$)，在动词词频的产出上与高功能自闭症儿童也存在显著差异($t=2.159$，$p<0.05$)。随着年龄增长，到 5 岁，这种差异并不显著($p>0.05$)。

那么，自闭症儿童具体产出的动词结构情况是怎样的呢？我们通过 CLAN 软件的 FREQ 程序调取了高功能自闭症儿童与低功能自闭症儿童产出的动词，具体如表 8.8 所示。汉语的动词分为动作动词、状态动词、关系动词和能愿动词(刘月华、潘文娱、故韡，2001)。通过分析我们发现，4 岁时，高功能自闭症儿童所产出的动词以动作动词为主，也产出了诸如“要”等能愿动词，基本与同年龄段的正常儿童动词产出特征相似；5 岁时，高功能自闭症儿童所产出的动词仍然以动作动词为主，但该阶段高功能自闭症儿童开始产出了能愿动词“想”，使用动词的数量也较 4 岁段有所增加，对比同年龄段的正常儿童来看，高功能自闭症儿童并没有产出表示存在属性的“在”字动词，而且能愿动词的产出也比正常儿童少，后者产出了诸如“想”“知道”等多种能愿动词，此外，高功能自闭症儿童也

表 8.8 不同年龄段高功能自闭症儿童和低功能自闭症儿童所产出的动词情况

	高功能自闭症		低功能自闭症	
	4 岁	5 岁	4 岁	5 岁
动词	61 吃、45 要、43 放、40 看、31 生病、29 有、27 睡觉、27 玩、23 洗、23 坐、22 再见、21 打、21 喝、21 挖、19 拼、18 倒、16 关、15 打针、13 插、12 掉、12 停、11 哭、10 出来、10 进去、10 起床、9 出去、9 搭、9 拉、9 拿、9 起来、9 说、9 找、9 装、8 看病、8 量、8 睡、7 当心、7 讲、6 吹、6 买、6 疼、6 行、6 用、5 帮、5 病、5 结束、5 弄、5 洗澡、4 吊盐水、4 擦、4 等、4 动、4 踩、4 关闭、4 开学、4 刷、4 下来、4 小便、4 种、3 拔、3 帮忙、3 变、3 表演、3 发烧、3 盖、3 过来、3 过去、3 花、3 进来、3 开始、3 跑、3 陪、3 飘、3 扔、3 扔掉、3 听、3 推、3 想、3 修、3 站	63 看、57 吃、55 坐、48 玩、36 拿、34 有、27 要、24 挖、22 放、19 搭、19 打、18 想、17 帮、17 修、17 装、15 洗、14 打针、13 再见、12 插、11 倒、11 滑、10 翻、10 睡觉、8 擦、8 戴、8 起来、8 洗澡、7 动、7 喝、7 进去、7 看一看、7 买、7 往、6 摁、6 过去、6 拉、6 输、6 知道、5 旅游、5 喷、5 说、5 下来、5 下去、5 行、5 预备、5 找、5 做、4 拔、4 病、4 炒、4 乘、4 等、4 嘟、4 关、4 过来、4 加油、4 叫、4 敲、4 上来、4 上去、4 烧、4 生病、4 贴、4 停、3 荡秋千、3 搀、3 出来、3 度、3 干、3 给、3 结束、3 来看、3 拿下、3 爬、3 摔、3 修好、3 游、3 张	21 要、13 玩、12 有、10 吃、10 拿下、8 喜欢、8 想、7 放、7 谢谢、6 看、6 下来、4 拉、4 弹、4 找、3 撑、3 出去、3 顶、3 躲、3 接、3 追、2 出来、2 等、2 等于、2 点、2 短、2 翻跟头、2 假、2 叫、2 怕、2 热、2 上去、2 听话、2 响、2 坐	30 吹、10 倒、8 看、8 玩、6 剪、6 脱、5 要、5 追、4 穿、4 拉、4 洗、4 有、3 吃、3 起来、3 躺、3 下来、3 想、2 插、2 戴、2 埋、2 上课、2 上去、2 跳、2 用、2 再见、2 做

没有产出“用”等使役动词。综上所述，一方面，高功能自闭症儿童在产出心理状态动词方面与正常儿童存在差距，另一方面，在表达指令或者要求方面，也与正常儿童存在差距。

对低功能自闭症儿童而言，4 岁时他们所产出的动词种类和数量都比正常儿童少，所产出的动词以动作动词为主，辅助产出了不少能愿动词，但事实上，能愿动词的产出在正常发展的 3 岁儿童群体中已经颇为普遍；5 岁时，低功能自闭症儿童所产出的动词以具体动词为主，其他动词类型产出少，甚至比 4 岁段还要少，这表明作为汉语核心词汇结构的动词的产出上，低功能自闭症儿童存在普遍的弱势，整体上，低功能自闭症儿童的心理活动状态并不丰富。

(三) 形容词的产出与使用情况

形容词是词类的一种，主要用来描写或修饰名词和代词，表示人或事物的性质、状态、特征或属性。从形容词的发展来看(图 8.6)，4 岁时高功能自闭症儿童在形容词词型产出上显著高于正常儿童，($t=4.728, p<0.001$)，在形容词词频上也显著高于正常儿童($t=3.554, p<0.01$)；5 岁时，这种优势依然存在于形容词词型和形容词词频中，但是这种优势并不具有显著性($p>0.05$)，总体上可见高功能自闭症儿童的形容词产出存在明显优势。

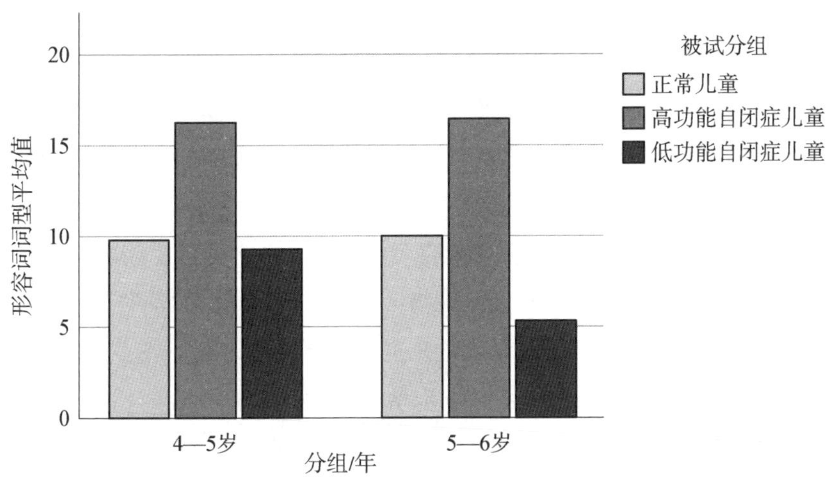

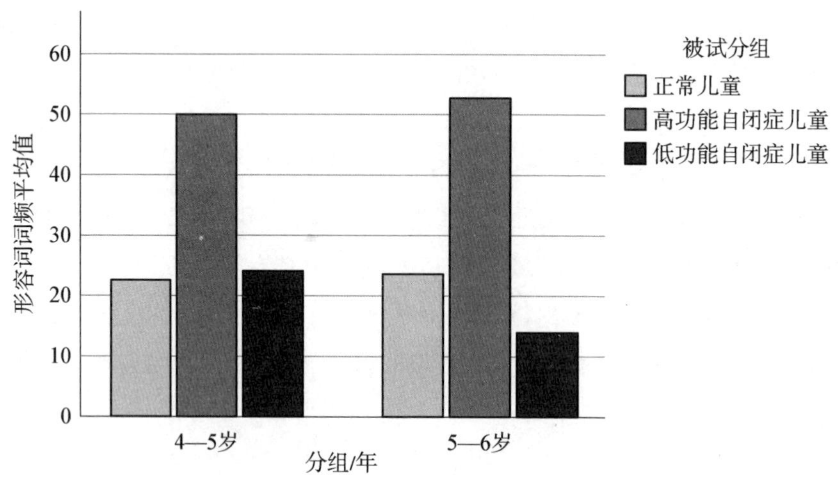

图 8.6　高功能、低功能自闭症儿童与正常儿童在形容词词型与形容词词频上的对比图

与正常儿童相比，4 岁时低功能自闭症儿童在形容词词型和形容词词频上并不落后于正常儿童($p>0.05$)；5 岁时，低功能自闭症儿童则在形容词词型产出上出现了下降($t=2.552, p<0.01$)，但是在形容词词频产出上并不落于正常儿童($p>0.05$)中，可见低功能自闭症儿童的形容词产出也出现了不升反降的情况。

通过对比分析高功能自闭症儿童与低功能自闭症儿童的数据，我们发现，4 岁时低功能自闭症儿童在形容词词型上落后于高功能自闭症儿童($t=2.758, p<0.05$)，在形容词词频的产出上与高功能自闭症儿童也存在显著差异($t=2.159, p<0.05$)。5 岁时低功能自闭症儿童在形容词词型上也落后于高功能自闭症儿童($t=3.816, p<0.01$)，在形容词词频的产出上与高功能自闭症儿童也存在显著差异($t=3.202, p<0.05$)。

那么，自闭症儿童具体产出的形容词结构情况是怎样的呢？我们通过 CLAN 软件的 FREQ 调取了高功能自闭症儿童与低功能自闭症儿童产出的形容词，具体如表 8.9 所示。通过分析，我们发现，4 岁时高功能自闭症儿童所产出的形容词既有表示性质评价的词，比如“好”“小”“高”等，也有表示人物个体品质的词，比如“乖”“勇敢”，可见 4 岁时高功能自闭症儿童基本达到了汉语正常儿童形容词发展的水平；5 岁时，除了普遍产出正常儿童所产出的颜色词之外，还进一步增加了性质评价形容词的类型，与正常儿童的形容词产出特征相似，总体可见，高功能自闭症儿童基本达到了正常儿童的发展水平。

表 8.9　不同年龄段高功能自闭症儿童和低功能自闭症儿童所产出的形容词情况

	高功能自闭症		低功能自闭症	
	4 岁	5 岁	4 岁	5 岁
形容词	76 好、42 小、14 高、11 对、11 绿、8 白、8 大、8 痛、7 漂亮、6 干净、5 乖、5 黄、5 空、4 多、4 饿、4 好吃、4 坏的、4 舒服、4 严、4 一样、4 勇敢、3 矮、3 慢、3 香、2 倒、2 黑、2 红、2 红色、2 假的、2 死、1 饱、1 彩色、1 滚滚、1 好看、1 滑、1 坏、1 黄色、1 苦、1 冷、1 厉害、1 绿色、1 忙、1 闷、1 少、1 疼、1 危险、1 下、1 用力、1 脏脏、1 真	73 好、31 小、20 辣、10 大、7 对、6 干净、6 舒服、5 黄、5 一样、4 遍、4 坏、4 旺、4 脏、3 饿、3 轻、2 火辣、2 白、2 多、2 乖、2 好的、2 好吃、2 好用、2 黑、2 绿、2 青、2 死、2 新、2 野、2 勇敢、1 白色、1 灿、1 高、1 过早、1 红、1 坏、1 尖尖、1 净、1 渴、1 蓝色、1 乐、1 慢、1 没关系、1 漂亮、1 特别、1 疼、1 头、1 歪、1 鲜、1 香喷喷、1 小的、1 脏脏	46 好、7 对、7 小、6 黄色、4 开心、4 漂亮、4 一样、3 黑色、3 红、3 蓝色、2 棒、2 大、2 饿、2 高、2 乖、2 红色、2 困、2 绿色、1 爽歪歪、1 白色、1 大大、1 高兴、1 好看、1 好听、1 黄、1 渴、1 痒、1 脏	25 好、12 对、2 黑色、2 厉害、2 绿色、2 小、1 白、1 白色、1 棒、1 聪明、1 高、1 红色、1 黄色、1 蓝色、1 漂亮、1 舒服、1 痒

就低功能自闭症儿童来说，4 岁时所产出的形容词包括表示性质评价和表示个体品质的，前者比如“好”“小”“黄”等，后者比如“开心”“高兴”等，基本符合汉语正常发展儿童的水平特征；但是到了 5 岁以后，低功能自闭症儿童的形容词产出类型和数量并没有增加，反而有所减少，表明 5 岁时低功能自闭症儿童很难达到更高的形容词水平。

（四）代词的产出和使用情况

汉语的代词，即代替名词、动词、形容词、数量词的词，如“我、他们、自己、人家、谁、怎样、多少、那里、这儿、这些”。现代汉语语言学将之分为三类：人称代词，疑问代词，指示代词。

观察自闭症儿童的代词发展（图 8.7），我们发现，与正常儿童相比，4 岁时高功能自闭症儿童在代词词型和代词词频产出上并不存在显著落后（$p>0.05$）；5 岁时高功能自闭症儿童在代词词型产出上并不存在显著落后（$p>0.05$），在代词词频上显著高于正常儿童（$t=3.069$，$p<0.01$）。

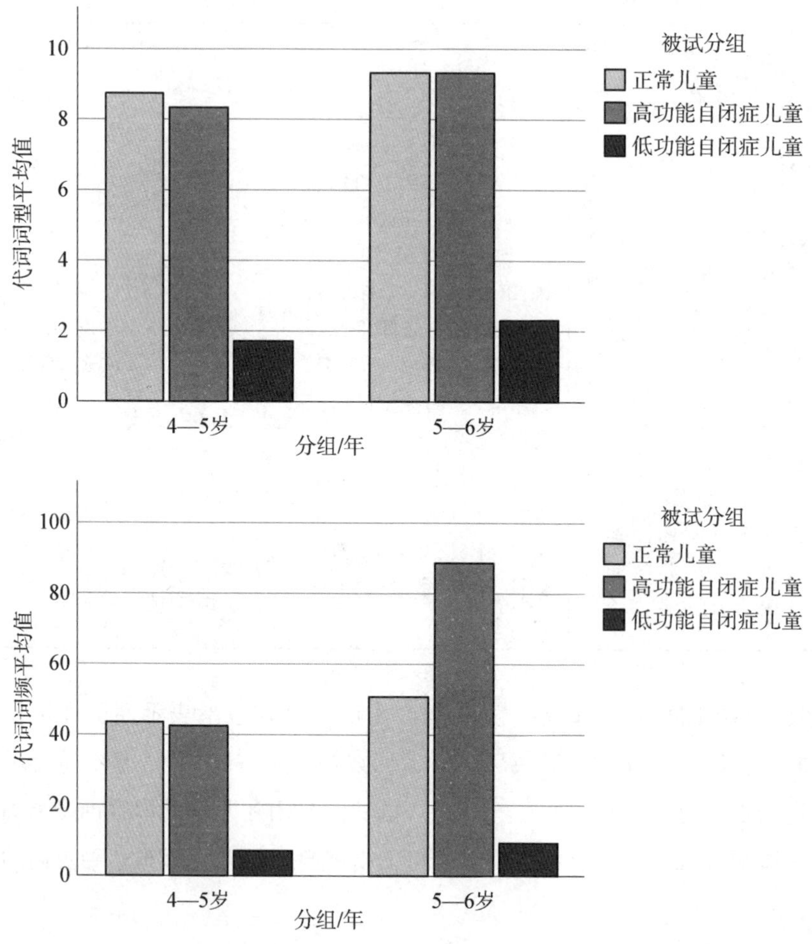

图 8.7　高功能、低功能自闭症儿童与正常儿童在代词词型与代词词频上的对比

与正常儿童相比，4 岁时低功能自闭症儿童在代词词型产出上显著落后（$t=20.18$，$p<0.001$），在代词词频上也显著落后于正常儿童（$t=11.659$，$p<0.001$）；5 岁时，这种差异依然存在于代词词型（$t=5.712$，$p<0.001$）和代词词频（$t=11.801$，$p<0.01$）中。

通过对比分析高功能自闭症儿童与低功能自闭症儿童的数据，我们发现，4 岁时低功能自闭症儿童在代词词型上落后于高功能自闭症儿童（$t=7.856$，$p<0.001$），在代词词频的产出上与高功能自闭症儿童也存在显著差异（$t=6.038$，$p<0.001$）。5 岁时低功能自闭症儿童在代词词型上也显著落后于高功能自闭症儿童（$t=6.166$，$p<0.001$），在代词词频的产出上与高功能自闭症儿童相比也存在显著差异（$t=15.947$，$p<0.001$）。

那么,自闭症儿童具体产出的代词结构情况是怎样的呢?我们通过CLAN软件的FREQ程序调取了高功能自闭症儿童与低功能自闭症儿童产出的代词,具体如表8.10所示。通过分析,我们发现,4岁和5岁的高功能自闭症儿童基本产出了与汉语正常儿童相似的代词结构,比如人称代词"我""你"以及人称代词复数形式"我们""它们"等,比如疑问代词"什么",比如指示代词"这""这些"等,表明高功能自闭症儿童在代词的产出上与正常儿童之间发展特征相同。

表8.10 不同年龄段高功能自闭症儿童和低功能自闭症儿童所产出的代词情况

	高功能自闭症		低功能自闭症	
	4岁	5岁	4岁	5岁
代词	124 我、91 这、36 它、18 什么、10 我们、9 你、9 他、8 他们、7 大家、5 它们、4 这样、4 谁、3 那、3 自己、2 这些、1 那些、1 其他、1 有的、1 这样子、1 她、1 干嘛、1 什么的	151 这、145 我、55 什么、54 它、35 你、31 它们、19 谁、14 哪里、7 那、5 这样、4 他、4 我们、2 这样子、2 人家、2 自己、1 任何、1 有的、1 个人、1 他们、1 她、1 哪个	66 我、9 这、4 你	40 我、5 我们、4 这、3 什么、2 他、1 你

反观低功能自闭症儿童,我们发现,他们所产出的代词数量和种类较少。4岁时,低功能自闭症儿童产出了人称代词和指示代词,整体水平较低,缺少了人称代词的复数形式以及疑问代词,5岁时虽然产出了人称代词的复数形式,但是在第二人称代词和第三人称代词产出方面存在困难,数量较少。这可能反映出低功能自闭症儿童对人与人关系的认识水平比较有限。

三、自闭症儿童功能性词汇发展的评价分析

在早期儿童词汇发展的评价中,研究发现具有指标价值的几种功能性词汇对评价汉语儿童词汇结构水平有效。这几种功能性词汇分别为副词、量词、连词和介词,通过对普通儿童语料库语言的分析,我们获得了词汇发展结构水平的常模。将自闭症儿童与同龄普通儿童语料进行运算比较,我们可以得到自闭症儿童功能性词汇发展的评价结果。

(一) 量词的产出与使用情况

通常用来表示人、事物或动作的数量单位的词，叫作量词。分析自闭症儿童早期量词的产出与使用情况，图 8.8 展示了与正常儿童相比，4 岁时高功能自闭症儿童在量词词型产出上显著落后($t=2.368$, $p<0.05$)，在量词词频上也显著落后于正常儿童($t=2.875$, $p<0.01$)；5 岁时，这种差异依然存在于量词词型($t=2.657$, $p<0.01$)和量词词频($t=2.754$, $p<0.01$)中，可见高功能自闭症儿童的量词产出出现了不升反降的情况。

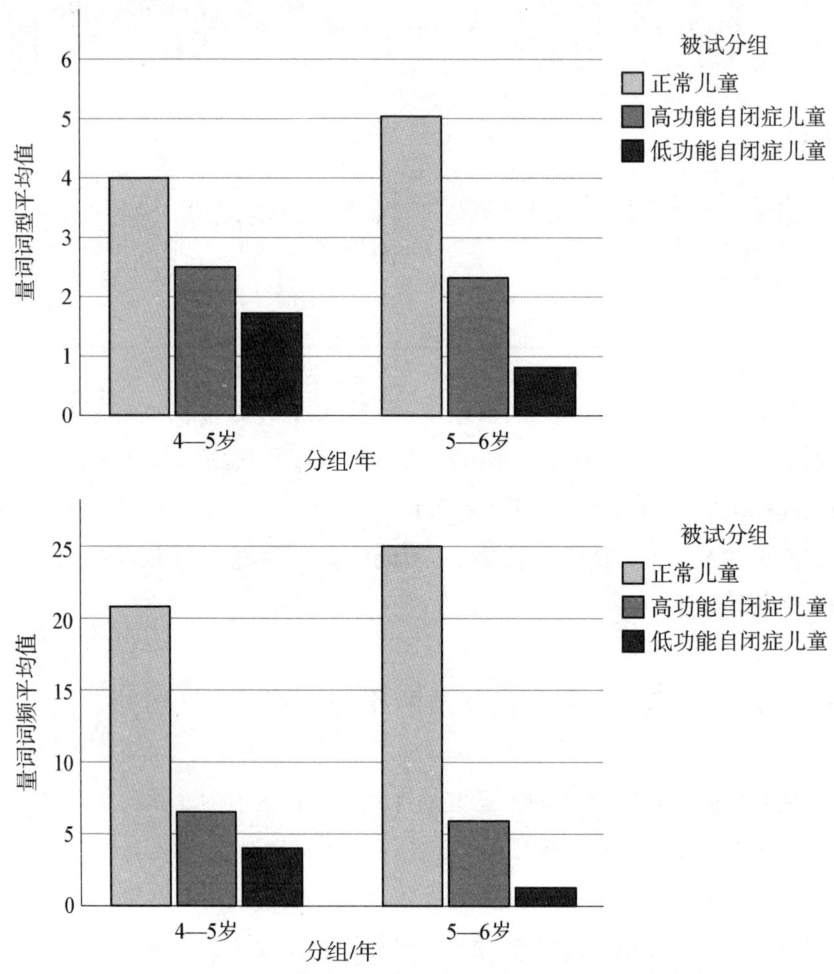

图 8.8　高功能、低功能自闭症儿童与正常儿童在量词词型与量词词频上的对比

与正常儿童相比，4 岁时低功能自闭症儿童在量词词型产出上显著落后（$t=4.184$，$p<0.001$），在量词词频上也显著落后于正常儿童（$t=9.712$，$p<0.001$）；5 岁时，这种差异依然存在于量词词型（$t=4.141$，$p<0.001$）和量词词频（$t=13.662$，$p<0.001$）中，可见低功能自闭症儿童的量词产出也出现了不升反降的情况。

通过对比分析高功能自闭症儿童与低功能自闭症儿童的数据，我们发现，4 岁时低功能自闭症儿童在量词词型以及量词词频的产出上与高功能自闭症儿童并没有显著差异（$p>0.05$）。

那么，自闭症儿童具体产出的量词结构情况是怎样的呢？我们通过 CLAN 软件的 FREQ 程序调取了高功能自闭症儿童与低功能自闭症儿童产出的量词，具体如表 8.11 所示。

表 8.11　不同年龄段高功能自闭症儿童和低功能自闭症儿童所产出的量词情况

	高功能自闭症		低功能自闭症	
	4 岁	5 岁	4 岁	5 岁
量词	59 个、7 回、5 次、5 下、2 点、2 度、2 朵、2 副、1 把、1 盒、1 家、1 粒、1 辆、1 秒、1 趟、1 文、1 只	108 个、19 号、9 回、6 次、5 遍、5 点、4 棵、2 点钟、2 分钟、2 卢比、2 下、1 把、1 餐、1 毫升、1 口、1 块、1 路、1 声	8 个、8 只、5 岁、2 棵、2 条、1 下	14 个、3 片、2 根、1 点

在儿童词汇研究中，研究者一般将儿童量词习得分为两大类，即通用量词和专用量词。通用量词主要指多数名词都适用的量词，而专用量词则更为具体地表示事物的计量单位，儿童的量词发展有着从通用量词向专用量词发展的一般规律。仔细观察自闭症儿童 2 个年龄段的量词产出和使用情况，他们能够较早产出通用量词“个”，并且在几个年龄段反复使用这样的通用量词。

此外，对高功能自闭症儿童来说，4 岁时他们产出的量词以动量词为主，比如“回”“次”“下”，5 岁时也是如此，动量词的产出超过了其他的名量词。这可能反映出了高功能自闭症儿童的量词产出特点，即动量词产出高于名量词，这也是与正常儿童相比最大的不同，正常儿童产出的量词以名量词为主，4 岁时产出的量词中大多包括了个体量词“个”“只”“把”“张”“口”，集合量词“些”“对”，不定量词“点”“块”，准量词“分”等，而动量词“下”的产出则没有名量词多。

就低功能自闭症儿童来说，他们在 4 岁和 5 岁产出的量词都比较少，以名量词为主。与 4 岁和 5 岁的正常儿童相比，名量词的产出上数量少、形态少，整体丰富度不够，而且随着年龄增长，量词的产出并没有出现增加，反而越来越少。

（二）副词的产出与使用情况

副词是一种汉语词汇，指一类用以修饰动词或加强描绘词组或整个句子的词。副词常用来修饰动词（词组）、限制动词或形容词以表示时间、频率、范围、语气、程度等。考察自闭症儿童的副词发展结构发展水平（图 8.9），与正常儿童相比，4 岁时高功能自闭症儿

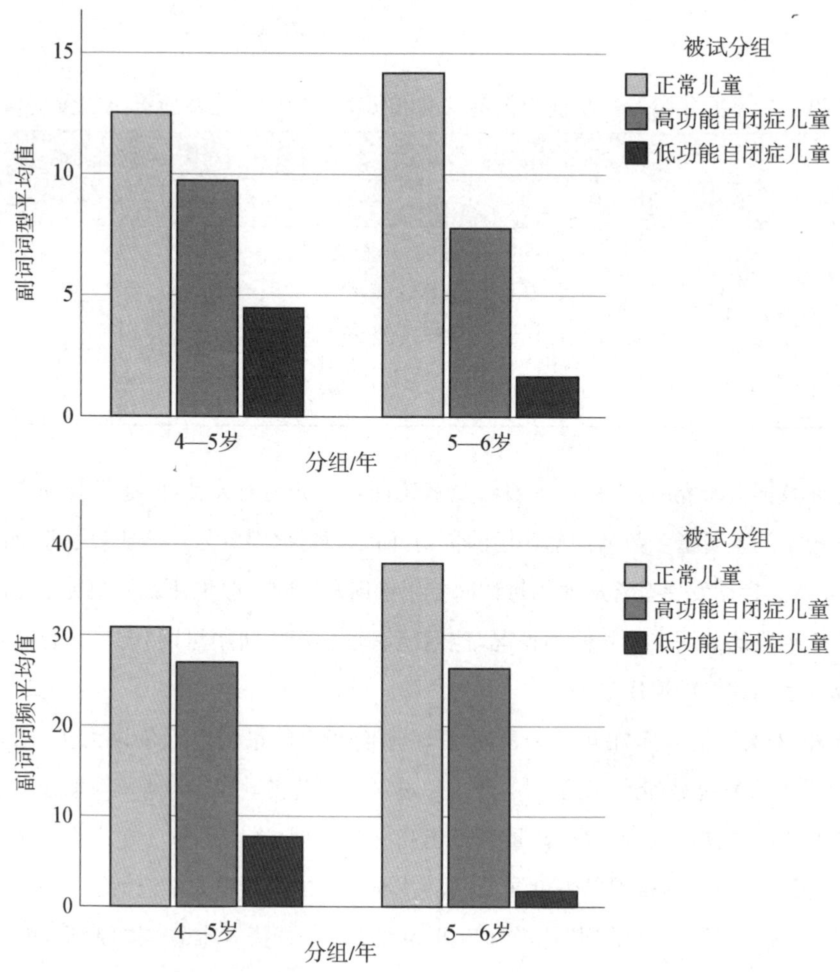

图 8.9　高功能、低功能自闭症儿童与正常儿童在副词词型与副词词频上的对比

童在副词词型和副词词频上均不显著落后于正常儿童($p>0.05$)；5 岁时，这种显著差异则出现于副词词型($t=2.49$，$p<0.05$)，在副词词频的产出上没有显著差异($p>0.05$)。

与正常儿童相比，4 岁时低功能自闭症儿童在副词词型产出上显著落后($t=6.283$，$p<0.001$)，在副词词频上也显著落后于正常儿童($t=12.054$，$p<0.001$)；5 岁时，这种差异依然存在于副词词型($t=16.042$，$p<0.001$)和副词词频($t=15.486$，$p<0.001$)中，可见低功能自闭症儿童的副词产出也出现了不升反降的情况。

通过对比分析高功能自闭症儿童与低功能自闭症儿童的数据，我们发现，4 岁时低功能自闭症儿童在副词词型上显著落后于高功能自闭症儿童($t=3.007$，$p<0.01$)，在副词词频上显著落后于高功能自闭症儿童($t=2.437$，$p<0.05$)；5 岁时低功能自闭症儿童在副词词型和副词词频上仍然落后于高功能自闭症儿童，但是这种差异并不存在显著性($p>0.05$)。

那么，自闭症儿童具体产出的副词结构情况是怎样的呢？我们通过 CLAN 软件的 FREQ 程序调取了高功能自闭症儿童与低功能自闭症儿童产出的副词。

从副词的产出和使用具体情况来看(表 8.12)，高功能自闭症儿童产出的副词以否定副词“不”“没”为主，这与正常儿童的词汇产出特征是相似的，这基本反映了二者在数量差异上的不显著性。此外，5 岁时，高功能自闭症儿童的形容词词型并没有增加，反而有所减少。

表 8.12　不同年龄段高功能自闭症儿童和低功能自闭症儿童所产出的副词情况

	高功能自闭症		低功能自闭症	
	4 岁	5 岁	4 岁	5 岁
副词	122 不、32 没、26 也、22 还、14 快、12 很、12 一起、11 再、9 好、9 一点儿、7 别、6 忒、5 都、4 太、4 一点、4 又、3 重新、3 多、3 在、2 就、2 突、2 瞎、2 现在、2 这么、1 还是、1 回头、1 就是、1 还、1 随便、1 天天、1 通、1 突突、1 先、1 一、1 一块、1 一起、1 早、1 真	123 不、17 没、14 再、12 好、10 还、10 就、6 都、6 也、5 很、4 先、3 到了、3 现在、2 快、2 马上、2 那么、2 突、2 瞎、2 已经、2 又、1 不然、1 多、1 可、1 乱、1 千万、1 时时、1 同时、1 一、1 一点、1 一口、1 一起、1 一直、1 这么、1 真、1 真是	21 不、7 没、4 还、2 刚才、2 一、2 在、2 最、1 到了、1 就、1 突、1 现在	24 不、7 还、7 现在、2 到了、2 也、1 半、1 突、1 一起、1 在

对低功能自闭症儿童来说，他们在 4 岁和 5 岁时所产出的副词数量和类型要远远少于正常儿童。整体上看，他们所产出的副词以否定副词“不”“没”为主，很少产出重复副词“也”、时间副词“就”等，词类的产出丰富度不高，汉语正常儿童经常产出的副词“都”“先”并没有产出。

(三) 连词产出和使用情况

汉语中连词是用来连接词与词、词组与词组或句子与句子、表示某种逻辑关系的虚词。连词可以表并列、转折、假设、选择、递进、条件、因果等关系。通过语料库运算与分析，自闭症儿童的连词习得发展水平，与正常儿童相比有显著落后的现象(图 8.10)。

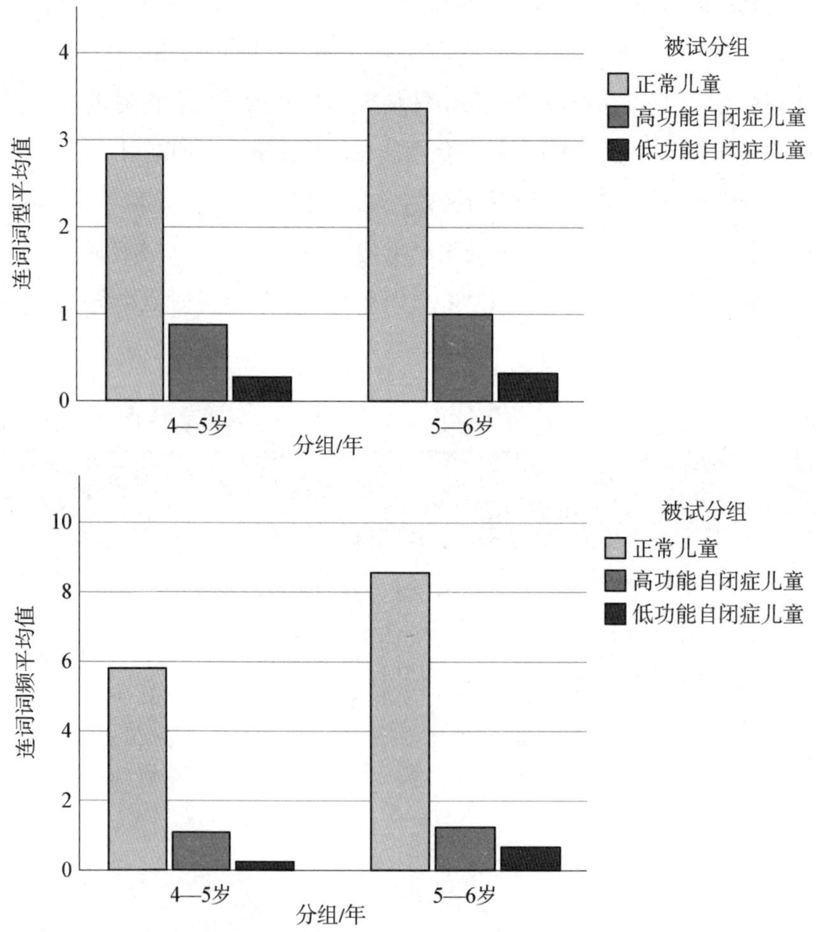

图 8.10　高功能、低功能自闭症儿童与正常儿童在连词词型与连词词频上的对比图

与正常儿童相比，4 岁时高功能自闭症儿童在连词词型产出上显著落后（$t=6.985$，$p<0.001$），在连词词频上也显著落后于正常儿童（$t=7.996$，$p<0.001$）；5 岁时，这种差异依然存在于连词词型（$t=2.556$，$p<0.01$），但是在连词词频产出上没有显著差异（$p>0.05$）。

与正常儿童相比，4 岁时低功能自闭症儿童在连词词型产出上显著落后（$t=11.613$，$p<0.001$），在连词词频上也显著落后于正常儿童（$t=10.482$，$p<0.001$）；5 岁时，这种差异依然存在于连词词型（$t=7.756$，$p<0.001$）和连词词频（$t=1.962$，$p<0.05$）中。

通过对比分析高功能自闭症儿童与低功能自闭症儿童的数据，我们发现，4 岁时低功能自闭症儿童在连词词型上显著落后于高功能自闭症儿童（$t=2.377$，$p<0.05$），在连词词频的产出上也与高功能自闭症儿童有显著差异（$t=2.847$，$p<0.05$）；但是这种差异并没有出现在 5 岁的自闭症群体之间（$p>0.05$）。

那么，自闭症儿童具体产出的连词结构情况是怎样的呢？我们通过 CLAN 软件的 FREQ 程序调取了高功能自闭症儿童与低功能自闭症儿童的连词进行分析。

从连词的产出来看（表 8.13），4 岁时，高功能自闭症儿童所产出的连词中以表示承继关系的“还有”和表示并列关系的“和”为主，虽然产出了表示转折关系的“但是”，但是整体上产出的数量和类型都与正常儿童之间存在不少差距。4 岁时，汉语正常儿童的连词产出进一步增加，整体覆盖了表示“并列关系”“承继关系”“因果关系”“转折关系”“让步关系”“递进关系”的连词。5 岁时，连词产出上与 4 岁相似，但是整体产出的类型和数量都比 4 岁有所减少。

表 8.13　不同年龄段高功能自闭症儿童和低功能自闭症儿童所产出的连词情况

	高功能自闭症		低功能自闭症	
	4 岁	5 岁	4 岁	5 岁
连词	6 还有、2 和、2 要不是、1 但是、1 那、1 然后、1 要不、1 因为、1 又	8 和、2 还有、2 要不、1 那、1 然后、1 因为	1 因为	0

对低功能自闭症儿童来说，他们的连词产出和使用是非常有限的。他们在 4 岁和 5 岁时存在连词产出的普遍迟滞，4 岁仅仅产出了表示因果关系的连词“因为”，其他则没有产出，显示出与正常儿童的普遍差距。

(四) 介词产出和使用情况

汉语的介词又称前置词，是用来表现一个字的文法功能的词汇或字缀。介词一般用在名词、代词或名词性质的短语前面，和这些词合起来组成介词结构，以表示处所、时间、状态、方式、原因、目的、比较对象等的词。考察自闭症儿童的追踪语料(图 8.11)，与正常儿童相比，4 岁时高功能自闭症儿童在介词词型和介词词频上与正常儿童产出水平相当($p>0.05$)；5 岁时，这种差异依然存在于介词词型($t=2.156$，$p<0.05$)而非介词词频($p>0.05$)中。

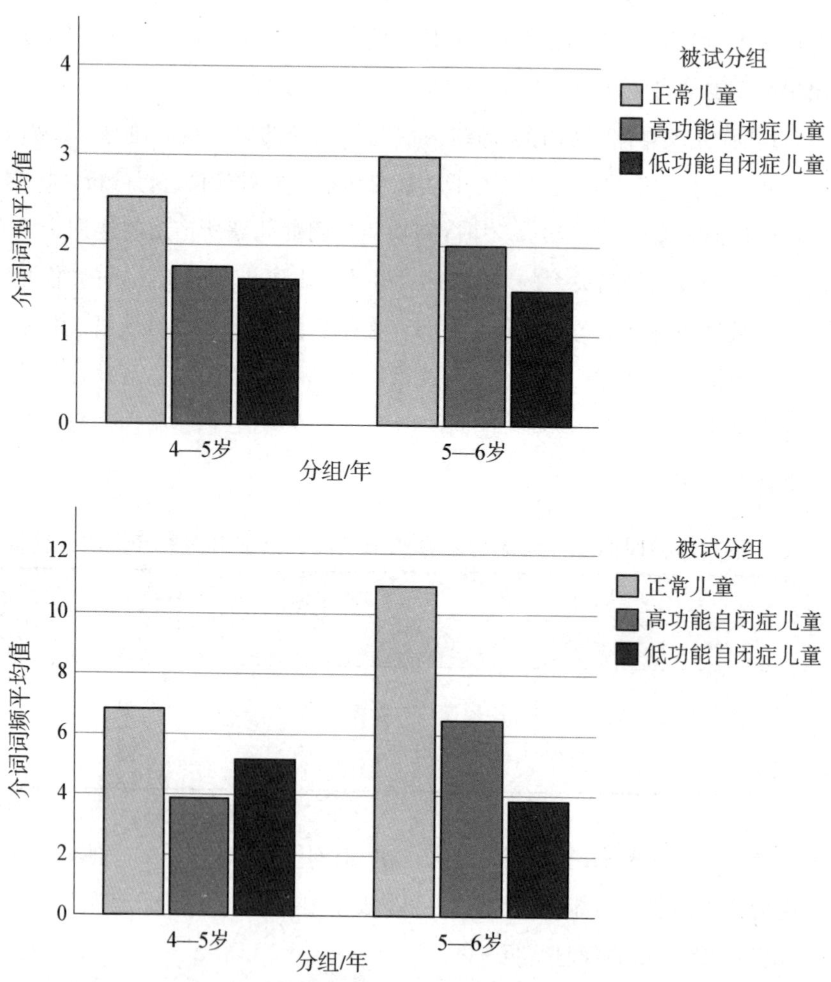

图 8.11　高功能、低功能自闭症儿童与正常儿童在介词词型与介词词频上的对比

与正常儿童相比，4 岁时低功能自闭症儿童在介词词型产出上显著落后（$t=2.412$，$p<0.001$），在介词词频上与正常儿童水平相当（$p>0.05$）；5 岁时，这种差异依然存在于介词词型（$t=3.192$，$p<0.05$）而非介词词频（$p>0.05$）中。

通过对比分析高功能自闭症儿童与低功能自闭症儿童的数据，我们发现，4 岁和 5 岁时低功能自闭症儿童在介词词型以及介词词频的产出上与高功能自闭症儿童均没有显著差异（$p>0.05$）。

那么，自闭症儿童具体产出的介词结构情况是怎样的呢？我们通过 CLAN 软件的 FREQ 程序调取了高功能自闭症儿童与低功能自闭症儿童产出的介词，具体如表 8.14 所示。

表 8.14　不同年龄段高功能自闭症儿童和低功能自闭症儿童所产出的介词情况

	高功能自闭症		低功能自闭症	
	4 岁	5 岁	4 岁	5 岁
介词	61 在、19 把、12 给、2 被	75 在、20 给、17 把、5 跟、2 从、1 往	14 在、3 给、2 于、1 跟	19 在、5 给、1 把

与正常儿童相似，4 岁和 5 岁时，高功能自闭症儿童所产出的介词中最多的也是介词“在”“把”“给”等，说明高功能自闭症儿童在基本介词的使用上与正常儿童差距不大；但是 4 岁高功能自闭症儿童在“跟”“从”上并没有产出，5 岁时，则没有“除了、及、比如、等到、对、视、为了、沿、直到”等介词，虽然高功能自闭症儿童产出的介词较 4 岁时有所增加，但是整体上产出的介词与正常儿童产出的广泛性存有差距。

就低功能自闭症儿童来说，4 岁时存在介词“把”“被”“从”的产出困难，5 岁时也存在“跟”“从”“被”的产出困难，与高功能自闭症儿童和正常儿童之间都存在一定的差异。

四、自闭症儿童早期词汇学习与发展的教育干预建议

根据基于语料库的早期词汇发展评价结果，我们对自闭症儿童早期词汇学习与发展提出下列教育干预建议。

第一，从实词的干预来看，进一步扩展实词使用的语义范畴。自闭症儿童所产出的名词偏向具体名词，抽象名词和集合名词的产出较少。这表明，自闭症儿童在建构词汇语义网络方面存在一定的困难。在具体干预中，可以通过词汇分类游戏，帮助儿童扩展

词汇库，从而提升其词汇范畴能力。比如说出物品的类别——“葡萄是水果”，或者反过来说“水果有：苹果、葡萄、香蕉”，也可以说出相似的词汇，比如“电话、电脑、电视、电灯”等。对于动词和形容词来说，自闭症儿童有关心理状态的动词和描述人物性格状态的词产出较少，反映出他们对心理活动的理解水平不够充分，因此可以利用一些图卡，请儿童描述图卡中人物所遇到的事情，体会人物的心情，比如：“这个人的苹果丢了，她会怎样呢?”对低功能自闭症儿童来说，他们普遍在产出代词方面存在困难，因此可以通过故事的方式，引导他们了解人物的数量，比如：通过“小明去水果店了，我/小红也去水果店了，我们/他们在水果店碰到了”这样的句子，引导自闭症儿童认识人称代词的复数形式。此外，还可以通过提问和示范回答的方式引导儿童理解疑问代词，比如“哪个苹果是红色的”“那个狗狗怎么了”等。

第二，从功能词的产出来看，需要进一步创造量词、副词、连词和介词的使用机会。量词方面，利用图卡，增加自闭症儿童对名量词的使用，比如“一朵花”“一张纸”等。副词方面，扩展低功能自闭症儿童对重复副词和时间副词的使用，比如反复重复话语结构“我去吃饭了，小明也去吃饭了，小红也去吃饭了”以强调重复副词的使用，或者通过“妈妈回来了，我就不哭了”“爸爸回来了，我就不哭了”等引导对时间副词“就”的理解。连词方面，则需要通过连环画或者多张图卡，引导自闭症儿童认识事情的前因后果和先后顺序，在描述每一张图画或者图卡的过程中，由成人主动输入给他们。在介词方面，需要结合把字句和被动句的输入，提升对介词“把”“被”的理解水平。

第三，总体上，自闭症儿童也存在普遍的词汇结构产出问题，但是直接的词汇教学肯定事半功倍。在自闭症儿童的词汇干预中，需要融入句子的使用，将词汇的学习与生活联系在一起，建立情境化的教育场景。比如，通过超市的主题活动，列出进入超市的购物清单、家务清单，或者讲解某个折纸的过程。事实上，儿童的词汇干预应该以最自然的对话方式展开，因此在干预时可以通过讨论、游戏、比赛、艺术活动等方式，帮助儿童建立词汇知识的连接，从而提升词汇的整合能力。

第九章

运用语料库进行自闭症儿童早期语法发展诊断与监测

有关自闭症谱系儿童语言发展的“非典型性”过程，在近三十年的国际研究中走过几个阶段的认知过程。最早自闭症儿童被认为具有语言的严重缺陷，研究者主要关注他们的社会沟通交流能力，例如眼神交流，面部表情或手势。之后的研究聚焦发现自闭症儿童语言的产生，将他们言语表达中音量、音调、重音、速率、节奏和语调的明显异常，包括定型和重复使用言语的现象列为自闭症儿童语言评价标准。本章将重点讨论自闭症儿童早期语法发展诊断与监测问题，为语言干预提供一些基于实证的教育建议。

第一节　自闭症儿童早期语法发展障碍研究

进入 21 世纪以来，研究者开始进一步探讨自闭症谱系儿童的语言发展迟缓问题，尽管各种不同类型特殊儿童均有语言发展迟缓现象，但是研究发现自闭症谱系儿童的语言发展是异质和多变的。

一、自闭症儿童语法发展总体滞后

从总体发展的角度看，自闭症幼儿的语法发展远慢于典型发展幼儿，并且他们的语法语素使用频率远低于典型发展对照组（Bartolucci，1980；Park，2012；Tek，2014）。在使用非标准化评测工具评量平均语句长度（MLU）时发现，自闭症儿童表现出语句长度相对较短的状态（Condouris et al.，2003；Rapin and Dunn，2003；Kjelgaard and Tager-Flusberg，2001；Capps et al.，1998；Seal and Bonvillian，1997）。一项研究分析了自闭症儿童在自由游戏过程中的自发言语行为，计算了衡量动词短语、名词短语、疑问句和否定句语法复杂度的句法生成指数（IPSyn）得分，发现患有自闭症的儿童比普通儿童的句法复杂话语更少，语法使用范围狭窄，尤其是在动词短语、疑问句和否定句的使用上。并且，自闭症儿童的语法发展并没有从简单的形式向日益复杂的形式发展，而是只停留在较为简单的语法形式上（Eigsti et al.，2007）。

二、自闭症儿童具有一定的语法能力

近年来，对自闭症儿童语法发展和加工的关注日益增多，研究者们进行了许多深入的研究，越来越多不同的声音出现了。部分研究者认为自闭症幼儿的语法发展可以处于相对完整的状态。

首先，从发展过程的角度来看，自闭症儿童的句法发展过程与典型发展儿童相似，并以与普通儿童较为相似的顺序习得特定的语法结构。在英语自闭症儿童研究中发现，他们能够以与普通儿童一致的顺序习得英语语法发展的 14 个基本语素和主谓宾词序结构(Naigles et al.，2011；Naigles and Tovar，2012；Swensen et al.，2007)。泰克等人利用语料库儿童自发言语追踪数据，对早期英语儿童各种形态句法指标(如布朗的 14 个语素、wh 问题等)和句子复杂度等进行了个体成长模型分析，结果显示普通幼儿和自闭症幼儿的所有语法测量指标随着时间的推移而增加；而且，一旦控制了差异的时间点，这两组儿童的句法发展呈现出几乎相同的轨迹(Tek et al.，2014)。

从语法规则来看，自闭症儿童也能够理解习得一些简单语法规则。在自闭症幼儿和通过语言匹配的普通儿童的比较实验中，两组英语儿童都能够适当地在新名词中添加复数标记，将过去时态标记添加到新动词中，并将及物框架中的新动词映射到因果关系而不是非因果行为中(Park，2012；Fusaroli，2015)。与此同时，研究发现自闭症儿童也能够理解疑问句。例如，当实验者给他们看一个苹果击中一朵花的影像，然后并排展示苹果和花，提问自闭症儿童"苹果击中了什么"，结果自闭症儿童会更长时间地看花(Goodwin，2012,2015；Jyotishi，2016)。英语自闭症儿童语法研究还表明，这些自闭症儿童表现出能够理解英语时态的区别，例如当他们听到以"-ing"结尾的动词时，会花更长时间观察正在进行的动作，而当他们听到以"-ed"结尾的动词时，会花更长时间观察已经完成的动作(Wagner，2009；Tovar，2015)。此外，自闭症儿童也能理解较为复杂的反身代词，如正确理解 Bart washed him 和 Bart washed himself 的区别(Perovic，2013)。

此外，研究发现自闭症儿童拥有着一定的句法策略。在中国的自闭症儿童语言研究中，梁丹丹等人比较测试了自闭症儿童和典型发展儿童对一些句子理解的正确率，分别使用无修饰语、简单修饰语、复杂修饰语的 SVO 句及其相应的把字句、被字句，探索两组儿童的句法移位策略。研究结果发现，与典型发展儿童一样，高功能自闭症儿童能够掌握句法移位策略。其中，两组儿童在句子理解中都存在语义策略优先的情况，且存在相同的趋势，即当语义策略无法解决时，进而采用了句法策略。两组儿童的差异在于，高功能自闭症儿童对复杂修饰语的移位句的理解能力存在损伤(梁丹丹，2018)。

三、自闭症儿童语法水平的影响因素

两种不同的声音引起了研究者的思考，开始研究自闭症幼儿在语法范畴所表现出的滞后与他们认知、社交等能力的关系。

大部分研究者认同的观点是，自闭症儿童的语法发展与其认知能力有关。这一点与典型发展儿童的语法发展是一致的(刘冬梅,2020)。部分研究者认为,自闭症幼儿表现出的语法缺陷是由于他们的一般智力障碍引起的(Naigles and Tek, 2017),一些理解性的任务对自闭症幼儿的认知带来极大挑战。梁丹丹通过研究也发现,自闭症儿童在句法策略中的损伤可能与其有限的言语工作记忆容量相关(梁丹丹,2018)。不过,认知不是导致自闭症儿童语法发展障碍的唯一因素。艾格斯蒂等人(Eigsti et al., 2007)在非语言智商上进行匹配后,将自闭症儿童与一般发育迟缓(DD)的儿童进行比较,发现自闭症儿童的语法能力仍低于一般发育迟缓儿童,这引发了对语法发展更多相关因素的研究。

另有许多研究者认为,自闭症儿童的语法障碍是由他们社会交际方面的缺陷导致的。研究者指出,因为无法正确理解句子中的上下语境,自闭症儿童虽然能以正确的语法形式完成句子的完形填空,却不能在语义情境中完成句子完形填空,得分甚至低于阅读困难儿童(Frith and Snowling, 1983)。艾格斯蒂在研究中也发现,自闭症儿童可能对语法、词汇等知识具有更高的潜在能力,但他们可能对实施实验的成人不太适应,因此不太可能体现真实的水平(Eigsti et al., 2007)。

此外,部分研究者认为,刻板的行为模式也有可能导致自闭症儿童在语法运用上的障碍。例如,他们在转换语法形态时错误率更高(Pierce et al., 1977)。有研究者认为,语音上的障碍也有可能与语法障碍有关;自闭症儿童在长句末尾出现错误,他们的过去时态标记(如,play-ed)、现在时态标记(如,play-ing)出错,或许只是音韵学上的缺陷(Eigsti et al., 2009)。

但是,有一批研究者坚持认为,勿论认知、社交等因素,自闭症儿童的语法存在着实际的障碍,即使是高功能自闭症儿童也存在轻微的语法障碍。安布里奇等人(Ambridge et al., 2015)使用艾格斯蒂开发的语法判断工具对高功能自闭症儿童进行评估。他们认为这一语法判断工具是"唯一敏感工具",因为它剔除了其他因素的影响,语言的社会交际等方面的影响被最小化了,所以这样的判断任务特别适合于调查不同的自闭症患者在语法本身上的强弱。而使用这一工具进行研究的结果是,高功能自闭症儿童在句法结构发展上存在障碍。

总而言之,与普通儿童相比,自闭症儿童在语法发展方面存在不同程度的滞后与障碍;特别是在语法运用的灵活性、适切性以及最终能达到的难度水平上,他们均与普通儿童存在显著差异。但不能否认,他们确实能够习得一些简单的语法规则,并能够理解和运用。关于对语法障碍相关因素的研究,仍未形成定论,到底是认知能力影响更大,还是社交能力影响更大，或者是否有其他的影响因素（如语音、刻板行为等），仍待研究者们继续深入的调查。

四、有关自闭症儿童语法评价

在自闭症谱系儿童的早期语言障碍监测和诊断方面，国际研究一直存在着两种不同的思路。一类采用标准化的语言测验工具进行正式评估，发现自闭症谱系儿童语言落后状况及存在问题，从而据此为障碍儿童安排进行早期语言干预方案。另一种不同的早期儿童语言障碍监测和诊断，是通过非正式评估进行儿童语言发展评价。这种思路下的语言障碍监测与诊断，一般通过收集语言样本、口述、填空测验和访谈儿童等方法进行。如研究者对自闭症儿童使用的 7 万个会话单词进行了分析（包括概念的形成），基于 7 万个会话单词的研究中发现，自闭症儿童以一个系统的高度受限的方式习得单词，在会话或者语篇的运用情境当中，自闭症儿童的单词理解不仅相对滞后，重新提取语词语义时较为困难，并且对心理状态及社会-情感词汇的习得与理解表现出特定的障碍；这种困难直接影响到他们对句子和语篇的理解，比如他们对卡通、玩笑、幽默、惊奇、连贯的内容理解存在很大困难（Charman，2003；Owens，2013；Eskes et al.，1990；Tager-Flusberg et al.，1994）。由此，有关自闭症谱系儿童语言障碍评价的这一派观点认为，收集儿童自然状态下的语言样本并进行分析，能够更加有效地反映出儿童日常生活中的语言使用情况，或许比标准化测验更具有生态效度，对于鉴定临床语言发育迟缓可能更加具有敏感度，有利于更加有效地制定语言治疗或干预计划以及对结果的监测（Paul and Norbury，2012）。

第二节　自闭症儿童语法发展平均句法长度评价与监测

运用汉语儿童语料库对儿童语言发展和障碍进行评价，本研究在建立符合计算机标准的正常儿童语言发展模型的基础上，寻找到可以评估不同年龄儿童语言障碍存在的指标系统，使得儿童语料输入运行后，可以产生与计算机分析标准相对应的分析结果。我们尝试针对一组自闭症谱系儿童的语言评估结果如下。

一、汉语儿童句法发展整体评价监测指标运用规则

在将近20年的汉语儿童语法发展与相关语料库研究中，诸多汉语儿童语言研究者证实了平均语句长度(MLU)在汉语儿童语法发展研究中的普适性，因而MLU已经成为汉语儿童语法发展的一种基本评量手段(朱曼殊，1987；缪晓春、朱曼殊，1992；张显达，1998；周兢，2001；张鑑如，2006；金志娟、金星明，2008，2009；孙悦，2010；周兢等，2014；杨琼，2014；黄雪云，2017；杨晓岚，2018)。因为语料库计算机处理语言信息的特殊性，汉语儿童语料的录入分析根据张显达的研究对布朗的14个语素规则有所修订(张显达，1998；周兢，2009)。与此同时，在语料库运算的语言研究中，诸多研究发现，平均最长五个句子的数值对于汉语儿童语法发展也具有较好的指标意义(张莉、周兢，2009；李琳，2014；周兢等，2014；王海娟，2017；蒋忠心，2019；王娟等，2019)。此外，在汉语儿童语法发展研究中，也已发现汉语儿童在进入3岁左右出现复合句式(周兢，1997)，到4岁时呈现联合关系、因果关系、递进关系、转折关系等等，这些汉语语法要素如何融入语法发展评价？因此，本研究将语料的复合句子状态形成计算机标注连接，并让计算机分析汉语平均句子长度MLUG就成为工作的重点。

如本书第四章和第五章所述，在语料库运行MLGU作为汉语儿童句法发展整体评价指标的原则和程序是：

第一，在MLGU的常模参考中，我们所建构的标准容许差异范围为一个标准差上下，3—4岁儿童的语法整体发展水平MLGU的容许差异范围位于2.759—4.561之间，4—5岁儿童的语法整体发展水平MLGU的容许差异范围位于3.158—5.462之间，5—6岁儿童的语法整体发展水平MLGU的容许差异范围位于3.212—6.408之间。

第二，当MLGU的得分低于均值的一个标准差以上，则被考虑为语法发展滞后。也就是说，当3—4岁儿童的语法整体发展水平MLGU的取值低于2.759、4—5岁儿童的语法整体发展水平MLGU的取值低于3.158、5—6岁儿童的语法整体发展水平MLGU的取值低于3.212时，可以将这类儿童诊断为语法发展滞后。

第三，当根据MLGU被诊断为语法发展落后之后，利用MLGU5分析被试句法结构的产出情况。在MLGU5的常模参考中，我们所建构的标准容许差异范围为一个标准差

上下，3—4 岁儿童的语法结构整体发展水平 MLGU5 的容许差异范围位于 6.511—10.869 之间，4—5 岁儿童的语法结构整体发展水平 MLGU5 的容许差异范围位于 7.434—13.926 之间，5—6 岁儿童的语法结构整体发展水平 MLGU5 的容许差异范围位于 7.375—15.745 之间。当 MLGU5 的得分低于均值的一个标准差以上，则被考虑为语法发展滞后。也就是说，当 3—4 岁儿童的语法结构整体发展水平 MLGU5 的取值低于 6.511、4—5 岁儿童的语法结构整体发展水平 MLGU5 的取值低于 7.434、5—6 岁儿童的语法结构整体发展水平 MLGU5 的取值低于 7.375 时，可以将这类儿童诊断为语法结构发展滞后。

第四，当不同年龄段发现语法结构整体发展水平 MLGU5 落后时，可以进一步调取语言问题儿童的最长五句话进行详细的语法结构分析。

二、自闭症谱系儿童的句法整体水平发展测评

基于对汉语语法构成规律的反复论证，在探讨汉语儿童语法发展的特殊性征的过程中，从诸多已有汉语儿童语言研究者的成果中，我们选择已有修订方案的平均语句长度 MLGU，作为在汉语儿童语法发展研究中普适性的整体水平评量指标（图 9.1-a）。

分析上述数据库评价结果，我们可以获得以下几个发现。

第一，在汉语儿童语料库里，针对自闭症谱系儿童的追踪语料进行运算，我们可以清晰地看到他们与普通儿童相比较，在汉语平均句子长度（MLGU）方面存在显著差异（图 9.1-b）。对普通儿童的自发性产出语言来说，在汉语儿童语料库里，4 岁和 5 岁两个年龄段的平均语句长度分别为 4.31 和 4.81，但是自闭症谱系儿童的平均语句长度则是 2.38 和 2.77，整体发展水平滞后于普通儿童（$t_{四岁(120)}=11.510$，$p<0.001$；$t_{五岁(129)}=9.333$，$p<0.001$）。图 9.1-b 清楚展示了与普通儿童语法发展常模比较，自闭症谱系儿童的平均句子长度 MLGU 存在着下沉发展状态，说明无论是高功能自闭症儿童还是低功能自闭症儿童，在两年的追踪语料中，都有句法发展非常缓慢的情况。

第二，通过将自闭症谱系儿童进行半岁分组，并对平均句法长度 MLGU 进行对比分析（图 9.1-c，表 9.1），发现高功能自闭症谱系儿童在 4—4.5 岁、4.5—5 岁、5—5.5 岁、5.5—6 岁时的 MLGU 分别为 2.68、2.86、3.14、3.15，而低功能自闭症谱系儿童的 MLGU 则是 2.13、1.95、2.25、2.33（表 9.1）。t 检验发现，高功能自闭症谱系儿童在 4.5—5 岁（$t(9)=3.452$，$p<0.01$）、5—5.5 岁（$t(8)=3.18$，$p<0.05$）时 MLGU 显著高

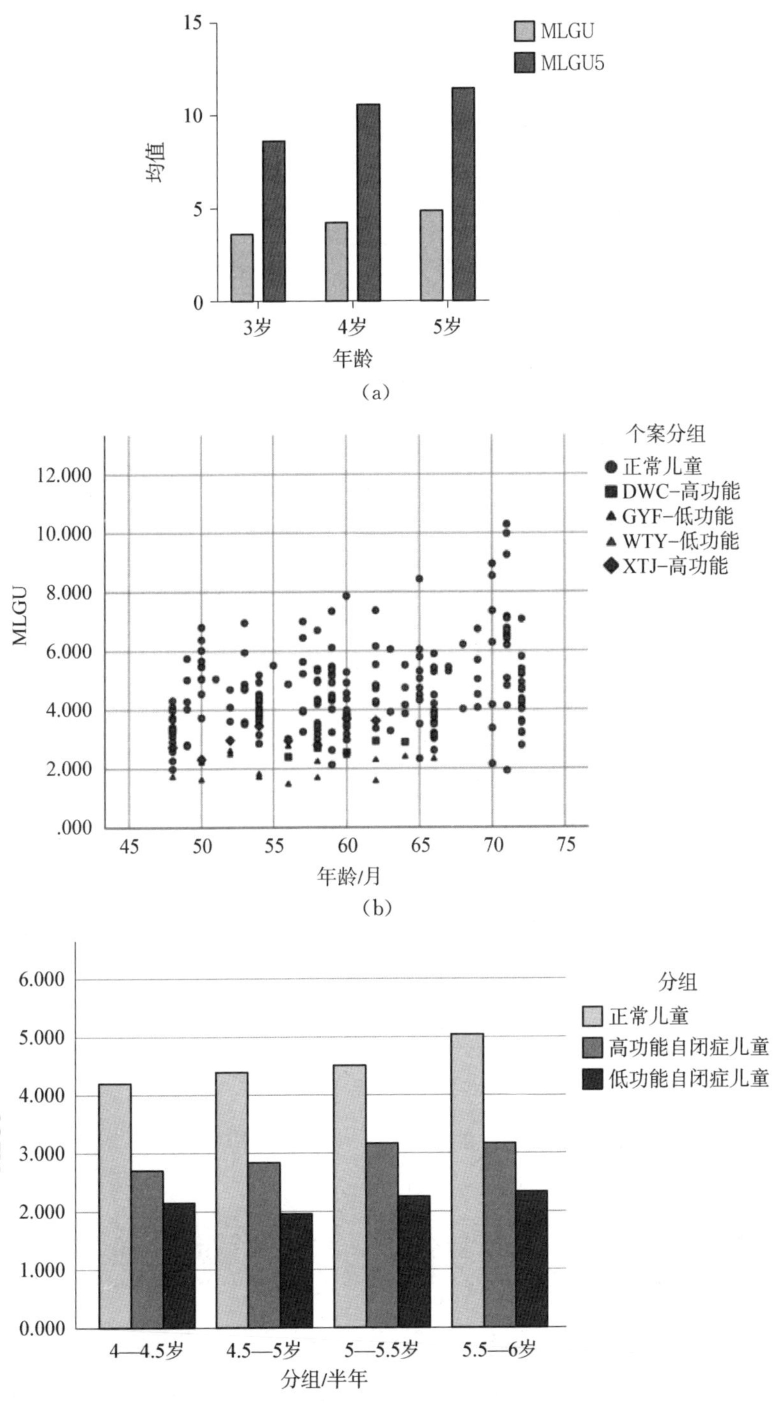

图 9.1　不同年龄段汉语儿童平均句子长度(MLGU)直方图及其与自闭症谱系儿童的比较

于低功能自闭症谱系儿童。因此，对于自闭症谱系儿童的语言发展来说，句法发展或许是我们必须重视的一个关键问题。

表 9.1　不同年龄段汉语儿童平均句子长度 MLGU 和句法结构水平 MLGU5 比较[*M*(*SD*)]

年龄	分类	MLGU	MLGU5
4—4.5 岁	正常儿童	4.19(1.21)	10.22(2.60)
	自闭症谱系儿童	2.33(0.47)	4.38(1.23)
	高功能自闭症儿童	2.68(0.32)	5.53(0.50)
	低功能自闭症儿童	2.13(0.44)	3.68(0.97)
4.5—5 岁	正常儿童	4.41(1.11)	11.05(3.67)
	自闭症谱系儿童	2.36(0.63)	5.38(1.52)
	高功能自闭症儿童	2.86(0.39)	6.48(1.03)
	低功能自闭症儿童	1.95(0.47)	4.47(1.26)
5—5.5 岁	正常儿童	4.50(1.27)	11.23(4.05)
	自闭症谱系儿童	2.69(0.63)	5.92(2.13)
	高功能自闭症儿童	3.14(0.50)	7.56(1.63)
	低功能自闭症儿童	2.25(0.39)	4.28(0.91)
5.5—6 岁	正常儿童	5.01(1.76)	11.78(4.29)
	自闭症谱系儿童	2.74(0.58)	6.70(1.56)
	高功能自闭症儿童	3.15	7.8
	低功能自闭症儿童	2.33	5.6

第三节　自闭症儿童句法结构水平发展评价与监测

近年的汉语儿童语言研究发现，除语料库运算的平均语句长度之外，平均最长五个句子的数值和语句分析，对于汉语儿童语法发展也具有较好的发展评价指标意义(周兢、张莉，2009；李琳，2014；周兢等，2014；王海娟，2017；蒋忠心，2019；王娟等，2019）。此外，汉语儿童语法发展研究也已发现，汉语儿童在进入3岁左右出现复合句式，到4岁之后呈现联合关系、因果关系、递进关系、转折关系等等（周兢，1997）。将语料的复合句子状态形成计算机标注连接，并让计算机分析汉语平均最长的五个句子长度MLGU5，评价汉语儿童语法结构发展水平的MLGU5指标并且获得发展常模，就成为汉语儿童语言句法结构水平测评的一种重点方式（MacWhinney，2000；周兢、张义宾，2020）。

一、自闭症儿童句法结构水平的研究结果

对自闭症谱系儿童将近两年的追踪语料运算分析（图9.2），发现他们与普通儿童平均最长五个句子的长度在4—4.5岁（$t(52)=10.067$，$p<0.001$）、4.5—5岁（$t(66)=5.018$，$p<0.001$）、5—5.5岁（$t(55)=4.015$，$p<0.001$）时，存在数值的明显差异（图9.2-a）。在一次语言交流的语料记录中，儿童最长五个句子的平均长度，实际上代表着他们当前最高的句法结构水平，也是他们的语法发展质量水平的体现。进一步观察图9.2-b可以发现，自闭症谱系儿童与正常同龄儿童相比较，他们的句法结构水平数值MLGU5更多显现沉降水平。

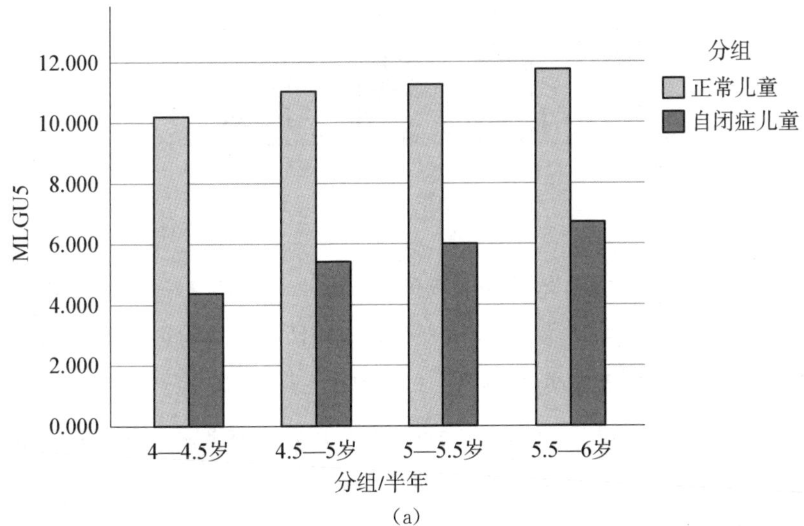

(a)

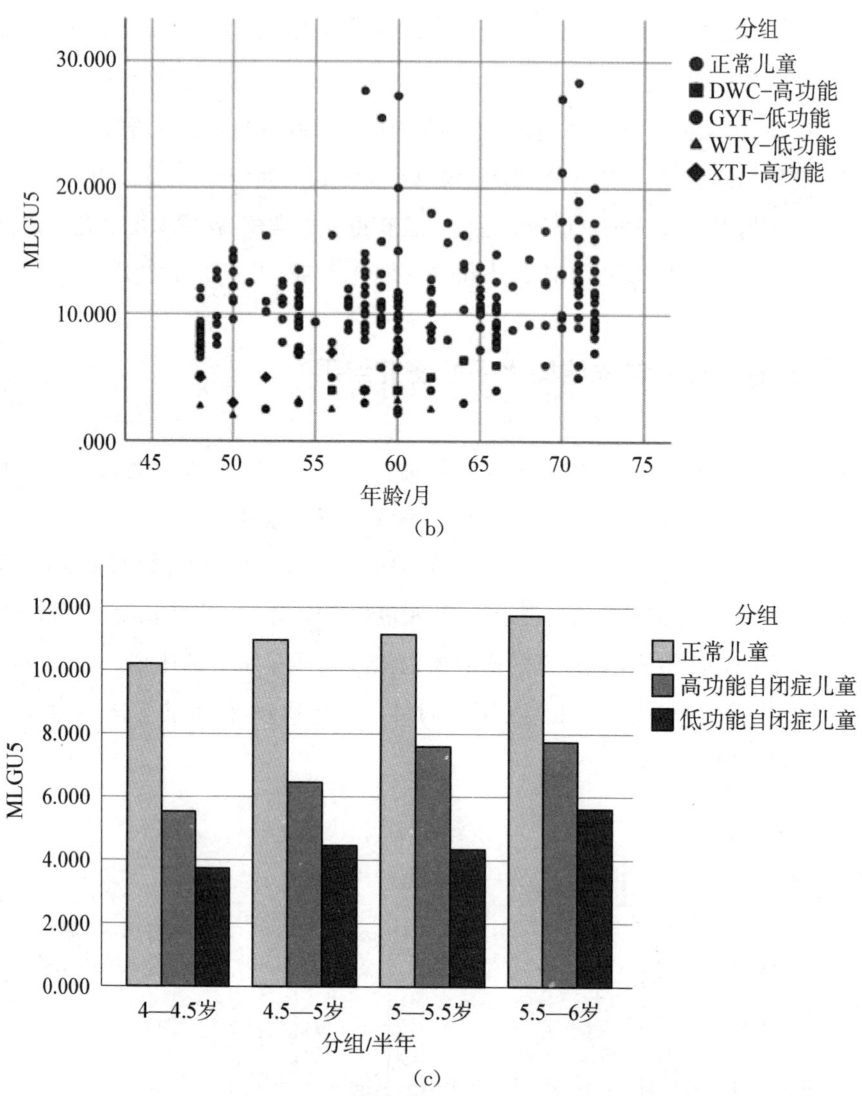

(b)

(c)

图 9.2　不同年龄段汉语儿童句法结构水平数值(MLGU5)直方图及其与自闭症谱系儿童的比较

将自闭症谱系儿童进行半岁分组，并对最长五句话的平均句法长度 MLGU5 进行分析，发现高功能自闭症谱系儿童在 4—4.5 岁、4.5—5 岁、5—5.5 岁、5.5—6 岁时 MLGU5 分别为 5.53、6.48、7.56、7.8，而低功能自闭症谱系儿童的 MLGU5 则是 3.68、4.47、4.28、5.6(图 9.2-c)。经过 t 检验发现，高功能自闭症谱系儿童在 4—4.5 岁($t(6)=3.021$，$p<0.05$)、4.5—5 岁($t(9)=2.867$，$p<0.05$)、5—5.5 岁($t(8)=3.920$，$p<0.01$)时，平均最长五个句子的 MLGU5 水平显著高于低功能自闭症谱系儿童。

二、自闭症儿童句法结构成长发展样态

研究者希望进一步了解：自闭症谱系儿童的句法发展究竟是怎样的一个过程呢？在长度大概两年的时间里，他们的自发性语句表达大致呈现什么样的句法形态？采用MAXWD指令，我们可以调出MLGU5的具体例句，表9.2分别列出了高功能和低功能自闭症个案儿童语料中最长五个句子的发展情况。

表9.2 高、低功能自闭症儿童个案的最长五句话

月份	高功能自闭症儿童	低功能自闭症儿童
48月	*CHI：要 去 坐 好 了 . *CHI：要 换 一 个 . *CHI：转 个 红灯 . *CHI：红灯 停 . *CHI：红 .	*CHI：一 个 手指 伸 出来 . *CHI：右手 指 出来 . *CHI：这 是 树 . *CHI：一 个 树 . *CHI：看 一 下 .
50月	*CHI：结 在 树 上 的 果子 . *CHI：我 要 骑 大 的 车 . *CHI：看 到 下 车 了 . *CHI：这 个 也 生病 . *CHI：它 医院 了 .	*CHI：一 棵 树 . *CHI：椅子 . *CHI：两 只 . *CHI：三 只 . *CHI：四 只 .
52月	*CHI：你 想 再 玩 一 次 吗 ? *CHI：我 打 小 白 兔 了 . *CHI：我们 吃 药 了 . *CHI：别 弄 到 轮胎 . *CHI：生 病 了 .	*CHI：我 要 看 图片 . *CHI：我 要 看 图片 . *CHI：说 我 要 桃子 . *CHI：小 猫 吃 鱼 . *CHI：我 的 小 猫咪 .
54月	*CHI：我 要 去 兔 爸爸 他们 一 家 . *CHI：兔 宝宝 爱 吃 萝卜 爱 吃 菜 . *CHI：小 白 兔 到 我 的 家 . *CHI：我 吃 药药 了 +. [+ sub][+ ygn]一点儿 也 不 生病 了 . *CHI：我 的 肚肚 饿 掉 了 +. [+ sub][+ ygn]要 喝 奶瓶 .	*CHI：七 加 一 等 于 八 . *CHI：八 加 一 等 于 九 . *CHI：不 要 写 字 . *CHI：我 要 吃 虾条 . *CHI：妈妈 ‡ 我 要 长颈鹿 .

续表

月份	高功能自闭症儿童	低功能自闭症儿童
56 月	*CHI：把 它 这 个 给 你 打 电话 了 . *CHI：坐 在 椅子 上面 一起 看 电视 . *CHI：它们 现在 花 很 多 漂亮 . *CHI：妈妈 还 没 弄 回 家 . *CHI：不 要 拉 住 +. [+ sub][blm]还 有 东西 呢 .	*CHI：这 是 爷 子 . *CHI：这 是 镜子 . *CHI：我 要 爽歪歪 . *CHI：弄 好 了 . *CHI：在 这儿 .
58 月	*CHI：打针 不 哭 也 不 闹 . *CHI：肚子 不 舒服 . *CHI：天天 很 乖 *CHI：不 可以 哭 . *CHI：毛毛虫 出去 玩 了 +. [+ sub] [+ blm]我 也 要 出去 玩 了 .	*CHI：这 是 我 的 嘴巴 . *CHI：我 要 妈妈 给 你 . *CHI：用 完 这 个 . *CHI：我 要 铅笔 . *CHI：我 叫 千千 .
60 月	*CHI：妈妈 ‡ 我 要 坐 在 沙发 上 看 电视 ! *CHI：好 ‡ 带 它 回 家 看 电视 吧 . *CHI：妈妈 把 胡萝卜 放 在 桌 上 ! *CHI：天天 爱 吃 胡萝卜 ! *CHI：他 爸爸 住 的 家 .	*CHI：穿 好 了 . *CHI：穿 好 了 . *CHI：在 这里 . *CHI：十 个 . *CHI：& 噢哟 妈 呀 .
62 月	*CHI：它们 不 能 把 它 放 在 这边 来 的 . *CHI：它 坐 在 它 都 玩 好 几 遍 了 ! *CHI：& 哎 它们 拿 了 一 把 小 椅子 ! *CHI：是 坐 着 的 +. [+ sub][+ zzn] 它们 不 是 . *CHI：兔 宝宝 不 坐 手推车 +. [+ sub] [+ bln]妈妈 帮 它 坐 摩托车 .	*CHI：给 小 熊 戴 帽子 . *CHI：给 小 熊 戴 帽子 . *CHI：一 二 三 四 . *CHI：一 二 三 四 . *CHI：他 在 看 电视 .

对照表 9.3 汉语儿童句法结构发展要素，我们来观察来自 MLGU5 运算分析的自闭症谱系儿童的句法结构成长过程。

表 9.3　汉语儿童句法结构发展指标

维度	指标
量词短语	数量结构
	数量名结构
	代数量结构
的字结构	名词-的-名词
	动词-的-名词
介词短语	介词短语
宾语复杂度	宾语为短语
	宾语从句
把字句	把字动词修饰
	把字动补
连动结构句	连动结构句
兼语句	兼语句
复合关系句	并列
	补充
	承继
	条件
	转折
	因果

汉语自闭症儿童产出的句子主要是以简单句为主，到 4 岁半以后高功能自闭症儿童才开始产出具有并列和转折关系的复合关系句。分析汉语自闭症儿童的语法结构，我们有如下发现。

第一，数量结构方面。4 岁时，高功能自闭症儿童产出的数量结构是非常有限的，包括“一个”“一次”“一家”“一点儿”，到 5 岁时高功能自闭症儿童开始产出了数量名结构如“一把小椅子”，可见对高功能自闭症儿童来说，他们产出的数量结构随着年龄增长有所增加，但是整体上数量结构中的量词使用丰富度不高。而对低功能自闭症儿童来说，4 岁时他们产出了数量名结构如“一个手指”“一个树”“一棵树”，以及数量结构如“一个”“两只”“三只”“四只”，5 岁时，他们的产出仅仅有数量结构如“十个”。分析低功能自闭症儿童的这一句法结构，我们发现，虽然低功能自闭症儿童在4岁时已经开始产出“数量名结构”，但是其中存在量词的使用错误，比如将“一根手指”说成“一个手指”，将“一棵树”说成“一个树”等，而且随着年龄增长，他们使用这一结构的数量和质量并没有明显提高。对比高功能自闭症儿童与低功能自闭症儿童的量词使用，我们发现，高功能自闭症儿童使用的量词多以动量词为主，也比较符合其量词产出的发展特征，而低功能自闭症儿童则更多产出以名量词为核心的数量结构和数量名结构。可见，高功能自闭症儿童与低功能自闭症儿童所产出的这一结构特征是存在差别的。

第二，的字结构。在高功能自闭症儿童所产出的“的字结构”中，主要是以“树上的果子、大的车、我的家、我的肚肚”为主，集中产出在4岁，多为“名词-的-名词”所构成的的字结构，表明高功能自闭症儿童在表示所有格以及描述物体属性方面，4岁开始已经具有了比较好的修饰语言发展；反观低功能自闭症儿童，他们在4岁末产出了“我的嘴巴”这样的的字结构，展现出他们对于这一句法结构的理解水平是比较有限的。事实上，综合高功能自闭症儿童与低功能自闭症儿童的上述结构产出，我们认为，他们产出的这种的字结构多是以“我的……”开头，反映出他们心理发展状态中多是以自我为中心，对主客体关系的认识水平比较有限。

第三，介词短语。通过分析我们发现，汉语高功能自闭症儿童在50个月时，产出了“在树上”，56个月时产出了“在椅子上面”，5岁时，产出了“在沙发上”“在桌上”，62个月时产出了“在这边来”等，可见，汉语高功能自闭症儿童在介词短语结构的产出上还是比较多的，而且随着年龄增长，这种句法结构的连续性得以保留，也进一步印证了他们在介词这一词汇结构发展的水平。反观低功能自闭症儿童，我们发现，他们并没有产出任何介词短语结构，而是产出了具有动词意义的“在”字结构和具有副词意义的“在”字用法，可见，低功能自闭症儿童并没有发展出对这一句法结构的理解和表达水平。

第四，宾语复杂度。宾语是词、短语还是句子，直接影响或者决定了语法的复杂度水平。通过分析自闭症儿童产出的句子，我们发现，高功能自闭症儿童所产出的句子中，宾语为短语的情况已经普遍存在，比如4岁时产出的“一个”“大的车”“一次”“小白兔”“我的家”，5岁时产出的“在桌上”“好几遍”“一把小椅子”，反映出他们句法的水平，但是高功能自闭症儿童产出的最长五句话中，并未见具有标志意义的宾语从句。对低功能自闭症儿童来说，他们的宾语多以具体的名词为主，短语的产出非常少，在4岁时仅有作为“是”字句的谓语存在的“我的嘴巴”，其他年龄则未见这一结构产出，而且宾语从句也没有产出。综合高功能自闭症儿童和低功能自闭症儿童的情况，我们认为，他们在宾语从句的产出上存在困难，对低功能自闭症儿童尤其要关注他们的宾语短语产出情况。

第五，把字句。通过分析我们发现，高功能自闭症儿童在 56 个月时，产出了把字句“把它这个给你打电话了”，但是这一把字句的句法存在问题，到 5 岁时，他们产出了“把胡萝卜放在桌上”“它们不能把它放在这边来的”这一完整的把字句，表示他们已经具有了习得把字句的能力。但是，反观低功能自闭症儿童，他们并没有产出任何形式的把字句。

第六，连动结构句。对高功能自闭症儿童来说，他们在 4 岁开始就已经产出了连动结构句，比如“要去坐好了”“坐在椅子上面一起看电视”等，5 岁时还产出了“带它回家看电视吧”等，表明高功能自闭症儿童在连动结构句习得方面具有年龄发展的连续性。但是低功能自闭症儿童并没有产出任何形式的连动结构句。

第七，兼语句。通过分析高、低功能自闭症儿童的句法结构，我们发现，不论是高功能自闭症儿童，还是低功能自闭症儿童，他们都没有产出兼语句。

第八，复合关系句。在复合关系句的产出上，我们发现，高功能自闭症儿童在 4 岁时产出了“我吃药药了，一点儿也不生病了”“我的肚肚饿掉了，要喝奶瓶”“不要拉住，还有东西呢”等具有复合意义的表示因果关系的复合关系句，5 岁时产出了“是坐着的，它们不是”“兔宝宝不坐手推车，妈妈帮它坐摩托车”等表示转折关系和并列关系的复合关系句；对低功能自闭症儿童来说，他们并没有产出任何形式的复合关系句，表明他们在理解句子关系方面存在困难。

通过上述分析，我们发现，自闭症儿童的语法结构产出具有如下几个特点：(1)高、低功能自闭症儿童均有不同的发展特征；(2)高功能自闭症儿童在数量结构、的字结构、介词短语、连动结构句、复合关系句方面存在一定的产出，而且随着年龄增长逐步增加，这些句法结构可能是推动汉语高功能自闭症儿童句法不断发展的基础；(3)低功能自闭症儿童在大多数句法结构的产出上并没有延续性，产出的数量也比较少，在介词短语、宾语复杂度、把字句、连动结构句、兼语句和复合关系句产出方面普遍存在困难。

三、自闭症儿童句法结构与正常儿童的对比分析

那么，与正常儿童语法结构产出的特征或者常模特征相比，自闭症儿童的语法产出具有怎样的差距呢？

第一，量词短语方面。汉语儿童量词短语的发展早在 1 岁 8 个月就已经开始了(转

引自吴庄、黄荣、张政豪,2015)。量词短语是衡量儿童语法结构水平的重要标志,也是汉语独有的句法结构类型。朱曼殊(1986)对量词结构的分析发现,4 岁儿童已经能够使用“数词+量词+名词”这一公式了。通过对比汉语正常儿童不同句法结构的发展常模特征,我们发现:(1)自闭症儿童所产出的量词结构数量严重低于汉语正常发展儿童;(2)从产出的量词结构质量来看,自闭症儿童所产出的量词结构中量词比较集中而且数量较少,主要以“个”为主,但是汉语正常发展儿童则可以普遍产出大量的名量词和动量词,“数-量”结构的发展具有显著的年龄发展趋势。对比来看,高功能自闭症儿童的量词短语数量比较少(所使用的量词以动量词为主,这与汉语正常儿童多使用名量词不同),而且短语结构比较简单,特别是数量名结构的产出比较少,而低功能自闭症儿童在“数-量-名”结构产出上还不具有普遍性,只是“零星式”地有所产出,产出错误比较多,这都反映出自闭症儿童与正常儿童的差异。

第二,的字结构方面。孔令达(1990)提出学龄前儿童最常使用的 6 种类型,包括“动词-的”“名词-的”“形容词-的”“动词-的-名词”“名词-的-名词”“形容词-的-名词”;但是在汉语儿童所产出的的字结构中,从产出数量的角度,仅有“名词-的-名词”“动词-的-名词”具有发展的年龄梯度。分析高功能自闭症儿童和低功能自闭症儿童,我们发现,他们所产出的的字结构多是以“名词-的-名词”的形式存在,而且呈现出自我中心的特征,“动词-的-名词”的形式产出并未出现,这表明自闭症儿童在使用动词组合词组方面可能存在一定的困难。

第三,介词短语方面。在介词短语的产出上,汉语儿童最多产出的是“在”字介词短语。在汉语儿童不同年龄段语法结构产出的探索中,我们发现,汉语正常发展儿童的“在”字介词短语产出在三个年龄段分别达到了 2.81、3.03、4.56 个,可以说是非常普遍的产出。但是在分析了自闭症儿童的语料后,我们发现,汉语高功能自闭症儿童在介词短语结构的产出上还是比较多的,而且随着年龄增长,这种句法结构的连续性得以保留,可以说,高功能自闭症儿童在介词短语方面并不具有明显的落后。反观低功能自闭症儿童,由于他们没有产出“在”字介词短语,因此我们认为,他们对事物方位关系的理解方面存在困难。

第四,宾语复杂度方面。句法的复杂度可以很好地反映儿童句法的发展水平。随着儿童年龄的增长,汉语普通话儿童的简单句会逐渐完善,无修饰语句子的数量越来越少,有修饰语句子的数量越来越多。对汉语正常发展儿童的研究发现,宾语为短语的情况在三个年龄段分别达到了 57.58、63.70、81.91 次,而句子中使用宾语从句的情况则分别达到了 4.25、6.43、6.65 次;可见,汉语正常发展儿童的句子中宾语为短语、宾语为从句的情况已经为普遍特征。但是,分析汉语自闭症儿童的数据,我们发现,高功能自闭症与低功能自闭症儿童呈现出不同特征。高功能自闭症儿童中出现了宾语为词的普遍特征,但是并未产出宾语从句,而低功能自闭症儿童中宾语为词和宾语为从句的情况均没有出现。因此,宾语的复杂度方面,不论是高功能还是低功能自闭症儿童,他们都是远远落后于正常儿童的。

第五,把字句方面。对汉语正常发展儿童把字句习得的探究发现,不同年龄段汉语儿童均普遍有把字句产出。通过分析我们发现,高功能自闭症儿童已经掌握了把字句的句法结构,说明他们对事物或者人处置的结果有了比较高的认识,但是低功能自闭症儿童并没有展现出任何形式的把字句。由此可见,低功能自闭症儿童并没有理解动作与对事物或者人处置结果之间的关系。

第六,连动结构句方面。对汉语正常儿童连动结构句的产出分析发现,不同年龄段汉语儿童均普遍产出了大量的连动结构句;分析发现,高功能自闭症儿童已经大量产出了连动结构句,但是数量比较少,整体上看,他们已经基本理解了连动结构的句法结构,但是低功能自闭症儿童则没有任何产出,由于连动结构句是包括两个或两个以上动词短语或字句的句子,这表明低功能自闭症儿童在连续性产出和使用动词上存在困难。

第七,兼语句方面。汉语正常儿童的兼语句从 2 岁半就已经开始出现(朱曼殊、武进之、缪小春,1979),对 3—6 岁汉语正常儿童兼语句产出的常模特征进行分析,我们发现,兼语句已经成为汉语儿童普遍习得的语法结构。但是自闭症儿童所产出的兼语句非常少,儿童的兼语句主要是使令式的,由"叫、让、使"等动词引导,这表明自闭症儿童还没有习得使役动词的用法,这也是未来需要关注的地方。

第八,复合关系句方面。对汉语儿童复合关系句产出特征进行分析发现,汉语儿童可以普遍产出多种复合关系句,其中产出最多的是并列关系句、补充关系句和承继关系句;而且自 3 岁开始,上述复合关系句中均出现了连词的标记。反观自闭症儿童,我们发现,低功能自闭症儿童没有任何形式的复合关系句产出,而虽然高功能自闭症儿童在 4 岁和 5 岁均产出了表示复合关系的句子,但是他们所产出的句子有如下特点:(1)缺少正常儿童普遍使用的关联词;(2)两个小句之间的关系不明确。回溯本研究在词汇发展方面的测评结果,我们可以注意到,高功能自闭症儿童的连词习得存在困难;这样的问题可能与他们的复合句结构水平相关。当一个孩子的语言词汇中没有获得"因为""所以""不但""而且"等连词的时候,他们的句法发展中大概不可能形成相对规范的因果复合句和转折等复合句式。

整体来看，通过与汉语正常儿童的特征进行比较，我们发现，高功能自闭症儿童与低功能自闭症儿童存在不同的句法结构问题，其中低功能自闭症儿童的句法结构问题更为严重。对高功能自闭症儿童来说，他们在量词短语的名量词使用上、在“动词-的-名词”结构产出上、在宾语短语和宾语从句的产出上、在兼语句和复合关系句的产出上，都较正常儿童发展水平存在一定差距；对低功能自闭症儿童来说，他们在量词短语的“数量名结构”使用上、在“动词-的-名词”结构产出上、在介词短语的使用上、在宾语短语和宾语从句的产出上、在把字句和连动结构句的产出上、在兼语句和复合关系句的产出上，都较正常儿童发展水平存在一定差距。上述诊断过程所揭示的自闭症儿童句法结构产出问题，理应受到进一步的关注。

四、自闭症儿童早期句法学习与发展的教育干预建议

在基于语料库的早期句法发展评价结果上，我们针对自闭症儿童早期句法学习与发展提出下列教育干预建议。

第一，加强基于诊断的个性化干预方案制定。

通过分析，我们发现，自闭症儿童存在较大的个体差异，因此除了探索自闭症作为谱系的障碍特征之外，还应该加强在诊断的基础上，制定个性化的干预方案。在自闭症谱系儿童的语言教育与干预问题上，需要特别注意分类和个别化方案，因此随处可以使用的基于语料库的发展评价和监测方式，就比较适合判定分类和个别化干预方案时使用，并且可以不断追踪和测评，从而发现干预对象的发展变化，在未来应该加强这种方法的使用与推广普及。

第二，将自闭症儿童的词汇与句法学习联系起来，遵循汉语儿童早期语言发展规律，开展自闭症儿童早期语言教育干预。

尽管研究一再发现和证明自闭症儿童的语言问题主要是语用问题，但是通过分析我们发现，不论是低功能自闭症还是高功能自闭症儿童，他们的句法结构产出都受制于词汇产出，比如复合关系句中缺乏连词、数量结构中量词使用不丰富、连动结构句产出不足等问题，这些都影响到了自闭症儿童的句法发展水平，因此在进行自闭症儿童语言干预中，应该将词汇的干预与句法学习结合在一起进行。

第三，采用多种方法，丰富自闭症儿童的句法结构。

通过分析高功能自闭症儿童和低功能自闭症儿童所产出的句法结构，我们发现，他们除了在某些句法结构的产出上落后于正常儿童之外，还在很多句法结构的产出上存在困难，比如兼语句、宾语从句、带有连词标记的复合关系句等。在教育干预过程中，我们一定要加强基于诊断的干预教学，利用多种方法，将这些他们产出比较少的句法结构输入给他们。普遍来说，可以通过图片或者图画书的方式，引导儿童进行句子的仿说，比如采用游戏“我说一句，你说一句”，让儿童在表达中逐步增加理解，在理解中进一步拓展句法结构的丰富性，扩展兼语句和宾语从句的输入；对复合关系句的干预来说，可以通过连环图片卡，向自闭症儿童说明其中的前因后果、顺序关系，并示范说出图片的意义，最后将这些图片整合成一个完整的复合关系句。此外，低功能自闭症儿童还存在数量结构、的字结构、介词短语、把字句、连动结构句的产出问题，应对这些语法困难，除了通过句子仿说之外，还可以通过诸如“我看到”之类游戏来示范和诱发他们的句法结构产出。比如，在干预过程中，提供不同的材料和玩具物品，教师可以通过说“我看到一个大大的苹果和一个大大的皮球”“我看到吃的苹果和吃的香蕉”“我看到苹果在桌子上、我看到香蕉在桌子上”“我看到老师把苹果给我”“我看到你把苹果给老师”“我看到小熊去椅子上吃饭”等，引导儿童认识周围的事物，并鼓励儿童进行表达和重复。

第四，利用多种形式，扩展自闭症儿童的句子长度。

分析发现，自闭症儿童，特别是低功能自闭症儿童的句子长度是比较低的，这与他们自身语法水平相关，也与语言输入的水平密切相关。在干预中，可以通过“语句变长再变长”的游戏，扩展儿童的句子长度。比如，老师可以找一个苹果，跟儿童一起描述。一开始先练习“我有一个苹果”，接下来说“我有一个红色的苹果”，再接下来说“我有一个大大的红色的苹果”，同时可以在这个话语扩展的过程中增加其他的量词、形容词或者副词等。

第五，为自闭症谱系儿童分类打造“情境语言学习”的干预模式。

无论是高功能还是低功能自闭症儿童，在语言干预的过程中，应当改变传统的以字、词、句为中心的干预内容，反对那种机械的、与儿童发展经验割裂的训练方式。建议对自闭症谱系儿童的语言干预采用“情境语言学习”干预模式，针对自闭症谱系儿童需要面对的社会交往情境，精心选择他们需要学习的不同类型的词汇，在学习内容中嵌入功能性词汇类型；同时设计由浅入深的汉语语法结构，帮助自闭症儿童逐步习得和使用，在不断提升他们的语言发展水平的同时，帮助自闭症谱系儿童逐渐成长为胜任社会生活的人。

第十章 汉语儿童语言发展与语料库研究的未来展望

CHILDES 国际儿童语料库的引入，为中国学者开启了儿童语言研究方法的一扇大门。自 20 世纪 90 年代开始，基于 CHILDES 国际儿童语料库的研究层出不穷，推动了我国儿童语言研究的进步与发展。三十多年来，这些研究为汉语儿童的语言研究积累了大量的数据。通过本研究，我们将这些数据开发成为全世界汉语儿童研究领域内最大的非标准化参考常模数据系统，实现了语料的积累与分享向临床诊断和预测的重大转变。

建立基于汉语儿童语料库的语言障碍诊断与预测常模，是对儿童语言发展评价与监测方式的一种突破，改变了传统上依靠标准化工具对儿童语言发展进行评估与监测的单一路径，通过创新性地依托儿童语言大数据，为汉语儿童语言发展评估与监测提供了新的选项。在这个过程中，我们遇到了不少问题，也期待未来和汉语语言研究工作者一起努力予以完善。展望未来，我们认为儿童语言发展评价与监测可以从语言学理论的提升、评价的智能化以及解决教育实际问题三个方向继续行进。

第一节 汉语儿童语言发展评价与监测的中国文化未来

作为一种新的尝试，在探索汉语儿童语言发展的特征与寻找汉语儿童语言发展评价与监测指标的过程中，我们遇到的最为首要的问题是，在儿童语言研究或者汉语语言学研究体系内，并没有直接可以借鉴或者相对权威的汉语儿童语法研究框架，这使得我们在使用语料库进行语法结构、词汇结构分析的过程中缺少强有力的理论支撑。

在使用语料库进行儿童词汇和语法的分析过程中，词法层和语法层的建立是展开分析的基础和前提。语言学家和心理语言学家依靠对词素、句法的分析来阐明语言学习和发展中的核心问题，而学习理论家更加重视使用文本转录来理解形态、句法的发展。越来越多的研究者都趋向于使用数据驱动模型来了解语言学习和语言结构，而这些研究则进一步强化了结构(constructions)或者词项基础模式(item-base patterns)对于统计学习的重要性。此外，词素、句法的分析在语言障碍的研究和治疗中也起着重要作用，例如失语症、特定语言障碍、口吃和痴呆等群体。目前，来自英语语言背景的研究人员和临床医生都可以通过 TalkBank 系统，准确自动地分析来获得词素、句法的产出是否出现问题。TalkBank 系统使用 MOR 命令自动在%mor 层上生成候选词素分析层，使用 POST 命令消除这些分析的歧义，并使用 MEGRASP 命令在% gra 层上计算依存语法(MacWhinney, 2000)。而这一系统在汉语儿童语言分析中，虽然经过了 30 多年的积累，但是仍然存在不少问题。

自 20 世纪 90 年代开始，以华东师范大学 ESEC 儿童语言研究中心团队为主的儿童语言研究者在引进 CHILDES 国际儿童语料库的过程中，不断提升其在中文情境下工作的可适性。汉语与英语是完全不同的，因此在汉语儿童语料库的研究与建设中，研究者并非完全“照搬”CHILDES 国际儿童语料库。第一，汉语儿童语料库研究先行者与 CHILDES 国际儿童语料库的创始人共同基于汉语儿童的语言特征，建立了汉语儿童语料库转录的 CHAT 模式标准(周兢，2009)，其中最为核心的是语句划分标准，这是构成儿童语言分析的基础。第二，在词汇层面，周兢(2001)基于汉语儿童的语言产出情况，确立了汉语儿童语料分析的分词依据，这就为汉语儿童语言分析最小单位(词素)的确立制定了统一的标准和规范，后续的研究者基本遵循着这一标准，为研究不同情境下汉语儿童的语言和比较提供了基础。但是，另一方面，在有关的词法结构和句法结构分析中，在利用 TalkBank 建构汉语儿童句法分析%gra 层的过程中，我们并没有寻找到可以支撑的系统性语法框架。

一、汉语儿童语言发展评价与监测亟待汉语词法理论体系的完善

在词汇结构分析层面，虽然普遍意义上可以将词汇分为名词、动词、形容词等不同类别，可是一旦涉及词汇结构的具体层面，则面临着非常多的概念分类体系的困扰。以量词为例。量词内部构成的划分一直分歧很大，赵元任先生在《汉语口语语法》一书中将量词分为 9 类：个体量词、V-O 中间的个体量词、集合量词、部分量词、容器量词、临时量词、标准量词、准量词、动量词(Chao，1965)。而朱德熙(1982)在《语法讲义》中把量词分为 7 类：个体量词、集合量词、度量词、不定量词、临时量词、准量词、动量词。刘月华、潘文娱和故韡(2001)在《实用现代汉语语法》中将量词分为个体量词、集合量词、度量词、不定量词、准量词、复合量词等专用名量词和其他借用名量词以及范围专用动量词与借用动量词。王汉卫(2004)从对话汉语的角度，将量词划分为个体量词和非个体量词，后者又分为名量词(包括表示数名的量词、表示量名的量词和表示性名的量词)和动量词(表数动量词)。而在儿童量词发展的研究范围内，不同研究者也将量词进行了不同维度的划分。比如，朱曼殊(1986)对 4—7 岁儿童掌握 56 个量词的研究中主要考察了 40 个个体量词、8 个临时量词、8 个集合量词的情况；张廷香(2010)对 3—6 岁儿童的语言研究中则将量词分为个体量词、集合量词、度量量词以及不定量词；颜秀静(2010)对 3—5 岁儿童的语言研究则将量词分为个体量词、集合量词、临时量词和标准量词；俞航(2013)对 1—5 岁幼儿的自发性语料的分析中将量词分为个体量词、临时量词、集合量词、不定量词、准量词、动量词；滕茜(2017)对 zhou2 语料的分析中，则将量词分为生命性量词、形状量词、功能量词、集合量词、部分量词、临时量词、容器量词。可以说，语言学界和儿童语言的实际研究中，对量词的分类是采用不同标准或者尺度的。这就带来了三个困扰：首先，对儿童量词习得的特征分析很难产生统一的结论，因为量词分类的尺度不同，所以使得对年龄发展趋势的分析较难进行统一；第二，从儿童量词产出的评价和监测来看，对语言障碍儿童的词法诊断需要更加精准的术语进行界定和分析，这种词法上的分类差别，可能会给语言障碍儿童的诊断带来一定的挑战，造成“各说各话”的局面；第三，由于当前阶段

语料库的计算和分析都是基于计算机的，那么上述问题必然还会进一步影响到汉语自动分词以及词性标注等问题。

二、汉语儿童语言发展评价与监测亟待汉语语法理论体系的搭建

从句法结构的分析来看，不少语言学家都提出了不同的语法理论。自《马氏文通》起，汉语语法理论的发展已经持续了百年之久。20 世纪 50 年代以后，汉语语法学界有关汉语词类问题的讨论以及汉语主宾语的讨论，使得研究者对汉语语法的特点逐步有了清醒的认识，到朱德熙先生的《语法问答》，终于揭开了汉语语法特点的盖头（周国光，2011）。在句法领域，赵元任先生首先在《国语入门》中，除了主谓结构、并列结构、主从结构外，第一次把汉语中动词和宾语的关系独立出来称为动词宾语结构，而在论述复合词结构关系时又提出了动词和补足语的关系，在《汉语口语语法》中又首次提到了连动结构句，这为汉语句法结构的确定奠定了基础（朱林清、刘松汉，1992）。而从句子的角度来看，赵元任将句子分为完整句和简略句，完整句是包含主谓的，而简略句则只有谓语的句子。汉语的谓语包括动词谓语、体词谓语、主谓谓语，主语则包括体词主语、动词主语、主谓主语和宾语兼主语四类，这些都为后续的句子类型分析奠定了基础。事实上，句法的分析十分复杂，既要考虑句子的成分比如主语和谓语、宾语、定语、状语、补语、复指和插说，也要考虑单句中的主谓句、特殊动词谓语句（是字句、有字句、连动句、兼语句、存现句、把字句、被字句）、是……的句、疑问句、反问句和回声问句、祈使句、比较方式、非主谓句，还要考虑复句以及篇章等问题（刘月华等，2001）。

尽管当前汉语的语法得到了明显的进步与发展，但不可否认的是，当前的语法理论研究工作相对是滞后的。从我国目前的语法研究来看，借鉴和吸收仍是推进现代汉语语法研究的重要动力，但是在吸收过程中，过分转借西方语言学理论的做法，甚至出现了追风贴标签这样的不良学风（陆俭明，2019），甚至有学者认为，自《马氏文通》以来的一百年汉语语法研究，基本上是在西方语言学理论指导下进行的（潘文国，2008），并指出这一进程中存在着某些重要失误，如“普世语法观”“语法中心论”“重语轻文和重音轻字情结”，以及“‘科学主义’迷信”（潘文国，2000）。近些年，构式语法在汉语语法研究中占据了主流，但是就当前的构式语法理论对汉语语法研究的影响而言，更多的是观念的启发，而非方法论的引导（施春宏、李晋霞，2014）。尽管兼收并蓄一直是我们研究的传统，但是在西方语言学理论与中国本土语言学理论之间，我们仍然在寻找一种

平衡路径，汉语语言学的研究仍然面临着非常大的挑战。当前，现代汉语语法研究的成果颇多，但是从共同语语法的研究来说，这些研究多偏重于书面语语法，口语语法的研究极为薄弱，其研究的广度与深度远不及书面语语法，口语语法事实的描写与规律的揭示还有大量的工作要做（汪国胜，2019）。事实上，汉语口语语法现代化理论体系的匮乏，直接影响到了有关汉语儿童语法结构的分析与研究，因此，大多数儿童语言工作者在尝试评估和监测汉语儿童语法发展时，提出了不同的理论构思。通过对过往文献的分析，我们发现，这些语法结构的分析架构竟有 10 多种，而且没有两个架构是完全相同的（表 10.1）。

表 10.1　儿童语法研究的主要框架参考

作者（年份）	语法框架	
	一级维度	二级维度
黄杰（Wong，1993）	词汇语类	● 含有限定语的名词比例 ● 名词与代词比 ● 名词和谓语比 ● 每个语句中的修饰语数量
	助动词	● 汉语助动词的谓语比例 ● 助动词 TTR
	体标记词	● 含有体标记的谓语比例 ● 体标记词的 TTR
	短语结构	● 名词性短语 ● 表语短语
	从句结构	● 完整句的比例 ● 完整句中词素的比例 ● 平均句法长度 ● 平均主语长度 ● 主语细化指标 ● 谓语平均长度 ● 谓语细化指标 ● 结构细化指标 ● 语句中复合句和复杂句的比例

续表

作者（年份）	语法框架	
	一级维度	二级维度
	连词	● 连词 TTR ● 每个语句中连词的平均数量
	语气助词	● 语气助词 TTR ● 含有语气助词的语句比例
谢锡金等（Tse et al.，2002）	陈述句句长	● 句子数量;平均语句长度
	句子类型	● 陈述句 ● 疑问句 ● 感叹句 ● 否定句 ● 请求句 ● 不完整句 ● 英语或其他词句
	陈述句的结构	● 单词句 ● 简单陈述句 ● 无主句 ● 主谓句 ● 复合句
	简单句的句法复杂度	● 无修饰语 ● 有简单修饰语 ● 有动介词或连动结构 ● 有复杂修饰语 ● 有主谓结构作为主语或谓语
	陈述句中的动词模式	● 不及物动词 ● 有及物动词 ● 有动介词或多个动词修饰语 ● 连系动词 ● 无动词
章依文、金星明、沈晓明、张锦明(2006)	/	● 名词-动词 ● 动词-名词 ● 形容词-名词 ● 介词-名词

续表

作者（年份）	语法框架	
	一级维度	二级维度
		● 否定词-形容词 ● 否定词-动词 ● 名词-动词-名词 ● 动词-形容词-名词 ● 代词-形容词-名词 ● 名词-介词-名词 ● 名词-否定词-形容词 ● 名词-否定词-动词 ● 名词-动词-形容词-名词 ● 名词-否定词-动词-名词
崔荣辉(2009)	短语	● 主谓 ● 联合 ● 述宾 ● 述补 ● 偏正短语
	单句	● 主谓句 ● 非主谓句 ● 特殊单句，比如是字句、存现句子、双宾句、连谓句、比较句、把字句、被动句、兼语句以及主语从句等多种类
	复句	● 联合复句 ● 偏正复句 ● 紧缩复句 ● 多层复句
林奂伊(2009)	名词性短语(11)	● Proper, mass, or count noun ● Pronoun, excluding modifiers ● Modifer, including adjectives, possessives, and quantifiers ● NP: nominal preceded by demonstrative or modifier ● Two-word NP: after verb or preposition ● Number+classifier ● Number+classifier+noun ● Two-word NP: before verb ● NP: demonstartive/modifier+modifier+NP ● Adverb modifying adjective or nominal

续表

作者（年份）	语法框架	
	一级维度	二级维度
		● other NP
	动词性短语(14)	● Verb ● Particle/Preposition ● Prepositional phrase(zai+NP) ● Verb+PP ● Copula linking two phrases ● V+perfective le ● Aspect markers (progressive marker zai/zhengzai, durative marker zhe, experiential marker guo) ● Adverb ● Coverb ● Modal preceding verb only ● Resultative verb construction (RVC) ● V+directional phrase ● V+qi-lai ● other VP
	疑问和否定句(11)	● Intonationally marked question ● Question with final particle ● Yes/No question with V not V ● Negative markers (mei you/bu iao) in isolation ● Simple negation (neg. bu+VP) ● Negation of copula, modal, auxiliary ● Negation (mei/mei you+NP/VP) ● Wh-words in isolation ● Wh-question ● Tag question ● other Q/N
	句子结构(23)	● Subject-verb sequence ● Verb-object sequence ● Subject-verb-object sequence ● Conjunction (and, and then, or) ● Serial-verbs Construction ● Conjoined phrases

续表

作者（年份）	语法框架	
	一级维度	二级维度
		● Propositional complement（COMP-Subj.） ● Embedded Clause：Independent clause only ● Conjoined sentences ● Adverbial conjunction ● Wh-clause ● Ditransitive construction ● Causative construction ● Sentence with a preverbal gei phrase ● Ba construction ● Bei construction ● Relative clause ● Sentence-final particles：le ● Sentence-final particles：ou/ne/a/la ● The shi . . . de construction ● Existential sentence ● yi . . . jiu . . . construction ● Other
温嘉曦（Wan，2011）	名词性短语	● 量词短语 ● 形容词性修饰语 ● 关系从句(解释名词性短语的表语从句)
	动词性短语	● 结果补语 ● 方位补语 ● 其他述补结构 ● 动向补语 ● 强化补语 ● 可能补语 ● 描述补语 ● 程度补语 ● 体标记 ● 动词性副词 ● 情态助词 ● 从句补充 ● 方式谓语

续表

作者（年份）	语法框架	
	一级维度	二级维度
	句子结构	● 连动结构 ● 兼语句 ● 介词短语
	疑问句	● 是非疑问句 ● wh-疑问句：什么？谁？哪儿？哪个？怎样？为什么？什么时候？
	句子副词和连词	● 副词
		● 连词
吴雅婷(2012)	简单句	● 主＋形容词谓语 ● 主语＋名词谓语 ● 主语＋宾语＋述语 ● 主语＋状语＋(形容词性)述语 ● 主语＋状语＋述语 ● 主语＋述语 ● 主语＋述语＋补语 ● 主语＋述语＋宾语 ● 主语＋述语＋宾语＋补语 ● 主语＋述语＋宾语＋宾语
	复杂句	● 主题键 ● 主题键＋状语 ● 主题键＋连接词
	特殊句	● 把字句 ● 被字句 ● 比较句 ● 存在句 ● 疑问句
	错误句	● 电报句 ● 句中省略词类 ● 句子赘加词类 ● 词序错误 ● 把/被字句错误 ● 连接词错误 ● 代名词错误

续表

作者（年份）	语法框架	
	一级维度	二级维度
		● 量词应用错误 ● 前后子句关系混淆 ● 其他
叶雅青（Yeh，2015）	独立存在的动词	
	主语-动词	
	主动宾结构	
	非常规结构	● 把字句 ● 宾语-动词结构 ● 宾语-主语-动词 ● 主语-宾语-动词
	系动词引导的语句	● 主-谓-名词结构 ● 主-谓-形容词结构 ● 主语-在-方位短语 ● 方位短语-BE-名词短语 ● 方位短语-有-名词短语
	含多个动词的语句	● 主语-动词1-(宾语)-动词2-(宾语) ● 主语-动词1-动词2-(宾语) ● 主语1-动词1-(宾语)-主语2-动词2-(宾语) ● 主语-动词1-名词-动词2-(宾语) ● 主语-动词1-(宾语)-介词-名词-动词2
吴福焕（Goh，2016）	独词句	● 形容词、副词、连词、叹词、疑问代词、名词、数词、介词、代词、动词
	独短语句	● 名词短语 ● 动词短语 ● 介词短语 ● 形容词短语
	独子句句	● 子句时态 ● 主动 ● 被动 ● 子句形式 ● 陈述句

续表

<table>
<tr><th rowspan="2">作者（年份）</th><th colspan="2">语法框架</th></tr>
<tr><th>一级维度</th><th>二级维度</th></tr>
<tr><td rowspan="2"></td><td></td><td>● 祈使句
● 疑问句</td></tr>
<tr><td>多子句句</td><td>● 并列关系
● 连贯关系
● 说明关系
● 递进关系
● 交替关系
● 比较关系
● 从属关系
● 条件关系
● 因果关系
● 转折关系
● 混合从句关系</td></tr>
<tr><td>翁楚倩(2016)</td><td>句子成分</td><td>● 主语
● 谓语
● 宾语
● 定语
● 状语
● 补语</td></tr>
<tr><td rowspan="2">张显达，陈苏美，林善钧</td><td>名词性短语(11)</td><td>● Plural suffix/for pronoun (men 们)
● DE (的 following associative)
● General classifiers (GE 个)
● Specific classifiers
● Bare nouns, pronouns, proper names compounds
● Nouns with classifier+1 component (e. g. Possessive, Demonstrative, Numeral, Adjectives, Adverbs)
● Nouns with classifier+2 components (DE not counted)
● Nouns with classifier+3 components (DE not counted)
● Nouns with classifier+4 components (DE not counted)
● DE without head noun(e. g. Adj DE, V DE, POSS DE)
● No head noun/without DE (e. g, Det+CLS)</td></tr>
<tr><td>动词性短语(10)</td><td>● Argument-related preverbal directional verb complement
● Other argument-related preverbal coverbs</td></tr>
</table>

续表

作者（年份）	语法框架	
	一级维度	二级维度
		● Modal preceding verbs：Grammaticalized qu4 'go' ● Preverbal ADV：manner adverbs ● Preverbal ADV：other adverbs ● Postverbal aspect markers：experiential (guo4)/durative (zhe4)/ perfective (le) ● Preverbal aspect markers：Progressive(zai4) Grammaticalized you3 ● Non-argument-related postverbal directional verb complement ● Non-argument-related postverbal resultative verb complement ● V+negative morpheme/de+phase
	句子(10)	● Multiple events ● Descriptive clauses ● Wh-clauses ● Conjunctions with lexical linking ● Ba3 constructions (A-BA-O-V) ● Existential you3 (you-N-V) ● Zero argument ● One argument e. g. SV，CoV. Obl. (V)，VO， ● Two arguments e. g. SVO，S. CoV. Obl.，VOO，CoV. Obl. V. O ● Three arguments e. g. SVOO，S. CoV. Obl. V. O

纵观上述儿童语法结构分析维度和指标，我们不得不承认，在没有权威汉语语法理论的引导下，儿童语言特别是语法的分析也有一些“百家争鸣”的意味，这就给儿童语言研究的理论提升提出了挑战。一个明显的问题是，源自不同研究者的不同指标所获得的发展性趋势并不趋同，比如黄杰(1993)的研究发现体标记词和量词使用随着年龄的增长而下降，温嘉曦(2011)的研究中仅仅发现疑问句这一维度存在显著性差异，但是综合指标体系却不能区分正常儿童和 SLI 儿童，这些问题的出现都为汉语儿童的语言评价与预测带来了不统一的问题，即标准不统一、结论不统一。其实，上述儿童语法结构分析指标

系统的差异，问题在于指标来源有的根据传统汉语语言学理论，也有的借鉴西方语言学理论框架，这就为汉语儿童语法发展的规律认知带来了困局。在西方语言学框架基础上建立的语言评估系统，包括英语的语法词素评价体系，在许多汉语研究者那里仍然存在着照搬或者仿照问题，而我们大家心知肚明，汉语语法词法与英语有非常明显的差别。如果不能突破性解决上述问题，汉语儿童语言发展与评价研究，就没有自己的未来。因此，我们必须寄希望于汉语语言理论的进一步发展和完善。

三、汉语儿童语言发展评价与监测需要解决从语言学理论向中文文字处理的迈进问题

陆俭明先生提出，当前中国汉语应用研究亟须抓的三个研究领域是：适应中文信息处理需要的汉语应用研究，适应中小学语文教学需要的汉语应用研究，适应对外汉语教学需要的汉语应用研究(陆俭明，2019)。对于儿童语言发展与语料库研究而言，如何将汉语语言的理论融合进入语料库，利用语料库的自动化计算，提升汉语儿童语言发展与评估的智能化，是一直以来存在的问题。

在语法理论向中文文字处理的发展中，有研究通过对汉语大规模句型进行统计分析，发现现代汉语中有 219 种句子类型，从一级句型来看分为主谓句和非主谓句，主谓句又包括名词谓语句、形容词谓语句、主谓谓语句、动词谓语句、疑问形式、比较方法，而非主谓句则包括无主句和独词句。汉语领域内也积累了大量有关中文文字处理的语料库资源和平台，比如国家语委汉代汉语语料库。但是我们不得不看到，在语言资源库建设方面，至今仍缺乏基本的国家规范和标准，理论模型和方法研究方面仍处于探索阶段，汉语自动分词、命名实体识别等经典问题尚未解决。综观整个自然语言处理领域，尚未建立起一套完整、系统的理论框架体系，许多理论研究甚至处于盲目的摸索阶段，如尝试一些新的机器学习方法或未曾使用的数学模型，这些尝试和实验带有很强的主观性和盲目性。如何针对汉语自身的特点和规律，建立真正适合中文信息处理的一整套理论体系和实现方法，将是中文信息处理研究者长期面临的严峻挑战(宗成庆等，2009)。

最后，从儿童语言的发展与评估来看，现有的中文文字信息处理是建立在书面语的语法基础上的，当前语言学领域中对口语语法理论的探讨是非常少的。这就导致面对语言产出更多样更复杂的儿童时，口语语法的理论就显得更加不足。就现代汉语语法研究本身来说，必须承认我们离现代汉语语法研究的目的任务还很远，特别是我们还没有能

真正建立起基于汉语的现代汉语语法学(陆俭明,2019)。

因此,我们认为,儿童语言研究的中国化,需要中国语言学、文字学的理论研究中国化。只有从根本上解决这样的问题,我们才可能有真正的儿童语言发展和评价的研究强基,我们才可能走向真正的儿童语言研究和评价的中国未来。

第二节　汉语儿童语言发展评价与监测的人工智能未来

人工智能技术的进步和中文文字处理技术的兴起,为汉语儿童语言发展评价与监测提供了智能化评估的图景,如何应用这些技术进一步提升语言发展评价与监测的智能化水平,是未来需要集中多学科多领域力量努力攻克的课题。

一、将汉语中文文字处理技术应用于儿童语言分析与评价中

依靠计算机的现代汉语语料库的建立,推动了基于汉语书面语语料库的中文文字处理技术的进步。国家语委现代汉语语料库的建设中,完成了 7 000 万字语料的词语切分和词性标注工作,并基于 5 万句语句建立了句法树库。在这个过程中,逐步建立了相关的规范,开发了“国家语委语料库加工计算软件系统”,包括词语切分和词类标注、机助人校的语料校对系统、语料库校对质量检查软件、切分标准语料库的定制输出、语料库检索软件、句法树库等,为汉语书面语言的发展提供了强有力的技术保障(靳光瑾等,2005)。

在分词和词性标注方面,当前研究的主要路径有两类:一种是基于规则的,一种是基于统计的。不论哪种方式,当前在进行计算的过程中,都采用或者积累了大量的模型算法,包括机械分词、机器学习、深度学习、集成算法以及多准则分词等,可以说上述方法或者模型的进步,为汉语儿童语言发展评价与监测的自动化实现提供了重要的基础。

在句法自动化分析方面,汉语句法分析所遵循的语法体系主要是短语结构语法和依存语法。前者主要是在 Chinese Penn Treebank(CTB)上开展的。比凯尔和蒋(Bikel and Chiang)在 2000 年完成的工作继承了 Collins 97 的模型,并作了一些适应汉语分析的修

改，此后进一步通过EM算法获取树库中的规则，获得了当时该树库上的最好水平，达到了79.9%的F值。目前，在CTB上的句法分析水平已经达到了80%左右。近几年，依存句法分析的研究逐渐受到了国内学者的重视。罗强等将产生式模型和SVM分类器进行结合，先用产生式模型进行依存分析，然后再用SVM分类器训练，在哈工大依存树库上取得了较好的结果。段湘煜等对英文中的决策式建模方法进行改进，提出了一种基于动作建模的汉语依存句法分析方法，在转换的CTB上进行实验，达到了88.64%的依存正确率（转引自刘挺、马金山，2009）。

可以说，中文的词汇切分和词性标注以及句法自动化分析在当代得到了快速发展，这些技术的进步为分析儿童语言提供了重要的技术支持和保障。上述技术进步，也为基于汉语中文文字处理的儿童语言发展评价与监测提供了借鉴思路，建设具有中国语言文化特色的儿童语言发展评价与监测系统，未来可以结合这一系统进行完善。具体来说，在一定语法理论的支撑下，将现有的汉语书面语规则转化为可以适用于口语分析的规则。在这个过程中，一方面要认识口语与书面语之间的共性，也需要梳理口语产出的特性，另一方面，需要根据儿童的语言发展特征，建立基于儿童语言研究的词语切分以及句法自动化标记，从而实现将汉语中文文字处理技术与儿童语言发展评价与监测的有机结合。

二、进一步扩展儿童语言发展评价与监测的范畴：走向语用

现有的儿童语言发展评价与监测系统，主要包括汉语儿童语言发展的词汇和语法两大范畴，未来还需要进一步扩展到语用。语用不仅仅是与语音、语义、语法和词素相对应的语言学范畴，还是整合了认知、社会和文化的综合体（Hyter, 2017）。研究发现，语用发展与语言整体发展之间存在中度以上的关联（Matthews, Biney, and Abbot-Smith, 2018），因此，语用对儿童的发展至关重要。当前，语用发展障碍大约影响了1%—7.5%的儿童（Ketelaars and Embrechts, 2017），这种障碍甚至会一直持续到成年阶段。很多语用障碍儿童会出现情感和行为困难，也会在处理同伴关系上存在困难。语用障碍研究已经成为国际儿童语言研究工作者的重点关注领域，设计并开发了有关儿童语用的评价工具，比如最常使用的语用测量工具来自 Comprehensive Assessment of Spoken Language（CASL）、ELI Battery 和 Test of Pragmatic Language。除了上述工具之外，不少研究者还试图通过父母或者教师的报告来评估儿童的语用能力，比如问卷法（Children's

Communication Checklist，Language Use Inventory，和 Mindful Conversational Difficulties Scale)。可见，语用评估成为临床语言治疗师评估和治疗中的重要步骤(Cummings，2012)。但是，在汉语儿童语言研究范畴内，并没有针对语用发展评价的专门工具。由于标准化评估很难触及语用发展障碍个体的核心问题(Botting，Conti-Ramsden，and Crutchley，1997)，因此，建构一个具有发展常模参考价值的语用发展和分析系统，以此建立非标准化的、基于自然语言情境的语用发展常模，便成为促进我们下一步儿童语言研究的重要课题。

由于汉语情境下并没有专门的语用发展评价工具，因此汉语儿童语用的研究主要基于语料库研究方法。基于语料库的语用研究主要是通过对儿童的言语行动进行编码来实现，常用的编码体系是尼尼奥、斯诺、潘和罗林斯(Ninio，Snow，Pan，and Rollins，1994)开发的 INCA-A(Inventory of Communicative Acts-Abridged)言语行动编码系统。在会话和语用方面，很多研究都关注到成人、同伴的语言输入特征对儿童的影响。比如，周兢(2001)最早使用上述编码系统，系统分析了汉语 0—3 岁儿童语用发展及其与母亲互动之间的关系。余珍有(2004)分析了师幼互动中教师的语言特征及其对幼儿语言学习和发展的影响，初步确立了分析教师交际性行为的框架并进行了验证，他认为教师交际行为主要指向儿童的认知、动作、情感和态度。杨金焕、郑荔和盛欐(2018)通过对儿童会话的言语、过程、交流、行动进行研究，发现成人和同伴对提升 4—5 岁儿童会话能力方面具有不同的支持作用。姚婷婷和郑荔(2016)通过分析 4—6 岁儿童的话论、会话发起、维持和修补等，发现 4—6 岁儿童的会话能力受到词汇水平的显著影响。欧阳新梅(2003)分析了汉语 1—3 岁和 3—6 岁儿童的语用发展对母亲语用发展的影响，她发现，随着儿童年龄增长，母子之间使用 DJF(讨论关注的焦点问题)和 NIA(商议即刻进行的活动)两种言语倾向的频率不断提高，使用 DHA(指向听者对人和物的注意)的频率则逐渐减少，就言语行动而言，3—6 岁儿童逐渐形成了 ST(做一个宣布性质的陈述)和 SA(通过陈述回答特殊疑问句)两种核心类型，也逐渐发展出 CS(相反的建议)、CT(纠正言语错误)等十几种不同的言语行动类型，而言语变通的类型也逐渐从 80 多种升级到 100 多种。贺利中(2007)对听障儿童的研究发现，尽管听力障碍儿童的语用存在一定的发展趋势，但是与正常儿童相比，听力障碍儿童在言语倾向、言语行动和言语变通上均存在显著落后性；此外，研究还发现，健听母亲与听障儿童之间的语用互动存在相互关联。可以说，汉语儿童研究者为揭示汉语儿童语用发展特征、探究语用发展问题，积累了大量的语用研究数据。但是，上述研究结果也仅限于此，研究获得的语料也仅仅处于“共享”的状态，未用于建构语用发展的常模，也并未用于语用障碍儿童的诊断中。未来需要将儿童的语言发展评价与监测的范畴从词汇和语法扩展到词汇、语法和语用上。

三、从人工智能技术融入智能化儿童语言发展评价与监测中

基于语料库的儿童语言分析，在当前阶段仍然存在不少需要人工操作的环节（图10.1）。在录音结束之后，首先需要人工对儿童的语言转录，并标记儿童的语言现象；随后，语料转录结束之后，需要依据汉语儿童语法发展的特征进行人工断句。虽然目前大多数的分词工作都可以依托 zhoseg. js 程序完成，但是对于某些未输入的词还是需要人工判断并进行词汇切分；然后基于 CLAN 程序添加％mor 层和％gra 层，最后分析词汇、语法和语用并输出结果。

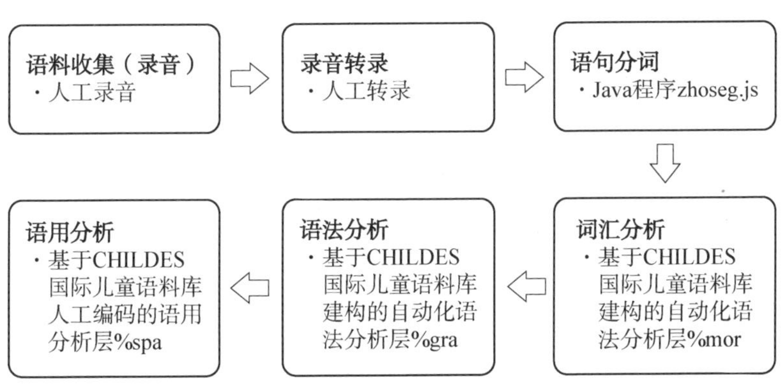

图 10.1　基于 CHILDES 国际儿童语料库的儿童语言分析流程

可以说，现阶段的儿童语料分析，在断句、分词、分析等多个环节基本都是切断的；虽然已经解放了不少人力，但是在这个过程中仍然需要学习不同软件，了解一众规则等。这也限制了儿童语言发展评价与监测的自动化过程。

人工智能的进步，为基于语料库的语言自动化分析提供了新的思路。一方面，各国研究者都开始利用自然语言处理技术，建立自动化的语言分析系统，比如佐贺、拉维和麦克维尼（Sagae，Lavie，and MacWhinney，2005）开发了自动化计算语法发展指标 IPSyn（Index of Productive Syntax）的新系统，该系统完全基于计算机来实现，基本实现了92.5％的自动化识别。另一方面，研究者也基于自然语言处理进行语言障碍儿童的研

究。比如，罗阿克、米切尔和霍林斯黑德(Roark, Mitchell, and Hollingshead, 2007)的研究发现，自然语言处理技术所自动化生成的测量指标可以区分健康被试和轻度认知障碍被试，此后罗阿克等人(2011)又从音频和语料中抽离了暂停频率、持续时间以及语言学复杂度等指标用于区分正常被试和认知障碍被试。普鲁德洪默和罗阿克(Prud'hommeaux and Roark, 2011)发现，使用自然语言加工可以识别79%的语言障碍儿童。普鲁德洪默和罗阿克(2012)还使用自然语言处理，对语用的相关性和主题性两个维度进行打分，这些指标可以成功区分自闭症儿童和语言发展配对组儿童的叙事水平。在研究技术层面，当前研究者使用了不同的方法或者模型来进行语用研究。比如，加巴尼等人(Gabani et al., 2009; Gabani, 2009)通过使用学习方法(learning based approach)对语言障碍儿童进行了预测研究。研究通过分析儿童的自发性叙事和故事讲述的语料，对语言相关的词素、言语流畅度、语言产出水平和词汇进行了研究。研究发现，基于学习的方法，对于自动化的语言发展评估是有效的。金等人(Kim, Seon, and Seo, 2011)对比了决策树、支持向量机和最大熵模型三类机器学习的方法，结果发现，支持向量机对于区分言语行动类型而言是效果最好的。

可见，自然语言处理技术已经与儿童语言发展研究进行整合，形成跨学科发展的态势。但是，我们也发现上述应用的主要问题：第一，自然语言处理技术很少涉及汉语儿童的语言发展研究，特别是语用研究；第二，有关机器学习的模型，在汉语儿童语用分析中并未经过探索和验证；第三，研究者主要用于不同群体的对比研究，很少考虑到基于机器学习建构儿童语言的发展常模，更没有研究将大数据运用于语用发展的评价和诊断中。如此种种，都为自然语言处理技术在汉语儿童语言的研究提供了跨学科背景下的重大机遇。随着人工智能技术的进步和深度学习的发展，在未来很可能实现基于语料库的汉语儿童语言发展评价与监测的完全智能化和完全自动化，这得益于语音识别技术、自动断句和分词技术、自动词性标注和句法关系标注以及自动计算等多项技术的进步。

首先，从录音向文本的转化，最主要的技术是语音识别技术。虽然我国的语音识别技术起步较晚，但是实力已经走在国际前沿，其中最典型的代表是科大讯飞。科大讯飞在语音识别和语音合成方面领先世界(冯志伟、詹宏伟，2018)。目前来说，语音识别技术大多是为成人设计的，但是有关儿童语音的识别也取得了显著的进步。目前中科院成为研究团队等人建立了中文儿童语音数据库，包括朗读和自然对话音频两种。而在有关的儿童语音声学的模型研究和模型优化研究中，徐高鹏(2019)构建了基于DFSMN的中文儿童声学模型，大大降低了词错率，而在语音识别模型方面，利用多任务学习的MTL-

DFSMN 模型,大大提升了中文儿童的语音识别解码率。虽然儿童语音识别技术仍然处于发展阶段,但是我们有理由相信,未来依托强大的语音识别技术,可以将儿童的语言进行自动识别并按照一定的规则进行转录,形成后续自动化分析的素材。

此外,诚如上文所述,现代汉语语料库的建设中已经逐步实现了快速准确地自动化分句和分词,当前依托联合模型,可以实现中文的自动化分词、词性标注以及依存句法标注(Hatori et al., 2012),虽然这些模型并没有尝试于汉语儿童的语言中,但是作为汉语语言的重要进步,仍然可以在儿童语言分析中进行尝试和优化。可以说,汉语中文信息处理技术以及人工智能的发展,为儿童语言发展的评价与监测提供了更加宽广的未来蓝图。试想一下,当我们通过与儿童进行十几二十分钟的对话后,计算机可以为我们提供这名儿童的语言发展特征以及是否存在语言问题等诊断和预测性的反馈,这将是儿童语言发展研究的一大进步,当然这需要来自跨学科研究者的共同努力。我们相信,通过计算机技术与儿童语言研究的整合,在不久的未来将会实现这一目标。

第三节　汉语儿童语言发展评价与监测的教育应用未来

儿童语料库研究的目的在于分析儿童的语言发展过程,更好地为儿童服务。基于这一系统化的研究工作,我们不仅为临床语言障碍儿童的干预实践提供了循证依据,也为普通教育场景下汉语儿童的语言教育质量监测提供了重要的数据参考。这些数据除了上述应用之外,还为基于儿童语言发展规律的教材开发和图画书创作提供了新的参考。

一、充分挖掘当前的汉语儿童语料库,为语言障碍儿童的诊断提供更多帮助

作为一种重要工具,语料库分析可以生态上更加有效的方式评估和理解儿童的语言能力。由于过往的语料处理技术落后,使得手动方式进行的语料库评估显得异常费力。也正是因为这项工作的耗时性,导致很多临床医生不会充分利用语料库的经验,而是只

转录非常短的样本，或者计算平均语句长度之类的简单指标，因而基于平均语句长度的干预计划或评估并没有获得最大的效果。利用先进的计算机技术（例如可通过 TalkBank/CHILDES 使用免费的 CLAN 实用程序）大大加快了儿童语料的转录，而且当前基于 CLAN 的计算系统可以生成许多有用的、准确计算儿童语言表现水平的指标和参数。这些指标和参数以及本研究提供的常模，不仅可以作为其他评估方法的必要补充，也可以用于初步诊断和确定语言干预的目标。此外，通过定期的语料库分析，我们还可以将不同阶段的数据与原始的基准数据进行对比，以判断儿童的语言发展进度。

当被问及是否会使用计算机程序更快、更翔实地分析语料时，在最近的一项调查中，大多数临床医生都表示同意（Westerveld and Claessen, 2014）。我们很高兴，在现在的汉语儿童语言研究领域，我们开展的重要而且具有先验性质的研究，不仅可以为汉语儿童的语言发展提供重要的基础参考数据/常模，而且可以利用上述数据对语言障碍儿童的语言发展情况进行诊断与预测，比如本研究通过这一系统对自闭症儿童和智障儿童的词汇与语法水平进行了评估，获得了进一步进行词汇和语法干预的研究数据。

在临床和教育场景下，处于一线教学中的幼儿园老师或者语言治疗师常常会对某些特殊的儿童产生疑问：这个孩子是不是有语言发展延迟或者障碍？但是，很多普通的一线教师或者语言治疗师很难获得成本高昂的标准化研究工具，因此很难回应这样的语言发展问题。而通过本系统，他们可以在 30—45 分钟内完成语料收集、转录、编码和分析 50 句儿童语言的流程。使用我们开发的儿童发展常模系统，通过仔细对照不同的指标，可以寻找教师或者家长认为儿童“落后”的指标或者维度。可以说，计算机辅助的语料分析在临床和教育实践中获取有关儿童日常语言功能的定量信息方面具有非常高的效率。如同我们在对智障儿童和自闭症儿童早期词汇语法的评价结果的基础上，提出一些有关干预教育的建议，可以据实对特殊需要儿童的语言发展给予教育的目标，帮助语言治疗师、教师和家长把握孩子的现状以及发展走向，从而更加精准、更加有的放矢地给予教育干预。

当然，语言治疗师和幼儿园老师仍然可以使用标准化的工具来进行语言障碍诊断，但是我们认为，深入分析语言样本是确定干预目标的更好方法。儿童可能会在结构化的标准评估中使用某些技巧，但在自然环境中则不会（Pezold et al., 2020）。此外，我们的系统还提供了使用一个指令获取多个指标量化结果的可能性。教师或者家长可以通过使用这一“免费的”儿童语言发展评价与监测常模数据，将被试儿童的数据与正常儿童的发展常模进行比较，一方面，可以快速发现儿童语言发展水平在正常儿童群体中的位置，另一面，则可以通过词汇整体发展、语法整体发展、词汇结构发展、语法结构发展的对比，发现被试儿童语言发展的问题，从而为语言干预和个别化教学提供针对性的建议。此外，研究者和教师都可以利用这一系统，将不同发展阶段所转录的语料数据进行对比，从而发现汉语儿童随年龄增长所发生的变化过程。最重要的是，基于这一系统的诊断与预测过程完全是免费的，而且是通过计算机完成的，这大大减轻了我们的工作量。

我们的研究工作并未完全停止。在本书所开启的具有重要先导性的探索研究中，我们主要使用自由游戏的语料数据作为参考常模建构的重要数据来源。在汉语儿童语料库系统中，除了自由游戏语料之外，我们还存储了大量的其他类型数据，比如叙事数据，这些数据包括 3—6 岁儿童看图叙事、3—6 岁儿童图画书讲述、3—6 岁儿童说明性讲述、3—6 岁儿童学业语言能力等。尽管自由游戏被看作是生态效度更高、对年幼儿童更加适宜的语料收集场景，但是其他场景下的研究也发现了汉语语言障碍儿童与正常发展儿童之间的差别，比如有关 SLI 儿童的语言研究中，张放放(2010)的研究发现，SLI 儿童在叙事结构、叙事观点上显著落后于正常儿童，前者特异性叙事也更多。此外，随着年龄增长，SLI 儿童逐渐在叙事顺序上达到正常儿童水平。黄美燕等(2010)的研究发现，相比 SLI 儿童，正常儿童产出了更多完整且可理解的语句，词汇多样性水平(NDW)也更高。郝颖等(2018)比较了汉语语言障碍儿童与汉语正常儿童的叙事能力，发现语言障碍儿童在五种叙事宏观结构(包括描述角色、场景、内在反应、完整动作、结果)、NDW、句法复杂性(较少使用复杂句)以及 3 个汉语特定微观结构(被动句、量词、表完成的动态助词“了”或“过”)上存在显著的弱势。因此，在未来应该充分探索和挖掘不同类型语料数据在诊断和预测汉语儿童语言发展中的重要价值。

二、建立儿童语言发展评价与监测数据库，为汉语儿童语言发展提供质量监测依据

学前儿童语言的发展，是促成儿童进入学校学习的重要准备。《3—6 岁儿童学习与发展指南》中对幼儿语言学习与发展目标提出了具体要求，这其中就包括对儿童口头语言的要求：认真听并能听懂常用语言，愿意讲话并能清楚地表达，以及具有文明的语言习惯。对学前儿童语言学习与发展的质量进行评价，是落实该指南具体要求的重要举措。但是在我国儿童语言研究的范围内，长久以来并没有可以借鉴的工具为儿童的语言学习与发展进行评价。近年来，国内研究者基于汉语儿童语言发展的核心经验作为核心

理论架构，建构了儿童语言学习与发展的评价工具，弥补了这一方面的空白。

基于汉语儿童语料库的语言发展参考常模的建立，则从语言学视角提供了新的数据支撑。一线幼儿园的实践工作中，不少园长或者教师常常会问：我们幼儿园的语言教育质量究竟如何？有没有什么好的方式方法可以衡量我们的语言教育质量呢？事实上，幼儿园的语言教育质量高与低，主要通过儿童的语言发展水平来判定。在构建基于语料库的语言发展评价系统时，我们所选择的幼儿来自我国不同地区的实验幼儿园，这些幼儿的语言水平可以说是"主流水平"。可以说，该常模不仅提供了正常儿童语言发展的数据，也揭示了不同年龄段汉语正常儿童语言发展的基本规律，这就为儿童语言教育的一线教师提供了教学目标和教学质量的参考。

因此，幼儿园在对本园内儿童语言教育质量进行评价时，可以快速收集并转录幼儿的语料数据，并与正常儿童的发展常模水平进行对比，从而发现语言教育质量的水平和问题，制定更加符合儿童语言发展水平的语言教学目标。此外，作为常模参考数据，基于儿童语料库的语言发展评价系统，在提供正常儿童发展特征与规律的同时，也直接为后续的儿童语言教育质量提升提供了语言发展和教育的语言学范畴参考，这对当前我国幼儿园语言教育中缺少语言学背景的老师来说，是一种非常有意义的补充。教师可以利用这一系统所提供的开放、可检索、可自由获取的语言数据资源，帮助一个新手语言老师直接了解本年龄段儿童语言发展的现实性特征，调取这个年龄段儿童经常产出的词汇和句法结构，了解这个年龄段儿童的语言发展水平，从而助力语言教学。

可以说，本系统的建立，为基于语料库的教学提供了十分重要的证据支持，对评估我国语言教学现场中儿童的语言发展水平，评估我国学前儿童语言教育的质量来说是非常有意义的。我们相信，随着计算机自动化和智能化的进一步发展，利用更多的网络课程学习和软件使用培训，越来越多的教育工作者可以充分感受到语料库分析的重要价值，在语言教育场景中自由地使用这一系统，毕竟作为 CHILDES 国际儿童语料库的重要分支，汉语儿童语言发展常模在诊断和预测语言障碍时也是完全免费的，而且 CHILDES 国际儿童语料库的 CLAN 软件以及其他分析指令都是免费、省时和多功能的。

三、扩展儿童语言发展数据的用途，助力其他儿童教育行业

儿童语言发展大数据参考系统的建立，除了在诊断和预测儿童语言障碍，监测语言教育质量方面提供参考之外，也为儿童教育行业的科学发展提供了重要的参考资料。依

托计算机自动化分析和计算，儿童语言教育行业工作者可以获得儿童词汇、语法以及语用的发展规律，从而助力儿童语言教育市场，比如图画书阅读的分级研究。

长久以来，我国的图画书研究并没有提出明确的分类分级体系，普遍意义上的分类分级体系都是基于经验推断所得。儿童语言发展参考数据，为进一步的阅读分级提供了不同年龄段图画书文本语言输入水平的参考，或者说最低参考，因为儿童图画书的文本复杂度要高于儿童自身的语言。当前有关图画书文本语言的探究，主要集中在图画书语言与儿向语言的关系上。蒙塔格等人（Montag et al.，2015）的研究发现，图画书的词汇多样性要比儿向语的高得多。一项针对日语图画书的研究（铃木孝明，2020）也报告了类似的结果，无论语言如何，图画书中可能比儿向语包含更多样的语言。在语法方面，卡梅伦-福克纳和诺贝尔（Cameron-Faulkner and Noble，2013）探讨了图画书文本中句子的复杂性和多样性。研究者将图画书文本与儿向语语法进行比较，并发现图画书比儿向语使用更复杂的句子。在这项研究中，对 20 部在英国出版的供 2 岁儿童使用的图画书以及 12 名婴儿在儿向语中使用的句子进行了分类和分析。通过分析图画书文本和儿向语中的疑问句、祈使句、是字句、主谓句、并列句和复句，研究者发现，图画书比儿向语使用了更多的有明确项的主语谓语句和含有两个以上动词的复句及并列句。这些结果表明，图画书文本比儿向语使用更复杂的句子。

尽管目前有关图画书文本的语言分析聚焦在其与儿向语言的比较中，但是图画书文本语言的水平与儿童自身的语言之间必然存在某种联系。在进行图画书的创作中，除了考察图像语言、儿童认知和社会性发展水平之外，语言也必然是其中的重要参考指标。汉语儿童语言发展参考常模的建立，为图画书的文本创作提供了来自词汇和语法以及不同词汇结构、不同语法结构方面的语言参考，由于图画书语言作为输入性语言必然高于儿童自身的语言水平，因此可以说，这些语言参考是对图画书文本语言进行创作时的最低水平，为不同年龄段的儿童提供的常模数据，必然会助力未来的图画书出版市场，让图画书的出版和创作朝着更加科学化，更加符合儿童语言发展水平的方向前进。

总之，我们认为基于语料库的汉语儿童语言发展评价与监测，一个真正体现中国文化的未来可期，一个不断提升人工智能水平的未来可期，一个有效应用于中国教育实践的未来可期。希望有更多的同行者共同努力，为中国儿童的语言发展创造更加美好的未来。

参考文献

中文部分

蔡宜芳.华语3—5岁儿童语言样本分析之研究[D].台北：台北市立教育大学，2008.

苍静波.汉语儿童人称代词习得研究[D].哈尔滨:黑龙江大学，2011.

曹漱芹，方俊明.自闭症儿童汉语词汇语义加工和图片语义加工的实验研究[J].中国特殊教育，2010(10)：59-64.

车艳.英汉儿童早期副词习得对比研究[D].长沙:长沙理工大学，2009.

车艳，欧伶伶.说汉语儿童早期副词习得个案研究[J].哈尔滨学院学报，2009，30(12):103-106.

陈帼眉.幼儿心理学[M].北京:北京师范大学出版社，2009.

陈平.释汉语中与名词性成分相关的四组概念[J].中国语文，1987(02)：81-92.

陈柔颖.一位轻度智能障碍幼童接受语言教学辅导之成效[D].衡阳：南华大学，2013.

陈小娟，张婷.特殊儿童语言与言语治疗[M].南京：南京师范大学出版社，2015.

陈秀文.语言样本的收集与分析：临床应用可行性的探讨[D].台北：台北护理学院，2005.

陈奕如.直接教学法应用于国中智能障碍学生英文学习成效之研究[D].嘉义：台湾嘉义大学，2011.

陈勇.儿童语言中的介词及相关问题讨论[D].芜湖：安徽师范大学，2006.

陈臻辉.4—5岁弱智儿童的言语交流行为：在母子互动中的语用研究[D].上海：华东师范大学，2007.

崔荣辉.5—6岁儿童语言习得状况的考察与研究[D].济南：山东大学，2009.

邓宝梅，林枫，陈珍珍，张芹，吴亚岑，周亮，江钟立.不同话语类型影响词汇多样性和词类分布：基于普通话失语库平台的常人研究[J].中国康复医学杂志，2019，34(04)：410-416.

丁凌云.儿童语言中的量词[J].安徽师范大学学报（人文社会科学版），1999(01)：108-113.

杜丽君.4—6岁新疆维吾尔族双语儿童汉语看图叙事能力发展研究[D].上海:华东师范大学，2013.

刘冬梅，邹时朴，龚俊，罗秀，钟云莺，杨利.孤独症、全面发育迟缓及发育性语言延迟儿童早期语言发育特征[J].中国儿童保健杂志，2020，28(03)：312-315.

方俊明，雷江华.特殊儿童心理学[M].北京：北京大学出版社，2011.

方燕红，尹观海，袁林燕.智力障碍儿童视空间工作记忆的发展特点[J].教育学术月刊，2019(12)：72－78.

方燕红，尹观海，张积家，董岚.8—18岁智力障碍儿童空间方位概念的发展[J].中国特殊教育，2014(01)：29－34.

冯志伟，詹宏伟.会话智能代理与语音自动识别[J].外语学刊，2018(01).

缑瑞隆，何秋和，刘雯.2—3岁儿童兼语句发展的实验研究[J].汉语学习，1992(04)：22－28.

关艳培.汉语普通话特殊型语言障碍儿童把字句习得研究[D].广州：广东外语外贸大学，2016.

郭强，颜晗，刘巧云，冯敏.中度智力障碍学生实词理解能力研究[J].中国特殊教育，2018(02)：16－20；32.

韩笑，梁丹丹，张新.智障儿童生命维度语义障碍的实验研究[J].中国特殊教育，2009(02)：14－20.

何晓炜，田琳，孙蓝.特殊型语言障碍疑似儿童筛选初探[J].广东外语外贸大学学报，2014，25(01)：44－48；69.

何文君.普通话特殊型语言障碍儿童句子重复有效性研究[D].广州：广东外语外贸大学，2014.

贺利中.4—6岁汉语重度听觉障碍儿童语用发展研究[D].上海：华东师范大学，2007.

胡承佼.儿童语言中的复句[D].芜湖：安徽师范大学，2004.

胡承佼.儿童语言中的并列式复句[J].河北理工学院学报(社会科学版)，2003(04)：122－125；129.

胡裕树.现代汉语[M].上海：上海教育出版社，2005.

华红琴，朱曼殊.学龄弱智儿童语言发展研究[J].心理科学，1993(03)：4－11；66.

黄进.儿童语言中个体量词“个”的运用及其他[J].南京广播电视大学学报，2003(03)：51－53.

黄宪妹，张璟光.幼儿口语发展的一些特点与问题[J].心理科学通讯，1983(06)：49－50.

黄雪云(SokHoon，Ng).新加坡英语家庭华族学前儿童的华语词汇和句法发展研究[D].上海：华东师范大学，2017.

贾萍萍.汉语中度智障儿童时体习得研究[D].南京：南京师范大学，2010.

蒋忠心，周兢，闵兰斌.新疆4～6岁维吾尔族儿童学业语言发展特征[J].学前教育研究，2019(04)：81－84.

蒋忠心.新疆伊犁地区学前儿童学业语言发展研究[D].上海：华东师范大学，2019.

金星明.儿童心理行为及其发育障碍第9讲语言发育障碍[J].中国实用儿科杂志，2002(09)：566－568.

金志娟,金星明.学龄前儿童普通话平均句子长度的多因素研究[J].中国儿童保健杂志,2009,17(01):24-25;28.

金志娟,金星明.学龄前儿童普通话平均句子长度和词汇广度研究[J].中国循证儿科杂志,2008(04):261-266.

金志娟,金星明.语言样本分析在临床应用的可行性研究[J].上海交通大学学报(医学版),2009,29(07):772-774;793.

靳光瑾,肖航,富丽,等.现代汉语语料库建设及深加工[J].语言文字应用,2005(02):111-120.

孔令达.汉族儿童实词习得研究[M].合肥:安徽大学出版社,2004.

孔令达,周国光,李向农.1～5岁儿童使用结构助词“的”情况的调查和分析[J].心理科学通讯,1990(06):14-20;65.

李红梅.上海市学前儿童家庭晚餐谈话研究[D].上海:华东师范大学,2015.

李慧.汉语普通话特殊型语言障碍儿童把字句习得研究[D].长沙:湖南大学,2014.

李家泛.语言发展迟缓儿童的词汇缺陷本质探讨[D].台北:国立台北护理学院,2007.

李林慧.3—6岁儿童在合作装扮游戏中的元交际发展研究[D].上海:华东师范大学,2008.

李琳.汉语普通话语境下学前幼儿语言叙事能力发展研究[D].上海:上海外国语大学,2014.

李姗.运用语义和语境配对设计对自闭症儿童词汇理解障碍的干预研究[D].南京:南京师范大学,2018.

李向农,周国光,孔令达.2—5岁儿童运用“把”字句情况的初步考察[J].语文研究,1990(04):43-50.

李晓燕.不同教育背景母亲的言语运用对儿童语用的影响[D].南京:南京师范大学,2004.

李晓燕.汉语自闭症幼儿语言发展和交流的个案研究[D].上海:华东师范大学,2008.

李新园.基于图画书的3—6岁儿童阅读理解与叙述能力相关研究[D].上海:华东师范大学,2018.

李宇明.儿童语言的发展[M].武汉:华中师范大学出版社,1995.

梁丹丹,任会启.弱智儿童实体名词的语义组织研究[J].南京师范大学文学院学报,2012(04):168-173.

梁丹丹,宋宜琪.弱智儿童故事讲述任务中指称引入的发展研究[J].中国特殊教育,2015(04):9-16.

梁丹丹.儿童语言障碍与习得研究[M].南京:南京师范大学出版社,2018.

梁飞.英汉儿童人称指示语运用情况对比研究[D].长沙:长沙理工大学,2015.

廖佳玲.学前儿童句型使用之研究[D].台北：台北市立教育大学,2011.

林宝贵，李旭原. 智能障碍儿童语言发展能力及其相关因素之研究[J]. 台北：台湾师范大学特殊教育研究所编印，1993.

林宝贵,邱上真.智能不足儿童语言能力研究[J].台湾教育学院学报,1983(08)：197－228.

林宝贵.智能不足者之语言矫治[M]//许天威.智能不足者之教育与复健.高雄：复文图书出版社，1993：203－251.

林奂伊.汉语语法发展指标之建立[D].嘉义：嘉义大学,2009.

林郡仪,刘惠美.华语迟语幼儿及典型语言发展幼儿的表达性词汇发展[J].特殊教育研究学刊，2017,42(01)：27－50.

林丽英.早期疗育课程评量指导手册[M].台北：心理出版社,2009.

林青,高晓慧,刘巧云,蔡勇刚,叶馨,黄昭鸣.唐氏综合征儿童名词、动词、形容词理解能力特征研究[J].听力学及言语疾病杂志,2020,28(01)：7－11.

刘丝韵.3—5岁儿童学习故事续编能力的发展研究[D].上海：华东师范大学,2018.

刘挺，马金山. 汉语自动句法分析的理论与方法[J]. 当代语言学，2009(02)：100－112.

刘燕. 汉语儿童六类实词习得顺序和习得偏误的个案研究[J]. 现代语文(学术综合版)，2016(03)：141－143.

刘洋.4—6岁儿童在积木游戏中的语言发展研究[D].上海：华东师范大学,2016.

刘佚菡.幼儿园语言和读写环境对儿童看图叙事能力发展的影响研究[D].上海：华东师范大学,2018.

刘月华,潘文娱,故韡.实用现代汉语语法[M].北京：商务印书馆,2001.

陆俭明.近百年现代汉语语法研究评说[J].东北师大学报(哲学社会科学版),2019(06)：1－14.

茅于燕.智力落后与早期干预[M].上海：上海教育出版社,2007.

缪小春,朱曼殊.幼儿对某几种复句的理解[J].心理科学通讯,1989(06)：3－8；44；66.

缪小春.句子和语段理解中代词加工的研究[J].心理科学,1994(03)：159－163.

牟奕蒙.4—5岁听力障碍儿童词汇水平研究[D].南京：南京师范大学,2018.

牛苗苗.4—6岁儿童说明性语言发展研究[D].上海：华东师范大学,2018.

钮文英. 美国智能障碍协会2002年定义的内容和意涵[J]. 特殊教育学刊，2003(03)：86.

欧阳新梅.儿童的语用发展对母亲言语运用的影响[D].南京：南京师范大学,2003.

欧伶伶. 论英汉儿童早期名词习得[D]. 长沙:长沙理工大学，2009.

潘文国. 语言的定义[J]. 华东师范大学学报（哲学社会科学版)，2001(01)：97－108.

潘文国. 汉语研究：世纪之交的思考[J]. 语言研究，2000(01)：1－27.

潘文国. 中国语言学的未来在哪里？[J]. 华东师范大学学报（哲学社会科学版），2008，40(01)：96－102.

彭聃龄.语言心理学[M].北京：北京师范大学出版社，1991.

彭辉，郑荔.5—6岁汉语自闭症儿童词汇水平的实验研究[J].中国特殊教育，2017(01)：65－72.

彭辉.5—6岁高功能自闭症儿童和普通儿童词汇水平的实验研究[D].南京：南京师范大学，2007.

彭小红. 说汉语儿童早期代词习得[J]. 株洲工学院学报，2004，18(04)：146－147.

锜宝香.儿童语言障碍——理论、评量与教学[M].台北：心理出版社，2006.

钦一敏.《爸爸去哪儿》中的亲子语言研究[D].上海：华东师范大学，2016.

畲丽，杨炽康，廖永堃，朱怡珊.汉语儿童语言指标效度之研究：以广州市为例[J].东台湾特殊教育学报，2017，106(19)：129－155.

施春宏，李晋霞.当前现代汉语语法研究的基本态势及相关问题[J].上海师范大学学报(哲学社会科学版)，2014，43(04)：80－89.

史慧中.3—6岁儿童语言发展与教育[M]//朱智贤.中国儿童青少年心理发展与教育.北京：中国卓越出版公司，1990：94－127.

宋珊珊，万国斌，金宇，等. 孤独症谱系障碍儿童普通话词汇特点及发展[J]. 中山大学学报（医学科学版），2015，36(04).

宋宜琪，靳羽西.具身理论：自闭症个体词汇语义加工研究的新视角[J].南京师范大学文学院学报，2018(03)：26－32.

苏怡，莉蒂希娅·蕾格斯.汉语自闭症学前儿童语言表达能力实证研究[J].语言战略研究，2020，5(02)：25－34.

孙圣涛，FanXuehong，王秀娟.智障学生句子判断能力的研究[J].心理科学，2008，31(04)：901－904.

孙圣涛，蔡雯，李冠华.中重度智力落后儿童对于“长”“短”词义掌握的研究[J].中国特殊教育，2010(04)：7－10.

孙圣涛，冯俊，李燕.中度智力落后儿童对于“高”“矮(低)”词义的理解[J].教育生物学杂志，2015，3(01)：16－21.

孙圣涛，何晓君，施凤.中重度智力落后学生对汉语副词理解的研究[J].中国特殊教育，2007(09)：33－37.

孙圣涛，钟秋婷.中重度智力落后儿童对“大”“小”的理解[J].现代基础教育研究，2011，4(04)：

100－104.

孙秀荣. 母亲的言语运用对儿童语用发展的影响——3岁儿童的母子互动研究[D]. 南京:南京师范大学,2001.

孙悦.幼儿英语浸入式中儿童第二语言获得特征及发展水平的研究[D].西安：陕西师范大学,2010.

滕茜.汉语儿童量词习得研究[D].天津：天津师范大学,2017.

佟子芬.智力落后学生掌握量词特点的调查[J].中国特殊教育,1998(02)：3－8.

王海娟.5—6岁幼儿叙事能力发展特点及其语言影响因素研究[D].西安：陕西师范大学,2017.

王汉卫.量词的分类与对外汉语量词教学[J].暨南学报(人文科学与社会科学版),2004,2(109),113－116.

王娟,薛梦,魏千惠.汉语聋生与健听生口语叙事和书面叙事发展特征的比较研究[J].心理科学,2019,42(01)：230－236.

王书荃.智力落后儿童的早期发现与训练[M].北京：中国妇女出版社,2008.

王玉琼.新疆学前教师与维吾尔族儿童互动的汉语语言水平研究[D].上海：华东师范大学,2013.

翁楚倩.自主表达语境下的学前儿童句法特征研究[D].西安：陕西师范大学,2016.

吴剑飞,陈云英.唐氏综合征儿童语言发展研究的现状分析[J].中国特殊教育,2005(11)：9－15.

吴淑华,龙厚禄.幼儿口头言语发展的调查研究[J].南充师院学报(哲学社会科学版),1980(03)：77－87.

吴天敏,许政援.初生到三岁儿童言语发展记录的初步分析[J].心理学报,1979(02)：153－165.

吴雅婷.五岁典型发展儿童与语言发展迟缓儿童表达性语法能力之研究[D].台北：台北市立教育大学,2012.

吴庄,黄荣,张政豪.汉语(不)定指标记儿童习得研究[J].外语教学与研究,2015,47(02)：176－189；319.

武进之.幼儿口头言语发展的调查研究[J].心理科学通讯,1981(05)：32－39.

夏滢.自闭症幼儿在亲子互动中的词类发展研究[D].上海：华东师范大学,2008.

肖晶晶. 汉语儿童差比句习得研究[D]. 湘潭:湘潭大学,2017.

萧振民.小学一到三年级学童口语及书写叙事的句型发展与比较[D].台北：台北护理健康大学,2012.

谢锡金.The oral syntactic structure development of Hong Kong preschool children(香港学前儿童的口语句法发展)[M].谢锡金,Oral language development for preschool children in Hong Kong

(香港幼儿口语发展).Hong Kong：Hong Kong University Press.2014,71－86.
辛宏伟.3—6岁维吾尔族儿童汉语语言发展研究[D].上海：华东师范大学,2011.
徐高鹏.基于深度学习的中文儿童语音识别声学模型研究[D].兰州：兰州理工大学,2019.
徐勇.特定型语言障碍儿童叙事性语言的动词使用研究[D].上海：华东师范大学,2007.
颜秀静.学前儿童量词习得之追踪研究[D].台北：台北市立教育大学,2010.
杨金焕，郑荔，盛欐.成人与同伴在4—5岁儿童会话能力发展中的作用比较[J].学前教育研究，2018(1)：49－63.
杨琼.基于CHILDES的故事类图画书教育活动中师幼话语分析[D].西安:陕西师范大学,2014.
杨希洁.自闭症儿童语言障碍表现及其教育训练对策[J].中国特殊教育,2008(09)：40－43.
杨晓岚.3—6岁儿童同伴会话能力发展研究[D].上海：华东师范大学,2009.
杨晓岚.4—6岁儿童角色游戏情境中的同伴互动语言研究[D].上海：华东师范大学,2018.
杨晓岚,周兢.母亲的教育背景对儿童量词使用的影响[J].幼儿教育·教育科学,2010(03)：43－48.
姚婷婷，郑荔.4—6岁幼儿词汇水平与会话能力的相关性研究[J].幼儿教育：教育科学，2016(09)：32－38.
余思洋.基于IPAD的学前儿童叙事能力研究[D].上海：华东师范大学,2017.
俞航.汉语儿童量词习得研究[D].湘潭：湘潭大学,2013.
曾涛,李慧,李珂,何晓炜.汉语普通话特殊语言障碍儿童"把"字句习得研究[J].华文教学与研究,2013(01)：10－18.
曾霞.汉语儿童代词习得研究[D].湘潭:湘潭大学，2013.
曾怡惇.台北市小学启智班中度智能不足儿童与普通儿童口语表达能力之比较研究[J].特殊教育研究学刊,1993(09)：151－176.
张放放.4—6岁汉语特定型语言障碍儿童叙述语言发展研究[D].上海：华东师范大学,2010.
张福娟,杨福义.特殊儿童早期干预[M].上海：华东师范大学出版社,2011.
张海霞.学前儿童看图叙事顺序能力研究[D].上海：华东师范大学,2007.
张娟.英汉儿童早期程度副词习得对比分析[D].长沙:长沙理工大学,2013.
张积家,方燕红.弱智儿童常见食物的概念结构[J].中国特殊教育,2009(03)：54－62.
张鑑如,章菁.幼儿叙述能力之发展：多年期研究计划[C].一九九一学年度师范学院教育学术论文发表会论文集.嘉义：嘉义大学,2002：1615－1641.
张莉,周兢.汉语儿童平均语句长度发展研究[M]//周兢,张鑑如.汉语儿童语言发展研究：国际儿童语料库研究方法的应用与发展.北京：教育科学出版社.2009：40－58.

张廷香.基于语料库的3—6岁汉语儿童词汇研究[D].济南：山东大学，2010.

张文洁，周兢.4—6岁汉语儿童对话中连词运用发展研究[J].教育导刊(下半月)，2016(03)：23－27.

张显达.平均语句长度在中文的应用[J].听语会刊，1998(13)：36－48.

张义宾，蒋忠心，张鸿启，郭力平.我国单纯性语言发育迟缓/障碍儿童干预效果的元分析及其启示[J].中国特殊教育，2016(10)：19－25.

张永盛，杨广学.自闭症谱系障碍患者异常感觉反应研究综述[J].中国特殊教育，2014(07)：30－36.

张云秋，郭婷.从“在”字句习得看儿童的早期句法发展[J].当代语言学，2014，16(04)：422－435＋501.

章依文，金星明，沈晓明，张锦明.2～3岁儿童词汇和语法发展的多因素研究[J].中华儿科杂志，2002(11)：9－12.

章依文，金星明，沈晓明，等.2—4岁儿童语言发育的抽样调查[J].中国实用儿科杂志，2006，21(03)：203－205.

周国光，王葆华.儿童句式发展研究和语言习得理论[M].北京:北京语言文化大学出版社，2001.

周国光，张林林.现代汉语语法理论与方法修订版[M].广州：广东高等教育出版社，2011.

周国光.汉族儿童句法习得研究[M].广州：广东高等教育出版社，2016.

周兢，张义宾.从儿童语言发展研究走向语言发展评价探讨：基于汉语儿童语料库的语言发展测评系统构建[J].学前教育研究，2020，306(06)：72－84.

周兢，张义宾.基于语料库的汉语学前儿童语言发展评价与监测——对一组自闭症儿童的诊断研究报告[J].中国文字研究，2020(01)：222－239.

周兢，陈思，Catherine Snow，Paola Uccelli.学前语言教育的新取向：重视儿童学业语言的发展[J].学前教育研究，2014(06)：39－44.

周兢，李传江，杜丽君，王飞霞，陈思，张莉.新疆学前双语教育情境中民族儿童的汉语发展研究[J].华东师范大学学报(教育科学版)，2014，32(01)：11－19.

周兢，李晓燕.不同教育背景母亲语用交流行为特征比较研究[J].心理科学，2010，33(02)：478－481.

周兢，张莉，李传江.汉语学前儿童的词汇语义发展研究[J].语言战略研究，2017，2(06)：89－96.

周兢.汉语儿童语言发展阶段新说[J].南京师大学报(社会科学版)，1997(01)：58－64.

周兢.汉语儿童语言发展研究：国际儿童语料库研究方法的应用与发展[M].北京：教育科学出版社，2009.

周兢.学前儿童语言教育[M].南京：南京师范大学出版社，2001.

周兢.幼儿园语言教育活动设计与组织[M].北京：人民教育出版社，1996.

朱从梅.图画书阅读中母亲和儿童的语用研究[D].南京：南京师范大学，2003.

朱德熙.语法讲义[M].北京：商务印书馆，1982.

朱林清，刘松汉.试论赵元任对汉语语法研究的贡献[J].南京师大学报(社会科学版)，1992(04)：59-64.

朱曼殊，武进之，缪小春.幼儿口头言语发展的调查研究 1.幼儿简单陈述句句法结构发展的初步分析[J].心理学报，1979(03)：281-286.

朱曼殊.儿童语言发展研究[M].上海：华东师范大学出版社，1986.

朱晓艳.汉语弱智儿童介词习得问题研究[D].南京：南京师范大学，2010.

宗成庆，曹右琦，俞士汶.中文信息处理 60 年[J].语言文字应用，2009(04)：53-61.

外文部分

Alin-Akerman, B., & Nordberg, L. (1980). *Griffiths Developmental Scales I and II*. Stockholm: Psykologiforlaget AB, 298-308.

Alvares, G.A., & Bebbington K., et al. (2020). The misnomer of 'high functioning autism': Intelligence is an imprecise predictor of functional abilities at diagnosis. *Autism*. *24* (1), 221-232.

Ambridge, B., Bannard, C., & Jackson, G.H. (2015). Is grammar spared in autism spectrum disorder? data from judgments of verb argument structure overgeneralization errors. *Journal of Autism and Developmental Disorders*, *45*(10), 3288-3296.

American Psychiatric Association. (2013). *Diagnostic and statistical manual of mental disorders* (*DSM-5* ®). American Psychiatric Pub.

Baron-Cohen, S., Wheelwright, S., Cox, A., et al. (2000). Early identification of autism by the Checklist for Autism in Toddlers (CHAT). *Journal of the Royal Society of Medicine*, *93* (10), 521-525.

Bartolucci, G., Pierce, S. J., & Streiner, D. (1980). Cross-sectional studies of grammatical morphemes in autistic and mentally retarded children. *Journal of Autism and Developmental Disorders*, *10*(1), 39-50.

Beirne-Smith, M., Patton, J. R., & Kim, S. H. (2006). *Mental retardation*(*7th ed*.). Upper Saddle River, NJ: Pearson.

Bennetto, L., Pennington, B. F., & Rogers, S. J. (1996). Intact and impaired memory functions in autism. *Child Development*, *67*(4),1816-1835.

Ben-Sasson, A., Hen, L, Fluss, R., Cermak, S. A., Engel-Yeger, B., & Gal, E. (2009). A meta-analysis of sensory modulation symptoms in individuals with autism spectrum disorders. *Journal of Autism and Developmental Disorders*, *39*(1),1-11.

Bernstein, D. K., & Tagerman-Farber, E. (2009). *Language and communication disorders in children* (*6th ed*.). Boston: Pearson Education.

Beversdorf, D. Q., Anderson, J. M., Manning, S. E., Anderson, S. L., Nordgren, R. E., Felopulos, G. J., Bauman, M. L. (1998). The effect of semantic and emotional context on written recall for verbal language in high functioning adults with autism spectrum disorder. *Journal of Neurology*, *Neurosurgery & Psychiatry*, *65*(5),685-692.

Bikel, D. M., & Chiang, D. (2000, October). Two statistical parsing models applied to the Chinese Treebank. In *Second Chinese Language Processing Workshop* (pp. 1-6).

Block, J.H. (1981). *The Child-Rearing Practices Report* (*CRPR*): *A set of Q items for the description of parental socialization attitudes and values*. *Berkeley*, CA: University of California, Institute of Human Development.

Bloom, L., & Lahey, M. (1978). *Language development and language disorders*. NewJersey: John Wiley & Sons, Inc.

Botting, N., Conti-Ramsden, G., & Crutchley, A. (1997). Concordance between teacher/therapist opinion and formal language assessment scores in children with language impairment. *European Journal of Disorders of Communication*, *32*(3), 317-327.

Boucher, J., & Warrington, E. K. (1976). Memory deficits in early infantile autism: some similarities to the amnesic syndrome. *British Journal of Psychology*, *67*(1),73-87.

Bowler, D.M., Gaigg, S. B., & Gardiner, J. M. (2009). Free recall learning of hierarchicaly organised lists by adults with Asperger's syndrome: Additional evidence for diminished relational processing. *Journal of Autism and Developmental Disorders*, *39*(4),589-595.

Bowler, D.M., Gardiner, J.M., Grice, S., & Saavalainen, P. (2000). Memory illusions: false recall and recognition in adults with asperger's syndrome. *Journal of Abnormal Psychology*, *109*(4), 663 - 672.

Brown, R. (1973). A First Language: The Early Stages, Cambridge, Mass: Harvard University Press.

Brown, R. (1973). Development of the first language in the human species. *American Psychologist*, *28*(2), 97 - 106.

Cameron-Faulkner T., Noble C. (2013). A comparison of book text and child directed speech. *First Language*, 33(3), 268 - 279.

Capps, L., Kehres, J., & Sigman, M. (1998). Conversational abilities among children with autism and children with developmental delays. *Autism*, *2*(4), 325 - 344.

Carmichael, L. (1954). Language development in children. In L. Carmichael(Ed.), *Handbook of child psychology*. New York, NY: Wiley.

Caselli, M.C., Monaco, L., Trasciani, M., & Vicari, S. (2008). Language in Italian children with down syndrome and with specific language impairment. *Neuropsychology*, *22*(1), 27 - 35.

Chao Yuen-ren. (1965). *A grammar of spoken Chinese*. Berkeley: University of California Press.

Charman, T., Drew, A., Baird, C., etal. (2003). Measuring early language development in preschool children with autism spectrum disorder using the MacArthur Communicative Development Inventory(Infant Form). *Journal of Child Language*, *30*(1), 213 - 236.

Charman, T. Drew, A. Baird, C. & Baird, G. (2003). Measuring early language development in preschool children with autism spectrum disorder using the MacArthur Communicative Development Inventory (Infant Form). *Journal of Child Language*, 30, 213 - 236.

Cheung, H. (2009). Grammatical Characteristics of Mandarin-speaking Children with Specific Language Impairment. In S.-P. Law, B. S. Weekes, & A. M.-Y. Wong (Eds.), *Language disorders in speakers of Chinese*. (pp. 33 - 52) Bristol, Blue Ridge Summit: Multilingual Matters.

Cheung, H. (1993). *The Acquisition of BA in Mandarin*. Doctorial Dissertation, University of Kansas, Social Science Premium Collection database.

Cheung, H. (1998). *Utterance length and the development of Mandarin Chinese*. First Asia-Pacific

Conferenceon Speech, Language and Hearing, University of Hong Kong.

Cheung, H., Chen, S.-m., & Lin, S.-j. Measuring productives yntax in Mandarin-speaking children with and without Specific Language Impairment (in press).

Collisson, B. A., Graham, S. A., Preston, J. L., Rose, M. S., McDonald, S., & Tough, S. (2016). Risk and protective factors for late talking: An epidemiologic investigation. *The Journal of pediatrics*, 172,168 - 174.

Collisson, B. A., Grela, B., Spaulding, T., Rueckl, J. G., & Magnuson, J. S. (2015). Individual differences in the shape bias in preschool children with specific language impairment and typical language development: theoretical and clinical implications. *DevSci*, *18* (3), 373 - 388.

Condouris, K., Meyer, E., & Tager-Flusberg, H. (2003). The Relationship Between Standardized Measures of Language and Measures of Spontaneous Speech in Children With Autism. *American Journal of Speech-Language Pathology*, *12*, 3 - 15.

Crystal, D. (2012). On the origin of LARSPecies. InM. J. Ball, D. Crystal,& P. Fletcher (Eds.), *Assessing Grammar: The Languages of LARSP* (pp. 4 - 11). United Kindom: Multilingual Matters.

Cummings, L. (2012). Establishing Diganostic Criteria: The Role of Clinical Pragmatics. *Lodz Papers in Pragmatics*, *8*(1), 61 - 84.

Daley, T. C. (2002). Then eed for cross-cultural research on the pervasive developmental disorders. *Transcultural Psychiatry*, *39*(4),531 - 550.

Davis, E.A. (1937). Mean sentence length compared with long and short sentences as a reliable measure of language development. *Child Development*, *8*(1),69 - 79.

Deng, X., Mai, Z., & Yip, V. (2018). An aspectual account of ba and bei constructions in child Mandarin. *First Language*, *38*(3),243 - 262.

Depape, A.M.R., Hall, G.B.C., Tillmann, B., Trainor, L.J., & Bremner, A. (2012). Auditory processing in high-functioning adolescents with autism spectrum disorder. *Plos One*, *7* (9),e44084.

Dijk, M.V., & Geert, P.V. (2005). Disentangling behavior in early child development: interpretability of early child language and its effect on utterance length measures. *Infant Behavior & Development*, *28*(2),99 - 117.

Dunn, M., Gomes, H., Sebastian, M. J. (1996). Prototypicality of responses of autistic, language disordered, and normal children in a word fluency task. *Child Neuropsychol*, *2*(2), 99 - 108.

Eigsti, I.-M. (2013). A review of embodiment in autism spectrum disorders. Frontiers in Psychology, 4, Article 224.

Eigsti, I. M., & Bennetto, L. (2009). Grammaticality judgements in autism: Deviance or delay. *Journal of Child Language*, *36*(05), 999 - 1021.

Eigsti, I. M., Bennetto, L., & Dadlani, M. B. (2007). Beyond pragmatics: morphosyntactic development in autism. *J Autism Dev Disord*, *37*(6), 1007 - 1023.

Eisenberg, S. L., Fersko, T. M., & Lundgren, C. (2001). The use of MLU for identifying language impairment in preschool children. *American Journal of Speech-Language Pathology*, *10*(4), 323 - 342.

Elena Checa, Miguel Galeote, & Pilar Soto. (2016). The Composition of Early Vocabulary in Spanish Children With Down Syndrome and Their Peers With Typical Development. *American Journal of Speech-Language Pathology*, *25*(4), 605 - 619.

Erbaugh, M. S. (1992). The acquisition of Mandarin. *The crosslinguistic study of language acquisition*, 3, 373 - 455.

Eskes, G. A., Eskes, G. A., Bryson, S. E., Bryson, S. E., McCormick, T. A., & McCormick, T. A. (1990). Comprehension of concrete and abstract words in autistic children. *Journal of Autism and Developmental Disorders*, *20*(1), 61 - 73.

Ezeizabarrena, M.-J., & Garcia Fernandez, I. (2018). Length of Utterance, in Morphemes or in Words?: MLU3 - w, a Reliable Measure of Language Development in Early Basque. *Frontiers in Psychology*, *8*(01), 2265 - 2265.

Fein, D., & Waterhouse, L. (1979). *Autism is not a disorder of language*. Boston, MA: Paper presented at the New England Child Language Association.

Fein, D., Dunn, M., Allen, D., Aram, D., Hall, N., Morris, R., Wilson, B. C. (1996). Language and neuropsychological findings. In RapinI, ed. *Preschool Children with Inadequate Communication*. London: Mac Keith Press; 1996, 123 - 154.

Fenson, L., Dale, P. S., Reznick, J. S., Bates, E., Thal, D. J., Pethick, S. J., Stiles, J. (1994). Variability in early communicative development. *Monographs of the Society for*

Research in Child Development, *59*(5),1 - 173.

Fernell, E., HedvallA., Norrelgen, F., Eriksson, M., Hoglund-Carlsson, L., & Barnevik-Olsson, M., et al. (2010). Developmental profiles in preschool children with autism spectrum disorders referred for intervention. *Research in Developmental Disabilities*, *31*(3),0 - 799.

Fombonne, E. (2003). Epidemiological surveys of autism and other pervasive developmental disorders: anupdate. *Journal of Autism & Developmental Disorders*, *33*(4),365 - 382.

Fusaroli R, Weed E, Fein D, Naigles LR. (2015). Language development in context: a longitudinal study of typically-developing children and children with ASD. In: International Meeting for Autism Research, Salt Lake City, UT.

Gabani, K. (2009). *Automatic identication of language impairment in monolingual English-speaking children*. (Master's thesis), The University of Texas at Dallas.

Gabani, K., Sherman, M., Solorio, T., Liu, Y., Bedore, L. M., & Pena, E. D. (2009). *A corpus-based approach for the prediction of language impairment in monolingual English and Spanish-English bilingual children*. Paper presented at the Proceedings of human language technologies: the 2009 annual conference of the North American chapter of the Association for Computational Linguistics.

Gargiolo, R. M. (2015). *Special Education in Contemporary Society: an introduction to exceptionality(5th ed)*. Thousan Oak, CA: SAGE.

Gladfelter, A., & Goffman, L. (2017). Semantic richness and word learning in children with autism spectrum disorder. *Developmental Science*, *21*(4), e12543.

Gleason, J. B., & Ratner, N. B. (1989). *The development of language*. Columbus, OH: Merrill.

Goh, H.H. (2016). *Mandarin Competence of Chinese-English Bilingual Preschoolers: A Corpus-based Analysis of Singaporean Children's Speech*. Singapore: Springer.

Goodwin, A., Fein, D., & Naigles, L. (2015). The Role of Maternal Input in the Development of "wh"-Question Comprehension in Autism and Typical Development. *Journal of Child Language*, *42*(1), 32 - 63.

Goodwin, A., Fein, D., & Naigles, L. R. (2012). Comprehension of wh-questions precedes their production in typical development and autism spectrum disorders. *Autism Research*, *5*(2), 109 - 123.

Gray, S., Green, S., Alt, M., Hogan, T., Kuo, T., Brinkley, S., & Cowan, N. (2017). The structure of working memory in young children and its relation to intelligence. *Journal of Memory and Language*, 92, 183 - 201.

Guo, L. Y., & Eisenberg, S.. (2015). Samp lelength affects the reliability of language sample measures in 3-year-olds: evidence from parent-elicited conversational samples. *Language Speech & Hearing Services in Schools*, *46*(2), 141 - 153.

Hao, Y., Sheng, L., Zhang, Y., Jiang, F., Villiers, J.d., Lee, W., & Liu, X.L. (2018). A narrative evaluation of Mandarin-speaking children with language impairment. *Journal of Speech, Language, and Hearing Research*, *61*(2), 1 - 15.

Hatori, J., Matsuzaki, T., Miyao, Y., & Tsujii, J. (2012). Incremental joint approach to word segmentation, POS tagging, and dependency parsing in Chinese. In *Proceedings of the 50th Annual Meeting of the Association for Computational Linguistics* (*Volume 1: Long Paper*). 1045 - 1053.

Hermelin, B., & O'Connor, N. (1975). The recall of digits by normal deaf and autistic children. *British Journal of Psychology*, *66*(2), 203 - 209.

Hickey, W.F., Hsu, B.L., & Kimura, H. (1991). T-lymphocyte entry into the central nervous system. *Journal of Neuroscience Research*, *28*(2), 254 - 260.

Holden, B. Gitleson, J.P(2006). A total population study of challenging behavior in the county of Hemark, Norway: Prevalence and risk factors. *Research in Developmental Disabilities*, 27, 456 - 465.

Horgan, D. (1978). Development of full passive. *Journal of Child Language*, *5*(1), 65 - 80.

Hyter, Y. D. (2017). Pragmatic Assessment and Intervention in Children. In L. Cummings (Ed.), *Research in Clinical Pragmatics* (pp. 493 - 526). Cham: Springer International Publishing.

Jin, L., Razak, R. A., Wright, J., & Song, J. (2014). *Issues in developing grammatical assessment tools in chinese and malay for speech and language therapy*. (pp. 145 - 156). CA: Cambridge University Press.

Jyotishi, M., Fein, D., & Naigles, L. R. (2016, May). *Word order understanding guides wh-question comprehension*. In International Meeting for Autism Research, Baltimore.

Kazemi, Y., Klee, T., & Stringer, H. (2015). Diagnostic accuracy of language sample measures with Persian-speaking preschool children. *Clinical Linguistics & Phonetics*, *29*(4),304 - 318.

Ketelaars, M. P., & Embrechts, M. T. (2017). Pragmatic Language Impairment. In *Research in clinical pragmatics* (pp. 29 - 57): Springer.

Kim, H.-S., Seon, C.-N., & Seo, J.-Y. (2011). Review of Korean speech act classification: machine learning methods. *Journal of Computing Science and Engineering*, *5*(4), 288 - 293.

Kjelgaard, M. M., & Tager-Flusberg, H. (2001). An investigation of language impairment in autism: Implications for genetic subgroups. *Language and Cognitive Processes*, *16* (2/3), 287 - 308.

Klatter-Flomer, Kolen, Roeland van Hout, & Ludo Verhoeven. (2006). Language development in deaf childrens interaction with deaf and hearing adults: a Dutch longitudinal study. *Journal of Deaf Studies and Deaf Education*, *11*(2),238 - 250

Klee, T. (1992). Developmental and diagnostic characteristics of quantitative measures of children's language production. *Topics in Language Disorders*, *12*(2),28 - 41.

Klee, T., Stokes, S., Wong, A., Fletcher, P., & Gavin, W. (2004). Utterance length and lexical diversity in Cantonese-Speaking children with and without specific language impairment. *Journal of Speech, Language, and Hearing Research*, *47*(6),1396 - 1410.

Koizumi, M., Saito, Y., & Kojima, M. (2019). Syntactic development in children with intellectual disabilities-using structured assessment of syntax. *Journal of Intellectual Disability Research*, *63*(12), 1428 - 1440.

Koizumi, M., Saito, Y., & Kojima, M. (2019). Syntactic development in children with intellectual disabilities - using structured assessment of syntax. *Journal of Intellectual Disability Research*, *63*(12), 1428 - 1440.

Lai, S. A. (2014). *Validating the Use of D: Measuring Lexical Diversity in Low-income Children*. Doctoral Dissertations, University of Georgia.

Lakhan, R., & Kishore, M. T.. (2016). Behaviour problems in children with intellectual disabilities in a resource-poor setting in india-part 1: association with age, sex, severity of intellectual disabilities and iq. *Journal of Applied Research in Intellectual Disabilities*, *31*(1): 43 - 50.

Lansing, M., Marcus, L., Reichler, R., & Schopler, E. (1990). *The Psychoeducational Profile—Revised(PEP-R)*. Austin: Pro-Ed.

Law, J., Garrett, Z., & Nye, C. (2003). Speech and language therapy interventions for children with primary speech and language delay or disorder. *The Cochrane Database of Systematic Reviews*, *3*(3).

Law, J.C. (2013). *The early identification of language impairment in children* (Vol. 30). NY: Springer.

Li, C.N., &Thompson, S.A. (1989). *Mandar in Chinese: A functional reference grammar*. CA: University of California Press.

Lisa, W., Tim, P., & Susan, E. (2018). Effectiveness of vocabulary intervention for older children with (developmental) language disorder. *International Journal of Language & Communication Disorders*, *53*(3), 480 - 494.

Lord, C., & Paul, R. (1997). Language and communication in autism. InD. J. Cohen & F. R. Volkmar (Eds.), *Handbook of autism and pervasive developmental disorders* (*2nd ed.*), (pp. 195 - 225). New York: Wiley.

Lu, L., & Liu, H. (1998). *The peabody picture vocabulary test-revised in Chinese*. Taipei: Psychological Publishing.

Lund, N. & Duchan, J. (1993). *Assessing children's language in naturalistic contexts* (*Third edition*) *Englewood Cliffs*, New Jersey: Prentice Hall.

Luyster, R., Lopez, K., & Lord, C. (2007). Characterizing communicative development in children referred for autism spectrum disorders using the Mac Arthur-Bates Communicative Development Inventory(CDI). *J Child Lang*, *34*(2), 623 - 654.

MacWhinney, B. (2000). *The CHILDES project: The database*(Vol. 2). Psychology Press.

MacWhinney, B. (2010). Language development. In R. M. Lerner, W. F. Overton, & P. C. M. Molenaar (Eds.), *Handbook of Child Psychology and Developmental Science*. New Jersey: John Wiley & Sons.

MacWhinney, B., & Snow, C. (1985). The Child Language Data Exchange System. *Journal of Child Language*, 12, 271 - 295.

MacWhinney, B., & Snow, C. (1990). The Child Language Data Exchange System: An update. *Journal of Child Language*, 17, 457 - 472.

Malvern, D., & Richards, B. (2002). Investigating accommodation in language proficiency interviews using a new measure of lexical diversity. *Language Testing*, *19*(1), 85 - 104.

Matthews, D., Biney, H., & Abbot-Smith, K. (2018). Individual differences in children's pragmatic ability: a review of associations with formal language, social cognition, and executive functions. *Language Learning and Development*, *14*(3), 186 - 223.

Minshew, N. (2002). Brain anatomy in autism. *journal of autism & developmental disorders*, *32*(6),615.

Montag, J. L., Jones, M. N., & Smith L. B. (2015). The words children hear: books and statistics for language learning. *Psychological Science*, *26*(9),1489 - 1496.

Murray, J. B. (1996). Psychophysiological aspects of autistic disorders: Overview. *The Journal of Psychology*, *130*(2),145 - 158.

Naigles, L. R., & Chin, I. (2015). Language development in children with autism. In: Bavin E, Naigles LR,(Eds.). *Cambridge Handbook of Child Language*,2nd ed. Cambridge: CUP.

Naigles, L. R., & Tek, S. (2017). 'Form is easy, meaning is hard' revisited: (re)characterizing the strengths and weaknesses of language in children with autism spectrum disorder. *Wiley Interdisciplinary Reviews: Cognitive Science*, *8*(4),e1438.

Naigles, L. R., & Tovar, A. T. (2012). Portable Intermodal Preferential Looking (IPL): investigating language comprehension in typically developing toddlers and young children with autism. *Journal of Visualized Experiments: Jove*, (70), e4331 - e4331.

Naigles, L. R., Kelty, E., Jaffery, R., & Fein, D. (2011). Abstractness and continuity in the syntactic development of young children with autism. *Autism Research*, *4*(6), 422 - 437.

Nakagawa, K., Matsumoto-Shimamori, S., & Ito, T. (2013). Syntactic knowledge of actives and passives in Japanese autistic people with mental retardation: comparison with normally developed children. *The Japan Journal of Logopedics and Phoniatrics*, *54*(1),20 - 25.

Nameirakpam, B. (2016). Acomparative study of the production of spatial terms by meiteilon-speaking children with intellectual disability and typically growing children. *Language in India*, *16*(9),13.

Nice, M. M. (1925). Length of sentences as a criterion of a child's progress in speech. *Journal of Educational Psychology*, 16(6),370 - 379.

Ninio, A., & Snow, C. E.. (1996). Pragmatic development: essays in developmental science. *PsycCRITIQUES*, *42*(1).

Ninio, A., Snow, C. E., Pan, B. A., & Rollins, P. R. (1994). Classfying Communicative Acts in Chilren's Interaction. *Journal of Communication Disorders*, 27(2), 157 - 187.

Norbury, C. F., Griffiths, H., & Nation, K. (2010). Sound before meaning: Word learning in autistic disorders. *Neuropsychologia*, *48*(14), 4012 - 4019.

Owen, A. J., & Leonard, L. B. (2002). Lexical diversity in the spontaneous speech of children: With specific language impairment: Application of D. *Journal of Speech Language and Hearing Research*, *45*(5), 927 - 937.

Owens, Jr R. E. (2013). Language disorders: A functional approach to assessment and intervention. *Pearson Higher Ed*.

Owens RE. (1991). *Language disorders: A functional approach to assessment and intervention*. Columbus, OH: Merrill/Macmillan.

Pan, B. (1994). Basic measures of child language. In J. Sokolov & C. Snow (Eds.), *Handbook of research in language acquisition using CHILDES* (pp. 26 - 49). Hillsdale NJ: Lawerence Erlbaum Associates.

Pan, B. A. (1994). Basic measures of child language. In *Handbook of research in language development using CHILDES*. (pp. 26 - 49). Hillsdale, NJ, US: Lawrence Erlbaum Associates, Inc.

Park, C. J., Yelland, G. W., Taffe, J. R., & Gray, K. M. (2012). Brief report: The relationship between language skills, adaptive behavior, and emotional and behavior problems in pre-schoolers with autism. *Journal of Autism and Developmental Disorders*, *42*(12), 2761 - 2766.

Park, C. J., Yelland, G. W., Taffe, J. R., & Gray, K. M. (2012). Brief report: The relationship between language skills, adaptive behavior, and emotional and behavior problems in pre-schoolers with autism. *Journal of Autism and Developmental Disorders*, *42*(12), 2761 - 2766.

Parker, M. D., & Brorson, K. (2005). A comparative study between mean length of utterance in morphemes(MLUm) and mean length of utterance in words(MLUw). *First Language*, *25*(3) 365 - 376.

Paul, R., & Cohen, D. J. (1985). Comprehension of indirect requests in adults with autistic disorders and mental retardation. *Journal of Speech Language & Hearing Research*, *28*(4), 475.

Paul, R., & Norbury, C. (2012). *Language disorders from infancy through adolescence*:

Listening, Speaking, Reading, Writing, and Communicating. NY: Elsevier Health Sciences.

Perkins, M.R., Dobbinson, S., Boucher, J., Bol, S., & Bloom, P. (2006). Lexical knowledge and lexical use inautism. *J Autism Dev Disord*, *36*(6),795–805.

Perovic, A., Modyanova, N., & Wexler, K. (2013). Comparison of grammar in neurodevelopmental disorders: the case of binding in Williams syndrome and autism with and without language impairment. *Lang Acquis*, *20*(2), 133–154.

Pierce, S., Bartolucci, G. (1977). A syntactic investigation of verbal autistic, mentally retarded, and normal children. *Journal of Autism and Childhood Schizophrenia*, *7*(2), 121–134.

Potrzeba, E. R., Fein, D., & Naigles, L. (2015). Investigating the shape bias in typically developing children and children with autism spectrum disorders. *Front Psychol*,6,446.

Prizant. & Barry, M. (1983). Language acquisition and communicative behavior in autism. *Journal of Speech and Hearing Disorders*, *48*(3),296.

Prud'hommeaux, E. T., & Roark, B. (2012). *Graph-based alignment of narratives for automated neurological assessment*. Paper presented at the Proceedings of the 2012 Workshop on Biomedical Natural Language Processing.

Prud'hommeaux, E. T., & Roark, B. (2011). *Alignment of spoken narratives for automated neuropsychological assessment*. Paper presented at the 2011 IEEE Workshop on Automatic Speech Recognition & Understanding.

Rapin, I., & Dunn, M. (2003). Update on the language disorders of individuals on the autistic spectrum. *Brain and development*, *25*(3), 166–172.

Ratner, N. B., &MacWhinney, B. (2016). Your Laptop to the Rescue: Using the Child Language Data Exchange System Archive and CLAN Utilities to Improve Child Language Sample Analysis. *Seminars in Speech and Language*, *37*(2),74–84.

Renner, P., Klinger, L.G., & Klinger, M.R. (2000). Implicit and explicit memory in autism: is autism an amnesic disorder? *Journal of Autism & Developmental Disorders*, *30*(1),3–14.

Rescorla, L., & Sayfer, P. (2013). Lexical composition in children with autism spectrum disorder (ASD). *J Child Lang*, *40*(01),47–68.

Rescorla L. (2009). Age 17 language and reading outcomes in late-talking toddlers: support for a dimensional perspective on language delay. *Journal of Speech, Language, and Hearing Research*, 52(1): 16.

Rice, M. L., Smolik, F., Perpich, D., Thompson, T., Rytting, N., & Blossom, M. (2010). Mean length of utterance levels in 6-month intervals for children 3 to 9 years with and without language impairments. *Journal of Speech, Language, and Hearing Research*, *53*(2), 333-349.

Richards, B. (1987). Type/token ratios: What do they really tell us? *Journal of Child Language*, *14*(2), 201-209.

Roark, B., Mitchell, M., & Hollingshead, K. (2007). *Syntactic complexity measures for detecting mild cognitive impairment*. Paper presented at the Proceedings of the Workshop on BioNLP 2007: Biological, Translational, and Clinical Language Processing.

Roark, B., Mitchell, M., Hosom, J.-P., Hollingshead, K., & Kaye, J. (2011). Spoken language derived measures for detecting mild cognitive impairment. *IEEE transactions on audio, speech, and language processing*, *19*(7), 2081-2090.

Rollins, P. R., Snow, C. E., & Willett, J. B. (1996). Predictors of mlu: semantic and morphological developments. *First Language*, *16*(47), 243-259.

Sagae, K., Lavie, A., & MacWhinney, B. (2005). *Automatic measurement of syntactic development in child language*. Paper presented at the Proceedings of the 43rd Annual Meeting on Association for Computational Linguistics.

Schoen, S. A. Miller, L. J., Brett, Green, B. A., etal. (2009). Physiological and behavioral differences in sensory processing: a comparison of children with autism spectrum disorder and sensory modulation disorder. *Frontiers in Integrative Neuroence*, 3, 29.

Schuchardt, K., Gebhardt, M., & Mäehler, C. (2010). Working memory functions in children with different degrees of intellectual disability. *Journal of Intellectual Disability Research*, *54*(4), 346-353.

Seal, B. C., & Bonvillian, J. D. (1997). Sign language and motor functioning in students with autistic disorder. *Journal of Autism and Developmental Disorders*, *27*(4), 437-466.

Silverman, S., & Ratner, N. B. (2002). Measuring lexical diversity in children who stutter: Application of vocd. *Journal of Fluency Disorders*, *27*(4), 289-304.

Snow, C. E. (2010). Academic Language and the Challenge of Reading for Learning About Science. *Science*. *328*(5977), 450-452.

Stern, C., & Stern, W. (1907). *Monographien über die seelische Entwicklung des Kindes* (Vol. 1):

JA Barth.

Su, Y., Naigles, L. R., & Su, L. Y. (2018). Uneven expressive language development in mandarin-exposed preschool children with ASD: comparing vocabulary, grammar, and the decontextualized use of language via the PCDI-toddler form. *Journal of Autism and Developmental Disorders*, *48*(1), 3432 - 3448.

Swensen, L. D., Kelley, E., Fein, D., & Naigles, L. R. (2007). Processes of language acquisition in children with autism: evidence from preferential looking. *Child Dev*, *78*(2), 542 - 557.

Tager-Flusberg, & Helen. (1981). Sentence comprehension in autistic children. *Applied Psycholinguistics*, *2*(01), 5.

Tager-Flusberg, H. (2004). Strategies for conducting research on language in autism. *Journal of Autism and Developmental Disorders*, *34*(1), 75 - 80.

Tager-Flusberg, H. (1981). On the nature of linguistic functioning in early infantile autism. *JAutism Dev Disord*, *11*(1), 45 - 56.

Tager-Flusberg, H., Calkins, S., Nolin, T., Baumberger, T., Anderson, M., & Chadwick-Dias, A. (1990). A longitudinal study of language acquisition in autistic and down syndrome children. *Journal of Autism and Developmental Disorders*, *20*(1), 1 - 21.

Tager-Flusberg, H., Sullivan, K. (1994). Predicting and explaining behavior: A comparison of autistic, mentally retarded and normal children. *Journal of Child Psychology and Psychiatry*, *35*(6), 1059 - 1075.

Tardif, T., & Fletcher, P. (2008). *Chinese Communicative Development Inventories: user's guide and manual*. Beijing: Peking University Medical Press.

Tek, S., Jaffery, G., Fein, D., & Naigles, L. R. (2008). Do children with autism spectrum disorders show a shape bias in word learning? *Autism Res*, *1*(4), 208 - 222.

Tek, S., Mesite, L., Fein, D., & Naigles, L. (2014). Longitudinal analyses of expressive language development reveal two distinct language profiles among young children with autism spectrum disorders. *Journal of autism and developmental disorders*, *44*(1), 75 - 89.

Tek, S., Mesite, L., Fein, D., & Naigles, L. (2014). Longitudinal analyses of expressive language development reveal two distinct language profiles among young children with autism spectrum disorders. *Journal of autism and developmental disorders*, *44*(1), 75 - 89.

Templin，M. (1957). *Certain language skills in children: Their development and interrelationships* (*Monograph Series No. 26*). Minneapolis: University of Minnesota, The Institute of Child Welfare.

Thordardottir, E. T., & Weismer, S. E. (1998). Mean length of utterance and other language sample measures in early icelandic. *First Language*, *18*(52),001 - 32.

Toichi, M., & Kamio, Y. (2001). Verbal association for simple common words in high-functioning autism. *Journal of Autism & Developmental Disorders*, *31*(5),483 - 490.

Tomblin, J. B., Records, N. L., Buckwalter, P., Zhang, X., Smith, E., & O'Brien, M. (1997). Prevalence of specific language impairment in kindergarten children. *Journal of Speech, Language, and Hearing Research*, *40*(6),1245 - 1260.

Tovar, A. T., Fein, D., & Naigles, L. R. (2015). Grammatical aspect is a strength in the language comprehension of young children with autism spectrum disorder. *J Speech Lang Hear Res*, *58*(2), 301 - 310.

Tsai, L. Y. (1996). Brief report: Comorbid psychiatric disorders of autistic disorder. *Journal of Autism and Developmental Disorders*, *26*(2),159 - 163.

Tsai, L. Y., & Beisler, J. M. (1984). Research in infantile autism: a methodological problem in using language comprehension as the basis for selecting matched controls. *Journal of the American Academy of Child Psychiatry*, *23*(6),700 - 703.

Tse, S. K., Chan, C., Li, H., & Kwong, S. M. (2002). Sex differences in syntactic development: Evidence from Cantonese-speaking preschoolers in Hong Kong. *International Journal of Behavioral Development*, *26*(6),509 - 517.

Tzouriadou M., Barbas G., Vouyoukas C., et al. (2013). Ther elationship between language and social competence in high-risk preschoolers. *Advances in Mental Health and Intellectual Disabilities*, *7*(4),232 - 244.

Van Dijk M, van Geert P. (2005). Disentangling behavior in early child development: Interpretability of early child language and its effect on utterance length measures. I*nfant Behavior and Development*. 28,99 - 117.

Volden, J., Lord, C. (1991). Neologisms and idiosyncratic language in autistic speakers. *J Autism Dev Disord*, *21*(2),109 - 130.

Wagner, L., Swensen, L. D., & Naigles, L. R. (2009). Children's early productivity with verbal morphology. *Cogn Dev*, *24*(2), 223 - 239.

Wan, K. -h. (2011). *An index of syntactic development for Cantonese-Chinese preschool children*. Unpublished Bachelor Dissertation, University of Hong Kong.

Waterhouse, L., Fein, D. (1982). Language skills in developmentally disabled children. *Brain Lang*, *15*(2),307 - 333.

Watkins, R. V., Kelly, D. J., Harbers, H. M., & Hollis, W. (1995). Measuring children's lexical diversity: Differentiating typical and impaired language learners. *Journal of Speech, Language, and Hearing Research*, *38*(6),1349 - 1355.

Weismer, S. E., Gernsbacher, M. A., Stronach, S., Karasinski, C., Eernisse, E. R., & Venker, C.E., etal. (2011). Lexical and grammatical skills in toddlers on the autism spectrum compared to late talking toddlers. *J Autism Dev Disord*, *41*(8),1065 - 1075.

Weru, J.W. (2005). *Cultural Influences on the behavioral symptoms of Autism in Kenya and the United States of America*. Texas: The University of Texas at Austin.

Westerveld, M. F., & Claessen, M. (2014). Clinician survey of language sampling practices in Australia. *International Journal of Speech-Language Pathology*, *16*(3), 242 - 249.

Whitaker, S., & Read, S. (2006). The prevalence of psychiatric disorders among people with intellectual disabilities: An analysis of the literature. *Journal of Applied Research in Intellectual Disabilities*, *19*(4),330 - 345.

Whitehurst, G.J., Fischel, J.E., Lonigan, C.J., Valdez-Menchaca, M.C., Arnold, D.S., & Smith, M.. (1991). Treatment of early expressive language delay. *Topics in Language Disorders*, *11*(4),55 - 68.

Williams, K.T. (1997). Expressive vocabulary test second edition(EVT™2). *J. Am. Acad. Child Adolesc. Psychiatry*, 42,864 - 872.

Wong, A., Klee, T., Stokes, S., Fletcher, P., & Leonard, L. (2010). Differentiating Cantonese-speaking preschool children with and without SLI using MLU and lexical diversity (D). *Journal of Speech, Language, and Hearing Research*, *53*(3),794 - 799.

Wong, K. (1993). *A quantitative analysis of Cantonese-speaking children's syntax in story re-telling*. Unpublished Bachelor Dissertation, University of Hong Kong.

Yeh, M.Y.-C. (2015). The Role of Maternal Input in Early Word Order Acquisition: The Case of Mandarin Chinese. Doctorial Dissertations, University of Connecticut.

Zampini, L., & D' Odorico, L. (2011). Lexical and syntactic development in italian children with down's syndrome. *International Journal of Language & Communication Disorders*, *46*(4), 386 - 396.

Zhang, Y., & Zhou, J. (2020). Building a norm-referenced dataset for vocabulary assessment based on Chinese vocD and word classes. *Journal of Chinese Writing Systems*, 4(1), 5 - 17.

Zhou, J. (2001). *Pragmatic development of Mandarin-speaking children from 14 months to 32 months*. Doctorial Dissertation, University of Hong Kong.

铃木孝明.(2020).絵本的文法.阅读科学，61(3-4)：154-164.

后　记

1996 年我在美国哥伦比亚大学访学，接受哥大杂志邀请做了一次专访，主题是关于陈鹤琴与中国儿童发展和教育研究。在访谈期间，我谈到有关陈鹤琴先生与中国儿童语言研究，谈到陈鹤琴先生多年前已在践行的洋为中用和推陈出新的研究思路。这个访谈过程，仿佛一下子点亮了我，让我下定决心去匹兹堡，访问国际儿童语料库数据储存和分析系统(CHILDES)研究中心。

在此之前，我已经与 CHILDES 神交已久。20 世纪 80 年代后期，我获得南京师范大学推荐，在联合国儿基会项目资助下去美国康涅迪克学院儿童发展系读了硕士，其间选修了一门儿童语言发展课程，遇见了曾经是罗杰・布朗助手的科米尔・汉伦教授。汉伦教授的这门课，除了要经历每章内容满分 10 分的小考，还要写一篇课程论文；记得当时的我，期末噼里啪啦在老式打字机上工作一夜，分析了房东家两个儿子的英语和汉语的语码代换现象。这篇课程论文让汉伦教授忽略了我前期 7 次小考的分数，直接给了 100 分的成绩，也让我从此进入了儿童语言研究的行列。回国之前，汉伦教授约我面谈了一次，给了一份 CHILDES 油印的资料。汉伦教授说，她已经给麦克维尼教授写信，让我成为这个国际儿童语料库数据储存和分析系统研究中心的通讯成员。

我是带着激动和好奇的心情踏上去匹兹堡的 Amtrack 火车的。时隔八年，这个由卡内基梅隆大学的布莱恩・麦克维尼教授和哈佛大学凯瑟琳・斯诺教授发起的国际儿童语言研究数据库，坚持每年将 CHILDES 国际儿童语料库中心的通讯材料寄到中国，从油印文本到 CD-ROOM，一直免费向我们这些国际研究人员开放。我的朦胧直觉告诉我，他们发现了计算机技术运用于儿童语言研究可能具有的优势，依靠计算机的存储能力和高速运算能力，正在一点一点地实现对儿童语料的自动化分析和处理。1996 年的中国，正处于计算机技术迅速发展的时期，我们如何抓住这个机遇，积极参与到与国际同步的汉语儿童语言研究中去？带着这样的心情，在午夜抵达匹兹堡的时候，我见到了孤独站立在匹兹堡火车站的麦克维尼教授。麦克维尼教授简单地说："因为你的访问一共只有两天时间，我打电话给你的朋友了。我来接你并且安排你住在我家，这样你明天一早就可以跟我一起去学校了！"

在中心访问的时间过得飞快，其间发生了一次小小的争执。当麦克维尼教授展现仅有的一批香港学者提供的广东话儿童语料时，我对使用拼音加声调符号记录储存的方式表达了不同意见，因为汉语文字的特殊性，同音语义的差别无法让人快速联想和进行语言理解。我建议中心在储存汉语语料的时候，一定要做到可以直接呈现汉语文字，以便研究者可以更好地理解、运算和使用语料。麦克维尼教授直截了当地质疑我："那你告诉我应当是什么样的？展示给我看，可以是什么样的？"于是，我打开此生拥有的第一个NEC手提电脑，这个沉重的砖头般的手提电脑里，装着我在国内购买的第一个中文之星软件，我开启文档写了一段文字给他看，说明汉语语音类似"妈麻马骂"声调可能代表的无数不同语义。我至今钦佩麦克维尼教授宽容开放的心态和迅捷处理问题的能力，只见他立刻飞快检索到中文之星在加州的销售办公室，立刻打去一个要求试用和购买的电话，15分钟之后中心的电脑系统开始下载中文之星。转年我到香港大学读博士，有机会见到来访的哈佛大学斯诺教授，重新确定了我的论文研究方向是从事儿童语用研究；再转年我到哈佛大学斯诺教授的儿童语言实验室，学习编码框架和运用CHILDES国际儿童语料库分析汉语儿童与母亲言语互动的语料；当时系统还处于使用DOS命令阶段，在汉语语料输入完成后，一按电脑键盘的回车键，计算机屏幕就刷刷刷地出现一排一排运算信息，最后清晰地告知母亲和孩子互动时，各自词汇总量与词型类型之比，他们的平均语句长度个体和同年龄组状况，还有各种语用编码指标的运算结果。哦……那可真是人生多么酸爽的一个时刻啊！

在过去的二十余年中，CHILDES研究中心不断向前推进发展，而我们中国大陆的儿童语言研究者，也随之逐渐进入国际交流和研究的群体之中。麦克维尼教授多次来到中国，指导我的研究生使用语料库方式做儿童语言研究，指导我们研究中心跟进研究图像文本同步的汉语Talk Bank语料运算；在英语的儿童语料词性自动分析软件MOR推出后，麦克维尼教授再次来到中国，和我们研究团队共同研发儿童语料中文词性自动分析模式。正是在这样具有实质性的国际交流之中，我们一拨又一拨的硕士、博士研究生毕业成长，一批又一批的汉语儿童语料进入国际儿童语言研究与数据交换中心，一名又一名年轻学者成为中国儿童语言研究的新生力量，一篇又一篇的论文和著作进入国内和国际儿童语言研究的视野，并且常常收到一封又一封来自海外不同大学的邮件，要求咨询和使用储存于CHILDES研究中心的汉语儿童语料。CHILDES研究中心是一个免费使用数据的地方，那里的工作规则基本上是"我索取，我贡献"，即你可以免费下载、免费学习、免费使用所有的数据，但是你做出自己的研究数据，也应当提交上去，与全球同行学者共享交流。这种工作模式，在以往商战厉害、经济效益第一的美国，和现在日益商战加剧、经济效益第一的中国，都是一派令人心底纯净的研究乐土。所以，就算删除一百个这么多年有关 CHILDES 学习与交流的故事，我还是觉得记忆中有太多特别快乐的时刻。

2018 年的 3 月，我再次冒着春光未现的寒气，飞了一趟美国匹兹堡。我再次住进麦克维尼教授家里，每天坐着他的车去卡内基梅隆大学的 CHILDES 研究中心，跟他的访问学者、我的博士生张义宾一起开会，讨论汉语儿童语言发展常模建设和基于语料库的儿童语言评价问题。这么多年过去了，卡内基梅隆大学风景可能依旧，不过从前和往后我也没有认真看过，印象中仍然竖立着一个著名的雕塑——一个要往天上走的人；麦克维尼教授的办公室变化了，更大更敞亮，有更多全世界各地的可爱动物形象纪念品，他也已经从坐在桌前电脑办公，变成了站在具有升降功能的桌前进行电脑办公了。我发现，呵呵，我们之间讨论问题的模式似乎依旧。这回我们重点讨论的是，基于汉语儿童语料库的儿童语言发展常模建设和语言发展评价指标确立，用英语儿童语言发展评价系统来直接参照运行，很显然产生了来自不同语言体系的问题。特别有趣的是，我们每天的讨论几乎都是这样的程序：系统指标试运行之后，我说不行不行，汉语的句法和词法不是这样结构的，与英语的句法和词法不一样；我在白纸上写下来，麦克维尼教授说："告诉我，告诉我，应当要怎样，要让计算机怎样运算呈现?"如此这般接下来，他回自己的办公室去站着工作了，我和张义宾继续坐在三台电脑前苦思冥想外加讨论。在卡内基梅隆大学一周的工作结束时，我们似乎终于找到了一点解决问题的框架思路。于是，我装作无视麦克维尼教授不满的目光，把工作任务交代给张义宾，就飞离了匹兹堡。我当时深信，事后也无比庆幸，我们的研究工作就按照符合汉语儿童语言规律的范式，在两年时间内一步一步进展完成了。

今天，在初步完成从汉语儿童语言发展走向基于汉语儿童语料库的语言评价研究的时候，我们希望做一个小结：国际儿童语料库数据储存和分析系统 CHILDES 的引入，为中国学者开启了儿童语言研究方法的一扇大门。自 20 世纪 90 年代开始，基于 CHILDES 的研究层出不穷，推动了我国儿童语言研究的进步与发展。近三十年来，这些研究为汉语儿童的语言研究积累了大量的数据。在这本书中我们呈现的是，将这些数据开发成为全世界汉语儿童研究领域内最大的非标准化参考常模数据系统，初步实现了语料的积累分享向临床诊断的重大转变。基于汉语儿童语料库的语言障碍诊断与预测的常模建立，是对儿童语言发展评价方式的一种突破，改变了传统上依靠标准化工具评估与监测儿童语言的单一路径，通过创新性地依托儿童语言大数据，为汉语儿童语言发展评估与监测提供了新的选项。这个阶段研究工作的完成，我们不仅要感谢国际儿童语料库数据储存和分析系统研究中心的麦克维尼教授团队，也要感谢一直以来所有鼓励、关心、支持和帮助过我们汉语儿童语言研究的前辈和同行研究者；还要感谢我们自己汉语儿童语言研究中心的所有参与者，他们的名字均列举在本书第一章汉语儿童语料库贡献者名单之中。

本书第一章由周兢撰写，第二、三、四、五章由张义宾撰写，第六、七、八、九章由周兢和张义宾合作撰写，第十章由张义宾与周兢合作撰写。

展望汉语儿童语言研究的未来，我们认为汉语儿童语言发展与评价研究，从"洋为中用"入手，不断坚持我们的中国立场，不断提升我们的中国水平，现在已经抵达进一步"推陈出新"的阶段。我们亟待汉语词法和语法理论体系的完善，并且需要解决从语言学理论向中文文字处理的迈进问题，这是一个汉语儿童语言研究的中国文化未来；我们也希望中国的人工智能技术进步和中文文字处理技术的兴起，为汉语儿童语言发展和评价研究进一步提供智能化操作的未来图景；我们还希望汉语儿童语言发展与评价研究将愈来愈好地落实于教育实践，有一个真正有效应用于中国教育实践的未来可期。